Der patentrechtliche Ausführungs- und Lizenzzwang in der Rechtsprechung des Reichsgerichts

Europäische Hochschulschriften

European University Studies

Publications Universitaires Européennes

Reihe II	**Rechtswissenschaft**
Series II	Law
Série II	Droit

Band/Volume **5668**

Johannes Struck

Der patentrechtliche Ausführungs- und Lizenzzwang in der Rechtsprechung des Reichsgerichts

§ 11 PatG 1877/1891/1911 bzw.
§ 15 PatG 1936

Unter besonderer Berücksichtigung des Tatbestandsmerkmals des *Öffentlichen Interesses*

PL ACADEMIC RESEARCH

Bibliografische Information der Deutschen Nationalbibliothek
Die Deutsche Nationalbibliothek verzeichnet diese Publikation in der Deutschen Nationalbibliografie; detaillierte bibliografische Daten sind im Internet über http://dnb.d-nb.de abrufbar.

Zugl.: Kiel, Univ., Diss., 2014

D 8
ISSN 0531-7312
ISBN 978-3-631-65228-2 (Print)
E-ISBN 978-3-653-04809-4 (E-Book)
DOI 10.3726/978-3-653-04809-4

PL Academic Research ist ein Imprint der Peter Lang GmbH.
Peter Lang – Frankfurt am Main · Bern · Bruxelles · New York · Oxford · Warszawa · Wien

Diese Publikation wurde begutachtet.

www.peterlang.com

Vorwort

Die vorliegende Arbeit wurde im Sommersemester 2014 von der Rechtswissenschaftlichen Fakultät der Christian-Albrechts-Universität zu Kiel als Dissertation angenommen. Was nun folgt, ist der meist unvollständige Versuch, all denjenigen zu danken, die zum Gelingen dieser Arbeit beigetragen haben.

Mein ganz besonderer Dank gilt zunächst meinem Doktorvater, Herrn Prof. Dr. Werner Schubert, der diese Arbeit erst möglich gemacht hat. Seine hervorragende Betreuung und persönliche Unterstützung schufen Bedingungen, die ich jedem Doktoranden nur wünschen kann. Bedanken möchte ich mich auch bei Herrn Prof. Dr. Haimo Schack für seine wertvollen Hinweise und die zügige Erstellung des Zweitgutachtens. Mein Dank gilt zudem Herrn Prof. Dr. Rudolf Meyer-Pritzl, der mir die Möglichkeit gegeben hat, im Rahmen seines Seminars „Vom Römischen Recht zum Europäischen Privatrecht" Teile meiner Arbeit zur Diskussion zu stellen.

Den Mitarbeiter(inne)n der Zentralbibliothek Recht der Universität Hamburg sowie der National Library of South Africa in Kapstadt danke ich für die freundliche Bereitstellung eines Arbeitsplatzes. Danken möchte ich auch Herrn Dr. Obert von der Bibliothek des Bundesgerichtshofs in Karlsruhe und seinen Mitarbeiter(inne)n für die tatkräftige Unterstützung beim Auffinden der Originalurteile. Diese Dokumente waren die notwendige Grundlage für diese Arbeit. Zu Dank bin ich auch dem Sütterlinstube Hamburg e.V. verpflichtet, welcher mir beim Übersetzen zahlreicher handschriftlicher Dokumente eine große Hilfe war. Herrn Dr. von Bodenhausen danke ich für die Initiierung dieses Promotionsprojekts und sein persönliches Engagement, die Rahmenbedingungen hierfür zu schaffen.

Meinen Eltern gebührt ein besonders herzlicher Dank, ganz allgemein für die uneingeschränkte Förderung meiner gesamten Ausbildung und sehr konkret für die große Unterstützung bei der Veröffentlichung dieser Arbeit.

Ein großes Dankeschön geht auch an Jan und Carla, die mir während meiner Rechercheaufenthalte in Berlin immer ein herzliches Zuhause gewährten, sowie an Pia und Julien. Sie sorgten mit ausgiebigen Kaffeepausen und reichlich Gesprächsstoff dafür, dass es während der oft langen Tage in der Bibliothek nie langweilig wurde.

Und, *last but not least*: Nicole. Ihr schulde ich den größten Dank. Für die rückhaltlose Unterstützung in jeder Phase des Promotionsprojekts, die unermüdliche und liebevolle Motivation, Geduld und Hartnäckigkeit bei der intensiven Auseinandersetzung mit meiner Arbeit, wertvolle kritische Anregungen und eine unvergesslich schöne Zeit. Ihr widme ich diese Arbeit.

Hamburg, den 17. Juli 2014
Johannes Struck

Inhaltsübersicht

Inhaltsverzeichnis

Abkürzungsverzeichnis

a.A.	andere Ansicht
a.F.	alte Fassung
AB	Auslandsbezug
ABl. EU	Amtsblatt der Europäischen Union
Abs.	Absatz
Anm.	Anmerkung
Art./Artt.	Artikel (Singular, Plural)
AZ	Aktenzeichen
BArch	Bundesarchiv, Dienststelle Berlin-Lichterfelde
Bd.	Band
BGBl.	Bundesgesetzblatt
BGH	Bundesgerichtshof
BGHZ	Amtliche Entscheidungssammlung des Bundesgerichtshofs in Zivilsachen
BPatG	Bundespatentgericht
BR	Bundesrat
BT	Bundestag
Bl.	Blatt oder Blätter
BT-Drucks	Drucksachen des Deutschen Bundestags
bzw.	beziehungsweise
ca.	circa
d. h.	das heißt
D.R.P.	Deutsches Reichs-Patent
ders.	derselbe
Deutsche Revue	Deutsche Revue über das gesamte nationale Leben der Gegenwart
DJZ	Deutsche Juristen Zeitung
DPMA	Deutsche Patent- und Markenamt
Drucks.	Drucksache(n)
Drucks-BR	Drucksachen des Bundesraths
Drucks-RT	Drucksachen des Reichtags
DVSgE	Deutscher Verein für den Schutz des gewerblichen Eigent(h)ums

erg.	ergänzt
etc.	et cetera
EU	Europäische Union
EV	Einstweilige Verfügung
f./ff.	folgende
Fn.	Fußnote
FS	Festschrift
G	Gesetz
Gareis	Carl Gareis, Die patentamtlichen und gerichtlichen Entscheidungen in Patentsachen nach der Reihenfolge der Bestimmungen des Patentgesetzes
GesBl. E.-Lothr.	Gesetzesblatt für Elsass-Lothringen
ggf.	gegebenenfalls
Gesetz-Sammlung Hannover	Sammlung der Gesetze, Verordnungen und Ausschreiben für das Königreich Hannover
Ges.Bl. Bayern	Gesetzesblatt für das Königreich Bayern
GRUR	Gewerblicher Rechtsschutz und Urheberrecht, Zeitschrift des Deutschen Vereins zum Schutz des gewerblichen Eigentums
GmbH	Gesellschaft mit beschränkter Haftung
hrsg./Hrsg.	herausgegeben/Herausgeber
i.S.d.	im Sinne des/der
Jg.	Jahrgang
JO 1927, SSp Nr. 56	League of Nations Official Journal Special Supplement No. 56, Records of the Eighth Ordinary Session of the Assembly, Meetings of the Committees, Minutes of the Second Committee (Technical Organisations)
JW	Juristische Wochenschrift
Kap.	Kapitel
KVB	Verordnung betreffend das Berufungsverfahren beim Reichsgericht in Patentsachen vom 6. Dezember 1891 und Verordnung über das Berufungsverfahren beim Reichsgericht in Patentsachen vom 30. September 1936
KVB 1891	Verordnung betreffend das Berufungsverfahren beim Reichsgericht in Patentsachen vom 6. Dezember 1891

KVB 1936	Verordnung über das Berufungsverfahren beim Reichsgericht in Patentsachen vom 30. September 1936
Leg.	Legislaturperiode
Loosey	Sammlung der Gesetze für Erfindungs-Privilegien der sämmtlichen Staaten Europas, der Vereinigten Staaten von Nord-Amerika und Holländisch West-Indien, hrsg. v. Carl F. Loosey
m.w.N.	mit weiteren Nachweisen
Mitt.	Mitteilungen vom Verband Deutscher Patentanwälte, hrsg. V. Vorstand
MuW	Markenschutz und Wettbewerb, Monatsschrift für Marken-, Patent-, Muster-, Urheber- und Verlagsrecht
n.F.	neue Fassung
Nr.	Nummer(n)
PA	Patentamt
PatBl.	Patentblatt, hrsg. von dem kaiserlichen Patentamt
PatG	Patentgesetz
PatG 1877	Patentgesetz in der Fassung der vom 25. Mai 1877
PatG 1891	Patentgesetz in der Fassung der Novelle vom 7. April 1891
PatG 1911	Patentgesetz in der Fassung der Novelle vom 6. Juni 1911
PatG 1936	Patentgesetz in der Fassung der Novelle vom 1. Oktober 1936
PMZBl.	Blatt für Patent-, Muster- und Zeichenwesen, hrsg. vom Kaiserlichen Patentamt bzw. Reichspatentamt bzw. Patentamt bzw. Deutschen Patent- und Markenamt
Prot.	Protokoll
PVÜ	Pariser Verbandsübereinkunft
Reg.Bl. Bayern	Regierungsblatt für das Königreich Bayern
Reg.Int.Bl. Baiern	Regierungs- u. Intelligenzblatt für das Königreich Baiern
Reg.Bl. Österreich	Allgemeines Reichs- Gesetz- und Regierungsblatt für das Kaiserthum Oesterreich
Reg.Bl. Württemberg	Regierungs-Blatt für das Königreich Württemberg

Reitzenbaum/Leander	Die Rechtsprechung in Patentsachen, 2. Band
RG	Reichsgericht
RGBl.	Reichsgesetzblatt
RGZ	Amtliche Entscheidungssammlung des Reichsgerichts in Zivilsachen
RT	Reichstag
Rn.	Randnummer
S.	Seite / Satz
Savigny	Zeitschrift der Savigny-Stiftung für Rechtsgeschichte, Germanistische Abteilung
Schubert Erkenntnisse	Sammlung sämtlicher Erkenntnisse des Reichgerichts in Zivilsachen
sog.	sogenannt
Sp.	Spalte(n)
StenBer-RT	Stenographische Berichte über die Verhandlungen des Deutschen Reichtags
u.a.	unter anderem / und andere
USA	Vereinigte Staaten von Amerika
v.	von / vom / vor
vgl.	vergleiche
VdI	Verein deutscher Ingenieure
VdIZ	Zeitschrift des Vereines deutscher Ingenieure
Verf.	Verfasser
Verh.Prot. BR	Protokolle über die Verhandlungen des Bundesrats des Deutschen Reichs
WarnRspr.	Warneyers Jahrbuch der Entscheidungen, Ergänzungsband enthaltend die Rechtsprechung des Reichsgerichts
WiGBl.	Gesetzblatt der Verwaltung des vereinigten Wirtschaftsgebietes Hrsg. Öffentlicher Anzeiger für das Vereinigte Wirtschaftsgebiet, Frankfurt a.M. 1947–1949.
z. B.	zum Beispiel
Ziff.	Ziffer
ZgR	Zeitschrift für gewerblichen Rechtsschutz
zit.	zitiert
ZWeR	Zeitschrift für Wettbewerbsrecht

Einleitung

Seit über 130 Jahren schützen einheitliche Patentregelungen Ideen, Entwicklungen und Erfindungen in Deutschland. Sie räumen dem Patentinhaber ein zeitlich beschränktes Monopol zur Verwertung von Erfindungen ein und bewahren ihn so vor Nachahmungen durch Konkurrenz. Was zunächst nach einem Gesetz rein zu Gunsten von Erfinderpersönlichkeiten erscheint, bezweckte von Anfang an die Förderung wirtschaftlicher Interessen der Allgemeinheit.[1] *Marquis Stanislas de Boufflers,*[2] Autor des für das deutsche Patentwesen überaus prägenden ersten französischen Patentgesetzes, schrieb die allgemeinökonomische Relevanz des Patents schon 1790 in die Gesetzesbegründung: „*Le but de la société n'est pas d'enrichir l'inventeur mais de s'enrichir de l'invention*",[3] was soviel bedeutet wie: Das Ziel der Gesellschaft ist nicht, den Erfinder, sondern vielmehr sich selbst zu bereichern.

Und so spielten auch bei der Entstehung des ersten gesamtdeutschen Reichspatentgesetzes von 1877 wirtschaftspolitische Aspekte eine entscheidende Rolle. Wie bereits in England und Frankreich, welche als Vorreiter der frühen Patentgesetzgebung gelten, stand auch in Deutschland die Überlegung im Vordergrund, *Erfindungen für den Wettbewerb der Volkswirtschaften untereinander zu instrumentalisieren.*[4] Dies zeigt sich nicht zuletzt in den Regelungen zum Ausführungs- und Lizenzzwang. Als Korrelat für die durch die Patente gewährten Vorteile verlangte das Reichspatentgesetz von 1877 vom Patentinhaber eine angemessene Ausführung der Erfindung im Inland oder aber die Lizenzierung an inländische Dritte. Wurde diese Pflicht nicht erfüllt, dann konnte das Patent auf Antrag zurückgenommen werden, sofern ein öffentliches Interesse hieran bestand und eine Karenzzeit von drei Jahren abgelaufen war. Hierdurch sollte der Allgemeinheit die Erfindung zugänglich gemacht werden, um die inländische Industrie, den Arbeitsmarkt und das Konsumangebot zu stärken und so letztlich das Nationalvermögen zu bereichern.[5]

---

1 *Kurz,* Weltgeschichte, S. 239 f.

2 *Marquis Stanislas de Boufflers* (1738–1815) 1789 Abgeordneter des Adels in der Nationalversammlung, vgl. *Kurz,* Weltgeschichte, S. 237 f.

3 Hierzu ausführlich *Kurz,* Weltgeschichte, S 240 f.

4 *Busche,* Patente, S. 348.

5 *Osterrieth,* Lehrbuch, S. 121 f.

Darüber hinaus kam dem Ausführungs- und Lizenzzwang im Entstehungsprozess des Reichspatentgesetzes eine maßgebliche Rolle zu. Er galt als der entscheidende strategische Kompromiss mit den Patentgegnern, welche in der Vergabe von Patenten grundsätzlich schädliche Monopole sahen, die den freien Wettbewerb behinderten.[6] Die Entwicklung des Schutzes von Erfindungen im Norddeutschen Bund und später im Deutschen Reich ist daher eng mit der Ausgestaltung der Rechtsinstitute des Ausführungszwangs und mit dem Lizenzzwang verbunden. Sie galten in dieser Zeit als die wichtigste Normen des Reichspatentgesetzes vom 25. Mai 1877,[7] welche bis 1945 mit drei Novellen vom 7. April 1891, 6. Juni 1911 und 5. Mai 1936 angepasst und überarbeitet wurden.

Die wohl entscheidendste Änderung erfolgte mit der Gesetznovelle zum Patentausführungszwang vom 6. Juni 1911.[8] Mit ihr wurde ein direkter Anspruch Dritter auf Erteilung einer Zwangslizenz[9] im deutschen Patentgesetz kodifiziert (direkter Lizenzzwang). Zuvor bestand nur ein indirekter Lizenzzwang. Wer sein Patent im Inland nicht ausführte oder eine im öffentlichen Interesse gebotene Lizenz verweigerte, konnte auf Antrag eines Dritten sein Patent verlieren. Mit der Androhung einer solchen Zurücknahme sollte der Patentinhaber zum Abschluss eines Lizenzvertrages veranlasst werden. Mit der Gesetzesänderung vom 6. Juni 1911 wurden der Ausführungszwang und der Lizenzzwang selbständigen Rechtsinstrumente.

---

6 Vgl. *Pahlow,* Monopole, S. 243 ff.

7 Reichtagsabgeordneter *von Kleist-Retzow* in der Sitzung des Reichtags vom 1. Mai 1877: *„Meine Herren, dieser Paragraph ist in der That der wichtigste des ganzen Gesetzes; er enthält den Ausgleich zwischen den Rechten des Patentnehmers und zwischen den öffentlichen Interessen, und zwar in der Weise, daß gesetzlich der Patentnehmer gezwungen wird, sein Patent auch an andere gegen Entschädigung abzutreten."*, StenBer-RT 3. Leg., I. Sess., Zweiter Bd., 1877, 34. Sitzung v. 1. Mai 1877, S. 932. Zustimmend auch *Garis,* Deutsche Revue 1877, S. 80, 81.

8 RGBl. 1911, S. 243.

9 Die Begriffe *„Lizenzierungszwang"* und *„Lizenzzwang"* werden in der vorliegenden Arbeit synonym verwendet. Sie beschreiben lediglich die Verpflichtung Lizenzen zu erteilen, ohne sich hierbei auf eine Rechtsfolge bei Verweigerung einer Lizenz festzulegen. Hiervon zu unterscheiden ist die *„Zwangslizenz"*, welche eine Rechtsfolge darstellt. Eine Zwangslizenz setzt daher notwendiger Weise einen Lizenz- bzw. Lizenzierungszwang voraussetzt, nicht aber umgekehrt; d.h. z.B. in der Zeit vor der Gesetzesnovelle von 1911 kannte das PatG nur einen indirekten Lizenz- bzw. Lizenzierungszwang, nicht aber die Zwangslizenz. Rechtsfolge bei Verweigerung war die Patentzurücknahme. Erst 1911 wurde die Zwangslizenz eingeführt.

Obwohl dem Ausführungszwang und dem Lizenzzwang schon früh die tatsächliche Praxisrelevanz und die jeweils zugedachten Funktionen abgesprochen wurden,[10] spielt insbesondere die Zwangslizenz erstaunlicher Weise bis heute in der juristischen Diskussion und Gesetzgebung eine nicht unerhebliche Rolle. Gegenwärtig finden sich in der weit überwiegenden Anzahl der Patentgesetze weltweit Regelungen zum Ausführungs- und Lizenzzwang.[11] Mit § 24 PatG 2011 enthält auch das aktuelle deutsche Patentgesetz in der Fassung vom 24. November 2011[12] eine solche Regelung, wenn auch in deutlich milderer Form als in der früheren Fassung. Diskussionen werden gegenwärtig insbesondere im internationalen Bereich geführt,[13] wo jüngst eine Entscheidung des indischen Patentamts[14] zur Zwangslizenzierung von Pharmapatenten im Ausland für Aufsehen sorgte.[15]

Ziel dieser Arbeit ist es zu klären, wie das Reichsgericht seit seiner Gründung im Jahre 1879 bis 1945 mit seinen Entscheidungen den Ausführungs- und

---

10 Vgl. u.a. *Allg. Erfinderverband,* Antipatentgesetz, S. 63; *Damme,* Handbuch, S. 435; *v. Schütz,* GRUR 1896, S. 377 ff.; a.A. *Zimmermann,* GRUR 1903, S. 368 ff.

11 Vgl. hierzu die Studie der World Intellectual Property Organization (WIPO) *„Survey on Compulsory Licenses granted by WIPO Member states to adress anti-competitive uses of intellectial property rights"* v. 4. Oktober 2011.

12 BGBl. I S. 2302.

13 Vgl. *Böttger,* GRUR Int. 2008, S. 881–891.

14 Das indischen Patentamts (Controler General pf Patents Designs and Trademarks Department of Industrial Policy and Promotions, Ministry of Commerce and Industry) hatte in einer Entscheidung v. 12. März 2012 das Pharmaunternehmen Bayer gezwungen, einem indischen Generikahersteller eine Zwangslizenz zur Herstellung eines Krebsmittels zu erteilen. Gegen diese Entscheidung war Bayer vorgegangen. Die Berufungsinstanz, das Intellectual Property Appellate Board (IPAB) in Chennai, Indien, bestätigte jedoch die Entscheidung des Patentamts mit seinem Urteil v. 4. März 2013 (Az.: OA/35/2012/PT/MUM & M.P.NO.5/2013).

15 Deutsches Ärzteblatt Online, Jg. 110, Heft 11, v. 15. März 2013, *„Indien: Bayer unterliegt im Patentstreit"*, Verf. unbekannt, http://www.aerzteblatt.de/archiv/135594/Indien-Bayer-unterliegt-im-Patentstreit, (abgerufen am 11. Juni 2013); Frankfurter Allgemeine Zeitung Online, Artikel v. 13. März 2012, *„Indien zwingt Bayer zur Patent-Weitergabe"*, Verf. unbekannt, http://www.faz.net/aktuell/wirtschaft/unternehmen/krebsmedikament-nexavar-indien-zwingt-bayer-zur-patent-weitergabe-11682378.html, (abgerufen am 11. Juni 2013); Handelsblatt Online, Artikel v. 4. März 2013, *„Generika-Lizenz für Bayer-Krebsmittel"*, Verf. unbekannt, http://blog.handelsblatt.com/rechtsboard/tag/zwangslizenz/, (abgerufen am 11. Juni 2013); Artikel bei Zeit Online, Artikel v. 13. März 2012, *„Indien zwingt Bayer zur Weitergabe von Krebsmittel-Patent"*, Verf. unbekannt, http://www.zeit.de/wissen/gesundheit/2012-03/bayer-patent-krebsmedikament, (abgerufen am 11. Juni 2013).

Lizenzzwang im deutschen Patentrecht geprägt hat. Insbesondere wird zum einen untersucht, wie sich die politischen und wirtschaftlichen Veränderungen in Deutschland auf die Beurteilung des öffentlichen Interesses ausgewirkt haben. Zum anderen wird analysiert, ob die Regelung zum Ausführungs- und Lizenzzwang – wie vielfach behauptet[16] – als *„Kampfmittel“*[17] gegen ausländische Konkurrenzprodukte intendiert und genutzt wurde, um so den Wirtschaftsstandort Deutschland zu stärken, inwiefern also die Ausländereigenschaft einer Prozesspartei einen Einfluss auf die Rechtsprechung des Reichsgericht hatte.[18] Frühere wissenschaftliche Veröffentlichungen, die den gleichen Zeitraum untersuchen, befassen sich im Wesentlichen mit der gesetzlichen Entstehung und Entwicklung des Erfindungsschutzes in Deutschland[19] oder aber mit Geheimpatenten im Krieg.[20] *Joachim Bußmann*[21] analysiert in seiner Frankfurter Dissertation von 1975: „Die patentrechtliche Zwangslizenz“ u.a. die damals greifbaren[22] Entscheidungen des Reichsgerichts zu dieser Thematik unter Einbeziehung der Entscheidungen des Patentamts. Die Analyse der Entscheidungen ist systematisch angelegt mit Einbeziehung beider Entscheidungsgremien. Der vorliegenden Untersuchung liegen alle Entscheidungen des Reichsgericht – etwa ein

---

16 Vgl. u.a. *du Bois-Reymond/Wagner,* GRUR 1899, S. 26 ff.; hierauf verweisend auch *Bußmann,* Zwangslizenz, S. 31; *Bède,* GRUR 1898, S. 70, 71; *Schönfeld,* S. 70; a.A. *Dunkhase,* GRUR 1909, S. 97, 100; *Pfanner,* GRUR Int. 1985, S. 357, 361ff m.w.N. zu aktuellerer Kritik zu Zwangslizenzen wg. Nichtausführung bei Ausländern; siehe hierzu auch *Damme,* GRUR 1908, S. 290ff.

17 Vgl. *Dunkhase,* GRUR 1909, S. 97.

18 Siehe in diesem Zusammenhang auch *Schaefer,* GRUR 1897, S. 134 ff. zum Einfluss der Nationalität zur Erlangung des Patentschutzes.

19 Eine vertiefte Darstellung des Entstehungsprozesses gibt z.B. die Dissertation von *Gido Heß* in „Die Vorarbeiten zum Deutschen Patentgesetz vom 25. Mai 1877“ (1966); einen umfassenden deutschen und internationalen Überblick verschaffen *Peter Kurz* in „Weltgeschichte des Erfindungsschutzes“ (2000) und *Alexander K. Schmidt* in „Erfinderprinzip und Erfinderpersönlichkeitsrecht im deutschen Patentrecht von 1877 bis 1936“ (2009); *Margrit Seckelmann* befasst sich mit der „Industrialisierung, Internationalisierung und Patentrecht im Deutschen Reich“ (2006).

20 Siehe *Mächtel,* PatentR im Krieg.

21 *Joachim Bußmann,* „Die patentrechtliche Zwangslizenz“, Diss. 1975.

22 Erst mit der Deutschen Einheit und dem Inkrafttreten des Einigungsvertrages 1990 gelangte eine vollständige Sammlung sämtlicher Urteile und Beschlüsse des Reichsgericht in den Besitz der Bibliothek des Bundesgerichtshofes. Zuvor war diese in der Bibliothek des Obersten Gerichts der Deutschen Demokratischen Republik archiviert, welche diese 1949 aus der Bibliothek des Reichsgerichts übernahm, *Schubert* Erkenntnisse, Jahrgänge 1900 und 1901, S. 1.

Drittel mehr als 1975 verfügbar waren – zugrunde. Gewählt wurde im Gegensatz zur Studie von *Bußmann* ein rein historischer Ansatz nach Zeitabschnitten. Weiterhin werden die Entscheidungen des Reichsgerichts einzeln unter Berücksichtigung des konkreten Sachverhalts analysiert, wobei die von Bußmann entwickelten Bewertungskriterien teilweise mitberücksichtigt werden konnten.

Gegenstand der Untersuchung sind somit sämtliche veröffentlichten[23] sowie darüber hinaus auch alle unveröffentlichten Entscheidungen des Reichgerichts zum Ausführungs- und Lizenzzwang in der Zeit zwischen 1879 und 1945. Vervollständigt werden sie durch einige wichtige Entscheidungen des Kaiserlichen Patentamtes[24] zwischen 1877 und 1945. Hierzu wurden die in der Bibliothek des Bundesgerichtshofs in Karlsruhe archivierten und ungekürzten Entscheidungen des Reichsgerichts sowie sämtliche hierzu noch im Bundesarchiv, Dienststelle Berlin-Lichterfelde, vorhandenen Prozessakten herangezogen. Ferner wurden die relevanten, ebenfalls im Bundesarchiv, Dienststelle Berlin-Lichterfelde, archivierten Behördenakten des Reichspatentamts, des Reichsministeriums des Inneren, des Reichsjustizministerium, des Reichsgerichts, des Reichskanzleramtes, sowie des Reichswirtschaftsministeriums gesichtet. Die rechtswissenschaftliche Literatur wurde berücksichtigt, um bei einigen – seinerzeit brisanten – Diskussionsthemen das Gesamtbild abzurunden und zu verdeutlichen.

Die Arbeit gliedert sich in vier Teile. Der erste Teil befasst sich mit der Entstehung und Entwicklung des Ausführungs- und Lizenzzwangs in Deutschland. Er gibt einen Überblick über die vor in Kraft treten des Patentgesetzes von 1877 geltenden Gesetzgebungen und die Ursachen, welche zum ersten gesamtdeutschen Patentgesetz führten. Maßgeblich wird hierbei die Rolle des

23 Die wesentliche Entscheidungen des Kaiserlichen Patentamts bzw. des Reichsgerichts wurden in dem seit 1877 vom Kaiserlichen Patentamt herausgegebenen „*Patentblatt*" (ab 1894 „*Blatt für Patent- Muster und Zeichenwesen*") veröffentlicht. Ab 1896 zudem in der vom *Deutschen Verein zum Schutz des gewerblichen Eigenthums* (heute „*Deutsche Vereinigung für gewerblichen Rechtschutz und Urheberrecht*") herausgegebenen Zeitschrift „*Gewerblicher Rechtsschutz und Urheberrecht.*" Patentrechtliche Entscheidungen aus der Zeit 1881 bis 1914 wurden zudem von *Gareis* in einer Sammlung veröffentlicht. Entscheidungen bis 1913 wurden ferner in einem Sammelband von *Reizenbaum/Leander* veröffentlicht. Die „*Patentblätter*" bzw. das „*Blatt für Patent-Muster und Zeichenwesen*" der Jahrgänge 1894 bis 1945, der GRUR von 1896 bis 1945 sowie die Sammlungen von *Gareis* und *Reizenbaum/Leander* wurden für diese Arbeit vollständig ausgewertet. Vereinzelte Veröffentlichungen aus dieser Zeit finden sich zudem u.a. in der *Juristischen Wochenschrift*, den *Mitteilungen vom Verband Deutscher Patentanwälte* sowie der Monatsschrift *Markenschutz und Wettbewerb*.

24 Im Jahre 1919 wurde das Kaiserliche Patentamt in „Reichspatentamt" umbenannt.

Ausführungs- und Lizenzzwangs beleuchtet sowie dessen Weiterentwicklung in den Gesetzesnovellen nach 1877 bis 1945. Die grundsätzliche historische Debatte zum Schutz von Erfindungen als solche wird immer dann geschildert, wenn sie für die Darstellung und Entwicklung des Ausführungs- und Lizenzzwangs notwendig und sinnvoll erscheint.

Der zweite Teil erläutert das formale patentrechtliche Verfahren und die prozessualen Zuständigkeiten im Zusammenhang mit der Zurücknahme vom Patenten sowie der Erteilung von Zwangslizenzen (ab 1911) nach § 11 bzw. 15 PatG.[25] Hierzu werden neben den rechtlichen Voraussetzungen auch die an den Entscheidungen beteiligten Richter des I. Zivilsenats sowie die Rolle anderer Behörden beleuchtet.

Den Schwerpunkt der Arbeit bildet der dritte Teil, in dem die materiellen Voraussetzungen zum Ausführungs- und Lizenzzwang im Patentrecht vornehmlich anhand des Tatbestandsmerkmals des „öffentlichen Interesses" im geschichtlichen Kontext herausgearbeitet werden. Hierzu werden die Reichsgerichtsentscheidungen der Jahre 1879 bis 1945 unter wirtschaftlichen, technischen und sozialen Gesichtspunkten diskutiert. Insbesondere wird durch eine Analyse der Parteien und Sachverhalte der Frage nachgegangen, ob die Regelungen zum Ausführungs- und Lizenzzwang vornehmlich zum Nachteil der ausländischen Konkurrenz instrumentalisiert wurde.

Abschließend werden im letzten Teil die Ergebnisse der Arbeit zusammengetragen und bewertet sowie eine Ausblick zur weiteren Entwicklung des Ausführungs- und Lizenzzwangs gegeben.

25 Mit der Gesetzesnovelle vom 6. Juni 1911 wurden die Paragraphen teilweise neu nummeriert. Der ehemalige § 11 befand sich nunmehr in § 15 PatG.

1. Teil: Die Anfänge des Erfindungsschutzes und die Entwicklung des Ausführungs- und Lizenzzwangs in den gesetzlichen Regelungen

Die Vergabe von Patenten hat ihren Ursprung nicht erst im 19. Jahrhundert, dem Zeitalter der industriellen Revolution. Schon im ausgehenden Mittelalter erteilten Königshäuser so genannte Sonderprivilegien.[26] Hierbei standen weniger der Schutz von Erfindungen im Vordergrund als die ökonomischen Interessen der Landesherren. Mit der Zahl der erteilten Privilegien wuchsen aber auch die Missverhältnisse unter den Gewerbetreibenden, das weckte das Bedürfnis nach einem einheitlichen und geregelten Erfindungsschutz.

Dennoch dauerte es bis Mitte des 19. Jahrhunderts, bis die Weichen für ein gesamtdeutsches Patentgesetz gestellt wurden. Es waren die ab Mitte des 17. Jahrhunderts einsetzenden ersten patentrechtlichen Entwicklungen im Ausland, die den Entstehungsprozess des Reichspatentgesetzes von 1877 maßgeblich beeinflussten. In den damaligen partikularen wirtschaftlichen und politischen Verhältnissen in Deutschland hatten die einzelnen Staaten unterschiedliche Regelungen zum Patentrecht. In dieser Fülle an Normen formierten sich vor allem zwei Lager: die patentablehnende Freihandelsbewegung und die patentbefürwortenden Techniker, Ingenieure und erfindungsverwertenden Unternehmen. Über rund 25 Jahre diskutierten sie über die grundsätzliche Frage der Notwendigkeit eines Erfindungsschutzes. Dem Ausführungs- und Lizenzzwang kam in dieser „Patentkontroverse" eine schlichtende, mitunter entscheidungserhebliche Rolle zu: Die Pflicht, Patente auch auszuführen, und die Möglichkeit, Lizenzen von den Patentinhabern zu erwerben, konnte den Einwand der Gegner entkräften, dass Patente schädliche Monopole schufen. Die Bestimmungen zum Ausführungs- und Lizenzzwang waren daher insbesondere im Rahmen der parlamentarischen und außerparlamentarischen Bemühungen um einen gesamtdeutschen patentrechtlichen Erfindungsschutz eine der meist diskutierten und kritisierten Regelungen[27].

Die Entwicklung des Ausführungs- und Lizenzzwangs ist damit unmittelbar mit der seinerzeit kontrovers diskutierten Frage des grundlegenden Bestehens eines Patentschutzes und den damaligen wirtschaftlichen und politischen

26 *Beier*, GRUR 1978, S. 123, 124.
27 Vgl. Kommissionsbericht des Reichtags, Drucks-RT 1877, Nr. 144, S. 401.

Verhältnissen im Deutschland verbunden. Von besonderem Interesse ist hierbei, welche Einflüsse und Faktoren auf die Entstehung des Patentgesetzes eingewirkt haben und wie diese die einzelnen Bestimmungen des Patentgesetzes die Ausgestaltung des Ausführungszwanges und des Lizenzzwangs beeinflusst haben.

A. Von den Sonderprivilegien zum Erfindungsschutz

Der Ursprung des Erfindungsschutzes liegt in der seit dem ausgehenden Mittelalter üblichen Gewährung von Sonderprivilegien durch die jeweiligen Landesherren.[28] Hierbei handelte es sich aber nicht um Patente im heutigen Sinne, sondern um – meistens willkürlich erteilte – Gnadenakte des jeweils gewährenden Herrschers.[29] Sie wurden nicht nur für Erfindungen erteilt, sondern auch für jegliche Art von Vorrechten.[30] Manche waren befristet, andere nicht. Einige enthielten einen Schutz vor Nachahmung oder die Erlaubnis zur alleinigen Ausübung einer Erfindung oder eines Gewerbes.[31] Gemeinsam war ihm die territoriale Beschränkung des Schutzes auf den gewährenden Einzelstaat.[32] Ebenso vielfältig wie die Ausgestaltung war der angestrebte Zweck solcher Privilegienvergaben. Neben der Förderung des inländischen Gewerbefleißes konnten auch *„Günstlingen des Hofes oder Geldgebern der königlichen Kassen gewinnträchtige Monopolrechte“* eingeräumt oder Dispense von gesetzlichen Verboten erteilt werden.[33] Vor allem aber stellte die Vergabe von Sonderprivilegien eine verlässliche Geldquelle für die Krone dar.[34] Allerdings führten die wachsende Anzahl von Sonderprivilegien und deren willkürliche und teilweise missbräuchliche Vergabe mit der Zeit zu erheblichen Missständen. In diesem Klima der Unzufriedenheit entstand eine erste Debatte um gesetzliche Regelungen und den Schutz von Erfindungen.[35]

Die Befürworter eines Patentschutzes stützten ihre Argumentation im Wesentlichen auf vier unterschiedlichen Theorien,[36] welche einander zwar nicht

28 *Beier,* GRUR 1978, S. 123, 124.

29 *Beier,* GRUR 1978, S. 123, 124; *Bluhm,* GRUR 1952, S. 341 f.

30 *Beier,* GRUR 1978, S. 123, 124; *Bluhm,* GRUR 1952, S. 341 f.

31 *Machlup,* GRUR Int. 1961, S. 373, 374.

32 Vgl. *Bluhm,* GRUR, 1952, S. 341; *Damme,* Handbuch, S. 44.

33 *Machlup,* GRUR Int. 1961, S. 373, 374.

34 *Bluhm,* GRUR 1952, S. 341f.

35 Vgl. *Bluhm,* GRUR 1952, S. 341, 342.

36 *Machlup,* GRUR Int. 1961, S. 373, 377; siehe hierzu auch *Jung,* ZWeR, S. 379, 381 und *Klopmeier,* CIPReport 2007, 40f.; allg. zum Patentschutz *von Moser,* GRUR 1929, S. 1331 ff.

ausschlossen, zur Rechtfertigung aber unterschiedliche Aspekte in den Vordergrund rückten. Die *Theorie des Geistigen Eigentums* hatte einen persönlichkeitsrechtlichen Ansatz. Sie setzte das Recht an einer Erfindung dem Eigentum an einer körperlichen Sache gleich, welches dem Urheber Kraft seiner geistigen Arbeit zustand.[37] Die *Belohnungstheorie* setzte auf das Gerechtigkeitsempfinden und ging davon aus, dass jeder ein natürliches Recht habe, einen angemessenen Lohn für seine Arbeit zu erhalten.[38] D.h. jedem, der etwas Nützliches für die Allgemeinheit leiste, gebühre eine entsprechende Belohnung – etwa eine Beteiligung am Wirtschaftsleben. Ein solches Recht müsse von der Allgemeinheit durch befristete Monopole in Form von Patenten geschützt werden. Im Gegensatz dazu rechtfertigte die *Anspornungstheorie* Patente aus rein volkswirtschaftlichen Gesichtspunkten.[39] Erfindungen wurden für die Allgemeinheit als wünschenswert erachtet.[40] Zur Förderung des Erfindertums wollte man einen Anreiz schaffen, der es ermöglichte, das wirtschaftliche Forschungs- und Entwicklungsrisiko zu reduzieren. So sollten durch eine in Aussicht gestellte Patenterteilung und durch die damit verbundene befristete Monopolstellung Wettbewerbsvorteile und gesteigerte Gewinnchancen gesichert werden. In der *Vertragstheorie* wurde das Patent als ein synallagmatischer Vertrag zwischen dem Erfinder und dem Staat verstanden.[41] Der Erfinder räumte damit der Allgemeinheit die Nutzungsrechte an seiner Erfindung zunächst teilweise, nach einer gewissen Zeit jedoch vollständig ein. Im Gegenzug schützte der Staat ihn zeitlich begrenzt bei der Ausnutzung seiner Erfindung gegen Konkurrenz.[42]

Die verschiedenen Theorien erfuhren im Rahmen der Debatte um die Rechtfertigung eines Erfindungsschutzes massive Kritik.[43] Die Gegner bezweifelten

---

37 Die Theorie des Geistigen Eigentums kam bereits im französischen PatG von 1791 zum Ausdruck, in Deutschland wurde sie aber insbesondere von *Klostermann* in seinem Werk „Das geistige Eigentum an Schriften, Kunstwerken und Erfindungen, nach Preußischem und internationalem Recht" vertreten, vgl. hierzu ausführlich *Heß*, Vorarbeiten, S. 42 ff.

38 Die Belohnungstheorie legte in Deutschland u.a. das Preußische Publikandum vom 14. Oktober 1815 (sie hierzu auch sogleich unter 1. Teil, B., I., 2., a., S. 16ff.) zugrunde, in dessen Einleitung die *„Belohnung des Kunstfleißes"* Erwähnung findet, vgl. *Heß*, Vorarbeiten, S. 45 ff.

39 Hierzu ausführlich m.w.N. *Machlup*, GRUR Int. 1961, S. 373, 377 ff.

40 Hierzu auch *Weber*, Erfinderrecht, S. 12, 16 ff.

41 *Barthel*, Patentfrage, S. 21 f.

42 *Fleischer*, Patentgesetzgebung, S. 14 f.

43 Hierzu ausführlich *Machlup*, GRUR Int. 1961, S. 373 ff. (1.Teil), 473 ff. (2. Teil), 524 ff. (3. Teil).

nicht nur die ökonomische Relevanz eines Erfindungsschutzes. Sie sahen in einer Erfindung vielfach ein Allgemeingut, welches keines Schutzes bedarf, sondern allen gleichermaßen zustand. Ihre ablehnende Haltung verhinderte über viele Jahre die Schaffung eines einheitlichen Erfindungsschutzes. Im Ergebnis setzten sich die Kritiker jedoch nicht gegen die aufkommende pro-patentrechtliche Stimmungslage in der Öffentlichkeit durch.

Nachdem die Patentbefürworter Mitte der 1870er Jahre in der Patentkontroverse die Oberhand gewonnen hatten, spielten die verschiedenen Theorien im Entstehungsprozess des Reichspatentgesetzes nur noch eine untergeordnete Rolle. In den Motiven zum Reichspatentgesetz von 1877[44] fanden diese mit keinem Wort explizit Erwähnung. Gleichwohl zeigt sich in der Begründung des Gesetzes, dass diese nicht vollständig unberücksichtigt blieben, auch wenn sich der historische Gesetzgeber keiner der Theorien explizit anschloss. Er folgte damit der Empfehlung der vom Reichstag eingesetzten Kommission,[45] welche ausführte: „*Mußten diese Erwägungen die Kommission im Prinzipe zu einer dem Patentschutze günstigen Auffassung führen, so erscheint es überflüssig, den Versuch zu einer Einigung der verschiedenen Ansichten darüber zu machen, ob die Rechtfertigung des Patentschutzes für den Gesetzgeber ausschließlich oder vorwiegend in der Anerkennung des geistigen Eigenthums an der neuen Erfindung, der in der wirtschaftlichen Zweckmäßigkeit und der Rücksicht auf internationale Interessen zu suchen sei.*“[46]

B. Einfluss von wirtschaftlichen und politischen Verhältnissen auf den Entstehungsprozess eines gesamtdeutschen Patentgesetzes

Die Entstehungsgeschichte des ersten gesamtdeutschen Reichspatentgesetzes ist beeinflusst von vielen verschiedenen Ereignissen und Faktoren.[47] Die frühen patentrechtlichen Gesetzgebungen im Ausland, vor allem in England und Frankreich, spielten hierbei eine entscheidende Rolle. Durch den Partikularismus in Deutschland Mitte des 19. Jahrhunderts entstand eine undurchsichtige Vielzahl an Regelungen zum Erfindungsschutz, welche – zum Unmut der aufkommenden Industrie – zu ebenso vielen rechtlichen und praktischen Problemen beim

---

44 Entwurf PatG nebst Motiven, Drucks-BR 1877, Nr. 14; Entwurf PatG nebst Motiven, Drucks-RT 1877, Nr. 8.

45 Hierzu ausführlich unten 1. Teil, C. IV. 1. (S. 41 ff.).

46 Kommissionsbericht des Reichstags, Drucks-RT 1877, Nr. 144, S. 396 f.

47 Hierzu ausführlich *Heß*, Vorarbeiten, S. 18 ff.

Schutz von Erfindungen führten. Ein flächendeckender Patentschutz über die Grenzen eines Bundesstaates hinaus war nahezu unmöglich. Hinzu kam eine leidenschaftlich geführte Grundsatzdiskussion über den generellen Nutzen von Erfindungspatenten. Den entscheidenden Ausschlag für eine gesetzliche Regelung gaben schließlich die Überlegungen zum Ausführungs- und Lizenzzwang sowie die Anfang der 1870er Jahre aufkommende Wirtschaftskrise.

I. Die Patentgesetze einzelner Länder vor Verabschiedung einer gesamtdeutschen Lösung und deren Regelungen zum Ausübungs- und Lizenzzwangs

Die Entwicklung weg von der Privilegienpraxis hin zu einem gesetzlich geregelten Schutz von Erfindungen vollzog sich zunächst im Ausland[48] und hatte so Vorbildfunktion für die Entwicklungen in den deutschen Staaten. Das englische *Statute of Monopolies* von 1624 galt lange Zeit als eine Art „*Magna Charta des Erfindungsschutzes*".[49] Aber auch die Fortschritte im französischen Erfindungsschutz hatten maßgeblichen Einfluss auf die Entwicklungen in Kontinentaleuropa.[50] Schon das erste französische Patentgesetz vom 7. Januar 1791[51] enthielt die Verpflichtung, nach der eine patentierte Erfindung innerhalb von zwei Jahren zur Ausführung gebracht werden musste.[52] Andernfalls ging der Patentinhaber aller seiner Rechte verlustig. Eine solche Norm fand Einzug in die Gesetzgebung nahezu aller deutschen Staaten mit Regelungen zum Erfindungsschutz und später – wenn auch in abgemilderter Form – in § 11 des Reichspatentgesetzes von 1877.

Die Fortschritte im Ausland hin zu einem patentrechtlichen Schutz von Erfindungen, wirkten sich jedoch nicht gleichmäßig, und erst recht nicht einheitlich in den deutschen Staaten aus. Unmittelbar vor Inkrafttreten des ersten gesamtdeutschen Patentgesetzes am 1. Juli 1877 galt in den Bundesstaaten des Deutschen Reichs eine Vielzahl an Regelungen[53] zum Schutz von Erfindungen. Diese

---

48 Vgl. *Beier*, GRUR 1978, S. 123, 125; siehe hierzu auch *Nirk*, 100 Jahre Patentschutz, S. 345, 348 ff.

49 Vgl. *Kohler*, Handbuch, S. 19; siehe hierzu auch *Dölemeyer*, Patentrecht und Musterschutz, S. 4069; *Wolf*, GRUR 1932, S. 1085, 1087 f.

50 Vgl. *Damme*, Handbuch, S. 28.

51 „*LOI relative aux découvertes utiles et aux moyens d'en assurer la propriété*" (Gesetz in Betreff nützlicher Erfindungen und der Mittel, den Erfindern das Eigenthumsrecht hierauf zu sichern), abgedruckt bei *Schuller*, S. 105 ff.

52 § 16 Abs. 4 des französischen Patentgesetzes von 1791.

53 Siehe hierzu sogleich ausführlich unter 1. Teil, B. I. (S. 11 ff.).

unterschieden sich nicht etwa nur in der jeweiligen territorialen Wirksamkeit, sondern insbesondere auch in den Anforderungen an die Gewährung von Patenten bzw. Privilegien.

In den vom französischen Recht beeinflussten Staaten, wie etwa dem Königreich Bayern, galt das Anmeldesystem ohne Vorprüfung, d.h. es spielte keine Rolle, ob der jeweilige Anmelder auch tatsächlich der Erfinder war. Im Königreich Preußen dagegen wurden nur selbst erfundene Neuerungen anerkannt.[54] Dies führte dazu, dass u.U. der echte Erfinder eines in Preußen patentierten Gegenstandes seine Produkte nicht nach Bayern einführen – geschweige denn patentieren lassen – durfte, wenn dort bereits ein anderer seine Erfindung hatte patentieren lassen.

Erschwerend wirkten sich zudem die unterschiedlichen Verpflichtungen zur Ausführung einer patentierten Erfindung aus. Während aber das Rechtsinstitut des Ausübungszwangs bereits in zahlreichen bundesstaatlichen Regelungen verankert war,[55] fand das Institut der des Lizenzzwangs erst mit dem Reichspatentgesetz vom 25. Mai 1877 Einzug in den kodifizierten Erfindungsschutz.

Wer im gesamten Wirtschaftsgebiet des Deutschen Bundes seine Erfindung schützen wollte, musste in 20 und mehr Staaten Patente bzw. Privilegien erwirken.[56] Das bedeutete nicht nur einen enormen formalen Aufwand, sondern auch wirtschaftliche Nachteile. Zum einen fielen in jedem Staat Gebühren an, zum andern wurde vielfach die Produktion der Erfindung in jedem Einzelstaat gefordert (Ausübungszwang). Dies führte nicht selten dazu, dass Erfinder ihre Erfindungen geheim hielten – was für den technischen Fortschritt hinderlich war – oder aber in Länder mit einem moderneren Patentschutz, wie etwa England, auswanderten, um dort ihre Erfindungen zu vermarkten.[57]

Die folgende Darstellung gibt die Regelungen zum Ausführungs- und Lizenzzwang zur Zeit des Deutschen Kaiserreiches wieder, und zwar jeweils in der damals gültigen Fassung vor Verabschiedung des Reichspatentgesetzes am 25. Mai 1877.

1. Die für Deutschland prägendsten Entwicklungen im Ausland

Das Ausland spielte bei der Entwicklung des Schutzes von Erfindungen und deren Regelungen zum Ausführungs- und Lizenzzwang eine entscheidende

54 Vgl. *Damme,* Handbuch, S. 41.

55 Siehe hierzu sogleich unter 1. Teil, B. I. 4. (S. 26 f.).

56 Vgl. *Damme,* Handbuch, S. 44; *Heggen,* GRUR 1977, S. 322.

57 Vgl. *Heggen,* GRUR 1977, S. 322; *Heß,* Vorarbeiten, S. 22 ff.; *Schönfeld,* S. 66, 68.

Rolle. Insbesondere England und Frankreich,[58] aber auch die USA – welche den deutschen Staaten Mitte des 19. Jahrhunderts technisch und wirtschaftlich weit voraus waren – hatten hier Vorbildfunktion.

a) Frankreich

Bereits das erste französische Patentgesetz vom 7. Januar 1791,[59] das durch das Patentgesetzes vom 5. Juli 1844 abgelöst wurde (Art. 52 PatG Patentgesetz 1844), enthielt eine Verpflichtung zur Ausführung einer patentierten Erfindung.[60] Am Grundprinzip, d.h. dem reinen Anmeldungsverfahren ohne Vorprüfung und der Verpflichtung zur Ausführung einer patentierten Erfindung, wurde aber auch nach 1844 festgehalten.[61]

Nach Art. 32 Nr. 2 des Patentgesetzes vom 5. Juli 1844[62] musste die patentierte Erfindung innerhalb von zwei Jahren in Frankreich zur Ausführung gebracht werden, andernfalls ging der Patentinhaber aller seiner Rechte verlustig.[63] Diese Rechtsfolge trat auch dann ein, wenn die Ausführung länger als zwei Jahre unterbrochen wurde. Für eine Fristverlängerung mussten entsprechende Entschuldigungsgründe nachgewiesen werden. Dieser Vorschrift wurde sehr streng gehandhabt. Ausreichend war aber bereits die Erteilung von Lizenzen, sofern damit sichergestellt war, dass die patentierte Erfindung tatsächlich – sei es auch nur durch den Lizenznehmer – im Inland hergestellt wurde.[64] Zur Erteilung von Lizenzen konnte ein Patentinhaber in Frankreich jedoch unter keinen Umständen gezwungen werden.[65]

---

58 Vgl. *Deppe*, Handbuch, S. 28.

59 „*LOI relative aux découvertes utiles et aux moyens d'en assurer la propriété*" (Gesetz in Betreff nützlicher Erfindungen und der Mittel, den Erfindern das Eigenthumsrecht hierauf zu sichern), abgedruckt bei *Kurz*, S. 242ff. und *Schuller*, S. 105 ff.

60 Siehe hierzu auch *Gómez Segade*, GRUR Int. 1973, S. 95, 98.

61 Vgl. *Klostermann*, Patentgesetzgebung, S. 328.

62 Art. 32 des französischen Patentgesetzes vom 5. Juli 1844 lautet: „*Sera déchu de tous ses droits: 2. Le breveté qui n'aura pas mis en exploitation sa découverte ou invention en France dans le délai de deux ans à dater du jour de la signature du brevet, ou qui aura cessé de l'exploiter pendant deux années consécutives, à moins que, dans l'un ou l'autre cas il ne justifie des causes de son inaction*", abgedruckt bei *Klostermann*, Patentgesetzgebung, S. 341, sowie bei *Kraetzer*, S. 13 eine Übersetzung der Fassung der Novelle vom 7. April 1902.

63 Siehe hierzu auch *Feiler*, GRUR 1941, S. 5 ff.

64 Vertiefend hierzu *Kraetzer*, S. 13, m.w.N., *Damme*, Handbuch, S. 27 ff.; *du Bois-Reymond/Wagner*, in GRUR 1899, S. 293, 296.

65 Vgl. *du Bois-Reymond/Wagner*, in GRUR 1899, S. 293, 296.

b) England

England kannte als eines der ganz wenigen Länder mit einer früh ausgeprägten Privilegien- und Monopolpatentpraxis keine Verpflichtung zur Ausführung einer patentierten Erfindung.[66] Patentierte Verfahren und Produkte mussten nicht im Königreich England hergestellt werden, sondern konnten vollständig importiert werden. Dies erscheint umso verwunderlicher, da die englische Patentgesetzgebung starken Einfluss auf nahezu alle europäischen Patentgesetze des 19. Jahrhunderts hatte. Das englische *Statute of Monopolies* von 1624 galt lange Zeit als das Modellgesetz im modernen Erfindungsschutz.[67] Erst im Rahmen einer Novelle im Jahre 1909 wurde eine gesetzliche Verpflichtung zur Ausführung einer Erfindung im Inland eingeführt.[68]

Was den Lizenzzwang betrifft, so kam es im Nachgang zur Weltausstellung von 1862 in England zu Diskussionen über eine Reform des Patentgesetzes.[69] Zur Prüfung der bestehenden Gesetzgebung wurde durch königlichen Befehl vom 1. September 1862 eine Kommission eingesetzt. Diese befasste sich auch mit der Frage der Zwangslizenz. Zwar fanden sich einige Befürworter eines solchen Rechtsinstituts; mangels Lösung hinsichtlich der Berechnung der zu gewährende Entschädigung wurde diese aber nicht weiterverfolgt.[70] Zu einer Empfehlung der Kommission kam es daher nicht.

Anfang 1872 wurde der Ausführungs- und Lizenzzwang erneut thematisiert. Ein eigens hierzu vom Unterhaus eingesetzter Ausschuss mit Sachverständigen sollte entsprechende Vorschläge prüfen und unterbreiten. In seinem Schlussbericht vom 8. Mai 1872 empfahl dieser u.a. „*Dass alle Patente unter der Bedingung zu ertheilen sind, dass das Gewerbe im Inlande in hinreichendem Umfang betrieben werden muss, um die Nachfrage unter billigen Bedingungen zu befriedigen, und dass der Patentinhaber ernsthaften Bewerbern Licenzen unter billigen Bedingungen gewähren muss, welche bei mangelnder Einigung von dem Patentamte festgesetzt werden.*“[71] Ein entsprechender Gesetzesentwurf, welcher eine

---

66 Vgl. *du Bois-Reymond/Wagner*, in GRUR 1899, S. 293, 297.

67 Vgl. *Dölemeyer*, Patentrecht und Musterschutz, S. 4069; siehe hierzu auch *Wolf*, GRUR 1932, S. 1085, 1087f.; *Fischer*, Mitt. 1968, S. 5.

68 Vgl. *Dunkhase*, GRUR 1909, S. 97 ff.; *Inhulsen*, GRUR 1909, S. 175 ff.; *v. Heppe* weist darauf hin, dass sich in den Anfängen durch materielle Rechtsfortbildung in der Gerichtsbarkeit eine Pflicht zur Ausführung einer patentierten Erfindung entwickelte, dieser Trent aber mit Gesetz gestoppt wurde, *v. Heppe*, S. 41, Fn. 48.

69 *Klostermann*, Patentgesetzgebung, S. 291 f.

70 Vgl. *Klostermann*, Patentgesetzgebung, S. 295.

71 *Klostermann*, Patentgesetzgebung, S. 297.

Ausführungsfrist von zwei Jahren mit anschließendem Lizenzzwang vorsah,[72] passierte zwar drei Lesungen im Oberhaus, wurde dann aber vor endgültiger Verabschiedung von der Regierung zurückgezogen.[73] Dieser Gesetzesentwurf war es, der die Regelung zum Ausführungs- und Lizenzzwang im ersten gesamtdeutschen Reichspatentgesetz maßgeblich beeinflusste.[74]

Erst Ende des 19. Jahrhunderts wurde mit Sec. 22 des britischen Patentgesetzes eine „*compulsory licence*" eingeführt.[75] Danach konnte der Patentinhaber vom Handelsamt („*Board of Trade*") gezwungen werden, Lizenzen an englische Unternehmen zu erteilen.[76] Voraussetzung hierfür war, dass in Folge der Weigerung des Patentinhabers, zu angemessenen Bedingungen eine Lizenz zu erteilen, (i) die Erfindung in England nicht ausgeführt wurde, oder (ii) die Erfindung dem Verbraucher im Inland nicht zugänglich war oder (iii) jemand gehindert wurde, seine Erfindung bestmöglich auszuführen oder anzuwenden.[77] Eine mangelnde Ausführung oder Verweigerung der Lizenz hatte aber nie den Verfall des Patents zur Folge.

c) Vereinigte Staaten von Amerika

Beeinflusst von der englischen Gesetzgebung, welche insbesondere in der zweiten Hälfte des 17. Jahrhunderts auf dem amerikanischen Kontinent präsent war, wurde am 10. April 1790 das erste amerikanische Patentgesetz verabschiedet,[78] welches aber bereits drei Jahre später durch ein neues Gesetz ersetzt wurde.[79] Grundlegend reformiert wurde das Gesetz erstmals 1836. Die Patenterteilung wurde von einer Vorprüfung hinsichtlich der Neuheit und Nützlichkeit der Erfindung abhängig gemacht.[80] Zudem wurde in Section 15 eine Verpflichtung aufgenommen, wonach die patentierte Erfindung innerhalb von 18 Monaten nach Patenterteilung im Inland ausgeführt werden musste.[81] Diese Verpflichtung wurde aber bereits drei Jahre später

72 Siehe hierzu *Landgraf*, Reichsgesetz, S. 74.

73 *Klostermann*, Patentgesetzgebung, S. 298; *Ders.*, Das Patentgesetz, S. 35 f.

74 Sitzungsprotokoll der Enquête v. 30. August 1876, Drucks-BR 1876, Nr. 70, S. 18, 19, 21; Kommissionsbericht des Reichstags, Drucks-BT 1877, Nr. 144, S. 406.

75 Vgl. *Dölemeyer*, Patentrecht und Musterschutz, S. 4071.

76 Vgl. *du Bois-Reymond/Wagner*, in GRUR 1899, S. 293, 297; *du Bois-Reymond/Wagner*, in GRUR 1899, S. 293, 297.

77 *du Bois-Reymond/Wagner*, in GRUR 1899, S. 293, 297.

78 Vgl. *Dölemeyer*, Patentrecht und Musterschutz, S. 4071 f.

79 Patent Act vom 21. September 1793; vgl. hierzu auch *Klostermann*, PatG, S. 37.

80 Vgl. *Klostermann*, PatG, S. 37; die Novelle vom 4. Juli 1836 wurde durch weitere Zusatzgesetze vom 3. März 1837, 3. März 1839, 29. August 1842 und 2. März 1861 ergänzt, vgl. *Ders.*, Das Patentgesetz, S. 37.

81 Vgl. hierzu auch *Stolle/Hübner*, Patentgesetzgebung, S. 31 f.

mit der nächsten Novelle vom 3. März 1839 wieder abgeschafft und auch im Rahmen der Novelle vom 8. Juli 1870 nicht wieder eingeführt.[82] Ohne Regelungen zum Ausführungs- und Lizenzzwang galt das US-amerikanische Patentgesetz vom 8. Juli 1870 als eines der bislang liberalsten Gesetze zum Erfindungsschutz.[83].

2. *Die Patentregelungen in deutschen Staaten*

Die Regelungen der deutschen Staaten zum Erfindungsschutz waren – wenn es überhaupt welche gab – sehr unterschiedlich ausgestaltet. Sie unterschieden sich insbesondere in den Anforderungen, die erfüllt sein mussten, um ein Patent zu erhalten. Dies spielgelte sich auch in den Regelungen zum Ausführungszwang wieder, wobei hier überwiegend die dem Patentinhaber zu gewährende Frist zur Ausübung der Erfindung den Unterschied machte.

a) Königreich Preußen

Der gesetzlich geregelte Schutz von technischen Erfindungen in Preußen geht zurück bis in das späte 18. Jahrhundert, wo bereits auf Grundlage des Allgemeinen Landesrechts von 1793 Privilegien für Erfindungen erteilt wurden.[84] Es handelte sich hierbei aber nicht um Patente im heutigen Sinne, sondern um Gnadenakte des Königs, auf die der jeweilige Erfinder keinen Rechtsanspruch hatte.[85] Die erste gesetzliche Fixierung in Preußen erfolgte am 14. Oktober 1815 mit dem *„Publicandum über die Erteilung der Patente"*,[86] welches bis zum Inkrafttreten des Reichspatentgesetzes vom 25. Mai 1877 Grundlage des gewerblichen Rechtsschutzes in Preußen war.[87]

---

82 Vgl. *du Bois-Reymond/Wagner,* in GRUR 1899, S. 293, 302f.; *Klostermann.* Patentgesetzgebung, S. 172; *Kraetzer,* S.10.

83 Vgl. *du Bois-Reymond/Wagner,* in GRUR 1899, S. 293, 302f.; im Juni 1874 wurden eine umfassende Kodifikation der Bundesgesetze vorgenommen, im Rahmen dessen die Bestimmungen des Gesetzes vom 8. Juli 1870 mit geringfügigen Änderungen im Wortlaut aufgenommen wurden, vgl. hierzu *Klostermann,* PatG, S. 38.

84 Vgl. hierzu grundlegend *Heggen,* Erfindungsschutz, S. 19ff.; *ders.,* GRUR 1974, S. 75 ff.

85 *v. Hepp,* S. 45ff.; *Heggen,* GRUR 1974, S. 75, 76; *Kraßer,* PatR 6. Aufl., § 5 Nr. 3.

86 Im Folgenden *„Publicandum"*; der Wortlaut des Publicandum ist u.a. abgedruckt bei *Heggen,* Erfindungsschutz, S. 143 ff. Das Publikandum erlangte erst nachträglich mit § 9 der Preußischen Allgemeinen Gewerbeordnung vom 17.1.1845 (Gesetzsammlung für die Königlichen-Preussischen Staaten 1845 (Nr. 5), S. 41 ff.) Gesetzesqualität, gleichwohl wurde dieses seit Erlass in der Praxis angewendet, *Klostermann,* Patentgesetzgebung, S. 234.

87 *Heggen,* GRUR 1974, S. 75, 77; siehe auch *Heß,* Vorarbeiten, S. 18ff.; *Kraßer,* PatR 6. Aufl., § 5 Nr. 3.

Das Publicandum verpflichtete mit seiner Nr. 6 den Patentinhaber, innerhalb von sechs Monaten von seiner Erfindung Gebrauch zu machen, andernfalls verfiel das Patent wieder.[88] Der Wortlaut der Regelung lautete: „*Der Patentirte muß von dem ihm verliehenen Rechte längstens vor Ablauf von sechs Monaten Gebrauch zu machen anfangen, widrigenfalls sein Recht ebenfalls für erloschen erachtet wird*".[89] In einer amtlichen Erläuterung zu dieser Bestimmung auf Grund eines Ministerialbeschlusses vom 1. Juni 1833 wurde zudem bestimmt, dass die Ausführung der patentierten Erfindung „*dem Finanz-Ministerium durch Beibringung eines Zeugnisses der Ortspolizeibehörde nachgewiesen werden*" *muss.*[90] Ferner konnte das Patent auch dadurch verwirkt werden, dass die Ausführung der Erfindung für ein ganzes Jahr unterbrochen wurde.[91] Die Ausführung der Erfindung musste zudem innerhalb des Preußischen Staates erfolgen.[92]

Im Gegensatz hierzu enthielt das Publicandum aber keine Regelung über die zwangsweise Erteilung von Lizenzen an patentierten Erfindungen. Dass das Rechtsinstrument der zwangsweisen Vergabe von Lizenzen als ein Mittel gegen den Missbrauch von Monopolen aber bereits bekannt war, zeigt eine Bestimmung im Preußischen Eisenbahngesetz vom 3. November 1838.[93] Nach dessen § 27 wurde die Eisenbahngesellschaft verpflichtet, nach Ablauf von drei Jahren auch andere Unternehmen zum Transportbetrieb die Nutzung des Schienennetzes gegen Entrichtung eines Bahngeldes zuzulassen, wenn das Handelsministerium dies für notwendig erachtete.[94] Konnte man sich nicht über die Höhe des Bahngeldes einigen, wurde dieses ebenfalls vom Handelsministerium festgesetzt.[95]

Bevor Preußen das Königreich Hannover und das Kurfürstentum Hessen im Jahre 1866 annektierte, hatten auch diese Staaten eigene Regelungen zum

88 Vgl. hierzu auch *Kohler*, Handbuch, S. 22 f.

89 Gesetzsammlung für die Königlichen-Preussischen Staaten 1845 (Nr. 5), S. 41 ff.

90 *Klostermann*, Patentgesetzgebung, S. 168.

91 Beschluss des Finanz-Ministers vom 6.11.1835 nach *Klostermann*, Patentgesetzgebung, S. 168.

92 Vgl. *Klostermann*, Patengesetzgebung, S. 189 m.w.N.

93 Gesetzsammlung für die Königlichen-Preussischen Staaten 1838 (Nr. 35), S. 505 ff.

94 § 27 des preußischen Eisenbahngesetzes: „*Nach Ablauf der ersten drei Jahre können zum Transportbetriebe auf der Bahn, außer der Gesellschaft selbst, auch andere gegen Entrichtung des Bahngeldes oder der zu regulierenden Vergütung (§§. 28–31. vgl. mit §. 45.), die Befugnis erlangen, wenn das Handelsministerium nach Prüfung aller Verhältnisse, angemessen findet, denselben eine Konzession zu erteilen.*"; siehe hierzu auch *Klostermann*, Patentgesetzgebung, S. 189.

95 § 29 des Preussischen Eisenbahngesetzes, Gesetzsammlung für die Königlichen-Preussischen Staaten 1838 (Nr. 35), S. 505 ff.

Schutz von Erfindungspatenten, welche aber im Zuge der Annektierung durch das Publicandum ersetzt wurden.[96] So enthielt z.B. das Königreich Hannover in seiner Gewerbeordnung vom 1. August 1847[97] in seinem X. Abschnitt detaillierte Regelungen über Erfindungspatente. Darin waren auch Regelungen über die verpflichtende Ausübung einer Erfindung im Inland enthalten. Neben der grundlegenden Regelung, dass Ausländern Patente nur dann erteilt werden konnte, „*wenn die Erfindung im Königreich zur Ausübung gebracht*" wurde,[98] fand sich in § 287 die Verpflichtung, das Patent innerhalb eines halben Jahres ab Patenterteilung im Land auszuüben, andernfalls drohte die Zurücknahme des Patents. Dasselbe galt, wenn die Ausführung einer Erfindung für ein halbes Jahr unterbrochen wurde. Die Regelungen lautete wie folgt: „*4) Zurücknahme der Patente §. 284 Das Patent soll zurückgenommen werden, (…) §. 287. Endlich: wenn die Erfindung ohne Grund ein halbes Jahr nach der Patentertheilung im Lande noch nicht in Ausübung gesetzt, oder die Ausübung ein halbes Jahr lang unterbrochen ist.*"

b) Königreich Sachsen

Das Königreich Sachsen verfügte über eine „*Verordnung, die Erteilung von Erfindungsprivilegien (Patenten) betreffend*" vom 20. Januar 1853,[99] welche die Vergabe von Patenten regelte. Wie bereits die vor Erlass dieser Verordnung geltenden Grundsätze zur Patent-erteilung[100] enthielt auch die Verordnung vom 20. Januar 1853 in § 9[101] eine Regelung zum Ausführungszwang der patentierten

---

96 Vgl. *Heß*, Vorarbeiten, S. 19.

97 Gesetz-Sammlung Hannover 1847, S. 215, 254–256; Wortlaut der Gewerbeordnung auch abgedruckt bei *Gehm*, in Mitt. 2004, S. 157, 158 ff.

98 Wortlaut des § 275 der Gewerbeordnung vom 1.8.1847: „*Ausländern kann ein Patent nur ertheilt werden, wenn die Erfindung im Königreich zur Ausübung gebracht werden soll.*"

99 Gesetzes- und Verordnungsblatt für das Königreich Sachsen 1853, S. 8–14.

100 Vgl. *Gehm*, Mitt. 2003, S. 450, 458; *Dölemeyer*, Patentrecht und Musterschutz, S. 4153; in einer von *Schuller* im Jahre 1843 veröffentlichte Gesetzessammlung über ausschließende Privilegien (dort S. 166f.) enthält für das Königreich Sachsen lediglich Grundsätze, welche ihm von einer „*vollkommen glaubwürdigen*" am Wiener Hofe residierenden königlich sächsischen Gesandtschaft mitgeteilt wurden. Ausführungen zur verpflichteten Ausführung einer patentierten Erfindung enthielt diese aber nicht.

101 § 9 lautet „*Die Gültigkeit jedes Erfindungsprivilegiums ist an die Bedingung geknüpft, daß die Erfindung binnen einer, vom Tage der Privilegienertheilung zu rechnende Frist von einem Jahr im Königreich Sachsen zur Ausführung oder Anwendung gelangt*

Erfindung.[102] Nach dieser musste die patentierte Erfindung binnen einer Frist von einem Jahr ab Patenterteilung im Königreich ausgeführt werden. Geschah dies nicht, so konnte das Patent zurückgenommen werden.[103] Ähnlich dem Reichspatentgesetz von 1877 konnte auch hier jedermann bei Darlegung der Nichtausführung die Zurücknahme eines Patentes beim Ministerium des Inneren beantragen.[104] Eine Regelung zum Lizenzierungszwang enthielt die Verordnung hingegen nicht.

c) Königreich Bayern

Im Königreich Bayern galten in der Zeit unmittelbar vor Inkrafttreten des Reichspatentgesetzes von 1877 im Grundsatz zwei Systeme zum Schutz von Erfindungen. In den linksrheinischen Gebieten, der seit 1816 zu Bayern gehörenden Rheinpfalz, galt die in französischer Zeit eingeführte Rechtsordnung nebst Gewerbefreiheit fort (aa), während in den übrigen (rechtsrheinischen) Kreisen des Königreichs Bayern die Erteilung von Erfindungspatenten gesondert geregelt wurde (bb).

aa) Linksrheinische bayrische Kreise („Rheinkreis“)

Die bayrische Pfalz behielt auch nach der Ära Napoleons I.[105] das französische Rechtssystem bei.[106] Damit galt das am 7. Januar 1791 in Kraft getretene

---

sei. Diese Frist kann verlängert werden, wenn der Inhaber des Patents bis spätestens vier Wochen vor Ablauf derselben bei dem Ministerium des Inneren unter gleichzeitiger Einsendung der Privilegienurkunde und der Kosten (nach Beilage 0 sub 3) darum nachsucht und beibringt, daß er an der Ausführung durch Verhältnisse behindert worten ist, deren Beseitigung nicht in seiner Macht lag. Die Verlängerung wird eintretenden Falles auf der Urkunde verlautbart. Kann die beantragte Verlängerung nicht gewährt werden, so erhält der Antragsteller die eingesendete Sume nach Abzug der für die Bescheidung zu erhebenden Kosten restituirt.“

102 *Klostermann,* Patentgesetzgebung, S. 254.

103 § 10 der sächsischen „*Verordnung, die Erteilung von Erfindungsprivilegien (Patenten) betreffend*“ vom 20. Januar 1853.

104 § 13 der sächsischen „*Verordnung, die Erteilung von Erfindungsprivilegien (Patenten) betreffend*“ vom 20. Januar 1853.

105 Die Herrschaft Napoleons I. endet endgültig mit der Niederlage in der Schlacht bei Waterloo (18.06.1815), siehe hierzu vertiefend auch *Köbler,* Deutsche Rechtsgeschichte, Dritter Teil, §7, S. 175 ff.

106 *Gehm,* Mitt. 2006, S. 385, 386; *Dölemeyer,* Patentrecht und Markenschutz, S. 4144 f.; *Damme,* Handbuch, Erstes Buch, Kap. III, S. 42 ff.; *Klostermann,* Patentgesetzgebung, S. 255.

französische Patentgesetz[107] gemeinsam mit den kaiserlichen Verordnungen vom 25. November 1806 und 15. Januar 1807, auch für die bayrische Pfalz.[108] Nach § 16 Abs. 4 des französischen Patentgesetzes[109] musste die patentierte Erfindung binnen zwei Jahren ausgeführt werden, andernfalls drohte die Rücknahme des Patentes.

bb) Rechtsrheinische bayrische Kreise

In den sieben älteren rechtsrheinischen Bezirken des Königreichs Bayers erfolgten der Schutz von Erfindungen und die Vergabe von Patenten („Gewerbeprivilegien")[110] auf Basis des Gewerbegesetzes vom 11. September 1825.[111] Dieses enthielt mit Art. 9 und 10 nur einige wenige grundlegende Regelungen[112] über die Vergabe und Rechte von Gewerbeprivilegien. Es handelte sich

---

107 *„LOI relative aux découvertes utiles et aux moyens d'en assurer la propriété"* (Gesetz in Betreff nützlicher Erfindungen und der Mittel, den Erfindern das Eigenthumsrecht hierauf zu sichern), abgedruckt bei *Kurz*, S. 242ff. und *Schuller*, S. 105 ff.

108 Vgl. zum französischen Recht *Stolle/Hübner*, Patentgesetzgebung, S. 22.

109 Der Wortlaut lautete: *„Tout inventeur qui, dans l'espace de deux ans, à compter de la date de sa patente, n'aura point mi sa découverte en activité, et qui n'aura point justifié les raisons de son inaction, sera déchu de sa patente."* („Jeder Erfinder, der binnen 2 Jahren von Datum des Patentes an, seine Erfindung nicht in Ausführung gebracht, und über die Gründe dieser seiner Untätigkeit sich nicht gerechtfertigt hat, wird seines Patents verlustig."), abgedruckt und übersetzt bei *Schuller*, S. 105 ff.

110 Vgl. *Gehm*, Mitt. 2006, S. 385, 388.

111 Ges.Bl. Bayern 1825, St. 14, S. 128, 136 f.; auch abgedruckt bei *Schuller*, S. 60 ff.; auszugsweise bei *Loosey*, S. 37 ff.

112 **Art. 9:** *„Für neue, oder im Königreich noch nicht angewandte Entdeckungen, Erfindungen oder nicht angewandte Entdeckungen, Erfindungen oder Verbesserungen im Gebiet der Gewerbe, werden auf Anmeldung, unter den festzusetzenden Bedingungen eigene Privilegien mit ausschliessender Wirkung für einen Zeitraum von höchstens 75 Jahren ertheilt, nach dessen Ablauf die Entdeckung, Erfindung oder Verbesserung öffentliches Gemeingut wird. Eingriffe in die Befugnisse der Privilegieninhaber werden mit einer Geldbuße bis fünfhundert Gulden bestraft, wovon jedesmal die eine Hälfte dem Betheiligten, die andere dem Armenfond des Ortes, wo der Eingriff entdeckt wurde, zufallen soll. Nebst dem werden die dem Privilegium zuwider gemachten oder eingeführten Gegenstände zum Vortheil des Privilegienbesitzers confisziert."* **Art. 10** *„ (Nr. 2) Über die Befugnis zum Gewerbe in Folge einer Concession oder eines Privilegiums, über den Umfang und die Erlöschung derselben, so wie über jede andere unter Gewerbs- und Privilegien-Inhaber entstehende, nach administrativen oder gewerbspolizeilichen Bestimmungen zu entscheidende Irrung, beschließen und verfügen in dem ihnen vorgezeichneten Wirkungskreise die Polizeibehörde. – Diese Behörden sind den berechtigten Gewerbs- oder Privilegien-Inhaber den erforderlichen Schutz*

somit um ein Rahmengesetz, welches durch weitere Verordnungen ausgefüllt werden musste. Dies erfolgte zunächst mit der Verordnung vom 28. Dezember 1825 „*Instruktion, den Vollzug der gesetzlichen Grundbestimmungen für das Gewerbewesen vom 11.9.1825*“[113], welche bis zur Einführung des Reichspatentgesetzes 1877 durch vier weitere Verordnungen vom 15. Augst 1834[114], 10. Februar 1842[115], 17. Dezember 1853[116] und 21. April 1862[117] ergänzt bzw. teilweise ersetzt wurde[118].

Erst mit der Verordnung vom 10. Februar 1842 wurde auch eine Verpflichtung zur Ausführung einer Erfindung kodifiziert. Nach § 30 Nr. 4 und 5 der Verordnung von 1842[119] musste das Patent im Regelfall innerhalb von drei Jahren ausgeführt werden, andernfalls erlosch es. Eine Löschung erfolgte auch dann,

---

gegen Anmassung, Pfuschereien oder Eingriff in ihre zuständige Gewerbsthätigkeit oder bevorzugte Befugniße auf Anrufen und von Amtswegen schleunig zu gewähren verpflichtet. Die Verhandlungen in allen diesen Fällen sind Höchst summarisch. Gegen die Beschlüsse der Unterbehörde ist nur noch eine einzige Berufung an die nächst vorgesetzte höhere Stelle zulässig. Nr. 3) Streitigkeiten zwischen zweien oder mehreren Betheiligten, über Erwerbung, Veräußerung, Verpachtung, Erlöschung oder Verödung von realen oder radicirten Gewerben (Art. 4), so wie über den aus einem Privatrechtstitel hergeleiteten Besitz eines Gewerbs-Privilegiums, und Streitigkeiten überhaupt, bei welchen der Klagegrund auf einem privatrechtlichen Titel beruht, eigen sich von nun an zur Entscheidung des ordentlichen Zivilgerichts.“

113 Reg.Int.Bl. Bayern 1825, S. 83 ff.

114 „*Königlich allerhöchste Verordnung über den Vollzug des Art. 9 der gesetzlichen Grundbestimmungen für das Gewerbswesen betr. v. 15.8.1834*“, Reg.Bl. Bayern 1834, Nr. 40, S. 992 f.

115 *Königlich allerhöchste Verordnung über den Vollzug der Grundbestimmungen des Gewerbswegesetzes vom 11. September 1825 über die Gewerbs-Privilegien betr. v. 10.2.1842*“, Reg.Bl. Bayern 1842, Nr. 12, S. 469–492.

116 „*Königlich allerhöchste Verordnung über den Vollzug der gesetzlichen Grundbestimmungen für das Gewerbswesen in den sieben älteren Kreisen des Königreichs betr. v. 17.12.1853*“, Reg.Bl. Bayern 1853, Nr. 73, § 172 ff., (S.1867, 1982).

117 „*Königlich allerhöchste Verordnung über den Vollzug der gesetzlichen Grundbestimmungen für das Gewerbswesen in den sieben älteren Kreisen des Königreichs betr. v. 21.04.1862*“,Reg.Bl. Bayern 1862, Nr. 20, § 91 ff., (S. 717, 807).

118 siehe hierzu ausführlicher auch *Dölmeyer*, Patentrecht und Musterschutz, S. 4144.

119 Wortlaut § 30 Nr. 4, 5 der Verordnung von 1842; „*Gewerbs-Privilegien verlieren ihre Wirksamkeit: (…) 4) Wenn der Inhaber eines Erfindungs-Privilegiums nicht binnen drei Jahren, oder, sofern das Privilegium auf weniger als sechs Jahre ertheilt worden ist, binnen der ersten Hälfte dieses Zeitraumes, oder wenn der Inhaber eines Einführungs-Privilegiums nicht binnen eines Jahres dasselbe in Ausübung gebracht hat; 5) wenn die Ausübung zwei Jahre lang aufgegeben worden ist; (…)*“.

wenn die Ausführung einer patentierten Erfindung für zwei Jahre unterbrochen wurde. Sofern das Patent nur auf sechs Jahre oder weniger erteilt wurde, verkürzte sich die Ausführungsfrist auf ein Jahr.

Eine zwangsweise Nutzungseinräumung an Dritte war hingegen nicht vorgesehen.

d) Königreich Württemberg

Das Königreich Württemberg verabschiedete auf Grundlage der Allgemeinen Gewerbe-Ordnung von 22. April 1828[120] und der revidierten Fassung vom 5. August 1836[121] am 29. Juni 1842 das *Gesetz vom 29.6.1842 betr. die Erfindungs- und Einführungs-Patente.*[122] Als Vorbild des Württembergischen Patentschutzsystems fungierte das Patentrecht des rechtsrheinischen Bayern,[123] wobei Württemberg bereits früher als Bayern einen Ausführungszwang von Patenten festlegte.[124] Schon in der Allgemeinen Gewerbe-Ordnung von 22. April 1828 fand sich in Art. 160 Nr. 3, 4 eine Regelung, wonach das Patent erlosch, wenn die Erfindung nicht innerhalb von zwei Jahren ab Erteilung im Inland ausgeführt oder die Ausführung für zwei Jahre unterbrochen wurde (Nr. 3) oder der Betrieb des patentierten Gewerbes aus dem Königreich auszog.[125] Diese Regelung blieb auch in der revidierten Fassung vom 5. August 1836 unverändert bestehen (nun aber als Art. 157), welche im Zuge der Novellierung vom 29. Juni 1842 auch Gesetz wurde. Regelungen zur zwangsweisen Lizenzierung von Patenten gab es hingegen nicht.

---

120 Reg.Bl. Württemberg 1828, S. 237 ff.

121 Reg.Bl. Württemberg 1836, Nr. 42, Art. 141–160; teilweise abgedruckt auch bei *Loosey,* S. 471 ff.

122 Reg.Bl. Württemberg 1842, S. 349 ff.; die Allgemeine Gewerbe-Ordnung v. 22.4.1828 nebst seinen Novellen ist u.a. abgedruckt bei *Gehm,* Württemberg, S. 274 ff.; siehe hierzu auch allg. *Münzenmayer,* Mitt. 1990, S. 137, 141 f.

123 *Gehm,* Mitt. 2006, 385; *Dölemeyer,* Patentrecht und Musterschutz, S. 4146; *Klostermann,* Patentgesetzgebung, S. 259.

124 Die rechtsrheinischen Gebiete des Königreichs Bayern führten erst mit der Verordnung vom 10. Februar 1842 einen Ausübungszwang für patentierte Erfindungen ein, siehe hierzu unter Ziff. 3 b).

125 Art. 160 Nr. 3, 4 der Allgemeine Gewerbe-Ordnung v. 22.4.1828 lautet: *„Das Erfindungs-Patent erlischt: (…) 3) wenn der Patent-Inhaber zwei Jahre nach der Patent-Erteilung den Gegenstand derselben im Inlande noch nicht in Ausübung gesetzt, oder in den bereits angefangenen Betrieb zwei Jahre lang unterbrochen hat, ohne in dem einen oder anderen Fall genügende Verhinderungs-Gründe nachzuweisen; 4) wenn der Betrieb des patentisirten Gewerbes aus dem Lande gezogen, und 5)* (…).“

e) Großherzogtum Hessen

Im Großherzogtum Hessen war die Vergabe von Erfindungspatenten bereits in Art. 104 der *Verfassungsurkunde des Großherzogtums Hessen* vom 17. Februar 1820[126] verankert, ein gesondertes Gesetz über die Vergabe von Patenten und das Verfahren hierfür wurde aber zunächst nicht verabschiedet.[127] Lediglich in der schon seit 1815 zum Großherzogtum Hessen-Darmstadt gehörenden linksrheinischen Provinz Rheinhessen galt, wie auch in den linksrheinischen Bezirken des Königreichs Bayern,[128] das französische Patentrecht.[129] Mit der „*Verordnung die Erfindungs-Patente betr.*" vom 17. November 1858[130] wurde sodann eine erste grundlegende Regelung zur Vergabe von Patenten für das gesamte Großherzogtum Hessen geschaffen, die auch das französische Recht in Rheinhessen ablöste.[131] Die Verordnung orientierte sich an den preußischen Normen.[132] Regelungen über die verpflichtende Ausführung einer Erfindung oder über eine zwangsweise Lizenzierung gab es nicht.

f) Großherzogtum Baden

Das Großherzogtum Baden regelte die Vergabe von Erfindungspatenten nicht durch Gesetz, sondern durch ein Rescript des Ministeriums des Inneren vom 23. Mai 1845.[133] Der Erteilung von Patenten war eine Vorprüfung durch Sachverständige der Polytechnischen Schule in Karlsruhe vorgeschaltet, detaillierte Regelungen enthielt das Rescript aber nicht.[134] Eine Pflicht zur Ausführung einer patentierten Erfindung bestand ebensowenig wie eine Zwangslizenzierung. Lediglich für Patentverletzungen gab es Sonderregelungen. Diese wurden nach § 34 Nr. 3, § 135 des Polizeistrafgesetzbuchs für das Großherzogthum Baden vom 31.10.1863[135] strafrechtlich verfolgt.

---

126 Großherzzogl. Hess. Reg.Bl. 1820, Art. 104, S. 552: „*Ausschließliche Handels- und Gewerbeprivilegien sollen nicht stattfinden außer zu Folge eines besonderen Gesetzes. Patente für Erfindungen dagegen kann die Regierung auf bestimmte Zeit erteilen.*"

127 Vgl. *Klostermann*, Patentgesetzgebung, S. 261; *Dölemeyer*, Patentrecht und Musterschutz, S. 4153 f.

128 Siehe oben 1. Teil, B. I. 2. c. aa. (S. 19 f.).

129 Vgl. hierzu *Dölemeyer*, Patentrecht und Musterschutz, S. 4141; *Schubert*, Savigny, S. 110.

130 Großherzogl. Hess. Reg. Bl. 1858, S. 569f.

131 Vgl. *Dölemeyer*, Patentrecht und Musterschutz, S. 4141.

132 Vgl. *Dölemeyer*, Patentrecht und Musterschutz, S. 4153 f.

133 Miniserial-Rescript v. 23.5.1845, abgedruckt bei *Stolle/Hübner*, S. 16f.

134 *Klostermann*, Patentgesetzgebung, S. 261.

135 Badisches RegBl. 1863, S. 439ff.

g) Elsaß-Lothringen

Im Reichsland[136] Elsaß-Lothringen, welches von 1871 bis 1918 Teil des Deutschen Kaiserreiches war, galt auch nach der Eingliederung in das Reich das französische Patentgesetz[137] fort.[138] Ergänzt wurde dieses noch durch eine Kaiserliche Verordnung vom 13. November 1872,[139] die aber nur eine Regelung zur Bekanntmachung von Erfindungen enthielten. Mit dem Reichspatentgesetz vom 25. Mai 1877 wurden diese Regelungen außer Kraft gesetzt.

h) Staaten ohne gesetzliche Regelung

Die übrigen deutschen Staaten kannten zwar Erfindungspatente bzw. Privilegien, deren Erteilung war aber keiner besonderen rechtlichen Regelung unterworfen.[140] Ausnahmen bildeten lediglich die Hansestädte Hamburg, Bremen und Lübeck sowie Mecklenburg-Schwerin und Mecklenburg-Strelitz, in denen überhaupt keine Erfindungspatente erteilt wurden.[141]

3. Weitere Patentgesetzgebungen in europäischen Staaten

Ein ähnlich unübersichtliches Bild wie in den deutschen Staaten, zeigte sich auch bei den Regelungen zum Erfindungsschutz und deren Vorgaben zur Ausführung einer patentierten Erfindung in anderen europäischen Staaten.

a) Österreich

In Österreich regelte das Kaiserliche Patent vom 15. August 1852[142] den Schutz von Erfindungen. Dieses Gesetz ersetzte das Kaiserliche Patent vom 31. März 1832[143], welches aber im Wesentlichen dieselben Vorschriften enthielt, nur in einer weitläufigeren Fassung, um die Länder der Ungarischen Krone mit

---

136 Nach dem Neugewinn Elsaß-Lothringens im Jahre 1871, wollte man diesen Gebieten keine Eigenständigkeit in Form eines autonomen Bundesstaates des Deutschen Reichs zugestehen. Elsaß-Lothringen erhielt daher den Status eines „Reichslandes“, welches nicht einem bestimmten Einzelstaat des Reiches zugeteilt war, sondern direkt vom deutschen Kaiser verwaltet wurde.

137 Siehe hierzu unter 1. Teil, B. I. 1. a. (S. 13).

138 *Heß*, Vorarbeiten, S. 21.

139 GesBl. E.-Lothr. 1872, S. 775.

140 *Heß*, Vorarbeiten, S. 21.

141 *Heß*, Vorarbeiten, S. 21; *Klostermann*, Patentgesetzgebung, S. 261; *Osterrieth*, Lehrbuch, S. 40 f.

142 Reg.Bl. Österreich 1852, S. 817 ff.

143 Reg.Bl. Österreich 1832, S. 37 ff.

einzubeziehen.[144] Die Pflicht zur Ausführung einer patentierten Erfindung wurde in § 29[145] geregelt (zuvor § 21 lit. d, e des Patentgesetzes vom 31. März 1832). Die Frist zur Ausführung betrug ein Jahr und durfte nicht länger als zwei Jahre unterbrochen werden, andernfalls drohte die Löschung des Patents. Lizenzierungen oder Offerten zur Lizenzierung erfüllten nur dann die Voraussetzungen der „Ausführung", wenn dies tatsächlich die Herstellung des patentierten Gegenstandes oder die Ausübung des patentierten Verfahrens in Österreich zur Folge hatte.[146] Eine Pflicht zur zwangsweisen Lizenzierung einer Erfindung traf den Patentinhaber hingegen nicht.[147]

b) Italien, Spanien und Portugal

Die Patentgesetze der romanischen Staaten Italien, Spanien und Portugal hatten bei der Entstehung vornehmlich die französischen Gesetze als Vorbild.[148] Dies spiegelt sich auch in den Regelungen zum Ausführungszwang wieder:

Im Königreich Italien wurde nach der Vereinigung der einzelnen Staaten zum heutigen Italien im Jahre 1861 durch das Gesetz vom 31. Januar 1864 das Patentgesetz Sardiniens vom 30. Oktober 1859 für das ganze Königreich eingeführt.[149] Nach dessen Artikel 58 Nr. 2 und 3[150] bestand eine zeitlich gestufte Ausführungspflicht, mit der Rechtsfolge der Ungültigkeit des Patents bei Nichtausführung. Wurde das Patent auf fünf Jahre oder kürzer erteilt, musste die Erfindung innerhalb einer Frist von einem Jahr ausgeführt werden. Erfolgte die Erteilung auf fünf oder mehr Jahre, betrug die Ausführungsfrist zwei Jahre. Eine Unterbrechung der Ausführung von einem bzw. zwei Jahren führte ebenfalls zur Ungültigkeit des Patents.

Eine ähnliche Regelung enthielt auch das spanische Patentgesetz vom 27. März 1826.[151] Nach Art. 21 Nr. 3, 4 erlosch das Patent, „(…) *3. wenn die Erfindung*

---

144 *Klostermann*, Patentgesetzgebung, S. 262.

145 § 29 des Patentgesetzes vom 15.8.1852: „*Die Privilegien verlieren ihre Gültigkeit: 1. (…) 2. Durch Erlöschung. Eine solche tritt ein: a) wenn der Privilegierte nicht längst binnen einem Jahr vom Tage der Ausfertigung der Privilegiums-Urkunde an gerechnet, seine Entdeckung, Erfindung oder Verbesserung im Inlande auszuüben angefangen, oder wenn er diese Ausübung durch volle zwei Jahre gänzlich unterbrochen hat, dann (…)*".

146 *Du Bois-Reymond/Wagner*, GRUR 1899, S. 293, 299.

147 Vgl. *Du Bois-Reymond/Wagner*, GRUR 1899, S. 293, 299.

148 Vgl. *Klostermann*, Patentgesetzgebung, S. 345.

149 Vgl. *Simon*, Patenschutz, S. 25.

150 Auszugsweise abgedruckt bei *Feiler*, in in GRUR 1941, S. 5.

151 Abgedruckt bei *Loosey*, S. 441–453.

nicht binnen Jahr und Tag nach der Ausfertigung des Patentes ausgeführt wird; 4. wenn die Ausführung während Jahr und Tag unterbrochen wird; (...)".

Das portugiesische Patentgesetz vom 16. Januar 1871[152] regelte dies in Art. 22 vergleichbar: „*Das Patent erlischt: 1. Wenn nicht vor Ablauf der Hälfte der Patentdauer die Erfindung in Ausübung gesetzt ist; (...)*".

Eine zwangsweise Lizenzierung von Patenten kannte keines der drei Gesetze.

4. *Zusammenfassung*

Nahezu alle Staaten mit Regelungen zum Erfindungsschutz nutzten bis zum Inkrafttreten des Reichspatentgesetzes von 1877 schon das Rechtsinstitut des Ausführungszwangs.

Unterschiede in der Ausgestaltung zeigen sich vorwiegend in der Frist, innerhalb derer die Erfindung zur Ausführung gebracht werden musste, bevor das Patent zurückgenommen werden konnte bzw. erlosch. In den rechtsrheinischen Teilen des Königreichs Bayern musste z.B. eine patentierte Erfindung innerhalb von drei Jahren im Inland ausgeführt[153] werden, ansonsten wurde das Patent gelöscht.[154] Im Königreich Preußen hingegen trat diese Folge bereits ein, wenn die Erfindung nicht innerhalb von sechs Monaten ausgeführt wurde.[155]

Überraschend ist, dass gerade England und die USA, welche in der Industrialisierungsphase des 19. Jahrhundert eine Vorreiterrolle spielten, hiervon eine Ausnahme bildeten und vom Patentinhaber die Ausführung der patentierten Erfindung nicht verlangten.

Ein etwas anderes Bild zeigt sich im Zusammenhang mit dem Rechtsinstitut des Lizenzzwangs. Vor Inkrafttreten des Reichspatentgesetzes von 1877 gab es noch in keinem Staat mit kodifiziertem Erfindungsschutz die Verpflichtung, Dritten zwangsweise die Nutzung einer Erfindung zu gestatten. Der Lizenzzwang war zwar im Grundsatz bereits bekannt, fand aber noch keine Berücksichtigung in der Gesetzgebung. Die Lizenzierung war bisher vornehmlich bei der Frage der Ausführung einer Erfindung relevant geworden, so etwa in Frankreich oder Österreich, wo eine Lizenz an inländische Dritte als ausreichende Ausführung

---

152 Abgedruckt bei *Loosey*, S. 330–337.

153 Unter „ausführen" wurde hierbei die Herstellung und den Vertrieb des Produkts im Inland verstanden.

154 § 30 Nr. 4, 5 der *Königlich allerhöchste Verordnung über den Vollzug der Grundbestimmungen des Gewerbswegesetzes vom 11. September 1825 über die Gewerbs-Privilegien betr. v. 10.2.1842"*, Reg.Bl. Bayern 1842, Nr. 12, S. 469–492.

155 Ziffer 6 des *Publikandum über die Erteilung der Patente* vom 14. Oktober 1815.

erachtet wurde, sofern dies eine tatsächliche Ausführung des Patents zur Folge hatte.

II. Die Zollvereinsübereinkunft von 1833 und 1842

Der erste Versuch, die aus den vielen unterschiedlichen Patentgesetzes resultierenden Nachteile durch vereinheitlichte, staatsübergreifende Regelungen zu verringern, erfolgte mit dem Zusammenschluss einiger Staaten zum Deutschen Zollverein im Jahre 1833. Damals schlossen sich zunächst das Königreich Preußen, Hessen-Darmstadt, Hessen-Kassel, Bayern, Württemberg und Sachsen sowie der Zoll- und Handelsverein der Thüringischen Staaten[156] zusammen. Am 22. März 1833 unterzeichneten sie einen Zollvereinsvertrag,[157] welcher am 1. Januar 1834 in Kraft trat.[158] Mit ihm sollten in erster Linie Hindernisse auf dem Gebiet der Zoll- und Handelspolitik beseitigt werden, um Rahmenbedingungen für einen gemeinsamen Binnenmarkt zu schaffen. Vor diesem Hintergrund erwiesen sich die vielen verschiedenen Gesetze zu Erfindungspatenten für den freien Warenverkehr als äußerst hinderlich; konnte doch z.B. jeder Patentinhaber die Einfuhr von sein Patent verletzenden Waren verhindern, obwohl das Produkt eventuell bereits im Ausland für den Importeur geschützt war.

Die Motivation für eine länderübergreifende Angleichung der Patenregelung war daher weniger dem Bedürfnis eines lückenlosen Erfindungsschutzes geschuldet, als dem Wunsch nach einem ungehinderten Handel.[159] Da man sich zu diesem Zeitpunkt jedoch nicht über eine endgültige Lösung einigen konnte,[160] wurde der Themenbereich Erfindungspatente und Privilegien zunächst „ausgeklammert". Nach Art. 7. lit. c der Zollvereinsübereinkunft von 1833 waren solche Gegenstände vom freien Handel ausgeschlossen, „*welche ohne Eingriff in die von einem der kontrahierenden Staaten ertheilten Erfindungspatente oder Privilegien nicht nachgemacht oder eingeführt werden können und daher für die Dauer der*

156 Sachsen-Weimar-Eisenach, Sachsen-Meiningen, Sachsen-Coburg und Gotha, Sachsen-Altenburg, Schwarzburg-Rudolstadt, Schwarzburg-Sondershausen, Reuß-Greiz, Reuß-Schleiz, Reuß-Lobenstein und Ebersdorf.

157 Abgedruckt in der Gesetzessammlung für die Königlich-Preußischen Staaten 1834 (Nr. 21), S. 145 ff.

158 Nach Gründung des Deutschen Zollvereins traten diesem nach und nach alle reichsdeutschen Staaten bei, vgl. *Müller,* Die Entwicklung, S. 34 f.; *v. Heppe,* Patentverletzungen, S. 47.

159 Siehe hierzu auch *Vogel,* Urheber- u. Erfinderrechte, S. 72 f.

160 vgl. *Heß,* Vorarbeiten, S. 25.

Patente oder Privilegien von der Einfuhr in den Staat, welcher dieselben ertheilt hat, noch ausgeschlossen bleiben müssen.“[161]

Der nächste Vereinheitlichungsversuch erfolgte knapp zehn Jahre später, am 21. September 1842, mit der „*Übereinkunft der Zoll- und Handelsvereine verbundenen Regierungen wegen Ertheilung von Erfindungspatenten und Privilegien*“.[162] Wie sich der Vorbemerkung der Übereinkunft unschwer entnehmen lässt, handelte es sich allerdings ebenfalls in erster Linie um eine Bemühung, die aus den „*Privilegien hervorgehenden Beschränkungen der Freiheit des Verkehrs unter den Vereinsstaaten*“ zu beseitigen,[163] nicht aber darum, einen möglichst einheitlichen Erfindungsschutz zu ermöglichen. Die Übereinkunft wirkte sich zwar für den Erfindungsschutz dahingehend positiv aus, dass (i) Patente nunmehr veröffentlicht werden sollten und (ii) Patentschutz für eine in einem Vertragsstaat bereits patentrechtlich geschützte Erfindung in den übrigen Vereinsstaaten nur durch den ersten Patentanmelder (tatsächliche Erfinder) beantragt werden konnte.[164] Dieser positive Effekt war jedoch nahezu hinfällig, da sich nach Art. III der Übereinkunft Patentinhaber nicht mehr gegen patentverletzende Importe aus den Vertragsstaaten wehren konnte. Nach dieser Norm waren keine Maßnahmen mehr zulässig, welche die Einfuhr, den Verkauf oder den Absatz von Nachahmerprodukten – auch wenn das „Original“ im Inland patentiert war – verboten oder beschränkten.[165] Hiervon nicht betroffen waren lediglich Maschinen und Werkzeuge.

Grundsätzliche Kriterien, wie etwa für die Erteilung von Erfindungspatenten, wurden mit der Übereinkunft jedoch nicht erreicht. Auch änderte sie nichts an den bestehenden Gesetzen und Verwaltungsgrundsätzen der Staaten.[166] Es handelte sich vielmehr um einen Minimalkonsens,[167] welcher sich in der Praxis als ineffektiv erwies, da sich nicht alle Staaten an die Regelungen hielten.[168] Eine Vereinheitlichung der Patentgesetze blieb aus.

---

161 Vgl. hierzu auch *Kleinschrod*, Internationale Patentgesetzgebung, S. 183 ff.

162 Abgedruckt in der Gesetzessammlung für die Königlich-Preußischen Staaten 1843 (Nr. 23) S. 265 ff. sowie bei *Bitzer*, Vorschläge, S. 138 ff.

163 Gesetzessammlung für die Königlich-Preußischen Staaten 1843 (Nr. 23) S. 265; *Bitzer*, Vorschläge, S. 138; vgl. hierzu auch *Kleinschrod*, Internationale Patentgesetzgebung, S. 183 ff.; *Müller*, Entwicklungen, S. 38.

164 Vgl. *Müller*, Die Entwicklung, S. 38.

165 Vgl. *Kleinschrod*, Internationale Patentgesetzgebung, S. 185.

166 Vgl. *Müller*, Die Entwicklung, S. 38.

167 Vgl. *Fleischer*, Patentgesetzgebung, S. 41.

168 Siehe hierzu vertiefend *Heß*, Vorarbeiten, S. 25 ff.

III. Die Patentkontroverse bis 1870: Bewegungen für und gegen den Patentschutz

Im Deutschen Bund entwickelte sich zunehmend eine patentfeindliche Haltung. Immer wieder wurde die grundsätzliche Abschaffung von Patentgesetzen forderten. Diese Forderung stieß auf erbitterten Widerspruch der sich um 1850 bildenden Pro-Patent-Bewegung, die mit Nachdruck eine Vereinheitlichung des Patentschutzes im deutschen Wirtschaftsraum forderte. Diese – später als Patentkontroverse bekannt gewordene – Auseinandersetzung prägte die Entstehungsphase eines einheitlichen Patentschutzes in den deutschen Bundesstaaten für nahezu 25 Jahre.[169] Ein Ende fand sie erst mit dem „Sieg" der Befürworter im Reichspatentgesetz von 1877.

1. Die patentrechtliche Stimmungslage in den deutschen Staaten Mitte des 19. Jahrhunderts

Die unterschiedlichen Regelungen und Forderungen sowie die formellen und materiellen Schwierigkeiten führten bei Vielen zu einer patentablehnenden Haltung. Ihre größte Sorge war eine Gefährdung der Handels- und Wettbewerbsfreiheit durch einen monopolartig ausgestalteten Patentschutz. Insbesondere das preußische Handelsministerium, welchem wegen der Vormachtstellung der preußischen Administration im Norddeutschen Bund eine einflussreiche Position zukam, forcierte die Idee, Erfindungspatente ganz abzuschaffen.[170] Zwar konnte sich die Administration nicht über die geltenden Regelungen, wie etwa des Preußische *Publicandum* von 1815,[171] hinwegsetzen. Sie lehnte Patentierungen jedoch oftmals aus kleinlichen und nichtigen Gründen ab, um eine breite Anwendung einer Erfindung zu ermöglichen.[172] Deutlich wurde die

---

169 Vgl. *Beier*, GRUR 1978, S. 123, 129 f.; *Gehm*, Mitt. 2003, S. 450, 462.

170 Der damalige preußische Ministerialdirektor im Handelsministerium *Rudolf von Delbrück* (1817–1903) war wirtschaftsliberaler bekennender Gegner eines Erfindungsschutzes durch Patente; vgl. hierzu auch *Heggen*, GRUR 1977, S. 322, 324; vgl. auch *Bluhm*, in GRUR 1952, S. 341, 343; *Gehm*, Mitt. 2003, S. 450, 462; *Heß*, Vorarbeiten, S. 54 ff.

171 Siehe hierzu 1. Teil, B. I. 2. a. (S. 16 ff.) m.w.N.

172 Nach Aussage des kaiserlich-preußischen Geheimraths *Wedding* 1851, wurden im Königreich Preußen von jährlich ca. 400–500 beantragten Patenten lediglich ca. 70–80 erteilt, *Stolle/Hübner*, S. 192; vgl. hierzu auch *v. Siemens* auf dem Internationalen Patentkongress in Wien 1873, abgedruckt im amtlichen Bericht zum Kongress, *Pieper*, S. 122, 127 ff.; ebenso *Jürgensen*, GRUR 1905, S. 281; *Heggen*, Erfindungsschutz S. 76 f. m.w.N.

patentfeindliche Stimmung in gutachterlichen Stellungnahmen der Bezirksregierungen, Handelskammern und kaufmännischen Verbänden. Diese wurden mit einer Zirkularverfügung des preußischen Handelsministeriums vom 8. Juli 1853 aufgefordert, Stellung zum Patentschutz zu beziehen. 37 von 47 dieser Berichte hielten einen Patentschutzes für entbehrlich.[173] Auch zehn Jahre später hatte sich an dieser Einstellung nur wenig geändert. Im Rahmen einer weiteren Umfrage des preußischen Handelsministeriums im Jahre 1863[174] befürworteten erneut 31 der befragten 47 Handelskammern und Bezirksregierungen die Aufhebung des Patentschutzes.[175]

Neben dem Einfluss der preußischen Ministerialbürokratie war dieses Ergebnis auch dem damals mangelnden Verständnis für den Schutz von Erfindungen geschuldet. Bis Mitte des 19. Jahrhunderts wurde die Nachahmung einer fremden Erfindung geschätzt und anerkannt.[176] Es galt, mit allen Mitteln den technischen und industriellen Rückstand gegenüber England und Frankreich aufzuholen. Nicht selten erfolgte dies durch den Nachbau der Geräte, Maschinen oder Verfahren, ohne sich mit den Forschungs- und Entwicklungskosten zu belasten.[177] Das Interesse nach einem modernen Patentrecht war folglich eher gering.

Dies änderte sich erst mit der wachsenden Zahl eigener Erfindungen und dem steigenden Konkurrenzdruck durch ausländische Erzeugnisse. Der durch den industriell-technischen Fortschritt entstandene Produktionsanstieg verlangte nach einem größeren Absatzmarkt über die Grenzen eines einzelnen Bundesstaates hinaus.[178]

2. Anti-Patentbewegung

Die Antipatentbewegung wurde vorwiegend durch die Anhänger der von *Adam Smith*[179] inspirierten Freihandelsbewegung unterstützt, welche die Vergabe von

---

173 Vgl. *Müller,* Die Entwicklung, S. 58; *Osterrieth,* Lehrbuch S. 55; *Bluhm,* in GRUR 1952, S. 341, 343; nach anderer Darstellung konnte keine eindeutige Ablehnung des patentrechtlichen Erfindungsschutz aus den Gutachten abgelesen werden, so u.a. *Heggen*, Erfindungsschutz, S. 55 f.; *Fleischer*, Patentgesetzgebung, S. 43.

174 Erlass des preußischen Handelsministeriums vom 5. August 1863.

175 Vgl. *Clad,* Zwangslizenz, S. 17; *Heß,* Vorarbeiten, S. 35ff.; *Bußmann,* Zwangslizenz, S. 8.

176 *Schönfeld,* S. 66; *Beier,* GRUR 1978, S. 123, 128; so auch *v. Heppe,* Patentverletzungen, S. 45.

177 Vgl. *Köttgen,* GRUR 1931, S. 1213, 1214.

178 Vgl. *Beier,* GRUR 1978, S. 123, 129.

179 *Adam Smith* (1723–1790) gilt mit seinem Werk „An Inquiry into the Nature and Causes of the Wealth of Nations" von 1776 („Der Wohlstand der Nationen : eine

Patenten sowie ein einheitliches Patentgesetz als wettbewerbsfeindlich ablehnten.[180] Im Jahre 1858 organisierte sich die immer stärker werdende Antipatentbewegung unter dem „Volkswirtschaftlichen Kongress", der fortan als Sprachrohr des deutschen Wirtschaftsliberalismus fungierte. Die Antipatentbewegung sah im Patentschutz eine *„monopolistische Beschränkung der Handels- und Gewerbefreiheit"* und verstand den Schutz von Erfindungen durch Patente als ein Überbleibsel des veralteten Privilegienwesens. Sie forderten nicht nur *die Abschaffung der einzelstaatlichen Patentgesetze, sondern* waren *auch gegen jede Form eines einheitlichen Patentschutzes.*[181] Ihre Hauptvorwürfe waren: Der Patentinhaber könne als Monopolist ohne Konkurrenz die Preise selbst bestimmen und insbesondere Industrien gezielt behindern, indem er ihnen verbietet, seine patentierte Erfindung zu nutzen. Ferner sei ein Erfinder vielmehr durch die Patentgebühren und notwendige Patentverletzungsprozesse belastet und könne, ohne eine Anmeldung in allen Staaten, sogar von der Nutzung der eigenen Erfindung ausgeschlossen werden, wenn Dritte sich in anderen Staaten die Erfindung schützen ließen.[182]

Im Vordergrund stand die Bevorzugung kollektiver volkswirtschaftlicher Interessen vor individuellen Interessen der einzelnen Erfinder.[183] Prominentester Vertreter dieser Auffassung war der spätere Reichstagsabgeordnete *John Price-Smith.* Er lehnte die Theorie des Geistigen Eigentums[184] ab, indem er in jeder Erfindung lediglich einen *„mühelosen Einfall"* sah,[185] welche keines gesonderten Schutzes bedarf, sondern der Allgemeinheit zustand. So verwundert es auch nicht, dass etwa *Böhmert,* ein weiterer Vertreter der Freihandelslehre, offen propagierte: *„Man ist blind, wenn man in der Industrie die Nachahmung gering*

Untersuchung seiner Natur und seiner Ursachen") als Begründer der klassischen Nationalökonomie.

180 Anders als die Vertreter der Freihandelsbewegung, sah *Adam Smith* zwar in Monopolen die Schädigung der Allgemeinheit, schloss aber hiervon Patentmonopole aus. Diese seien ein notwendiges Instrument der Erfindungsförderung; vgl. auch *Pahlow,* Lizenz u. Lizenzvertrag, S. 19 ff.; *ders.*, Monopole; S. 243, 247.

181 *Beier,* GRUR 1978, S. 123, 129 f.: nach Auffassung von *Beier* störte die Vertreter der Freihandelsbewegung nicht der Erfindungsschutz als solcher, sondern die einzelstaatliche Ausgestaltung des Patentschutzes. Als Beispiel nennt *Beier: „Der sächsische Fabrikant konnte seine Waren trotz Aufhebung der Zollschranken nicht nach Bayern oder Preußen liefern, wenn sie dort für einen anderen patentiert war".*

182 Siehe hierzu auch *v. Heppe,* Patentverletzungen, S. 48 ff.

183 *Heggen,* Erfindungsschutz, S. 74.

184 Siehe ausführlich oben unter 1. Teil, A. (S. 8 ff.).

185 Vgl. *Gehm,* Mitt. 2003, S. 450, 462.

schätzen und wohl gar für Plagiat und schimpflich erklären will. Man denke sich unseren Häuserbau ohne Nachahmung. Der grösste Hebel vieler Industrien ist die Mode, deren Wesen die Nachahmung ist. – Die strenge Durchführung des Erfindungsschutzes wäre ein Todesstoss für zahlreiche deutsche Erwerbszweige. Täglich lesen wir in den Zeitungen Ankündigungen von Nähmaschinen, wo für in Deutschland viele grosse Fabriken bestehen, die sich keinen Augenblick besinnen, die amerikanischen Konstruktionen zu reproduzieren."[186]

Die Erfolge der Patentgegner im Ausland forcierten die patentfeindliche Stimmung zusätzlich. Während 1863 der National- und Ständerat in der Schweiz nach mehreren Anläufen einen Erfindungsschutz grundsätzlich ablehnte, beschlossen die Niederlande am 15. Juli 1869 sogar, das bis dahin geltende Patentgesetz wieder aufzuheben.[187]

3. *Pro-Patentschutzbewegung*

Im Zuge der Industrialisierung wuchs das Schutzbedürfnis der deutschen Industrie nach einem umfangreicheren Erfindungsschutz. Die Pro-Patentschutzbewegung stellte sich der immer stärker werdenden Antipatentschutz-Stimmung im Deutschen Bund entgegen. An ihrer Spitze standen im Wesentlichen zwei Interessengruppen: die Techniker und Ingenieure als Erfinder einerseits und die erfindungsverwertenden Unternehmen andererseits.[188] Sie sahen die rechtsdogmatische Legitimation des patentrechtlichen Erfindungsschutzes vor allem in der „Theorie des geistigen Eigentums",[189] welche die Erfindung zum Rechtsobjekt machte und so ihre Verwertung ermöglichte.[190]

Mit dem Ziel eines moderneren Patentschutzes organisierten sich im Jahre 1856 zunächst die Techniker und Ingenieure in einem „Interessenverband zum Wohle der Techniker", dem Verein deutscher Ingenieure (VDI).[191] Am 2. September 1863 stellten sie in der Hauptversammlung des VDI *„Principien für ein allgemeines deutsches Patentgesetz"*[192] auf: Eine patentierte Erfindung sollte veröffentlicht werden, eine Prüfung der Neuheit und Priorität aber nur im Falle eines Einspruchs innerhalb einer bestimmten Präklusionsfrist erfolgen. Das Patent

---

186 Abgedruckt bei *Kohler*, Handbuch, S. 26.

187 Vgl. *Fleischer*, Patentgesetzgebung, S. 54; *Machlup*, GRUR Int. 1961, S. 373, 375.

188 Vgl. *Heggen*, GRUR 1977, S. 322, 324.

189 Siehe hierzu oben A., S. 3 f.

190 Vgl. *Fleischer*, Patentgesetzgebung, S. 46.

191 VDIZ 6, 1862, S. 568.

192 VDIZ 6, 1862, S. 568 ff.; auch abgedruckt bei *Heß*, Vorarbeiten, S. 116 f., jedoch mit geringen Abweichungen.

verpflichtete nicht zur Ausführung der Erfindung. Auch sollten keine Unterschiede zwischen aus- und inländischen Patentrechtsinhabern gemacht werden.

Anfänglich standen die Interessen der Einzelerfinder und deren Wunsch nach einer ungehinderten Verwendung von Erfindungen im Vordergrund.[193] Später wurden insbesondere die volkswirtschaftlichen Argumente des damals noch nicht geadelten *Werner von Siemens*[194] in den Vordergrund gerückt: Im Jahre 1863 verfasste er ein später bekannt gewordenes Gutachten für das Kollegium der Berliner Kaufmannsältesten.[195] Darin analysierte er die Patentfrage am Beispiel des preußischen Systems. Als für die Volkswirtschaft besonders schädlich sah er die Geheimhaltung von Erfindungen. Für die Geheimhaltung machte er den mangelhaften gesetzlichen Schutz vor Nachahmung verantwortlich. Dies führe auch dazu, dass heimische Gewerbebetriebe gezwungen seien, zur gewinnbringenden Verwertung „*ihre Ideen, ihre Arbeitskraft und ihr Kapital dem Vaterlande zu entziehen und sie dem lohnenderen englischen oder französischen Markt zuzuführen.*"[196] Zudem hemme die Geheimhaltung patentierter Erfindungen die Innovationsfreudigkeit. Denn es sei unklar, ob die Verbesserung einen Eingriff in ein bestehendes Patent darstelle. Ferner könne nur die Aussicht auf bedeutende Gewinne, Erfinder dazu bewegen, den oft immensen Aufwand der Entwicklung in Kauf zu nehmen.[197] Darüber hinaus forderte er eine Verschärfung des Ausübungszwangs, um missbräuchliche Ausnutzungen der patentrechtlichen Monopolstellung zu Lasten der Allgemeinheit zu unterbinden.[198]

Werner v. Siemens entsprach damit dem allgemeinen Trend, die Beseitigung der vielen einzelstaatlichen Patentgesetze zu fordern. Er forderte aber zugleich ein einheitliches Patentgesetz, welches den Patentinhaber einerseits verpflichtete, seine Erfindung offen zu legen. Andererseits sollte die Investitionsbereitschaft

---

193 Vgl. *Heggen*, GRUR 1977, S. 322, 324.

194 *Werner v. Siemens* (1816–1892), Elektrotechniker, Unternehmer, Erfinder und herausragender Vertreter der Pro-Patentbewegung; gemeinsam mit J. G. Halske Gründer der Siemens AG. Bis 1888 noch *Werner Siemens*, in den Adelsstand wurde er erst 1888 von Kaiser Friedrich III. wegen besonderer Verdienste um Wissenschaft und Gesellschaft erhoben.

195 Das Gutachten wurde 1869 von *v. Siemens* als Denkschrift der Ältesten der Kaufmannschaft zu Berlin mit dem Titel „Positive Vorschläge zu einem Patentgesetz" veröffentlicht, u.a. abgedruckt in *v. Siemens*, Wissenschaftliche und technische Arbeiten, Anhang; vgl. auch *Heggen*, Erfindungsschutz, S. 91 ff.; *ders.*, GRUR 1977, S. 322, 324; *v. Heppe*, Patentverletzungen, S. 50.

196 *v. Siemens*, Wissenschaftliche und technische Arbeiten, S. 552 ff.

197 *v. Siemens*, Wissenschaftliche und technische Arbeiten, S. 554.

198 *v. Siemens*, Wissenschaftliche und technische Arbeiten, S. 551.

der Unternehmen durch einen ausreichenden Schutz vor Nachahmung gestärkt werden.[199]

C. 1871–1877: Vom Wirtschaftsliberalismus zum Protektionismus. Der Weg zum Reichspatentgesetz und die Rolle des Ausführungs- und Lizenzzwangs

Die erforderliche Grundlage für ein gesamtdeutsches Patentgesetz schaffte zunächst die am 16. April 1871 verabschiedete Verfassung des Deutschen Reiches.[200] Mit deren Art. 4 Nr. 5 wurde das Patentwesen erstmals als Gesetzgebungsgegenstand dem Deutschen Reich zugewiesen. Die inhaltliche Wende in der Diskussion um den Schutz von Erfindungen durch Patente brachte hingegen erst die Anfang der 1870er Jahre hereinbrechende große Wirtschafts- und Agrarkrise. Mit ihr verlor die patentfeindliche Freihandelsbewegung allmählich nicht nur in der Öffentlichkeit, sondern auch in der preußisch dominierten Ministeriabürokratie des Deutschen Reiches ihren Rückhalt.[201] Im Vordergrund stand nunmehr die Sicherung der Wirtschaft mittels einer protektionistischen Schutzzollpolitik, was auch die Entwicklung hin zum Patentschutz begünstigte.[202]

Industrie und Kaufleute setzten sich mit Petitionen wiederholt für ein einheitliches Patentgesetz ein. Gestützt von patentfreundlichen Entwicklungen im Ausland im Rahmen des Wiener Patentkongresses von 1873, gelang es insbesondere mit Hilfe des neu gegründeten Patentschutzvereins, den Weg für das erste gesamtdeutsche Patentgesetz zu ebnen.

I. Erste Bestrebungen der Kaufleute und der Industrie

Inhaltlich befasste sich der Reichstag erstmals im Mai 1872 mit der Patentfrage. Grund hierfür war eine Petition des Berliner Kaufmanns C.F. Wappenhans, mit der dieser „*die schleunigste Vorlage eines allgemeinen deutschen Reichspatentgesetzes*“ erwirken wollte.[203]

---

199 Vgl. *Heggen*, GRUR 1977, S. 322, 325.

200 RGBl. 1871, S. 63 ff. (zu diesem Zeitpunkt noch BGBl. des Deutschen Bundes, Nr. 16): Art. 4: „*Der Beaufsichtigung Seitens des Reiches und der Gesetzgebung desselben unterliegen die nachstehenden Angelegenheiten* (…) *Nr. 5) die Erfindungspatente*“.

201 Vgl. *Heggen*, Erfindungsschutz, S. 99ff.; *ders.* in GRUR 1977, S. 322, 325.; *Fleischer*, Patentgesetzgebung, S. 82; *Pahlow*, Lizenz u. Lizenzvertrag, S. 29.

202 Vgl. *Heggen*, Erfindungsschutz, S. 101; *Fleischer*, Patentgesetzgebung, S. 83.

203 Die Petiton des Kaufmanns Wappenhans vom 27. April 1871 ist abgedruckt bei *Heß*, Vorarbeiten, S. 118f.; nachdem die Petition zunächst wegen Ende des Reichstages

Die Petitionskommission des Reichstags nahm hierzu in einem Bericht Stellung, ohne sich eindeutig für oder gegen ein einheitliches Patentgesetz auszusprechen. Zwar stellte sie fest, dass die gegenwärtige Situation mit der Vielzahl unterschiedlicher Patentgesetze untragbar sei und nicht mit dem Ziel eines einheitlichen Wirtschaftsraumes im Deutschen Reich in Einklang stehe.[204] Letztendlich schlugen sie vor, es dem Bundesrat zu überlassen, eine einheitliche Gesetzgebung herbeizuführen.[205] In der folgenden Sitzung des Deutschen Reichstags am 10. Mai 1872 sprach sich der Abgeordnete *Price-Smith,* welcher bereits im Volkswirtschaftlichen Kongress seine patentfeindliche Haltung lautstark zum Ausdruck gebracht hatte, gegen einen Patentschutz aus. Mehr noch forderte er die vollkommene Abschaffung von Patenten im Deutschen Reich.[206] Auch nach diesen Sitzungen hatte der Reichstag keine klare Haltung zu einem einheitlichen Patentgesetz. Es wurde daher gemäß dem Antrag der Kommission beschlossen, die *„Petition des Kaufmanns C.F. Wappenhans in Berlin (II. Nr. 2) dem Herrn Reichskanzler mit dem Ersuchen zu überweisen, über die Erfindungspatente baldmöglichst eine einheitliche Gesetzgebung herbeizuführen.*[207]

Noch im gleichen Monat richtete der VDI eine Petition an den Bundesrat, welchem ein Entwurf eines Reichspatentgesetzes beigefügt war.[208] Grundlage dieses Entwurfs waren die bereits 1862 erarbeiteten *„Principien für ein allgemeines deutsches Patentgesetz"* sowie das von *v. Siemens* für das Berliner Ältesten-Collegium erstellte Gutachten vom 13. Oktober 1863.[209] Der Entwurf sah vor, dass Erfindungen nur dann patentiert werden konnten, wenn sie neu waren. Zudem musste die patentierte Erfindung veröffentlicht werden. Eine Nützlichkeitsprüfung wurde jedoch nicht verlangt, und auch eine Ausführungspflicht sahen die „Principien" nicht vor. Trotzdem enthielt der VDI-Entwurf in § 11

im Jahre 1871 scheiterte, erneuerte Wappenhans diese am 25. März 1872, hierzu ausführlich *Heß,* Vorarbeiten, S. 63 ff.

204 Dritter Bericht der Kommission für Petitionen, Drucks-RT 1872, Nr. 48, A., S. 198 f.; siehe auch in den Motiven zum revidierten Gesetzesentwurf, Drucks-RT 1877, Nr. 8; Vgl. auch *Heß,* Vorarbeiten, S. 64 ff.

205 Dritter Bericht der Kommission für Petitionen, Drucks-RT 1872, Nr. 48, A., S. 198 f.; siehe auch in den Motiven zum revidierten Gesetzesentwurf, Drucks-RT 1877, Nr. 8; vgl. auch *Heß,* Vorarbeiten, S. 64 ff.

206 StenBer-RT, 1. Leg., III. Sess., Erster Bd., 1872, 19. Sitzung v. 10. Mai 1872, S. 304, 307.

207 StenBer-RT, 1. Leg., III. Sess., Erster Bd., 1872, 19. Sitzung v. 10. Mai 1872, S. 304, 308.

208 VDIZ 16 (1872), Sp. 322 ff.

209 VDIZ 6 (1862), Sp. 568 ff.; VDIZ 16 (1872), Sp. 322.

Abs. 5 eine Regelung, wonach es dem Patentamt möglich sein sollte, ein Patent zu löschen, wenn die entsprechende Erfindung in zwei aufeinander folgenden Jahren nicht ausgeführt wurde.[210] Was die Lizenzpflicht betrifft, so sah der Entwurf in § 31 Abs. 1 zunächst eine grundsätzliche Lizenzierungspflicht gegenüber der deutschen Kriegs- und Marine-Verwaltung vor; eine Vergütung sollte ein Patentgericht nach billigem Ermessen festsetzen.[211] In den Motiven des Gesetzesentwurfes gingen die Verfasser sogar noch weiter und zogen eine Lizenzierungspflicht gegenüber Jedermann in Betracht, soweit dies im öffentlichen Interesse geboten sei.[212]

Der VDI-Gesetzesentwurf zu § 31 nebst seinen Motiven zeigt, dass der VDI schon früh die Zwangslizenz als ein Instrument gegen den Monopoleinwand der Freihandelsbewegung erkannte.

II. Der Wiener Patentkongress von 1873 und seine Auswirkungen auf den Patentschutz

Besonders deutlich wurde die Notwendigkeit eines umfassenden Erfindungsschutzes auf der Weltausstellung 1873 in Wien. Aus Furcht vor der Nachahmung ihrer Erfindungen durch Länder ohne entsprechende Patent-Regelungen für ihre Erzeugnisse, weigerten sich die US-amerikanischen Fabrikanten, ihre Produkte auszustellen.[213] Österreich lenkte ein und erließ sodann ausschließlich für die Zeit der Weltausstellung ein entsprechendes Gesetz, mit dem die dort ausgestellten Produkte geschützt wurden.[214] Dieses Ereignis erhöhte den Druck, die Patentfrage im internationalen Rahmen zu diskutieren, und führte so zum ersten internationalen Wiener Patentschutzkongress, der parallel zur Weltausstellung

---

210 § 11 Abs. 5 des VDI-Entwurfes lautet: „*Ein Patent erlischt: (...) 5. Durch Verfügung des Patentamtes, wenn die Entdeckung oder Erfindung nach Ertheilung des Patentes im deutschen Reiche zwei aufeinander folgende Jahre ausser Anwendung geblieben ist.*", abgedruckt in VDIZ 16 (1872), Sp. 341.

211 § 31 Abs. 1 des VDI-Entwurfs: „*Der Inhaber eines Patentes hat 1. Gegenüber der deutschen Kriegs- und Marine-Verwaltung nicht das Recht, derselben die Benutzung seiner Erfindung zu verbieten; letztere ist jedoch verpflichtet, nachträglich eine angemessene vom Patentgerichte nach billigem Ermessen festzusetzende Vergütung für die Benutzung der patentierten Erfindung zu zahlen.*" *2. (...).*",abgedruckt in VDIZ 16 (1872), Sp. 349 f.; vgl hierzu auch *Mächtel*, Patentrecht, S. 92 ff.

212 VDIZ 16 (1872), Sp. 350.

213 *v. Schwarz-Senborn*, in *Pieper*, Amtlicher Bericht Pat.-Congr., S. 3.

214 Ausführlich *Heggen*, Erfindungsschutz, S. 112 ff.; hierzu auch *Fleischer*, Patentgesetzgebung, S. 59.

vom 4. bis 9. August 1873 in Wien stattfand. Neben Vertretern von Industrie und Wirtschaft kamen zahlreiche Regierungsvertreter der Einladung nach. Insgesamt zählte der Kongress rund 160 Teilnehmer aus 15 Nationen.[215] Aus dem deutschsprachigen Raum spielten u.a. die Brüder *Wilhelm* und *Werner v. Siemens* eine besondere Rolle, da sie den Vorsitz des Kongresses innehatten.[216] Ziel war, in einem internationalen Plenum die Notwendigkeit einer Patentgesetzgebung zu diskutieren und zu beschließen sowie allgemeine Grundlagen für ein solches Patentgesetz nebst internationalen Regelungen zu schaffen.[217]

Vor allem der Lizenzzwang wurde dabei heftig diskutiert. Einige sahen in der Verpflichtung, eine Lizenz zu erteilen, den Nutzen des Patentschutzes geradezu aufgehoben.[218] Insbesondere Einzelerfinder und Kleinbetriebe befürchteten, sich nicht gegenüber den finanzstarken Großunternehmen behaupten zu können, wenn ein Lizenzierungszwang gegen Vergütung bestünde. Darüberhinaus wurde bezweifelt, dass eine realistische Festsetzung eines Entgelts überhaupt möglich sei.[219] Die Befürworter verwiesen hingegen auf die zwingende Notwendigkeit einer solchen Regelung, um den Einwand, dass Erfindungspatente zeitweise gewerbliche Monopole schufen, zu entkräften.[220]

Trotz einiger Gegenstimmen sprach man sich grundsätzlich für einen Patentschutz aus und nahm in der Resolution eine entsprechende Regelung mit Lizenzzwang mit auf. Danach empfahl der Kongress: „*Eine wirksames und nützliches Patentgesetz muss folgende Grundlagen haben: (…) i) dass gesetzliche Bestimmungen getroffen werden, nach welchen der Patentinhaber in solchen Fällen, in welchen das öffentliche Interesse dieses verlangt, veranlasst werden kann, seine Erfindung gegen angemessene Vergütung allen geeigneten Bewerbern zur Mitbenutzung zu überlassen. Im Uebrigen und insbesondere rücksichtlich des bei Ertheilung von Patenten zu beobachtenden Verfahrens weist der Congress auf das englische, amerikanische und belgische Patentgesetz, sowie auf den für Deutschland vom Verein deutscher Ingenieure ausgearbeiteten Patentgesetzentwurf als beachtenswerth hin.*“[221]

Auch der seinerzeit in fast allen bestehenden Patentgesetzgebungen vorhandene strikte Ausführungszwang sollte nach Vorstellung des Kongresses im

215 Vgl. *V. Schwarz-Senborn,* in *Pieper,* Amtlicher Bericht Pat.-Congr., S. 6, 263 ff.

216 Vgl. *Fischer,* Siemens u. Schutz, S. 47.

217 Vgl. *Fischer,* Siemens u. Schutz, S. 47.

218 Vgl. *von Gilgenheim,* in *Pieper,* Amtlicher Bericht Pat.-Congr., S. 144.

219 Vgl. u.a. *von Gilgenheim, Warth, Wirth* in *Pieper,* Amtlicher Bericht Pat.-Congr., S. 144, 145, 167 f.

220 Vgl. *Klostermann,* in *Pieper,* Amtlicher Bericht Pat.-Congr., S. 139.

221 Die Resolution ist abgedruckt bei, *Pieper,* Amtlicher Bericht Pat.-Congr., S. 259 ff.

Rahmen von neuen Patentgesetzen gelockert werden. Er empfahl einen bedingten Ausführungszwang. Bisher galt, dass ein Patent zurückgenommen wurde, wenn die geschützte Erfindung nicht ausreichend im patentgewährenden Land ausgeführt wurde. Diese – aus Sicht des Patentinhabers – unökonomische Verpflichtung sollte dadurch gelockert werden, dass nur ein Produktionsstandort in einem patentgewährenden Land ausreichen sollte, sofern die patentierte Erfindung in allen übrigen patentgewährenden Ländern erworben und genutzt werden konnte.[222]

III. Der deutsche Patentschutzverein und seine Entwürfe zum PatG

In der Schlussresolution des internationalen Patentkongresses in Wien wurde ein *„ständiges Exekutiv-Comité"* ernannt, welches die beschlossenen Grundsätze bekanntmachen und ihnen Geltung verschaffen sollte.[223] Als sein Vorsitzender war es wieder *Werner v. Siemens,* der die Gründung eines nationalen Patentschutzvereins in Deutschland vorantrieb und den Zusammenschluss der deutschen Mitglieder des Komitees vorschlug, um *„auf großer Basis"* im Rahmen eines Vereins die *„Herbeiführung eines rationellen deutschen Patentgesetzes"* durchzusetzen.[224] Die Gründungsversammlung trat am 31. März und 1. April 1874 in Berlin zusammen. Sie verabschiedete eine Satzung, nach der *v. Siemens* mit der Leitung und Ausführung aller Maßregeln *„nach seinem Ermessen"* beauftragt wurde.[225]

v. Siemens gelang es, zahlreiche namenhafte Vertreter der Großindustrie und die Technischer Vereine[226] zusammenzubringen und von der Idee eines gesamtdeutschen Patentgesetzes zu überzeugen.[227] Im Mai 1874 trat der Patentschutzverein dann unter seinem Vorsitz endgültig ins Leben. Schnell wurde deutlich, dass *v. Siemens'* grundlegendes Ziel zwar der einheitliche Schutz von Erfindungen

---

222 II lit. h) der Resolution: *„h) die Nichtausübung einer Erfindung in einem Lande soll das Erlöschen des Patentes nicht nach sich ziehen, wenn die patentierte Erfindung überhaupt einmal ausgeführt worden und es den Angehörigen des betreffenden Landes ermöglicht ist, die Erfindung zu erwerben und anzuwenden."*, *Pieper,* Amtlicher Bericht Pat.-Congr., S. 260.

223 Vgl. *Pieper,* Amtlicher Bericht Pat.-Congr., S. 261.

224 Vgl. *Fischer,* Siemens u. Schutz, S. 48.

225 Die Satzung ist abgedruckt in VDIZ 1874, Sp. 300 ff.; siehe hierzu auch *Fischer,* Siemens u. Schutz, S. 49.

226 Am 9. September 1874 trat auch der VDI geschlossen dem Patentschutzverein bei, VDIZ 1874, Sp. 685 ff.

227 Vgl. *Fischer,* Siemens u. Schutz, S. 51.

durch Patente war. Sein Schwerpunkt lag hierbei aber auf der Förderung der Großindustrie und nicht etwa der Erfinder selbst. So schrieb *v. Siemens* z.B. in einem Brief an *Borsig* vom 7. Mai 1874, dass der Patentschutzverein *„nicht den Zweck hat, die Erfinderinteressen, sondern die der Industrie im allgemeinen durch Herbeiführung eines vernünftigen, die Interessen der Industrie an erster Stelle berücksichtigenden, deutschen Patentgesetzes zu wahren"*.[228]

Schon im ersten Jahr nach der Gründung des Vereins reichte *v. Siemens* am 23. Januar 1875, gemeinsam mit einigen Mitgliedern, einen ersten Entwurf eines Patentgesetzes als Petition beim Bundesrat ein.[229] Allerdings hatte er diesen zuvor nicht von der Generalversammlung des Patentschutzvereins beschließen lassen.[230] Das sorgte für scharfe Kritik in den eigenen Reihen und führte letztlich zum Austritt zahlreicher Mitglieder, welche ihre Rechte als Erfinder und Kleinindustrielle im Entwurf nicht ausreichend berücksichtigt fanden – so auch der Generalsekretär des VDI *Carl Pieper.*

Zwar orientierte sich der Entwurf im Wesentlichen an dem bereits vom VDI eingereichten Patentgesetzentwurf und an den auf dem Internationalen Patentkongress in Wien verabschiedeten Grundprinzipien. In einigen entscheidenden Punkten ging er aber über diesen hinaus. Größter Kritikpunkt war der unbedingte Lizenzzwang. Nach § 32 des Entwurfs sollte der Patentinhaber verpflichtet sein, jederzeit jedem gegen eine angemessene Vergütung die Nutzung der Erfindung zu gestatten; im Streitfall sollte ein Patenthof die Vergütung festlegen, die aber im Regelfall ein Drittel des Gewinns nicht übersteigen sollte.[231] Hinzu kamen progressive Patentgebühren. Kleinunternehmer und Einzelerfinder befürchteten daher eine zu große Abhängigkeit von den kapitalkräftigen Unternehmen.[232]

Aufgrund der anhaltenden Kritik am eigenmächtigen Vorgehen des Vorstandes war dieser gezwungen, den Entwurf nochmals zu überarbeiten. Hierdurch erfuhr der Lizenzzwang zwar eine gewisse Abmilderung, die industriefreundliche Handschrift *v. Siemens* blieb aber in allen Teilen des Entwurfs noch deutlich erkennbar. Nach wie vor enthielt der Entwurf in § 10 progressive Patentgebühren.[233] Der Lizenzzwang gegenüber Jedermann sollte hingegen erst nach Ablauf von fünf Jahren verpflichtend sein, sofern die Erfindung im Inland nicht genügend zur Ausführung gebracht wurde. Die Vergütung sollte im Streitfall zudem nicht mehr vom

228 Vgl. *Fischer,* Siemens u. Schutz, S. 50.
229 Siehe zum Entwurf des Patentschutzvereins auch BArch R/1401/460.
230 Vgl. *Fischer,* Siemens u. Schutz, S. 53.
231 Vgl. *Fischer,* Siemens u. Schutz, S. 52.
232 Vgl. *Fleischer,* Patentgesetzgebung, S. 62.
233 § 10 des revidierten Entwurfs, abgedruckt in VDIZ 1876, Sp. 412 ff.

Patenthof festgesetzt werden. Die Behörde sollte lediglich deren Angemessenheit überprüfen.[234]

Damit wich auch dieser Entwurf von den Empfehlungen ab, welche auf dem Wiener Patentkongress in der Resolution festgehalten wurden.[235] Danach sollte eine zwangsweise Lizenzierung nur durchgesetzt werden können, wenn es das öffentliche Interesse verlangte. Eine solche Beschränkung beinhaltete *v. Siemens'* Entwurf nicht. Dies begründete der Patentschutzverein in den Motiven folgendermaßen: „*Es muß jedoch behauptet werden, wenn das öffentliche Interesse in allen Fällen verlangt, daß die Erfindung nicht monopolisiert, sondern der allgemeinen Benutzung zugänglich gemacht werde.*"[236] Ferner solle der Lizenzzwang auch „*Schutz gegen die Ausbeutung des einheimischen Marktes durch ausländische und im Ausland fabrizierende Patentinhaber gewähren und an die Stelle des (…) direkten Zwanges zur Ausführung der Erfindung treten, welcher sich als ganz unwirksam erweist.*"

Wie bereits der VDI-Entwurf sah auch die revidierte Fassung des Patenschutzvereins eine grundsätzliche Lizenzierungspflicht gegenüber der deutschen Kriegs- und Marineverwaltung vor.[237]

Am 15. November 1875 wurde der Entwurf in einer außerordentlichen Generalversammlung endgültig verabschiedet und am 6. April 1876 dem Bundesrat überreicht.

IV. Die parlamentarischen Arbeiten am Reichspatentgesetz

Die zahlreichen außerparlamentarischen Bestrebungen sowie die Auswirkungen der Wirtschaftskrise von 1873 führten auch im Parlament zu einem langsamen Umdenken hin zu einem Patentschutz.[238] Den nötigen Anstoß gab der preußische Handelsminister *H. v. Achenbach*. In einer ausführlich begründeten Bitte wandte er sich am 8. November 1874[239] an den Reichskanzler *Otto Fürst Bismarck:* Dieser möge die Verhandlungen zur Schaffung eines reichseinheitlichen Patentgesetzes

---

234 § 32 des revidierten Entwurfs, abgedruckt in VDIZ 1876, Sp. 412 ff.

235 Siehe oben 1. Teil, C. II., (S. 36 f.).

236 Hierzu auch *Fischer,* Siemens u. Schutz, S. 55 f.

237 § 30 des revidierten Entwurfs, abgedruckt in VDIZ 1876, Sp. 412 ff.: „*§ 30. Der Inhaber eines Patentes hat gegenüber der deutschen Kriegs- und Marine-Verwaltung nicht das Recht, derselben die Benutzung seiner Erfindung zu verbieten; letztere ist jedoch verpflichtet, dem Patentinhaber von der Benutzung Kenntnis zu geben und ihm eine angemessene, im Streitfalle vom Patenthofe nach billigem Ermessen festzusetzende Vergütung zu zahlen. (…)*".

238 Vgl. *Fleischer,* Patentgesetzgebung, S. 65.

239 Vollständig abgedruckt bei *Heß,* Vorarbeiten, S. 78–81.

wieder aufnehmen. Die Eingabe schien seine Wirkung nicht verfehlt zu haben. Am 27. April 1876 stimmte der Bundesrat für die Einsetzung einer Enquête-Kommission, welche die Grundprinzipien für ein einheitliches Patentgesetz erarbeiten sollte.[240] Der IV. Ausschuss für Handel und Gewerbe wurde beauftragt, die Enquête-Mitglieder auszuwählen und einen Fragenkatalog zu erstellen.

1. *Die Enquête-Kommission ihre Empfehlungen*

Der Enquête-Kommission gehörten 22 Experten[241] aus Verwaltung, Wissenschaft und Wirtschaft an, u.a. auch *Werner v. Siemens.*[242] Den Vorsitz übernahm im Namen des Ausschusses des Bundesrates, der Königlich preußische Wirkliche Geheime Ober-Regierungsrath und Ministerialdirektor *Jacobi.* Die Kommission tagte vom 29. August bis 2. September 1876 und arbeitete ihre Empfehlungen anhand des Fragenkatalogs[243] aus.

Neben der grundsätzlichen Frage, ob ein gesetzlicher Schutz für Erfindungen empfehlenswert sei – was mit nur einer Gegenstimme bejaht wurde –,[244] war insbesondere der Lizenzzwang ein Schwerpunkt der Diskussion. Sechs Sachverständige

---

240 Verh.Prot. BR v. 27. April 1876, § 170; hierzu ausführlich *Fleischer,* Patentgesetzgebung, S. 65ff. und *Heß,* Vorarbeiten, S. 81 ff.

241 Direktor d. höheren Gewerbeshule, Regierungsrath *Böttcher* aus Chemnitz; Hüttenwersdirektor *Brauer* aus Grafenstaden i. E.; Sekretär der Gewerbekammer, *Dr. Brinkmann* aus Hamburg; Firmenbesitzer *Dr. Brüning* aus Höchst a. M.; General-Sekretär des Landesgewerbevereins, *Busch* aus Darmstadt; Direktor der Staatsdruckerei, Mitglied der technischen Deputation für Gewerbe, *Busse* aus Berlin; Kommerzienrath *Fleischmann* aus Sonneber i. Thür.; Generaldirektor der AG Rhenania, *Hasenclever* aus Achen; Seidenfabrikant *Huber* aus Saargemünd; Kommissionsrath *Kaselowski* aus Bielefeld; Geheimer Bergrath und *Professor Dr. Klostermann* aus Bonn; Professor an der polytechnischen Hochschule, *Linde* aus München; Fabrikbesitzer *Lürmann* aus Osnabrück; Vorstand der Landesgewerbehalle, *Professor Dr. Meidinger* aus Karlsruhe; Fabrikbesitzer *Dr. Möller* aus Kupferhammer bei Bielefeld; Fabrikbesitzer *Dr. Rautert* aus Mainz; Fabrikbesitzer *Dr. Siemens* aus Berlin; Chemiker *Dr. Siermann* aus Pommerensorf bei Stettin; Direktor des bayrischen Gewerbemuseums, *Dr. Stegmann* aus Nürnberg; Präsident der Zentralstelle für Gewerbe und Handel, *Dr. von Steinbeis* aus Stuttgart; Patentagent *Dr. Wirth* aus Frankfurt a. M.; Kommerzienrath *Zimmermann* aus Chemnitz.

242 Vgl. Drucks-BR, 1876, Nr. 70, S. 3, 4; kritische Stimmen seiner Zeit bemängelten, dass nahezu keine Vertreter von Klein- und Mittelunternehmen sowie Einzelerfinder der Kommission angehörten, *Allg. Erfinderverband,* Antipatentgesetz, S. 78 ff.

243 U.a. abgedruckt bei *Heß,* Vorarbeiten, S. 122, Anhang 6.

244 Sitzungsprotokoll der Enquête v. 30. August 1876, Drucks-BR, 1876, Nr. 70, S. 8.

sprachen sich gegen einen Lizenzzwang aus,[245] Vertreter wie *v. Siemens* und *Klostermann* setzten sich dagegen für einen unbeschränkten Lizenzzwang ein. Vor allem *v. Siemens* Begründung lag wie schon früher darin, dass *„durch Monopolisierung der Erfindungen und durch Mißbrauch des Patentrechts wichtige Industriezweige großen Gefahren und Schädigungen ausgesetzt"* seien.[246] Ferner drohe eine weitere Gefahr aus dem Ausland, indem Deutschland *„mit einer Masse fremder, namentlich amerikanischer Patente überschwemmt"* werde.[247] Weiter gab er zu bedenken: *„Diese Patente werden nicht genommen werden, um in Deutschland Fabriken anzulegen, sondern um die betreffenden Fabrikation im Auslande uns gegenüber zu monopolisieren und uns die fertigen Produkte zuzuführen."*[248]

Der überwiegenden Mehrheit der Enquête-Mitglieder ging ein unbedingter Lizenzzwang jedoch zu weit. Zwar teilten sie die Auffassung, dass der Lizenzzwang grundsätzlich ein adäquates Mittel gegen drohende Monopolisierung sei; dies dürfe aber nicht zu einer unbilligen Benachteiligung des Erfinders führen. Eine Lizenzierungspflicht solle vielmehr nur dann greifen, wenn ohne sie ein Industriezweig nachweislich geschädigt würde und damit ein öffentliches Interesse an einer Lizenzierung bestehe.[249]

Weitgehende Einigkeit bestand jedoch beim Ausführungszwang. Die Kommission war der Auffassung, dass ein vom Patentinhaber gegenüber dem Patentamt zu erbringender Nachweis der Ausführung der Erfindung im Inland nicht ausreichen würde, um eine tatsächliche und ergiebige Ausführung in Deutschland sicherzustellen.[250] Hierzu sei vielmehr ein härteres rechtliches Druckmittel notwendig, etwa in der Form eines Patentwiderrufs bei mangelnder Ausführung der Erfindung im Inland. *Rautert* schlug zudem nach dem Vorbild des englischen Enquête-Entwurfs von 1872 vor, dass nur dann eine Lizenzierungspflicht eintreten solle, wenn der Patentinhaber *„zwei Jahre nach Erteilung des Patents den patentierten Gegenstand noch gar nicht oder in so beschränktem Maße zur Ausführung gebracht hat, daß damit der Nachfrage* [im Inland] *nicht genügt wird."*[251]

---

245 Sitzungsprotokoll der Enquête v. 30. August 1876, Drucks-BR 1876, Nr. 70, S. 25.

246 Sitzungsprotokoll der Enquête v. 30. August 1876, Drucks-BR 1876, Nr. 70, S. 16.

247 Sitzungsprotokoll der Enquête v. 30. August 1876, Drucks-BR 1876, Nr. 70, S. 16, 17.

248 Sitzungsprotokoll der Enquête v. 30. August 1876, Drucks-BR 1876, Nr. 70, S. 17.

249 So etwa *Meidinger*, Sitzungsprotokoll der Enquête v. 30. August 1876, Drucks-BR 1876, Nr. 70, S. 17 ff.

250 U.a. *v. Siemens, Rautert,* Sitzungsprotokoll der Enquête v. 30. August 1876, Drucks-BR 1876, Nr. 70, S. 17.

251 Sitzungsprotokoll der Enquête v. 30. August 1876, Drucks-BR 1876, Nr. 70, S. 18, 19; der Vorsitzende der Enquête stellte den Wortlaut des englischen Entwurfs zum

In der Sitzung der Enquête vom 2. September 1876 wurde zudem kurz die Frage beraten, inwiefern Militär und Marineverwaltung berechtigt sein sollten, patentierte Erfindungen ohne weiteres, jedoch unter dem Vorbehalt einer Entschädigung des Patentinhabers, zu nutzen.[252] Die Beratung beschränkte sich auf die Diskussion über die Notwendigkeit einer Geheimhaltung von patentierten Erfindungen zu Verteidigungszwecken, ohne sich abschließend auf das grundlegende Für und Wider einer solchen Regelung zu einigen.

Der Bundesrat wurde in seiner Sitzung vom 30. September 1876 über sämtliche Empfehlungen der Enquête-Kommission zum Patentrechts-Fragenkatalog informiert.[253]

2. *Der Reichskanzler-Entwurf von 1876 und dessen Überarbeitung*

Nur wenige Wochen später, am 14. November 1876, präsentierte der Reichskanzler bereits den ersten Regierungsentwurf eines Patentgesetzes.[254] Dieser basierte im Wesentlichen auf den Empfehlungen der Enquête-Kommission.[255] Lediglich die Regelung zum Lizenzzwang wich hiervon ab, da diese in § 10[256] nur einen

---

Lizenzzwang zudem explizit zur Diskussion. § 26 des englischen Entwurfes lautete in der Übersetzung: „*Ein Patent kann nach Ablauf von zwei Jahren widerrufen werden: a) wenn der Patentinhaber unterläßt, die Erfindung entweder selbst oder durch Lizenzinhaber in einem angemessenen Umfange innerhalb des vereinigten Königreichs auszunutzen oder in Anwendung zu bringen, oder die erforderlichen Anstrengungen zu machen, um die Ausnutzung oder Anwendung zu sichern. Der Beweis, daß solches geschehen, liegt ihm ob; b) wenn dem Lordkanzler nachgewiesen wird, daß, um eine geeignete Versorgung des Publikums mit den unter dem Patente anzufertigenden Artikeln oder die ordentliche Benutzung der Erfindung durch das Publikum zu sichern, die Verleihung von Lizenzen erforderlich ist, der Patentinhaber aber unterläßt, Lizenzen an geeignete Personen, die ihn darum angehen, unter Bedingungen zu erthelen, welche der Lordkanzler unter Berücksichtigung aller Umstände des Falles für angemessen erachtet.*“, Drucks-BR 1876, Nr. 70, S. 21.

252 Sitzungsprotokoll der Enquête v. 2. September 1876, Drucks-BR 1876, Nr. 70, S. 53.

253 Verh.Prot. BR v. 30. September 1876, § 234.

254 Reichsanzeiger Nr. 275 v. 21.11.1876 und Nr. 276 v. 22.11.1876; Entwurf (allerdings ohne Motive) auch abgedruckt in VDIZ 1876, Sp. 757 ff.

255 Vgl. *Fischer,* Siemens u. Schutz, S. 63.

256 Wortlaut des § 10 des Regierungsentwurfs v. 14. November 1876: „*§ 10. Das Patent kann zurückgenommen werden: 1) wenn der Patentinhaber sich weigert, zur Benutzung der Erfindung im Inlande die Erlaubnis zu ertheilen, obwohl ihm, unter genügender Sicherheit eine Vergütung angeboten wird, welche in ihrem Werthe einer bereits anderwärts im Inlande oder Auslande für die Benutzung der Erfindung vereinbarten Vergütung entspricht; 2) wenn der Patentinhaber es unterlässt, im Inlande*

indirekten Lizenzzwang vorsah. Ein einklagbarer (direkter) Anspruch auf Erteilung einer Lizenz sollte nicht bestehen. Dem Patentinhaber drohte vielmehr die Zurücknahme des Patents, wenn er sich weigerte, eine Lizenz zu erteilen. Das gleiche galt für den Fall, dass die patentierte Erfindung im Inland nicht ausreichend ausgeführt wurde. Eine zeitliche Beschränkung oder die Notwendigkeit eines öffentlichen Interesses waren hingegen nicht vorgesehen. Der Vorschlag entsprach damit weder den Empfehlungen des Wiener Patentkongresses – der grundsätzlich ein öffentliches Interesse zur Zwangslizenzierung verlangt hatte – noch dem Entwurf des deutschen Patentschutzvereins, welcher nach Ablauf von fünf Jahren eine Lizenzpflicht gegenüber Jedermann vorgesehen hatte. In den später zum Gesetzesentwurf veröffentlichten Motiven zur Ausführungs- und Lizenzzwangs-Regelung[257] wurde dies damit begründet, dass *„jene Bestimmungen und Vorschläge theils für den Patentinhaber eine ungerechtfertigte Härte einschließen, theils dem subjektiven Ermessen der Behörde viel zu großen Spielraum lassen, theils endlich der praktischen Durchführung unüberwindliche Schwierigkeiten bereiten."*[258]

Dass der Gesetzesentwurf des Patentschutzvereins dennoch Einfluss auf den Reichskanzler-Entwurfs hatte, zeigte sich unter anderem in den Regelungen zur Nutzung von patentierten Erfindungen zu Verteidigungszwecken und in der Ausgestaltung der Patentgebühren. Nach § 5[259] des Reichskanzler-Entwurfs sollte die Militär- und Marineverwaltung berechtigt sein, jederzeit – gegen angemessene Vergütung – eine patentierte Erfindung zu nutzen, wenn dies im Interesse der öffentlichen Wohlfahrt war. Die Patentgebühren waren ebenfalls gestaffelt und sollten sich in jedem Jahr um weitere 50 Mark erhöhen.[260]

---

die Erfindung in einer dem inländischen Bedarfe genügenden Weise zur Ausführung zu bringen oder bringen zu lassen."

257 Entwurf PatG nebst Motiven, Drucks-BR 1877, Nr. 14, S. 25 ff.

258 Entwurf PatG nebst Motiven, Drucks-BR 1877, Nr. 14, S. 29.

259 Wortlaut des § 5 des Regierungsentwurfs v. 14. November 1876: „*§ 5. Die Wirkung des Patentes tritt gegen denjenigen nicht ein, welcher die Erfindung bereits vor der Anmeldung des Patentinhabers in Benutzung genommen hatte. Die Wirkung des Patentes tritt ferner nicht ein, wenn die Erfindung für das Heer oder für die Flotte oder zum Zwecke irgend-welcher, im Interesse der öffentlichen Wohlfahrt von der Reichs- oder Staatsverwaltung angeordneten Einrichtung benutz werden soll. Doch hat der Patentinhaber in diesem Falle Anspruch auf eine billige Vergütung, welche in Ermangelung einer Verständigung von dem Reichs-Ober-Handelsgericht festgesetzt wird. Auf Einrichtungen an Fahrzeugen, welche nur vorübergehend in das Inland gelangen, erstreckt sich die Wirkung des Patentes nicht."*

260 Wortlaut des § 7 des Regierungsentwurfs v. 14. November 1876: „*§ 7. Für jedes Patent ist bei der Ertheilung eine Gebühr von 30 M zu entrichten. Mit Ausnahme der*

Der erste Entwurf des Reichskanzlers stieß auf ein lebhaftes Echo in der Öffentlichkeit.[261] Aufgrund von zahlreichen Meinungsäußerungen und Änderungsvorschlägen von Verbänden, Regierungen und aus der Wirtschaft ließ ihn der Reichskanzler nochmals überarbeiten. Am 6. Februar 1877 übergab er die Vorlage an den Bundesrat, gemeinsam mit einer ausführlichen Begründung zu den Motiven.[262]

Nach den Motiven zu § 11[263] sollte die Möglichkeit der Zurücknahme eines Patents im Wesentlichen ein Mittel sein, *„um die Patentinhaber vor einem Verhalten zu warnen, welches zur Aufhebung ihrer Patente nöthigen würde.“*[264] Auf diese Weise wollte die Reichskanzlei zum einen verhindern, dass ein Patentinhaber jedem anderen Unternehmer im Inland die Nutzung seines Patents untersagte, obwohl diese Erfindung für den entsprechenden Industriezweig so wesentlich war, dass *„mit dem Verfall zahlreicher in dem gleichen Betriebszweig konkurrierender Unternehmen“*[265] gerechnet werden müsste.[266] Zum andern, wollte man Patentinhaber davon abhalten, die Produktion ihrer patentierten Erfindung – unter dem Schutz des Ausschließlichkeitsrechts – ganz ins Ausland zu verlegen, um z.B. die ausländische Unternehmung zu stärken und das Inland nur mit ausländischen Waren zu versorgen.[267] In beiden Fällen wäre ein Monopol die Folge, mit dem willkürliche oder übermäßige Preisforderungen möglich wären, im letzteren Fall sogar *„schlimmer noch als in dem ersten Falle zu Gunsten des Auslandes und auf Kosten der gesamten inländischen Gewerbsamkeit.“*[268]

Im Bundesrat und im eingeschalteten IV. Ausschuss für Handel und Verkehr[269] erfuhr § 11 zum Ausführungs- und Lizenzzwang weitere Kritik und

---

Zusatzpatente (§ 6) ist ausserdem für jedes Patent zu Anfang des zweiten und jeden folgenden Jahres der Dauer eine Gebühr zu entrichten, welche das erste Mal 50 M beträgt und weiterhin jedes Jahr um 50 M steigt.“

261 Vgl. hierzu ausführlich *Heß*, Vorarbeiten, S. 86 ff. sowie *Heggen*, Erfindungsschutz, S. 133 ff.

262 Entwurf PatG nebst Motiven, Drucks-BR 1877, Nr. 14.

263 Entwurf PatG nebst Motiven, Drucks-BR 1877, Nr. 14, S. 25 ff.

264 Entwurf PatG nebst Motiven, Drucks-BR 1877, Nr. 14, S. 26.

265 Entwurf PatG nebst Motiven, Drucks-BR 1877, Nr. 14, S. 26.

266 Siehe hierzu auch *Dunkhase*, Nichtigkeitsverfahren, S. 42, 43.

267 Entwurf PatG nebst Motiven, Drucks-BR 1877, Nr. 14, S. 26.; vgl. hierzu auch *Heß*, Vorarbeiten, S. 85; *Schatz*, GRUR Int. 1986, S. 273.

268 Entwurf PatG nebst Motiven, Drucks-BR 1877, Nr. 14, S. 2; vgl. auch *Heß*, Vorarbeiten, S. 85; *Lutter*, PatG 1891, § 11, S. 113 ff.

269 Vgl. *Heggen*, Erfindungsschutz, S. 134.

wurde infolge dessen nochmals überarbeitet. Neben textlichen Änderungen ohne größeren Einfluss auf den Regelungsinhalt, wurde Satz 1 um den Zusatz „*nach Ablauf von zwei Jahren*" ergänzt, um die Nachteile beim Patentinhaber etwas abzumildern.[270] Auch die Patentgebührenbelastung nach § 8 wurde in bestimmten Fällen verringert: Bedürftigen wurde nunmehr die Möglichkeit eingeräumt, die Patentgebühren für bis zu zwei Jahre zu stunden.[271]

Ohne Folge blieben hingegen die Einwände des hamburgischen Bevollmächtigten im Bundesrat. Er schlug vor, die Regelung zum Ausführungszwang vollständig zu streichen,[272] da es zweifelhaft sei, was unter einer dem inländischen Bedarf genügenden Ausführung zu verstehen sei. Zudem war er der Auffassung, dass dieses Ziel auch durch Einführung ausländischer Fabrikate ermöglicht werden könne. Der Einwand war aus Sicht eines Stadtstaates zwar durchaus nachvollziehbar, im Bundesrat gab es hierfür jedoch keine Mehrheit.

Am 24. Februar 1877 billigte der Bundesrat diese Gesetzesvorlage und machte so den Weg zur Beratung im Reichstag frei.[273] Der Gesetzesentwurf wurde dem Reichstag noch am gleichen Tag vorgelegt.[274]

3. *Die Verhandlungen im Reichstag bis zur Verabschiedung des PatG im Jahre 1877*

Am 2. März 1877 behandelte der Reichstag den Entwurf zum Patentgesetz und seine Motive[275] im Rahmen der ersten Lesung. Eine inhaltliche Diskussion blieb jedoch zunächst aus. Stattdessen verständigte man sich darauf, den Gesetzesentwurf an eine Kommission zur Berichterstattung abzugeben.[276]

Die beauftragte Kommission beriet den Gesetzesentwurf in elf Sitzungen und erarbeitete eine Reihe von Änderungen. Die wohl wichtigste Änderung betraf erneut die Ausführungs- und Lizenzierungspflicht.[277] Die Kommission erachtete die aus § 11 des Regierungsentwurfes resultierenden Pflichten für

---

270 Drucks-BR 1877, Nr. 25, S. 5.

271 Drucks-BR 1877, Nr. 25, S. 4.

272 Bericht des hamburgisches Bevollmächtigten im Bundesrath des Deutschen Reiches, Bericht der Hanseatischen Gesellschaft Nr. 37 vom 24. Februar 1877, *Dr. Krüger*, Staatsarchiv Hamburg, 111-1 Cl. I. Lit. T Nr. 3 Vol. 2b Fasc. 14 (neu: 111-1 7562).

273 Vgl. *Heggen*, Erfindungsschutz, S. 134.

274 Entwurf PatG nebst Motiven, Drucks-RT 1877, Nr. 8.

275 Entwurf PatG nebst Motiven, Drucks-RT 1877, Nr. 8.

276 StenBer-RT, 3. Leg., I. Sess., Erster Bd., 1877, 4. Sitzung v. 2. März 1877, S. 25–29.

277 Vgl. *Heggen*, Erfindungsschutz, S. 93f.

zu weitgehend. Sie bemängelte insbesondere die fehlende Verknüpfung mit dem öffentlichen Interesse. Nicht einzelne Privat-, sondern nur öffentliche Interessen könnten die Zurücknahme von Patenten wegen Nichtausführung rechtfertigen.[278] Auf jeden Fall aber müsse die Frist, bis zu der die Ausführung zu erfolgen habe, verlängert werden.[279] Zudem wurde beanstandet, dass laut Regierungsentwurf der Patentinhaber nach Ablauf der bestimmten Frist gezwungen sei, anderen die Erfindung gegen Vergütung zu gestatten, ohne dass ausgedrückt sei, *„ob dieser Zwang bei der Abwesenheit eines Bedürfnisses im öffentlichen Interesse entfällt.“*[280]

Unter erneutem Hinweis auf § 26 des englischen Patentgesetzentwurfes von 1876 einigten sich die Mitglieder der Kommission auf folgende Formulierung des § 11:

> *„Das Patent kann nach Ablauf von drei Jahren zurückgenommen werden:*
> 1. *wenn der Patentinhaber es unterläßt, im Inlande die Erfindung im angemessenen Umfange zur Ausführung zu bringen, oder doch alles zu thun, was erforderlich ist, um diese Ausführung zu sichern;*
> 2. *wenn im öffentlichen Interesse die Ertheilung der Erlaubnis zur Benutzung der Erfindung an Andere geboten erscheint, der Patentinhaber aber gleichwohl sich weigert, diese Erlaubnis gegen angemessene Vergütung und genügende Sicherstellung zu ertheilen.*
>   *Das die Ertheilung der Erlaubnis im öffentlichen Interesse geboten sei, ist namentlich dann anzunehmen, wenn ein Patent für eine andere Erfindung ertheilt ist, deren Benutzung von der Ertheilung der Erlaubnis hängt.“*[281]

Die Empfehlungen der Kommission wurden dem Reichstag in seiner Sitzung vom 1. Mai 1877 zur Beratung und Abstimmung unterbreitet, fanden jedoch nur teilweise Zustimmung bei den Abgeordneten.[282] Der von der Kommission ergänzte Zusatz zur Vermutungsregelung bei abhängigen Patenten in § 11 Nr. 2 wurde mit der Begründung abgelehnt, dass dieser Fall bereits von Satz 1 der Nr. 2 mit umfasst sei.[283] § 11 des Gesetzesentwurfes lautete nunmehr wie folgt:

---

278 Kommissionsbericht des Reichstags, Drucks-RT 1877, Nr. 144, S. 405.

279 Kommissionsbericht des Reichstags, Drucks-RT 1877, Nr. 144, S. 405.

280 Kommissionsbericht des Reichstags, Drucks-RT 1877, Nr. 144, S. 405.

281 Kommissionsbericht des Reichstags, Drucks-RT 1877, Nr. 144, S. 418; die unterstrichenen Textpassagen sind die Änderungsvorschläge der Kommission. Die Hervorhebungen sind im Originalzitat nicht enthalten.

282 StenBer-RT, 3. Leg., I. Sess., Zweiter Bd., 1877, 34. Sitzung v. 1. Mai 1877, S. 915–948.

283 StenBer-RT, 3. Leg., I. Sess., Zweiter Bd., 1877, 34. Sitzung v. 1. Mai 1877, S. 931 ff.

„Das Patent kann nach Ablauf von drei Jahren zurückgenommen werden:

1. *wenn der Patentinhaber es unterläßt, im Inlande die Erfindung in angemessenem Umfange zur Ausführung zu bringen, oder doch Alles zu thun, was erforderlich ist, um diese Ausführung zu sichern;*
2. *wenn im öffentlichen Interesse die Ertheilung der Erlaubniß zur Benutzung der Erfindung an Andere geboten erscheint, der Patentinhaber aber gleichwohl sich weigert, diese Erlaubniß gegen angemessene Vergütung und genügende Sicherstellung zu ertheilen."*

In der Sitzung vom 3. Mai 1877 wurde dem Patentgesetzentwurf vom Reichstag in der Dritten Lesung *definitiv und im ganzen* zugestimmt.[284] Aufgrund der weiteren Änderung musste der Bundesrat dem Entwurf jedoch erneut zustimmen, was am 9. Mai 1877 ohne Einschaltung einer Kommission geschah.[285]

Der Kaiser vollzog das Patentgesetz am 25. Mai 1877, das sodann im Reichsgesetzesblatt Nr. 23[286] verkündet wurde. Am 1. Juli 1877 trat es nach § 45 PatG in Kraft.

4. *Exkurs: „Versteckter Lizenzzwang"[287] – Die Patententeignung nach § 5 Abs. 2 PatG 1877*

Mit § 5 Abs. 2 PatG 1877[288] erhielt der Staat ein Instrument an die Hand, welches ihm ermöglichte, *„für das Heer oder für die Flotte oder sonst im Interesse der öffentlichen Wohlfahrt"* direkt auf patentierte Erfindungen zuzugreifen. Als Ausgleich sollte der Patentinhaber eine *„angemessene Vergütung"* erhalten. Es handelte sich hierbei also um eine Art Lizenzierungspflicht im Deckmantel der Patententeignung, ähnlich dem in der Entstehungsphase des Reichspatentgesetzes von 1877 vielfach diskutierten[289] direkten Lizenzzwangs. In der Gesetzesbegründung zu § 5 Abs. 2 wurde ausgeführt, dass dies sogar zu Gunsten von

---

284 StenBer-RT, 3. Leg., I. Sess., Zweiter Bd., 1877, 36. Sitzung v. 3. Mai 1877, S. 1011–1014.

285 Verh.Prot. BR v. 9. Mai 1877, § 251.

286 RGBl. 1877, S. 501–510.

287 *Mächtel*, Patentrecht, S. 96.

288 Wortlaut des § 5 Abs. 2 PatG 1877: *„Die Wirkung des Patentes tritt ferner insoweit nicht ein, als die Erfindung nach Bestimmung des Reichskanzlers für das Heer oder für die Flotte oder sonst im Interesse der öffentlichen Wohlfahrt benutzt werden soll. Doch hat der Patentinhaber in diesem Falle gegenüber dem Reich oder dem Staat, welcher in seinem besonderen Interesse die Beschränkung des Patentes beantragt hat, Anspruch auf angemessene Vergütung, welche in Ermangelung einer Verständigung im Rechtswege festgesetzt wird."*

289 Siehe hierzu u.a. oben 1. Teil, C. (S. 34 ff., 37f., 39 f.).

Privatpersonen erfolgen konnte. Hierin heißt es: „*Es kann im Gesamtinteresse des Landes, insbesondere durch militärische Rücksichten, durch die Anforderungen der Gesundheitspflege oder durch andere Bedürfnisse der allgemeinen Wohlfahrt geboten sein, daß von einer patentierten Erfindung, sei es durch die Verwaltung selbst, sei es auf ihre Anordnung durch Privatpersonen unverweilt Gebrauch machen.*“[290]

Es überrascht, dass der staatliche Zugriff auf Patente nach § 5 Abs. 2 PatG 1877 in den Debatten um ein einheitliches Patentgesetz kaum zur Sprache kam,[291] während der direkte bzw. indirekte Lizenzzwang nach § 11 PatG 1877 einen Großteil der Diskussion ausmachte.[292] Handelte es sich doch in beiden Fällen um Eingriffe in private Schutzrechte im Interesse der Allgemeinheit.[293] Die einschlägigen rechtshistorischen Arbeiten[294] führen dies im Wesentlichen auf zwei Gründe zurück: zum einen auf das damals sehr ausgeprägte Obrigkeitsdenken der Bevölkerung, die keinerlei Zweifel daran hegte, dass der Staat „*im übergeordneten Interesse*“ auf private Schutzrechte zugreifen durfte.[295] Zum anderen auf das historische Verständnis, dass der Staat zwar Kraft seiner hoheitlichen Macht Privilegien erteilte, sich selber aber an die Monopolrechte nicht gebunden fühlte.[296] D.h. ein Patentgesetz, welches das staatliche Eingriffsrecht explizit mit einer Anspruchsgrundlage regelte, ließ den Umkehrschluss zu, dass der Staat das Monopolrecht des Erfinders grundsätzlich anerkannte. Während die staatliche Verwaltung zuvor ein uneingeschränktes Eingriffsrecht besaß, war der Zugriff nun nur noch unter bestimmten Voraussetzungen gestattet. Damit stellte § 5 Abs. 2 PatG 1877, insbesondere in Verbindung mit der „Entschädigung“ durch eine angemessene Vergütung, ein Zugeständnis an den Patentinhaber dar.

Die historische Betrachtung zeigt allerdings, dass der Staat von seinen immer noch umfassenden Eingriffsrecht nach § 5 Abs. 2 PatG bis zum Ersten Weltkrieg überhaupt keinen und danach nur sehr vereinzelt Gebrauch gemacht hat.[297]

---

290 Entwurf PatG nebst Motiven, RT-Drucks. 1877, Nr. , S. 20.

291 Hierzu ausführlich *Mächtel,* Patentrecht, S. 94.

292 Siehe oben 1. Teil, C., (S. 34 ff.).

293 Vgl. *Mächtel,* Patentrecht, S. 95.

294 Insbesondere *Mächtel,* Patentrechts S. 94 ff.

295 Vgl. *Mächtel,* Patentrecht, S. 95 m.w.N.

296 Vgl. *Mächtel,* Patentrecht, S. 97 m.w.N.

297 *Isay,* PatG, 4. Aufl. § 5, Anm. 26, S. 293.

D. Die Entwicklung der gesetzlichen Regelungen zum Ausführungs- und Lizenzzwang zwischen 1877 bis 1945

Bis zur ersten Überarbeitung des Reichspatentgesetzes von 1877 vergingen vierzehn Jahre. Mit der Novelle vom 7. April 1891 erfuhren die Regelungen zum Ausführungs- und Lizenzzwang allerdings nur eine geringfügige Klarstellung in der Formulierung, während mit dem Gesetz vom 6. Juni 1911 eine entscheidende Änderung hin zum direkten Lizenzzwang vorgenommen wurde. Die Novelle vom 5. Mai 1936 setze die bereits 1909 angestoßenen umfangreichen Reformbemühungen um und passte die Regelung an die nationalsozialistische Terminologie an. Hierdurch erfuhr auch die Regelung zum Ausführungs- und Lizenzzwang eine entscheidende Änderung: die staatlichen Eingriffsrechte wurden entscheidend gestärkt.

I. Der Ausführungs- und Lizenzzwang im Patentgesetz vom 7. April 1891

Die erste grundlegende Reform erfuhr das Patentgesetz von 1877 mit der Novelle vom 7. April 1891.[298] Zuvor hatten erneut zahlreiche Verbände und die Wirtschaft die Überarbeitung des Patentgesetzes gefordert.[299] 1886 beschloss der Bundesrat die Einsetzung einer Enquête zur Erarbeitung von Vorschlägen für eine Reform des Patentgesetzes. Auf Grundlage dieser Vorschläge[300] entstand ein erster Entwurf, der nach Zustimmung durch den Bundesrat, am 26. November 1890 dem Reichstag vorgelegt wurde.[301] Eine Änderung der Regelungen zum Ausführungs- und Lizenzzwang enthielt dieser Entwurf aber nicht. In der ersten Lesung des Reichstags am 4. Dezember 1890 wurde die XI. Kommission mit der Prüfung der Vorlage beauftragt. Die Kommission erstattete dem Reichstag am 26. Februar 1891 Bericht. Sie gab nicht nur Empfehlungen zum Entwurf ab, sondern auch zu den bislang beibehaltenen Normen, wie der Regelung zum Ausführungs- und Lizenzzwang. Die Kommission empfahl, zur Klarstellung einen Ergänzung hinsichtlich des Beginns der Dreijahresfrist mit aufzunehmen. Danach lautete § 11 PatG wie folgt:

---

298 RGBl. 1891, S. 79 ff.

299 Vgl. *v. Heppe*, Patentverletzungen, S. 58, Fn. 172.

300 Drucks-BR 1886, Nr. 56.

301 Drucks-RT 1890/91, Nr. 152.

„§. 11.[302]

Das Patent kann nach Ablauf von drei Jahren, von dem Tage der über die Ertheilung des Patents erfolgten Bekanntmachung (§. 27 Absatz 1) gerechnet, zurückgenommen werden:

1. *wenn der Patentinhaber es unterläßt, im Inlande die Erfindung in angemessenem Umfange zur Ausführung zu bringen, oder doch alles zu thun, was erforderlich ist, um diese Ausführung zu sichern;*
2. *wenn im öffentlichen Interesse die Ertheilung der Erlaubniß zur Benutzung der Erfindung an andere geboten erscheint, der Patentinhaber aber gleichwohl sich weigert, diese Erlaubniß gegen angemessene Vergütung und genügende Sicherstellung zu ertheilen.*

Der Reichstag nahm den Kommissionsentwurf nach erneuter Beratung am 12. und 16. März 1891 mit Änderungen am 17. März 1891einstimmig an.[303] Nachdem der Bundesrat am 24. März 1891 zugestimmt hatte, wurde das neue Patentgesetz[304] am 7. April 1891 verkündet und trat am 1. Oktober 1891 in Kraft.

II. Neuregelung mit der Novelle vom 6. Juni 1911

Mit der Gesetzesnovelle vom 6. Juni 1911 erfuhren die Regelungen zum Ausführungs- und Lizenzzwang eine entscheidende Änderung. Nach lauter gewordener Kritik aus der Industrie wurde der strenge Ausführungszwang im Inland gelockert und der direkte Lizenzzwang hielt Einzug im Patentgesetz. Es handelte sich hierbei um eine Art „Notgesetz“, da eine Änderung beim Ausführungszwang als dringend geboten angesehen wurde. Die Gesetzesnovelle wurde daher gesondert verabschiedet und nicht erst im Rahmen einer geplanten umfänglichen Gesetzesreform.[305] Das war – wie sich herausstellte – eine weise Entscheidung, da die beabsichtigte Gesetzesreform erst 25 Jahre später mit der Gesetzesnovelle vom 5. Mai 1936 realisiert werden konnte.

302 Die vom Verfasser dieser Arbeit hervorgehobenen Passagen sind die Ergänzungen im Vergleich zu § 11 PatG 1877.

303 StenBer-RT, 8. Leg., I. Sess., 2. Bd., 1890, 35. Sitzung v. 4. Dezember 1890, S. 781 ff.; StenBer-RT, 8. Leg., I. Sess., 3. Bd., 1891, 87. Sitzung v. 12. März 1891, S. 2016 ff.; StenBer-RT, 8. Leg., I. Sess., 3. Bd., 1891, . Sitzung v. 16. März 1891, S. 2110 ff.; StenBer-RT, 8. Leg., I. Sess., 3. Bd., 1891, . Sitzung v. 17. März 1891, S. 2115ff.

304 Drucks-RT 1890/91, Nr. 377.

305 Vgl. hierzu der Abgeordnete *Dr. Junck* bei der ersten und zweiten Beratung des Gesetzesentwurfes: StenBer-RT, 12. Leg., II. Sess., Bd. 265, 1911, 151. Sitzung v. 18. März 1911, S. 5640; StenBer-RT, 12. Leg., II. Sess., Bd. 267, 1911, 183. Sitzung v. 24. Mai 1911, S. 7111; sowie im Bericht der 22. Kommission über den Entwurf eines Gesetzes, betreffend den Patentausführungszwang, Drucks-RT 1911, Nr. 1024, S. 5302 f.; auch abgedruckt in GRUR 1911, S. 306 ff.

1. *Kritik an der Regelung zum Ausführungszwang und die internationalen Entwicklungen*

Die strikte Rechtsfolge der Patentzurücknahme erwies sich mit der wachsenden ökonomischen Stärke der deutschen Wirtschaft als zunehmend überholt, mitunter sogar für das Wirtschaftswachstum hinderlich. Nach Auffassung vieler Vertreter der Wirtschaft hatte sich die Befürchtung einer missbräuchlichen Ausnutzung des Patentschutzes durch Nichtausführung einer Erfindung im Inland nicht bewahrheitet.[306] Allen voran war es aber *Julius von Schütz,*[307] welcher die Abschaffung des Ausführungszwangs forderte und einen wirksameren Schutz vor markthemmenden Blockadepatenten in der zwangsweisen Erteilung von Lizenzen sah.[308] Nach seiner Vorstellung waren *die Gesetze des Wirtschaftslebens selbst eine ausreichend starke Gewähr dafür, dass ein Patent in dem größtmöglichen Umfang ausgebeutet werde.*[309]

Die anfängliche Sorge vor einer missbräuchlichen Ausnutzung des Patentschutzes durch den Patentinhaber wich der Besorgnis einer unangemessenen Benachteiligung der kapitalschwachen Erfinder. Denn besonders diesen drohte die Entziehung des Patents, wenn es ihnen nicht gelang, Investoren oder Lizenznehmer zu finden.[310] Im internationalen Bereich sah man durch den strengen Ausführungszwang eine unwirtschaftliche Zersplitterung der Produktion, die eine für die deutsche Wirtschaft nachteilige Auswanderung von Unternehmen oder die Geheimhaltung von Erfindungen zur Folge hätte.[311]

---

306 *v. Schütz,* GRUR 1896, S. 377, 385; Eingabe des Patentschutzvereins an den Reichstag vom 17. Januar 1911, in GRUR 1911, S. 24 f.; vgl. auch den VI. Beschluss des Deutschen Patentkongresses, welcher vom 3. bis 8. September 1907 in Düsseldorf tagte, in GRUR 1907, S. 371; siehe zur Kritik der Wissenschaft und Praxis auch *Heidenheim,* Die Zwangslizenz, S. 93 ff.; *Lutter,* PatG 1936, § 11, S. 228 ff.

307 *Julius von Schütz* seinerzeit Direktor im Friedrich Krupp Grusonwerk in Berlin und Mitglied des Geschäftsführenden Ausschusses der Internationalen Vereinigung für Gewerblichen Rechtsschutz.

308 *v. Schütz,* GRUR 1896, S. 377, 380; so auch der *Allg. Erfinderverband,* Antipatentgesetz, S. 61 ff.; a.A. *Bède,* GRUR 1898, S.70ff, welcher die praktische Wirkung des § 11 PatG als von allen Experten anerkannt sieht; kritisch auch *Isay,* GRUR 1904, S. 116 f., GRUR 1907, S. 126, 127 f.; siehe hierzu auch den Verweis bei *Pilenko,* GRUR 1903, S. 258 f.; hingegen eher kritisch *Tolksdorf,* GRUR 1904, S. 352 ff., GRUR 1906, S. 9.

309 *v. Schütz,* GRUR 1896, S. 377ff.; vgl. *Isay,* GRUR 1904, S. 116f.

310 Vgl. die Motive zum Gesetzesentwurf, Drucks-RT 1911, Nr. 793, S. 4037 f.; auch abgedruckt in GRUR 1911, S. 121 f.

311 Vgl. die Motive zum Gesetzesentwurf, Drucks-RT 1911, Nr. 793, S. 4037 f.; auch abgedruckt in GRUR 1911, S. 121; *v. Schütz,* GRUR 1898, S. 321, 322; auch der

Die Politik reagierte auf die anhaltende Kritik zunächst mit Bemühungen um völkerrechtliche Verträge, durch die die rechtlichen Nachteile aus einer mangelnden Ausführung einer Erfindung im Ausland abgemildert werden sollten. Einigungen erreichte man erstmals 1892 mit Italien[312] und der Schweiz.[313] Hiernach war die Ausführung eines Patents im jeweils anderen Staatsgebiet ausreichend.[314] Weitere internationale Erleichterungen erhoffte man sich 1903 mit der Unterzeichnung der Pariser Internationalen Übereinkunft zum Schutze des gewerblichen Eigentums vom 20. März 1883 (PVÜ).[315] Mit ihr verpflichteten sich die unterzeichnenden Staaten[316] zwar nicht auf den vollständigen Verzicht des

---

Internationale Kongress für gewerblichen Rechtsschutz, welcher vom 24. bis 29. Mai 1904 in Berlin tagte, forderte bei Nichtausführung den Lizenzzwang anstelle der Zurücknahme, in GRUR 1904, S. 161, 172; dem Beschluss wurde im Rahmen des Kongresses im August 1908 in Stockholm nochmals bestätigt, in GRUR 1908, S. 284; siehe hierzu auch *Jürgensohn,* GRUR 1905, S. 133; *Isay,* GRUR 1928, S. 306 f.

312 Übereinkommen zwischen dem Reich und Italien über den gegenseitigen Patent-, Muster- und Markenschutz vom 18. Januar 1892, RGBl. 1892, S. 293–297, abgeändert mit dem Abkommen zwischen dem Deutschen Reiche und Italien zur Abänderung des Übereinkommens vom 18. Januar 1892 betreffend den gegenseitigen Patent-, Muster- und Markenschutz vom 4. Juni 1902, RGBl. 1903, S. 178; beide Verträge sind auch abgedruckt bei *Damme,* Handbuch, S. 524 ff.

313 Nachdem sich die Schweiz mehrfach gegen den patentrechtlichen Schutz von Erfindungen aussprach (siehe hierzu bereits unter 1. Teil, B. III. 2. (S. 30, 32), wurde am 29. Juni 1888 schließlich ein entsprechendes Gesetz erlassen, *Nolte,* Die Reform, S. 22; Übereinkommen zwischen dem Deutschen Reich und der Schweiz, betreffend den gegenseitigen Patent-, Muster- und Markenschutz vom 13. April 1892, RGBl. 1894, S. 511–515, abgeändert mit dem Abkommen zwischen dem Deutschen Reiche und der Schweiz zur Abänderung des Übereinkommens vom 13. April 1892 betreffend den gegenseitigen Patent-, Muster- und Markenschutz, vom 26. Mai 1902, RGBl 1903, S. 181; beide Verträge sind auch abgedruckt bei *Damme,* Handbuch, S. 527 ff.

314 Die jeweiligen Artt. 5 der Abkommen, wobei die Zusätze in eckiger Klammer nur im Übereinkommen mit der Schweiz enthalten sind: „*Die Rechtsnachteile, welche nach den Gesetzes der vertragschließenden Teile eintreten, wenn eine Erfindung, ein Muster oder Modell* [,*eine Handels- oder Fabrikmarke*] *nicht innerhalb einer bestimmten Frist ausgeführt, nachgebildet* [*oder angewendet*] *wird, sollen auch dadurch ausgeschlossen werden, daß die Ausführung, Nachbildung* [*oder Anwendung*] *in dem Gebiete des anderen Teils erfolgt.*".

315 In der Fassung der Brüsseler Zusatzakte vom 14. Dezember 1900, RGBl. 1903, S. 148, 167. Die Übereinkunft trat für das Deutsche Reich am 1. Mai 1903 in Kraft.

316 Stand 1903: Belgien, Brasilien, Dänemark, Dominikanische Republik, Spanien, Frankreich, Guatemala, Italien, Japan, Niederlande, Norwegen, Portugal, Schweden, Spanien und die Schweiz, Tunesien, USA.

Ausführungszwangs, legten aber gewisse Mindeststandards fest. Nach Nr. 3 b des Schlussprotokolls der PVÜ in seiner Fassung vom 14. Dezember 1900 sollte der Verfall eines Patents wegen Nichtausführung nicht vor Ablauf von drei Jahren erfolgen und nur dann, wenn keine Entschuldigungsgründe für die Untätigkeit vorlagen.

Auch mit Großbritannien hätte man sich gern auf einen weniger strikten Ausführungszwang im jeweiligen Inland geeinigt,[317] wie aus einem Schreiben des Staatssekretärs des Inneren vom 5. Februar 1906[318] an den Staatssekretär des Reichs-Justizamtes zu entnehmen ist. Der schlug vor, auch mit Großbritannien ein Abkommen, ähnlich denen mit Italien und der Schweiz, zu schließen.[319] Zum Abschluss eines solchen Abkommens kam es aber nicht. Im Gegenteil: Mit dem *Patents and Designs Act* vom 28. August 1907 führte Großbritannien einen strikten Ausführungszwang ein, welcher die Rücknahme von Patenten vorsah, wenn diese ausschließlich oder hauptsächlich im Ausland ausgeführt wurden.[320] Weitere Versuche der kaiserlichen Regierung, mit Großbritannien die Beseitigung des Ausführungszwangs zu vereinbaren, scheiterten.[321] Hintergrund war insbesondere eine wachsende Dominanz der deutschen Chemie-Industrie in Großbritannien, welche die Produkte vorwiegend außerhalb des Inselreichs erzeugte und dann nach Großbritannien exportierte.[322] Im Deutschen Reich wurde diese

---

317 Großbritannien hatte 1902 nun doch einen bedingten Ausführungszwang eingeführt, nach dem die Nichtausführung wahlweise die Zwangslizenzierung oder der Verfall des Patents zur Folge hatte, wenn hierfür „reasonable requirements“ vorlagen, vgl. *Katz,* GRUR 1909, S. 190.

318 BArch R3001/2501 Bl. 1 ff.

319 Dem Schreiben vom 5. Februar 1906 war auch ein Entwurf eines Abkommens beigefügt. Darin hieß es: *„In Ergänzung der internationalen zu Paris am 20. März 1883 geschlossenen Uebereinkunft zum Schutze des gewerblichen Eigentums und der am 14. Dezember 1900 in Brüssel vereinbarten Zusatzakte werden die nachstehenden Bestimmungen getroffen: Der Schutz der Erfindungen, der Muster und der Modelle in dem Gebiete jedes der vertragsschliessenden Teile soll unabhängig davon gewährt werden, ob die Ausführung oder Nachbildung der Erfindung, des Musters oder des Modells in dem Gebiete des einen oder des anderen Teils erfolgt. Demgemäss soll auch die Einfuhr einer in dem Gebiete des einen Teiles hergestellten Ware in das Gebiet des anderen Teils in dem letzteren den Verlust des auf Grund einer Erfindung, eines Musters oder Modells für die Ware gewährten Schutzrechts nicht zur Folge haben.“*.

320 Vgl. *Katz,* GRUR 1909, S. 190ff.; *Seckelmann,* Industrialisierung, S. 234.

321 Vgl Bericht der Kommission für Petitionen, Sitzung vom 14. Mai 1909, BArch R3001/2501, Bl. 19 ff; StenBer-RT, 12. Leg., I. Sess., Bd. 231, 1908, 117. Sitzung v. 6. März 1908, S. 3672.

322 Vgl. *Fleischer,* Patentgesetzgebung, S. 190f.; *Seckelmann,* Industrialisierung, S. 234f.

protektonische Maßnahme der britischen Regierung als ein klares Kampfmittel gegen die deutsche chemische Exportindustrie verstanden, durch die diesen ihre britische Patente entrissen werden sollten.[323]

In der Sorge, die USA könnten ebenfalls einen Ausführungszwang einführen, schloss das Deutsche Reich - vorbeugend - am 23. Februar 1909 mit den USA ein Abkommen über die „gegenseitige" Aufhebung des Ausübungszwangs.[324] Danach sollten Regelungen über die Zurücknahme oder eine sonstige Beschränkung des Patentrechtes im Falle der Nichtausführung eines Patents nur insoweit Anwendung finden, als eine solche Rechtsfolge auch im jeweils eigenen Staat gegenüber den inländischen Patentinhabern zur Anwendung kommen würde.[325] Da das US-amerikanische Patentgesetz eine verpflichtende Ausführung von Erfindungen nicht kannte, führte dies zu der paradoxen Situation, dass z.B. ein deutscher Patentinhaber seine Erfindung im Deutschen Reich zur Ausführung bringen musste, nicht aber der US-amerikanische. Es ist offensichtlich, dass durch die formale Übertragung des Patents auf eine US-amerikanische Person oder Gesellschaft die Ausführungspflicht leicht umgangen werden konnte. Dass eine solche Übertragung durchaus rechtens war, wurde in einer Entscheidung des Reichsgerichts vom 20. November 1909[326] explizit bestätigt. Wichtiger war jedoch, dass die Benachteiligung der inländischen Wirtschaft gegenüber den US-amerikanischen Gewerbetreibenden unmissverständlich gebilligt wurde. So führte der I. Senat des Reichsgericht aus: *„Das Abkommen mit den Vereinigten Staaten aber beruht auf der Anerkennung des zweiten Gesichtspunktes. Indem es die amerikanische Industrie, die*

---

323 Vgl. *Isay*, PatG, 4. Aufl. § 11 Anm. 9, S. 383; *Isay*, GRUR 1922, S. 80 f.; vgl. auch *Mintz*, GRUR 1915, S. 49 f.

324 RGBl. 1909, S. 895–897; dem Übereinkommen wurde vom Reichstag in der Sitzung vom 13. Mai 1909 nach nur kurzer Beratung zugestimmt, StenBer-RT, 12. Leg., I. Sess., Bd. 236, 1909, 256. Sitzung v. 13. Mai 1909, S. 8410 ff.; Drucks-RT 1909, Nr. 1377.

325 Art. I des Übereinkommens: *„Die in den geltenden oder den künftigen Gesetzen des einen der vertragschließendem Teile enthaltenen Vorschriften, wonach im Falle der Nichtausführung eines Patents, Gebrauchsmusters, Musters oder Modells die Zurücknahme oder eine sonstige Beschränkung des Rechtes vorgesehen ist, sollen auf die den Angehörigen des anderen vertragschließenden Teiles gewährenden Patente, Gebrauchsmuster, Muster oder Modeles nur in dem Umfange der von diesem Teile seinen eigenen Angehörigen auferlegten Beschränkungen Anwendung finden. Die Ausführung des Patents, Gebrauchsmusters, Musters oder Modells in dem Gebiete des einen vertragschließenden Teils wird der Ausführung in dem Gebiete des anderen Teiles gleichgestellt."*

326 RG v. 20. November 1909 (I 569/08).

nach ihren heimischen Gesetzen vom Ausführungszwange befreit ist, in Deutschland gegenüber der nationalen Industrie privilegiert und dem Amerikaner gestattet, seine deutschen Patente auch zur bloßen Unterbindung des deutschen Gewerbefleißes zu benutzen, sanktioniert es im Verhältnis zu der Industrie dieses Landes zugleich andere und neue Gesichtspunkte für die Bestimmung des öffentlichen Interesses. Mit dem Inkrafttreten des Abkommens und für die Dauer seiner Geltung entfällt damit für die deutschen Behörden die Möglichkeit, gegenüber einem Angehörigen der Vereinigten Staaten den Schutz der deutschen nationalen Gütererzeugung, als ein öffentliches Interesse zur Durchführung zu bringen."[327]

Nicht zuletzt aufgrund dieser Entscheidung übte der Verband Südwestdeutscher Industrieller massive Kritik am Abschluss des Abkommens mit den USA und forderte die Regierung auf, dieses zu kündigen oder aber die Privilegierung im Rahmen einer Gesetzesänderung zu beseitigen. In einem Schreiben des Verbands vom 12. September 1910[328] an den Staatssekretär des Inneren *Delbrück*,[329] machte dieser sehr deutlich auf den Missstand aufmerksam: „*Bedauerlicherweise ist aber von den deutschen Unterhändlern bei Abschluss des Gegenseitigkeitsvertrages wohl übersehen worden, die Möglichkeit der Nichteinführung des Ausübungszwanges in den Vereinigten Staaten bei den Verhandlungen, insbesondere bei der Festlegung des Wortlautes des Vertrages, mit in Berücksichtigung zu ziehen.*"[330] Der Verband sah insbesondere die Gefahr einer Schädigung der deutschen Industrie. „*Der Angehörige der Vereinigten Staaten ist also weder in den Vereinigten Staaten, noch in Deutschland gezwungen, ein Patent auszuführen, und geniesst dennoch in Deutschland den bestehenden Patentschutz. Das aber bedeutet eine weitgehende Schädigung der deutschen Erfinder, der deutschen Industrie und des deutschen Gewerbes, um so mehr, als das den Amerikanern gewährte Vorrecht diesen die Möglichkeit schafft, Konkurrenzpatente einfach stillzulegen. Amerikanische Fabrikanten können also z.B. deutsche Patente, von denen sie eine Beeinträchtigung ihrer eigenen, ähnliche Produktionsresultate ermöglichenden Patente oder Verfahren befürchten, aufkaufen, und zwar nicht etwa, um sie auszuführen, sondern um die stillzulegen und für die Konkurrenz zu sperren.*"[331]

Neben den geänderten wirtschaftlichen Verhältnissen im Reich, waren es somit abermals die Entwicklungen im Ausland und deren Wirkung im Inland,

---

327 RG v. 20. November 1909 (I 569/08).

328 BArch R3001/2348.

329 *Dr. Clemens Gottlieb Ernst Delbrück* (1856–1921), seit 1916 *von Delbrück*. 1909 Staatssekretär des Reichsamtes des Inneren und Stellvertreter des Reichskanzlers.

330 BArch R3001/2348.

331 BArch R3001/2348; weniger kritisch hierzu *Kloeppel*, GRUR 1909, S. 365 ff.

welche die Zeit reif machten für eine Anpassung des Reichspatentgesetzes. Auf eine Petition des Bundes der Industriellen an den Reichstag im Zusammenhang mit dem strengen Ausführungszwang in Großbritannien erwiderte der Regierungskommissar Geheimer Ober-Regierungsrat *Heinrich Robolski*[332] in einer Sitzung des Referats Gewerblicher Rechtsschutz im Reichsamt des Inneren vom 14. Mai 1909: *„Es könnte in Frage kommen, im Wege der Gesetzgebung eine Verschärfung dieser Vorschrift einzuführen. Die bevorstehende Revision des Patentgesetzes wird Gelegenheit bieten, diese Frage zu prüfen“.* [333]

2. Der Entwurf, die Beratung und Verabschiedung der Gesetzesvorlage zum Patentausführungszwang

Angestoßen durch eine Petition verschiedener Industrieverbände entstand 1910 der erste Gesetzesentwurf zum Patentausführungszwang.[334] Nach geringfügiger Überarbeitung aufgrund einer Eingabe des Patentschutzvereins[335] wurde der Entwurf zur Änderung des § 11 PatG am 9. Februar dem Bundesrat vorgelegt. Dieser beschloss die Überweisung des unveränderten Entwurfs an den IV. und VI. Ausschuss.[336] Nach mündlicher Berichterstattung des Geheimen Regierungsrats *Dr. Hallbauer* namens des IV. und VI. Ausschusses, stimmte der Bundesrat bereits in seiner Sitzung vom 2. März 1911 dem Gesetzesentwurf zu[337] und legte ihn sogleich dem Reichstag vor.[338]

Mit der geplanten Anpassung der Regelungen zum Ausführungs- und Lizenzzwang, sollten in erster Linie die aus dem Abkommen mit den USA

332 *Heinrich Robolski* (1858–1939), 1902 bis 1912 Leiter des Referats Gewerblicher Rechtsschutz im Reichsamt des Inneren, danach bis 1921 Präsident des Kaiserlichen Patentamts.

333 BArch R3001/2501, Bl. 19 ff.

334 Der erste Entwurf vom 16. Dezember 1910 ist abgedruckt in GRUR 1911, S. 24 ff.; vgl. hierzu auch *Seckelmann*, Industrialisierung, S. 234 f.

335 Der Patentschutzverein kritisierte, dass die Zulassung einer Zurücknahme bei Verweigerung einer Lizenz (wahlweise neben der Zwangslizenz) unangemessen sei. Zudem wies er darauf hin, dass *„mit aller Klarheit auszusprechen* [sei], *dass Interesse einzelner grundsätzlich dem öffentlichen Interesse nicht gleichgestellt werden darf.“* Nach seiner Auffassung war die Gesetzesbegründung in diesem Punkt nicht deutlich genug, Eingabe des Patentschutzvereins vom 17. Januar 1911, GRUR 1911, S. 138 ff.

336 Verh.Prot. BR v. 9. Februar 1911, § 125.

337 Verh.Prot. BR v. 2. März 1911, § 246.

338 Entwurf eines Gesetzes, betreffend den Patentausführungszwang nebst Begründung, Drucks-RT 1911 Nr. 793;. der Entwurf nebst Begründung findet sich auch in GRUR 1911, S. 121 ff.

resultierende Ungleichbehandlung bei der Ausführungspflicht beseitigt werden. Zu diesem Zweck sollte der Ausführungszwang im Inland durch eine Lizenzierungspflicht ersetzt werden.[339] Vorbehaltlich etwaiger völkerrechtlicher Verträge sollte die Möglichkeit der Zurücknahme von Patenten nur noch dann bestehen, wenn die patentierte Erfindung „*ausschließlich oder hauptsächlich außerhalb des Deutschen Reichs oder der Schutzgebiete ausgeführt wird.*" Eine generelle Beseitigung des Ausführungszwangs sah man folglich insbesondere im Lichte der Entwicklungen in England als zu weitgehend an.[340]

Das kaiserliche Patentamt hatte bereits in einer Stellungnahme vom 13. Oktober 1910[341] zum Gesetzesentwurf auf die Missstände im Zusammenhang mit dem Abkommen mit den USA hingewiesen. Er kritisierte insbesondere, dass viele Patentinhaber ihre Patente „zum Schein" auf Amerikaner übertrügen, um den Ausführungszwang zu umgehen. Um diesen Missstand zu beseitigen, empfahl das kaiserliche Patentamt, das Abkommen mit den USA zu ändern, aber keine Novellierung des § 11 PatG.[342]

Die vom Reichstag in der ersten Lesung am 18. März 1911[343] zur Ausarbeitung von Empfehlungen beauftragte Kommission befürwortete die Beseitigung des inländischen Ausführungszwangs.[344] Ebenso wertete sie die Möglichkeit der Zurücknahme – bei ausschließlicher oder hauptsächlicher Ausführung im Ausland – als Retorsion gegenüber Großbritannien und im Interesse der deutschen Wirtschaft für zwingend notwendig.[345] Ein Mitglied der Kommission bezeichnete den Rechtsbehelf gar als „*Kampfmittel gegen das Ausland.*"[346]

Vor allem aber beschäftigte die Kommission das deutsch-amerikanische Abkommen von 1909. So diskutierte sie die Frage, ob die zwangsweise Lizenzierung einer Erfindung als „*sonstige Beschränkung*" im Sinne von Art. I des Abkommens verstanden werden müsste. Die Folge wäre, dass von US-amerikanischen

339 Begründung zum Gesetzesentwurf, Drucks-RT 1911, Nr. 793, S. 4037 f.

340 Begründung zum Gesetzesentwurf, Drucks-RT 1911, Nr. 793, S. 4037 f.

341 BArch R3001/2348.

342 BArch R3001/2348.

343 StenBer-RT, 12. Leg., II. Sess., Bd. 263, 1911, 151. Sitzung v. 18. März 1911, S. 5640.

344 StenBer-RT, 12. Leg., II. Sess., Bd. 263, 1911, 151. Sitzung v. 18. März 1911, S. 5638 ff.; siehe auch GRUR 1911, S. 140 ff.

345 Bericht der 22. Kommission über den Entwurf eines Gesetzes, betreffend den Patentausführungszwang, Drucks-RT 1911, Nr. 1024, S. 5302 f.; ebenfalls abgedruckt in GRUR 1911, S. 306 ff.

346 Bericht der 22. Kommission über den Entwurf eines Gesetzes, betreffend den Patentausführungszwang, Drucks-RT 1911, Nr. 1024, S. 5302 f.; ebenfalls abgedruckt in GRUR 1911, S. 306 ff.

Inhabern deutscher Patente eine Zwangslizenz nicht hätte verlangt werden können, was erneut zu einer erheblichen Ungleichbehandlung geführt hätte. Trotz der negativen Folgen bejahten die Kommissionsmitglieder diese Wertung und betrachteten die Gegenargumente als zweifelhaft. [347] Der Vertreter des Reichsamts des Inneren jedoch bezog eine klare Position gegen eine Wertung der Zwangslizenz als „sonstige Beschränkung".[348] Er begründete dies damit, dass die Zwangslizenz nicht die Rechtsfolge einer mangelnden Ausführung des Patents sei. Sie könne auch bei einer ausreichenden Ausführung verlangt werden, sofern hierfür ein öffentliches Interesse bestünde. Die Zwangslizenz könne daher auch nicht als „sonstige Beschränkung" infolge einer Nichtausführung gewertet werden. Die Kommission sah von einer weiteren Erörterung ab und schloss die Beratung mit den Worten: *„hoffentlich werde auch das Reichsgericht in letzter Instanz, wenn es einmal zum Streite komme, den Standpunkt der Regierung teilen."*[349]

Der zweite strittige Punkt im Zusammenhang mit dem deutsch-amerikanischen Abkommen war die Frage, ob die Übertragung eines Patents auf einen US-Amerikaner oder ein US-amerikanisches Unternehmen grundsätzlich unwirksam sein solle, wenn 1. die Übertragung nur „zum Schein" erfolgte, um den Ausführungszwang zu umgehen, oder 2. die Übertragung erst erfolgte, nachdem das Patent durch eine Zurücknahmeklage von Dritten angefochten worden war. Im Ergebnis einigte man sich auf die Formulierung *„Die Übertragung des Patents auf einen anderen ist insoweit wirkungslos, als sie nur den Zweck hat, der Zurücknahme zu entgehen."*, welche so auch die Zustimmung vom Reichstag erhielt.

Nach kurzer Beratung am 24. Mai 1911 nahm der Reichstag die Gesetzesvorlage noch in derselben Sitzung ohne Änderungen an.[350] Der Bundesrat stimmte dieser Fassung nur drei Tage später zu.[351] Der neu gefasste § 11 PatG (1911) lautete:[352]

---

347 Bericht der 22. Kommission über den Entwurf eines Gesetzes, betreffend den Patentausführungszwang, Drucks-RT 1911, Nr. 1024, S. 5302 f.; ebenfalls abgedruckt in GRUR 1911, S. 306, 309 f.

348 Bericht der 22. Kommission über den Entwurf eines Gesetzes, betreffend den Patentausführungszwang, Drucks-RT 1911, Nr. 1024, S. 5302 f.; ebenfalls abgedruckt in GRUR 1911, S. 306, 309 f.

349 Bericht der 22. Kommission über den Entwurf eines Gesetzes, betreffend den Patentausführungszwang, Drucks-RT 1911, Nr. 1024, S. 5302 f.; ebenfalls abgedruckt in GRUR 1911, S. 306, 310.

350 StenBer-RT, 12. Leg., II. Sess., Bd. 267, 1911, 183. Sitzung v. 24. Mai März 1911, S. 7109–7112; Drucks-RT 1911, Nr. 1024.

351 Verh.Prot. BR v. 27. Mai 1911, § 544.

352 RGBl. 1911, S. 243.

„Verweigert ein Patentinhaber einem anderen die Erlaubnis zur Benutzung der Erfindung auch bei Angebot einer angemessenen Vergütung und Sicherheitsleistung, so kann, wenn die Erteilung der Erlaubnis im öffentlichen Interesse geboten ist dem anderen die Berechtigung zur Benutzung der Erfindung zugesprochen werden (Zwangslizenz). Die Berechtigung kann eingeschränkt erteilt oder von Bedingungen abhängig gemacht werden.
Das Patent kann, soweit nicht Staatsverträge entgegenstehen, zurückgenommen werden, wenn die Erfindung ausschließlich oder hauptsächlich außerhalb des Deutschen Reichs oder der Schutzgebiete ausgeführt wird. Die Übertragung des Patents auf einen anderen ist insoweit wirkungslos, als sie nur den Zweck hat, der Zurücknahme zu entgehen.
Vor Ablauf von drei Jahren seit der Bekanntmachung der Erteilung des Patents kann eine Entscheidung nach Abs. 1, 2 gegen den Patentinhaber nicht getroffen werden."

Das Gesetz zum Patentausführungszwang trat am 6. Juni 1911 in Kraft.

III. Neuregelung des Patentgesetz vom 5. Mai 1936

Die Novelle von 1936 war kein grundlegend neuer Reformentwurf des Patentrechts. Sie beendete vielmehr die bereits seit 1909[353] andauernden Reformbemühungen und knüpfte unmittelbar an die Entwürfe von 1913,[354] 1929[355] und 1932[356] an.[357] Die vorherigen Anläufe waren weniger aus inhaltlichen Gründen gescheitert, als vielmehr der politischen Situation geschuldet. Während die ersten Gesetzgebungsesarbeiten aus dem Jahre 1913 durch den Ersten Weltkrieg gestoppt wurden, waren es die politischen Wirren in der Endphase der Weimarer Republik, die 1929 und 1932 eine endgültige Beratung des Reformentwurfs im Reichstag verhinderten.[358] Nach der Machtergreifung der Nationalsozialisten im Jahre 1933 wurde der Reformprozess von Teilen der NSDAP erneut angestoßen, um auch im Bereich des gewerblichen Rechtsschutzes die nationalsozialistische Ideologie im Gesetz zu implementieren.[359] Viele der Neuerungen des PatG von 1936 waren zwar bereits in den früheren Reformentwürfen enthalten.[360] Im

353 Vgl. hierzu *Wiegand,* Siemens Zeitschrift 1937, S. 177, 178.

354 Erste und zweite Beilage zum Deutschen Reichsanzeiger und Königlich Preußischen Staatsanzeiger v. 11. Juni 1913, Nr. 162; auch veröffentlicht in einer Beilage zu Nr. 7/8 des PMZBl. 1913; hierzu auch *Adler,* GRUR 1913, S. 305 ff.

355 Drucks-RT 1928, Nr. 987.

356 Hierzu ausführlich, *Schmidt,* Erfinderprinzip, S. 193 ff.

357 *Schmidt,* Erfinderprinzip, S. 198 ff.

358 Vgl. *Wiegand,* Siemens Zeitschrift 1937, S. 177, 178; so auch *Schmidt,* Erfinderprinzip, S. 197.

359 Vgl. *Schmidt,* Erfinderprinzip, S. 198 ff.

360 So etwa die Abwendung von Anmeldeprinzip hin zum Erfinderprinzip (§§ 3, 4 Abs. 1 PatG 1936); damit stand das Recht auf das Patent nunmehr dem „echten" Erfinder

Rahmen des Reformprozesses ab 1933 hielten jedoch einige nationalsozialistische Termini Einzug. Dies betraf auch die Regelungen zum Ausführungs- und Lizenzzwang, die darüber hinaus auch inhaltliche Änderungen erfuhren. Das geschah zum einen, um den Anforderungen der *Pariser Verbandsübereinkunft zum Schutze des gewerblichen Eigentums* von 1925 gerecht zu werden, zum andern um der nationalsozialistischen Regierung einen größeren Einfluss bei Zurücknahme- und Zwangslizenzsachen zu ermöglichen.

1. Der Gesetzesentwurf des Reichsjustizministeriums vom 8. Januar 1934

Der erste Gesetzesentwurf des Reichsjustizministeriums unter der nationalsozialistischen Regierung vom 8. Januar 1934[361] basierte im Wesentlichen auf dem Reformentwurf von 1932 und enthielt diesem gegenüber nur wenige Änderungen.[362] Dies betraf auch die Regelungen zum Ausführungs- und Lizenzzwang, die vom Gesetzeswortlaut des § 11 PatG 1911 nur sehr geringfügig abwichen. Zwar sollten diese aufgrund einer geplanten Neu-Nummerierung nunmehr unter § 12 geregelt werden. Sie enthielt aber nur in Absatz 2 eine Ergänzung, welche durch die 1928 erfolgte Ratifizierung der *Verträge zur Änderung der Pariser Verbandsübereinkunft zum Schutze des gewerblichen Eigentums* vom 6. November 1925[363] notwendig geworden war. Danach sollte eine Zurücknahme eines Patents nur dann erfolgen, wenn das öffentlichen Interesse mit einer Zwangslizenz nicht gleichwertig geschützt wurde. Weitere Änderungen im Absatz 3 waren nur sprachlicher Natur. Der neue § 12 sollte danach folgenden Wortlaut haben:

> *„§ 12 (11). Verweigert der Patentinhaber einem anderen die Erlaubnis zur Benutzung der Erfindung auch bei Angebot einer angemessenen Vergütung und Sicherheitsleistung, so kann, wenn die Erteilung der Erlaubnis im öffentlichen Interesse geboten ist, dem anderen die Berechtigung zur Benutzung der Erfindung zugesprochen werden (Zwangslizenz), Die Berechtigung kann eingeschränkt erteilt und von Bedingungen abhängig gemacht werden. Das Patent kann, soweit nicht Staatsverträge entgegenstehen, zurückgenommen werden, wenn die Erfindung ausschließlich oder hauptsächlich außerhalb des Deutschen Reichs ausgeführt wird. Die Zurücknahme findet nicht statt, sofern dem öffentlichen Interesse durch Erteilung einer Zwangslizenz (Abs. 1) genügt werden kann; dies gilt nicht für Angehörige eines ausländischen Staates, der hierin keine Gegenseitigkeit gewährt. Die*

---

oder dessen Rechtsnachfolger zu, während es bisher ausschließlich dem Anmelder zustand, vgl. hierzu ausführlich *Schmidt*, Erfinderprinzip, S. 224 ff.

361 Gesetzesentwurf v. 8. Januar 1934, abgedruckt bei *Schubert*, Akademie, Band IX, S. 9 ff.

362 Vgl. *Schmidt*, Erfinderprinzip, S. 211.

363 RGBl. II 1928, S. 175, 489.

Übertragung des Patents auf einen anderen ist insofern wirkungslos, als sie nur den Zweck hat, der Zurücknahme zu entgehen.
Eine Entscheidung nach Abs. 1, 2 kann gegen den Patentinhaber erst drei Jahre nach der Bekanntmachung über die Erteilung des Patents getroffen werden."[364]

Der Entwurf stieß auf ein geteiltes Echo. Einerseits wurde vor einer Verschärfung der Zwangslizenz-Regelungen ausdrücklich gewarnt. Hintergrund war die Befürchtung, ausländische Staaten könnten mit einer Art „Vergeltungsregelung" deutsche Inhaber ausländischer Patente ebenfalls zur Zwangslizenzierung zwingen.[365] Dies wiederum würde das Deutsche Reich als „Erfinderland" stärker treffen als andere Länder, in denen Erfindungen nur in geringeren Umfang gemacht würden.[366]

Dieser Befürchtung stand das Verlangen der nationalsozialistischen Regierung entgegen, die auf die Zurücknahme von Patenten und die Vergabe von Zwangslizenzen mehr Einfluss nehmen wollte. Zu diesem Zweck schlug *Kurt Waldmann,* der Leiter der wissenschaftlichen Abteilung des Bundes Nationalsozialistischer Deutscher Juristen, vor, die Einschätzung, ob eine Maßnahme im öffentlichen Interesse geboten sei, einem *„Anwalt des Staates"* zu überlassen.[367] Der Präsident des Reichspatentamts *Georg Klauer* widersprach *Waldmann.* Er konstatierte, dass dem Patentamt nicht die Befugnis genommen werden könne, *„bei der Prüfung des Verfahrens auch die Frage mitzuprüfen, ob ein öffentliches Interesse vorliegt."*[368]

Der Hinweis *Klauers* auf mögliche nachteilige Folgen für deutsche Patentinhaber im Ausland vermochten sich aber nicht gegen das nationalsozialistische

---

364 Gesetzesentwurf v. 8. Januar 1934, abgedruckt bei *Schubert,* Akademie, Band IX, S. 9 ff.; inhaltliche Änderungen zu § 11 PatG 1911 sind durch den Verfasser der Arbeit ganzheitlich unterstrichen, Änderungen die rein sprachlicher Natur sind nur gepunktet.

365 Ausschuss für gewerblichen Rechtsschutz der Akademie für Deutsches Recht, Protokoll der Sitzung v. 3. Februar 1934, abgedruckt bei *Schubert,* Akademie, Band IX, S. 21, 22.

366 Ausschuss für gewerblichen Rechtsschutz der Akademie für Deutsches Recht, Protokoll der Sitzung v. 3. Februar 1934, abgedruckt bei *Schubert,* Akademie, Band IX, S. 21, 22.

367 *Waldmann* in der Sitzung des Ausschusses für gewerblichen Rechtsschutz der Akademie für Deutsches Recht vom 20. Oktober 1943, Protokoll abgedruckt bei *Schubert,* Akademie, Band IX, S. 64, 72.

368 *Klauer* in der Sitzung des Ausschusses für gewerblichen Rechtsschutz der Akademie für Deutsches Recht vom 20. Oktober 1943, Protokoll abgedruckt bei *Schubert,* Akademie, Band IX, S. 64, 72.

Interesse durchsetzen. In einer Besprechung im Reichsjustizministerium im Oktober 1934 zum Patentgesetzentwurf, wurde dies nochmals deutlich zum Ausdruck gebracht. In einem hierüber angefertigten Vermerk heißt es: *„Der Vertreter des Stellvertreters des Führers regt an, den Bedürfnissen des Fiskus durch erleichterte Gewährung von Zwangslizenzen Rechnung zu tragen, denen eine rückwirkende Kraft beigelegt werden könnte. Allgemeine Zustimmung fand der Vorschlag, bei der Erteilung von Zwangslizenzen die Frage, ob ein öffentliches Interesse vorliegt, nicht wie bisher durch die richterlichen Instanzen (Patentamt und Reichsgericht), sondern durch eine Regierungsstelle entscheiden zu lassen."*[369]

2. Der Gesetzesentwurf des Reichsjustizministeriums vom 21. Januar 1935

Der überarbeitete Gesetzesentwurf des Reichsjustizministeriums vom 21. Januar 1935 kam im Wesentlichen den in der Besprechung vom 30./31. Oktober 1934 geäußerten Wünschen nach. Er machte nunmehr die Beurteilung des Vorliegens eines öffentlichen Interesses von einer Erklärung der Reichsregierung abhängig. Über die Frage, wann eine Zwangslizenz oder die Zurücknahme eines Patents geboten war, um das öffentliche Interesse zu wahren, sollte künftig nicht mehr das Reichspatentamt bzw. das Reichsgericht entscheiden, sondern die Reichsregierung. Zudem wurde mit dieser Fassung der Ermessensspielraum des Patentamts bzw. des Reichsgerichts erheblich reduziert. Wenn die Tatbestandsvoraussetzungen erfüllt waren, sollte nunmehr in jedem Fall ein Patent zurückgenommen bzw. eine Zwangslizenz erteilt werden. Zuvor stand es der Erteilungsbehörde frei, selbst bei Vorliegen aller Voraussetzungen von einer Lizenzierung bzw. Zurücknahme abzusehen, wenn dies im Sinne des öffentlichen Interesses nicht für notwendig erachtet wurde.[370]

Eine weitere Änderung betraf die Regelung zum Ausführungszwang. Die Zurücknahme eines Patents sollte nunmehr – vorbehaltlich einer entsprechenden Regierungserklärung – erst zwei Jahre nach Erteilung einer Zwangslizenz erfolgen. Diese Änderung war auf die *Pariser Verbandsübereinkunft zum Schutze des gewerblichen Eigentums*[371] zurückzuführen, die am 2. Juni 1934 in London erneut

369 *Vermerk über die Besprechung des Entwurf zu einem Patentgesetz am 30. und 31.10.1934 im Reichsjustizministerium,* abgedruckt bei *Schubert,* Akademie, Band IX, S. 78, 79.

370 Siehe hierzu *Schanze,* GRUR 1908, S. 197 ff.

371 Die Pariser Verbandsübereinkunft ist sowohl in der Haager als auch in der Londoner Fassung u.a. abgedruckt bei *Klauer/Möhring* PatG, S. 623 ff.; siehe hierzu auch *Schade,* Mitt. 1964, S. 101, 105 f.

überarbeitet worden war.[372] Die Londoner Fassung wurde vom Deutschen Reich allerdings erst am 10. August 1937 ratifiziert und am 27. September 1937 verkündet.[373] Was zunächst wie eine Milderung der Regelung zum Ausführungszwang aussah, stellte für manche ausländische Patentinhaber eine deutliche Verschärfung dar. Denn die Einschränkung der harten Folge einer Patentzurücknahme sollte für ausländische Patentinhaber nur dann gelten, wenn deren Staaten deutschen Inhabern ausländischer Patente eine gleichwertige Erleichterung gewährten. Der Wortlaut des § 12 in der Entwurfsfassung vom 21. Januar 1935 lautete wie folgt:

> *„§ 12. Verweigert der Patentinhaber einem anderen die Erlaubnis zur Benutzung der Erfindung auch bei Angebot einer angemessenen Vergütung und Sicherheitsleistung, so ist diesem Berechtigung zur Benutzung zuzusprechen (Zwangslizenz), wenn die Erteilung der Erlaubnis nach Erklärung der Reichsregierung im öffentlichen Interesse geboten ist und seit der Bekanntmachung über die Erteilung des Patents mindestens 3 Jahre vergangen sind. Die Berechtigung kann eingeschränkt erteilt und von Bedingungen abhängig gemacht werden.*
> *Das Patent ist, soweit nicht Staatsverträge entgegenstehen, zurückzunehmen, wenn die Erfindung ausschließlich oder hauptsächlich außerhalb des Deutschen Reichs ausgeführt wird. Die Zurücknahme kann erst 2 Jahre nach rechtskräftiger Erteilung einer Zwangslizenz und nur dann verlangt werden, wenn nach Erklärung der Reichsregierung dem öffentlichen Interesse durch Erteilung von Zwangslizenzen weiterhin nicht genügt werden kann; diese Einschränkungen gelten jedoch nicht bei Angehörigen eines ausländischen Staates, der hierin keine Gegenseitigkeit gewährt. Die Übertragung des Patents auf einen anderen ist insofern wirkungslos, als sie nur den Zweck hat, der Zurücknahme zu entgehen."*[374]

Der Gesetzesentwurf vom 21. Januar 1935 stieß insbesondere bei den Parteistellen der NSDAP auf scharfe Kritik, da sie die nationalsozialistische Ideologie nicht ausreichend berücksichtigt fanden.[375] Dies betraf insbesondere den nach ihrer Auffassung nicht ausreichend berücksichtigten Übergang vom Anmelder- zum Erfinderprinzip.[376] Nach weiteren Änderungsvorschlägen brachte das

---

372 Vgl. hierzu die Gesetzesbegründung, PMZBl. 1936, S. 103; im Bezug auf die Pariser Verbandsübereinkunft siehe auch *Richter,* GRUR 1933, S. 444.

373 RGBl. II 1937, S. 383.

374 Gesetzesentwurf v. 21. Januar 1935, abgedruckt bei *Schubert,* Akademie, Band IX, S. 85 ff.; inhaltliche Änderungen gegenüber § 12 PatG des Entwurfs v. 8. Januar 1934 sind durch den Verfasser der Arbeit unterstrichen.

375 Vgl. *Schmidt,* Erfinderprinzip, S. 219 f.; *Schubert,* Akademie, S. XVII.

376 Stellungnahme des Reichsamts und des Amts für Technik der NSDAP: *„Die nationalistischen Auffassung von der Bedeutung des Erfinders und seiner Schöpfung für sein Volk, dessen Wirtschaft, Kultur und Wohlfahrt verlangt das Erfinderprinzip."*, siehe hierzu *Schmidt,* Erfinderprinzip, S. 220 m.w.N.

Reichsjustizministerium am 14. Januar 1936 einen überarbeiteten Entwurf im Kabinett ein.[377]

3. *Die Kabinettsvorlage von 1936 und deren Verabschiedung*

Die Kabinettsvorlage vom 14. Januar 1936 führte die nationalsozialistische Terminologie auch in die Regelungen zum Ausführungs- und Lizenzzwang ein, welche aufgrund einer erneuten Um-Nummerierung nun in § 15 PatG zu finden war. Das für die Erteilung einer Zwangslizenz oder die Zurücknahme eines Patents erforderliche „öffentliche Interesse" wurde durch die „Belange der Volksgemeinschaft" ersetzt.[378] Entscheidender war jedoch, dass die Beurteilung, ob „Belange der Volksgemeinschaft" betroffen waren, nun durch die Reichsregierung erfolgen sollte und nicht wie zuvor durch das Patentamt bzw. das Reichsgericht. Der Vorschlag *Waldmanns*[379] hatte sich durchgesetzt. In der Gesetzesbegründung hieß es: *„Die Wahrung der Belange der Allgemeinheit ist im nationalsozialistischen Staat Sache der Reichsregierung, die auch allein beurteilen kann, welche Maßnahmen hierzu erforderlich sind. Ihr muß daher die Entscheidung darüber zustehen, wann das Ausschließungsrecht des Patentinhabers den Bedürfnissen von Volk und Staat zu weichen hat.*[380]

Das Erfordernis einer Regierungsgenehmigung bei Erteilung von Zwangslizenzen und der Zurücknahme von Patenten stärkte die staatlichen Eingriffsrechte erheblich. Einen effektiven Rechtsschutz gegen die Entscheidungen der Regierung gab es nicht mehr, da das Patentamt bzw. das Reichsgericht nur noch über die Höhe der Vergütung entschied, nicht mehr jedoch darüber, ob die Erteilung einer Zwangslizenz oder die Zurücknahme eines Patents tatsächlich geboten war.[381]

Mit der Novelle von 1936 hielt auch der einstweilige Rechtsschutz bei der Erteilung von Zwangslizenzen Einzug in das Patentgesetz. Eine derartige Regelung war bereits im Rahmen der Novelle von 1911 geplant, jedoch nicht verabschiedet worden.[382] Nach § 41 PatG 1936 konnte nunmehr der Antragsteller die

---

377 Vgl. *Schubert,* Akademie, S. XVII.

378 Siehe hierzu auch *Krauße/Katluhn/Lindenmaier,* PatG 1936, 3. Aufl., § 11, Rn. 16 ff.

379 Siehe hierzu oben 1. Teil, D. III. 1. (S. 61 f.).

380 Gesetzesbegründung zum PatG 1936, PMZBl. 1936, S. 103, 108; hierzu auch *Piehler,* Zwangslizenz, S. 23 ff.

381 A.A. *Mächtel,* PatR im Krieg, S. 350 ff., welcher jedoch im Wesentlichen darauf aufmerksam macht, dass das Instrument der Zwangslizenz in der Praxis keine Anwendung fand.

382 Bericht der 22. Kommission über den Entwurf eines Gesetzes, betreffend den Patentausführungszwang, Drucks-RT 1911, Nr. 1024, S. 5302 f.; ebenfalls abgedruckt

Erteilung einer Zwangslizenz per einstweiliger Verfügung beim Patentamt geltend machen. Hierzu musste er die Voraussetzungen des § 15 Abs. 1 PatG 1936 glaubhaft machen und eine Erklärung der Reichsregierung vorlegen, wonach die alsbaldige Erteilung der Zwangslizenz zur Abwendung wesentlicher Nachteile für die Volksgemeinschaft als dringend geboten erachtet wurde.

Noch ein letztes Mal wurde der Entwurf geringfügig geändert, jedoch nur in § 23 und § 52, und betraf damit nicht die Regelungen zum Ausführungs- und Lizenzzwang.[383] Die Neufassung des Patentgesetzes wurde am 4. April 1936 vom Justizministerium vorgelegt und sodann im Umlaufverfahren vom Kabinett beschlossen. *Adolf Hitler* unterzeichnete das Gesetz am 5. Mai 1936. Nach Verkündung im Reichsgesetzblatt am 8. Mai 1936[384] trat es am 1. Oktober 1936 in Kraft. Die Regelung zum Ausführungs- und Lizenzzwang lautete nun wie folgt:

> *„§ 15.*[385] *(1) Weigert sich der Patentinhaber, die Benutzung der Erfindung einem anderen zu gestatten, der sich erbietet, eine angemessene Vergütung zu zahlen und Sicherheit dafür zu leisten, so ist diesem die Befugnis zur Benutzung zuzusprechen (Zwangslizenz), wenn die Reichsregierung erklärt, daß die Erlaubnis geboten ist, um die Belange der Volksgemeinschaft zu wahren, und wenn mindestens drei Jahre vergangen sind, seit die Erteilung des Patents bekanntgemacht worden ist. Die Befugnis kann eingeschränkt erteilt und von Bedingungen abhängig gemacht werden.*
> *(2) Das Patent ist, soweit nicht Staatsverträge entgegenstehen, zurückzunehmen, wenn die Erfindung ausschließlich oder hauptsächlich außerhalb des Deutschen Reichs ausgeführt wird. Die Zurücknahme kann erst zwei Jahre nach rechtskräftiger Erteilung einer Zwangslizenz und nur dann verlangt werden, wenn die Reichsregierung erklärt, daß den Belangen der Volksgemeinschaft durch Erteilung von Zwangslizenzen weiterhin nicht genügt werden kann; diese Einschränkungen gelten jedoch nicht bei Angehörigen eines ausländischen Staates, der hierin keine Gegenseitigkeit gewährt. Die Übertragung des Patents auf einen anderen ist insofern wirkungslos, als sie nur den Zweck hat, der Zurücknahme zu entgehen.“*

---

in GRUR 1911, S. 306 ff.; zur Unzulässigkeit der EV nach alten Recht siehe *Marquardt,* GRUR 1922, S. 89 f.

383 Vgl. *Schubert,* Akademie, S. XVII.

384 RGBl. II 1936, S. 117 ff.

385 Inhaltliche Änderungen zu § 12 des Patentgesetzentwurfs v. 21. Januar 1935 sind durch den Verfasser der Arbeit ganzheitlich unterstrichen, Änderungen die rein sprachlicher Natur sind nur gepunktet.

2. Teil: Das patentrechtliche Verfahren zum Ausführungs- und Lizenzzwang und prozessuale Zuständigkeiten

Die dem patentrechtliche Verfahren zum Ausführungs- und Lizenzzwang zu Grunde liegende Rechtsfolge änderte sich mit der Gesetzesnovelle vom 6. Juni 1911. Bis Juni 1911 konnten Dritte bei mangelnder Ausführung einer patentierten Erfindung oder bei der Verweigerung einer gebotenen Lizenz lediglich die Zurücknahme des Patents erzwingen. Erst nach der Gesetzesnovelle von 1911 bestand unter bestimmten – den im 3. Teil dieser Arbeit noch näher zu beleuchtenden – Voraussetzungen auch ein Anspruch auf Erteilung einer Zwangslizenz. Trotz dieser wesentlichen inhaltlichen Umgestaltung änderte dies nur wenig am formellen Verfahren zur Durchsetzung dieser Ansprüche. Nach § 11 Abs. 3 PatG 1911 fanden die Verfahrensvorschriften wegen Zurücknahme eines Patents auf das Verfahren wegen Erteilung einer Zwangslizenz entsprechend Anwendung. In erster Instanz war das Patentamt zuständig, in der Berufungsinstanz das Reichsgericht.

A. Die rechtliche Natur des Verfahrens

Das Verfahren zur Zurücknahme eines Patents bzw. Erteilung einer Zwangslizenz war verwaltungsrechtlicher Natur.[386] Die Erteilungsbehörde wurde auf Antrag durch den die Zurücknahme bzw. Zwangslizenzerteilung Begehrenden hin tätig. Der Antrag leitete hierbei aber nicht etwa bereits das Verfahren ein, er war lediglich die Bedingung für eine Einleitung von Amtswegen.[387] Dem Verfahren lag folglich auch keine Klage im Sinne der Zivilprozessordnung zu Grunde, auch wenn der streitige Charakter des Verfahrens mit mehreren Beteiligten hierauf schließen lassen könnte. Zwar wurde später in der *Verordnung betreffend das Berufungsverfahren beim Reichsgericht in Patentsachen*[388] vom 6. Dezember 1891 und in der einschlägigen Literatur[389] oft von „Berufungskläger",„Berufungsbeklagter" oder „Zurücknahmeklage" gesprochen, dies hatte aber gleichwohl

386 *Kohler,* Handbuch, S. 684.

387 Vgl. *Damme,* Handbuch, S. 464.

388 RGBl. 1891, S. 389; auch abgedruckt bei *Damme,* Handbuch, S. 513 ff.

389 Vgl. u.a. *Bülland,* Einführung, S. 223; *Meurer,* GRUR 1936, S. 18 ff.

keinen Einfluss auf die rechtliche Einordnung des Verfahrens.[390] Das Patentamt war daher bei der Herbeiführung und Begründung seiner Entscheidungen nicht auf das Vorbringen der Beteiligten beschränkt, sondern konnte im Sinne des Amtsermittlungsgrundsatzes – wenn auch im Rahmen des gestellten Antrags – Beweismaterial selbst beibringen.[391]

Die verwaltungsrechtliche Einordnung spiegelte sich auch in dem vom Patentamt und dem Reichsgericht erlassenen Entscheidungen wieder. Diese enthielten nämlich – von Ausnahmen wie die Kostenentscheidung abgesehen – nie einen gegen den Antragsteller oder -gegner vollstreckbaren Titel.[392] Wurde einem Antragsteller z.B. eine Zwangslizenz gegen Zahlung einer jährlichen Lizenzgebühr vom Patentamt bzw. Reichsgericht zugesprochen und kam er sodann in Zahlungsverzug, so musste der Patentinhaber seinen Zahlungsanspruch im Wege einer Leistungsklage in einem gesonderten ordentlichen Zivilverfahren geltend machen.

B. Das Verfahren vor dem Patentamt

Das kaiserliche Patentamt (1919 in Reichspatentamt umbenannt) war eine Anstalt mit drei[393] (ab 1936 mit vier[394]) Reichsbehörden mit jeweils unterschiedlichen und voneinander unabhängigen Aufgabenbereichen:[395] die Anmeldeabteilung, die Beschwerdeabteilung und die Nichtigkeitsabteilung. 1936 kam noch die Patentprüfungsabteilung dazu. Organisatorisch unterstand das Patentamt bis 1917 dem Reichsamt des Inneren, danach dem Reichsjustizamt, aus dem dann das Reichsjustizministerium hervorging.[396]

Innerhalb des Patentamts war die Nichtigkeitsabteilung für die Zurücknahme von Patenten bzw. die Erteilung von Zwangslizenzen nach § 11 PatG 1877/1891/1911 (§ 15 PatG 1936) zuständig. Wer die Zurücknahme eines Patents bzw. die Erteilung einer Zwangslizenz herbeiführen wollte, musste zunächst einen Antrag an das Patentamt stellen.[397] Der Antrag musste (i) die Bezeichnung

390 Vgl. *Damme*, Handbuch, S. 463 f.

391 Vgl. *Damme*, S. 465 f.

392 *Meurer*, GRUR 1936, S. 18, 19.

393 § 14 PatG 1891/1911.

394 § 18 PatG 1936.

395 *Kohler*, Handbuch, S. 677 ff.

396 siehe hierzu *Hallmann/Ströbele*, Patentamt, S. 403, 414; *Osterrieth*, GRUR 1917, S. 197 ff.; *Schmidt*, Erfinderprinzip, S. 102, 137; *Mächtel*, S. 9, Fn. 20.

397 § 28 PatG 1877/1891/1911; § 37 Abs. 1 PatG 1936.

des betroffenen Patents enthalten; (ii) das Begehren, z.B. vollständige oder teilweise Zurücknahme; Zwangslizenzerteilung etc.; und (iii) eine Begründung, auf die der Antrag gestützt wurde. Mit dem Antrag wurde eine Gebühr von 50 Mark[398] fällig.

Waren all diese formalen Voraussetzungen erfüllt, so verfügte der Vorsitzende der Nichtigkeitsabteilung nach § 28 PatG 1877 bzw. § 29 Abs. 1 PatG 1891/1911 bzw. § 38 Abs. 1 PatG 1936 die Einleitung des Verfahrens.

Im Anschluss daran wurden der Antragsteller über die Einleitung des Verfahrens informiert und dem Patentinhaber eine Abschrift des Antrags zugestellt. Verbunden war dies mit der Aufforderung, sich innerhalb eines Monats zum Antrag zu erklären. Ging vom Patentinhaber innerhalb der Frist keine Stellungnahme ein, dann konnte das Patentamt ohne Ladung und Anhörung der Beteiligten sofort nach dem Antrag entscheiden.[399] Die vom Antragsteller behaupteten Tatsachen konnten vom Patentamt dann nach § 29 Abs. 2 PatG 1877/1891/1911 bzw. § 38 Abs. 2 PatG 1936 als bewiesen gesehen werden. Hielt das Patentamt hingegen eine andere Entscheidung für geboten oder bestritt der Patentinhaber das Begehren des Antragstellers ganz oder teilweise,[400] so konnte die Behörde die weitere Aufklärung des Sachverhalts durch die Anhörung von Zeugen und Sachverständigenverfügen.[401] In diesem Fall fanden die Bestimmungen der Zivilprozessordnung zur Vernehmung von Zeugen entsprechende Anwendung.[402]

Waren der Schriftwechsel beendet und der Sachverhalt aufgeklärt, erließ das Patentamt eine Entscheidung, die – wenn der Antrag nicht ganz oder teilweise abgewiesen wurde – entweder die Zurücknahme des „streitgegenständlichen“ Patents oder aber (ab 1911) gegen angemessene Vergütung und Sicherheitsleistung die Erteilung einer Zwangslizenz zum Gegenstand haben konnte. Vor Inkrafttreten der Gesetzesnovelle von 1911 konnte die Zurücknahme eines Patents aufgrund der Verweigerung einer Lizenz (§ 11 Nr. 2 PatG 1891) zunächst nur

398 Ab der Gesetzesnovelle von 1936 gem. § 37 Abs. 4 PatG 1936 eine *„Gebühr nach dem Tarif.“*

399 § 29 Abs. 2 PatG 1877/1891/1911 bzw. § 38 Abs. 2 PatG 1936.

400 Die Zustellung der Erwiderungen des Patentinhabers an den Antragsteller und umgekehrt, war nur in wenigen „Prozessstadien“ für die Behörde verpflichtend, auch wenn die Zustellung in der Praxis nur selten unterblieb, vgl. *Damme,* Handbuch, S. 464 f.; *Jaffé,* Zwangslizenz, S. 11, 12.

401 § 29 Abs. 1 PatG 1877 bzw. § 30 Abs. 1 PatG 1891/1911 bzw. § 39 Abs. 1 PatG 1936.

402 § 29 Abs. 1 PatG 1877 bzw. § 30 Abs. 1 PatG 1891/1911 bzw. § 39 Abs. 1 PatG 1936.

unter Fristsetzung angedroht werden.[403] Erst nach fruchtlosem Ablauf der Frist konnte das Patent tatsächlich zurückgenommen werden.

C. Das Verfahren vor dem Reichsgericht

Gegen die Entscheidung des Patentamts konnte nach § 32 Abs. 1 PatG 1877 bzw. § 33 Abs. 1 PatG 1891/1911 bzw. § 42 PatG 1936 nur das Rechtsmittel der Berufung an das Reichsgericht eingelegt werden. Mit der Berufungsentscheidung des Reichsgerichts endete auch der Rechtszug. Eine Revision gab es in diesem Verfahren nicht. Das Reichsgericht wurde also nicht wie gewöhnlich als Revisionsgericht tätig, sondern als Berufungsgericht in einem behördlichen Verfahren.[404]

Bei Inkrafttreten des ersten Reichspatentgesetzes von 1877 gab es das Reichsgericht noch nicht. Zu dieser Zeit war als Berufungsgericht für Entscheidungen der Nichtigkeitsabteilung des Patentamts zunächst noch das Reichsoberhandelsgericht zuständig, § 32 Abs. 1 PatG 1877. Mit dem *„Gesetz betreffend den Uebergang von Geschäften auf das Reichsgericht"* vom 16. Juni 1879[405] übernahm das Reichsgericht die Rolle des Reichsoberhandelsgerichts. Da § 11 PatG 1877 jedoch vorschrieb, dass vor Zurücknahme eines Patents u.a. eine dreijährige Karenzzeit abgelaufen sein musste, konnte es faktisch zu keinem Rechtsstreit vor dem Reichsoberhandelsgericht kommen.

I. Prozessuale Voraussetzungen

Nach der Geschäftsordnung des Reichsgerichts war für Berufungen der Nichtigkeitsabteilung des Patentamts der I. Zivilsenat sachlich zuständig. Das Verfahren richtete sich nach dem Patentgesetz und der *„Verordnung betreffend das Berufungsverfahren beim Reichsgericht in Patentsachen"*[406] (KVB). Die Berufungsschrift musste binnen einer Notfrist von sechs Wochen ab Zustellung der

---

403 § 29 Abs. 2 PatG 1877 bzw. § 30 Abs. 3 PatG 1891/1911, § 13 der kaiserlichen Verordnung vom 6. Dezember 1891.

404 Dass das Reichsgericht als Berufungsinstanz tätig wurde, war eher selten, kam aber z.B. auch im Konsularwesen vor, § 18 des *Gesetzes über die Konsulargerichtsbarkeit* vom 10. Juli 1879, (RGBl. 1879, S. 197 ff.), § 14 des *Gesetzes über die Konsulargerichtsbarkeit* vom 7. April 1900, (RGBl. 1900, S. 213 ff.).

405 RGBl. 1879, S. 157 ff.

406 *Verordnung betreffend das Berufungsverfahren beim Reichsgericht in Patentsachen* vom 6. Dezember 1891, RGBl. 1891, S. 389; auch abgedruckt bei *Damme,* Handbuch, S. 513 ff.; *Verordnung über das Berufungsverfahren beim Reichsgericht in Patentsachen* vom 30. September 1936, RGBl. II 1936, S. 316 f.

patentamtlichen Entscheidung schriftlich beim Patentamt, und nicht bei Reichsgericht, eingereicht werden.[407] Die Berufungsschrift musste nach § 1 KVB[408] die Berufungsanträge sowie die Angaben der neuen Tatsachen und Beweismittel enthalten. Die Nichtigkeitsabteilung des Patentamts prüfte zunächst, ob die Berufungsschrift rechtzeitig eingegangen, in deutscher Sprache angefasst war und bestimmte Anträge enthielt.[409]

Erst wenn die Berufung nach diesen Kriterien statthaft war, wurde die Rechtskraft der patentamtlichen Entscheidung gehemmt und im Umfang der Berufungsanträge wieder neu eröffnet.[410] Das Patentamt stellte sodann nach § 3 Abs. 1 KVB die Berufungsschrift dem „Berufungsbeklagten" zu und setzte zur Erwiderung eine Frist von einem weiteren Monat. Der Berufungsschrift des „Berufungsklägers" entsprechend, musste auch die Erwiderung des „Berufungsbeklagten" nach § 3 Abs. 2 KVB Gegenanträge sowie ggf. neue Tatsachen und Beweismittel enthalten. Nach Ablauf der einmonatigen Erwiderungsfrist legte das Patentamt nach § 4 KVB die Berufungsschriftsätze gemeinsam mit den Akten erster Instanz dem Reichsgericht vor. Hierüber wurden die Parteien informiert und – falls der Berufungsbeklagte erwiderte – der Erwiderungsschriftsatz dem Berufungskläger zugestellt.

Das Reichsgericht traf sodann die zur Aufklärung des Sachverhalts erforderlichen Verfügungen. Es konnte von Amts wegen ermitteln und nach freiem Ermessen und selbständig auch solche Tatsachen und Beweise berücksichtigen, mit denen die Beteiligten bereits ausgeschlossen waren, § 7 KVB. Diese waren auf die Tatsachen und Beweismittel beschränkt, welche in den Berufungsschriftsätzen benannt waren. Nach Abschluss der Sachverhaltsermittlungen wurden die Beteiligten zur mündlichen Anhörung geladen. Hierbei konnten sie sich durch einen beim Reichsgericht zugelassenen Rechtsanwalt vertreten lassen, verpflichtend war dies aber nicht, § 14 KVB 1891 bzw. § 13 Abs. 1 KVB 1936. Erst danach konnte das Reichsgericht ein Urteil fällen. Bei Säumnis einer oder beider Parteien wurden das Urteil nach Lage der Akten gefasst; behauptete Tatsachen, über die sich die jeweils andere Partei nicht erklärte, konnte das Reichsgericht als erwiesen ansehen, § 8 KVB.

---

407 § 32 Abs. 1 PatG 1877 bzw. § 33 Abs. 1 PatG 1891/1911 bzw. § 42 Abs. 1 PatG 1936.

408 *Verordnung betreffend das Berufungsverfahren beim Reichsgericht in Patentsachen* vom 6. Dezember 1891, RGBl. 1891, S. 389; auch abgedruckt bei *Damme,* Handbuch, S. 513 ff.; *Verordnung über das Berufungsverfahren beim Reichsgericht in Patentsachen* vom 30. September 1936, RGBl. II 1936, S. 316 f.

409 Vgl. *Damme,* Handbuch, S. 490.

410 RGZ 56, 32, 34; vgl hierzu insb. *Damme,* Handbuch, S. 490 ff.

Das Urteil wurde im letzten Termin oder in einem gesondert dafür anberaumten Termin verkündet, § 12 KVB.

II. Die Besetzung des I. Zivilsenats

Sachlich zuständig für Berufungen gegen die Entscheidungen der Nichtigkeitsabteilung des Patentamts war der I. Zivilsenat des Reichsgerichts. Dieser war bis zur Notverordnung vom 4. Januar 1924 mit sieben, danach nur noch mit fünf Richtern besetzt.[411] Den Vorsitz hatte der Senatspräsident. Hiermit war aber keine stärkere Gewichtung seiner Stimme verbunden. Der Senatspräsident war *„primus inter pares"* und hatte, so wie die sechs bzw. vier anderen Mitglieder (Reichsgerichtsräte) auch, nur eine Stimme.[412]

In den rund 66 Jahren des Bestehens des Reichsgerichts, hatte der I. Zivilsenat insgesamt sieben Senatspräsidenten und 66 Reichsgerichtsräte bzw. Hilfsrichter. Im Folgenden werden die Senatspräsidenten vorgestellt. Eine Auflistung der Reichsgerichtsräte/Hilfsrichter findet sich in Anlage E dieser Arbeit.[413]

1. Dr. Karl August Eduard Drechsler

Der erste Präsident des I. Zivilsenats war *Dr. Karl August Eduard Drechsler*, geboren am 14. März 1821 in Stavenhagen, Mecklenburg-Schwerin.[414] Er bekleidete das Amt von der Gründung des Reichsgerichts am 1. Oktober 1879 an bis zu seinem Tod am 10. August 1897.

Drechsler hatte in Rostock und Heidelberg Jura studiert und arbeitete nach seinem Examen zunächst als Anwalt und Notar in Parchim. 1864 wurde er als Richter an das Oberappellationsgericht der vier freien Städte nach Lübeck berufen. Am 2. Januar 1870 wechselte er an das Bundes- später Reichsoberhandelsgericht, zu dessen Vizepräsidenten er am 5. August 1870 ernannt wurde.[415] Im Jahre 1879 übernahm das Reichsgericht die Funktionen des Reichsoberhandelsgerichts.[416] Im Zuge dessen kam auch *Drechsler* (als Senatspräsident) an das Reichsgericht. Durch Patent vom 19. November 1894 wurde er zum Wirklichen Geheimen Rat mit dem Prädikat „Exzellenz" ernannt.

---

411 Vgl. *Lobe*, Fünfzig Jahre RG, S. 20 f.

412 Vgl. *Lobe*, Fünfzig Jahre RG, S. 21.

413 Auflistung der Reichsgerichtsräte des I. Zivilsenats, Anhang E, (S. 219 ff.).

414 BArch R3002/PA/176.

415 BArch R3002/PA/176, Bl. 33.

416 Siehe hierzu bereits unter 2. Teil, C. (S. 70).

2. *Dr. Albert Friedrich Bolze*

Am 1. Dezember 1897 übernahm *Dr. Albert Friedrich Bolze* das Amt des Senatspräsidenten,[417] das er bis zu seinem Ruhestand am 16. September 1906 innehatte.[418]

Bolze[419] wurde am 13. Januar 1834 in Bernburg geboren. Nachdem er 1853 in Leipzig sein Jurastudium abgeschlossen hatte, absolvierte er sein juristisches Referendariat am herzoglichen Amtsgericht in Bernburg. Nach der zweiten juristischen Prüfung im Jahre 1857 ließ er sich zunächst als Rechtsanwalt in Bernburg nieder, bis er 1873 als Oberlandesgerichtsrat zum herzoglichen Oberlandesgericht nach Dessau berufen wurde. 1879 erfolgte der Wechsel als Reichsgerichtsrat nach Leipzig. Dort wurde er zunächst dem III. Strafsenat zugeteilt, ab dem 1. März 1881 dann dem I. Zivilsenat, dessen Präsident er am 1. Dezember 1897 wurde. Am 16. September 1906 schied er aus dem Dienst aus, am 28. Juni 1912 verstarb er.[420]

Bolze hatte sich auch außerhalb seiner richterlichen Tätigkeit im I. Zivilsenat intensiv mit dem Patentrecht befasst. 1890 veröffentlichte er hierzu die Schrift „Der Entwurf einer Patentnovelle".

3. *Dr. Hugo Siegmund Arwin Planck*

Amtsnachfolger des Senatspräsidenten *Bolze* war *Dr. Hugo Siegmund Arwin Planck*.[421] Die Ernennung erfolgte am 16. September 1906. Dieses Amt bekleidete er bis zu seiner Versetzung in den Ruhestand am 1. Oktober 1922.[422]

Planck wurde am 29. September 1846 in Greifswald geboren. Nach seinem Studium der Rechte in Kiel, Leipzig und München wurde er am 7. August 1868 beim Kreisgericht Kiel als Referendar für den preußischen Justizdienst vereidigt. Etwas verzögert durch die Ableistung eines einjährigen Kriegsdienstes im Deutsch-Französischen Krieg von 1870,[423] wurde er im Februar 1874 – mit dem Dienstalter vom 9. März 1873 – zum Gerichtsassessor ernannt. Am 1. Oktober 1874 erfolgte seine erste Anstellung als Kreisrichter in Itzehoe. Es folgten weitere

---

417 BArch R3002/PA/81, Bl. 11.

418 BArch R3002/PA/81, Bl. 31.

419 BArch R3002/PA/81, Bl. 1 f., 38.

420 Vgl. *Lobe,* Fünfzig Jahre RG, S. 342.

421 BArch R3002/PA/703.

422 BArch R3002/PA/703, Vol. 1 Bl. 14.

423 Vom 24. Juni 1870 bis zum 23. Juni 1871 Schleswigsches Inf.-Regt. Nr. 84, BArch R3002/PA/703, Vol. 1, Bl. 29.

Stationen als Landrichter in Flensburg (ab 1. Oktober 1879) und ab 1. Juni 1886 als Oberlandesgerichtsrat in Kiel. Nachdem *Planck* 1890 zum Geheimen Justizrat und vortragenden Rat im Justizministerium befördert wurde, wechselte er am 1. Oktober 1893 als Reichsgerichtsrat zum Reichsgericht. Dort wurde er zunächst dem II. Strafsenat zugeteilt, bevor er am 1. Oktober 1896 zum I. Zivilsenat wechselte. Ab dem 1. Januar 1904 war *Planck* Mitglied des IV. Zivilsenats. Mit der Ernennung zum wirklichen Geheimen Rate mit dem Prädikat Exzellenz am 16. September 1906 wurde ihm der Vorsitz des I. Zivilsenats zugeteilt. Nur wenige Wochen nach seiner Versetzung in den Ruhestand verstarb *Walter Planck* am 22. November 1922.[424]

4. *Prof. Dr. Dr. Dr. h.c. Walter Simons*

Vom 16. Oktober 1922 bis zum 23. April 1926 hatte *Prof. Dr. Dr. Dr. Walter Simons* den Senatsvorsitz inne.[425]

Simons wurde am 24. September 1861 in Elberfeld geboren. Nach seinem Abitur am Gymnasium Elberfeld studierte er an den Universitäten in Straßburg, Leipzig und Bonn Rechtswissenschaften, Volkswirtschaft und Geschichte.[426] Das Jurastudium schloss er im Jahre 1882 ab. Am 22. September 1882 folgte die Ernennung zum Referendar. Den Dienst trat er jedoch erst im Oktober 1883, nach Ableistung des Militärdienstes im *Grade-Dragoner-Regiment* in Berlin, an.[427] Nach seinem Assessorexamen am 18. Juli 1888 folgten Stationen als Hilfsrichter am Amts- und Landgericht Bonn, bis er am 1. Oktober 1890 als Amtsrichter beim Amtsgericht Velbert zugelassen wurde. Nach weiteren Stationen am Landgericht Meiningen[428] und Oberlandesgericht Kiel[429] unterbrach *Simons* seine richterliche Karriere und wechselte am 1. Dezember 1905 als Hilfsarbeiter zum Reichsjustizamt nach Berlin. Es folgten weitere Positionen

---

424 BArch R3002/PA/703, Vol. 1, Bl. 29.

425 BArch R3002/PA/810, Bd. 1., Bl. 5 ff.; vgl. auch *Otto*, Simons, Walter in NDB, Bd. 24, 2010, S. 441 ff.

426 *Otto*, Simons, Walter in NDB, Bd. 24, 2010, S. 441.

427 1. Oktober 1882 bis 30. September 1883, BArch R3002/PA/810, Bd. 1., Bl. 5 ff.

428 Ab 1. April 1897 Landrichter am Landgericht Meiningen, ab 12. Oktober 1903 Ernennung zum Landgerichtsrat, BArch R3002/PA/810, Bd. 1., Bl. 5 ff.

429 Ab 1. April 1905 Oberlandesgerichtsrat beim Oberlandesgericht Kiel, BArch R3002/PA/810, Bd. 1., Bl. 5 ff.

im Reichsjustizamt,[430] dem Auswärtigen Amt[431] und in der Reichskanzlei.[432] In dieser Zeit vertrat er das Deutsche Reich auf mehreren internationalen Konferenzen.[433] Am 28. November 1918 wurde *Simons* zum Ministerialdirektor der Reichkanzlei und ab Januar 1919 zum Direktor der Rechtsabteilung des Auswärtigen Amts ernannt. Nach den Verhandlungen zum Friedensvertrag von Versailles, an denen er als Unterstaatssekretär teilnahm, trat *Simons* aus Protest gegen den Friedensvertrag von seinen Ämtern zurück und ließ sich am 14. Juli 1919 in den einstweiligen Ruhestand versetzen.[434] Er nahm daraufhin eine Anstellung als Geschäftsführer des Reichsverbands der Deutschen Industrie an. Schon im Juni 1920 erfolgte jedoch die Rückkehr in die Politik als parteiloser Reichsminister des Auswärtigen im Kabinett von Konstantin Fehrenbach.[435] Dieses Amt behielt er noch bis Mai 1921, bevor er am 18. Juli 1922 zum Präsidenten des Reichsgerichts ernannt wurde. Mit dem Dienstantritt am 16. Oktober 1922 übernahm *Simons* auch den Vorsitz im I. Zivilsenat. Am 23. April 1926 wechselte er als Vorsitzender zum 3. Strafsenat. In seiner Funktion als Präsident des Reichsgerichts vertrat *Simons* zwischen dem Tod Eberts am 28. Februar 1925 und dem Amtsantritt Hindenburgs am 12. Mai 1925 den Reichspräsidenten als Oberhaupt des Deutschen Reiches.[436] Wegen eines Konflikts mit der Reichsregierung um die Besetzung von Stellen im Reichsbahndirektorium[437] trat er im Jahre 1929 als Reichsgerichtspräsident zurück[438] und wurde mit Ablauf des 31. März 1929 in den Ruhestand versetzt. Am 14. Juli 1937 verstarb *Walter Simons* in Neubabelsberg bei Potsdam.[439]

---

430 Ab 1. Oktober 1907 Geh. Regierungsrat und vortragender Rat, ab 30. September 1910 Geh. Oberregierungsrat, BArch R3002/PA/810, Bd. 1., Bl. 5 ff.

431 Ab 5. Dezember 1911 Geh. Legationsrat und vortragender Rat im Auswärtigen Amt, ab 15. Dezember 1917 Wirkl. Geheimer Legationsrat, BArch R3002/PA/810, Bd. 1., Bl. 5 ff.

432 Ab 4. Oktober 1917 juristischer Berater des Reichskanzlers, BArch R3002/PA/810, Bd. 1., Bl. 5 ff.

433 BArch R3002/PA/810, Bd. 1; *Otto*, Simons, Walter in NDB, Bd. 24, 2010, S. 441.

434 BArch R3002/PA/810, Bd. 1, Bl. 5 ff.; *Otto*, Simons, Walter in NDB, Bd. 24, 2010, S. 441, 442.

435 Vgl. *Otto*, Simons, Walter in NDB, Bd. 24, 2010, S. 441, 442.

436 *Otto*, Simons, Walter in NDB, Bd. 24, 2010, S. 441, 442.

437 *Otto*, Simons, Walter in NDB, Bd. 24, 2010, S. 441, 442.

438 Siehe Presse BArch R3002/PA/810, Bd. 1, Bl. 1 ff.

439 BArch R3002/PA/810, Bd. 1, Bl. 5 ff.; *Otto*, Simons, Walter in NDB, Bd. 24, 2010, S. 441, 442.

Simons wurde zu Lebzeiten mit zahlreichen akademischen Titeln geehrt, zunächst am 19. Dezember 1913 als Dr. h.c. der Universität Kiel. Es folgten im Januar 1927 die Ernennung zum ordentlichen Honorar-Professor für Völkerrecht an der Universität Leipzig und am 30. Juli 1927 die Ernennung zum Dr. h.c. der theologischen Fakultät der Universität Marburg. Zum 50-jährigen Bestehen des Reichsgerichts folgte am 1. Oktober 1929 die Ernennung zum Dr. h.c. der Universität Bonn. Zu guter Letzt erhielt er im Jahre 1930 einen Dr. h.c. der Columbia-Universität in New York[440]

5. Dr. Julius Franz Katluhn

Dr. Julius Franz Katluhn übernahm das Amt des Senatspräsidenten am 21. April 1926.[441] Dieses behielt er bis zu seiner Versetzung in den Ruhestand am 1. April 1934.[442]

Katluhn wurde am 9. Dezember 1865 in Insterburg geboren. Nach seinem Studium der Rechtswissenschaften in Königsberg wurde er am 17. Januar 1887 als Referendar vereidigt und legte am 16. Juni 1892 das Assessorexamen ab. Im September 1892 fing *Kat-luhn* als Amtsrichter am Amtsgericht Margrabowa an. Es folgten Stationen als Landrichter in Insterburg[443] und ab dem 16. Juni 1907 als Kammergerichtsrat in Berlin. Am 16. September 1912 wurde *Katluhn* als Hilfsrichter an das Reichsgericht versetzt und dem I. Zivilsenat zugeteilt.[444] Am 1./5. April 1914 erfolgte die Ernennung zum Reichsgerichtsrat.[445] Nachdem er im Jahre 1915 seine Tätigkeit als Richter wegen der Ableistung von Kriegsdienst unterbrochen hatte,[446] trat er am 29. November 1916 wieder in die Dienste des Reichsgerichts ein. Erneut folgte die Zuteilung zum I. Zivilsenat, zu dessen Senatspräsidenten er am 21. April 1926 ernannt wurde. Noch kurz vor seiner Versetzung in den Ruhestand am 31. März 1934[447] wurde ihm anlässlich seines 68. Geburtstages von der Universität Leipzig ein Ehrendoktor verliehen.[448] Am 30. November 1942 verstarb *Franz Katluhn* in Leipzig.[449]

---

440 BArch R3002/PA/810, Bd. 1, Bl. 3.

441 BArch R3002/PA/431, Bd. 1, Bl. 44. Neben dem 21. April 1926 ist auch handschriftlich der 19. April als Amtsübernahmedatum in der Akte genannt.

442 BArch R3002/PA/431, Bd. 1., Bl. 63.

443 Ab dem 1. Oktober 1901, BArch R3002/PA/431, Bd. 1, Bl. 77.

444 BArch R3002/PA/431, Bd. 1, Bl. 4.

445 BArch R3002/PA/431, Bd. 1, Bl. 5, 70.

446 August 1914 bis November 1916, BArch R3002/PA/431, Bd. 1, Bl. 40.

447 BArch R3002/PA/431, Bd. 1., Bl. 63.

448 BArch R3002/PA/431, Bd. 1, B. 51.

449 BArch R3002/PA/431, Bd. 1, Bl. 1; siehe auch *Kaul*, Geschichte des RG, S. 306 f.

6. *Franz Triebel*

Katluhn folgte im Amt des Senatspräsidenten am 1. April 1934 *Franz Triebel.*[450] Auch er behielt diesen Posten bis zur Entlassung in seinen Ruhestand am 1. Januar 1937.[451]

Triebel wurde am 25. August 1869 in Preußisch Friedland (Westpr.) geboren.[452] Nach der am 29. Juni 1892 bestandenen Ersten Staatsprüfung absolvierte er von August 1892 bis Februar 1896 seinen Referendarsdienst und legte am 28. Januar 1897 seine Zweite Staatsprüfung ab. Als Assessor trat er zunächst in die Dienste des Amtsgericht Marienwerder ein, bis er am 1. Februar 1900 dem Amtsgericht Briesen/Westpreußen als Amtsrichter zugeteilt wurde. Am 1. November 1903 wechselte Triebel an das Amtsgericht nach Culm, und im April 1908 als Hilfsrichter an das Oberlandesgericht Marienwerder, ab dem 25. April 1911 im Rang eines Amtsgerichtsrats. Am 1. Mai 1912 wechselte *Triebel* als Kammergerichtsrat nach Berlin wo er auch stellvertretendes Mitglied des Oberschiedsgerichts für Angestelltenversicherungen wurde; ab Dezember 1918 dann als ordentliches Mitglied. Im Juli 1919 folgte der Wechsel ans Reichsgericht. Dort wurde er als Reichsgerichtsrat zunächst dem I. Strafsenat zugeteilt,[453] bevor er ab dem 1. Oktober 1919 Mitglied des IV. Zivilsenats wurde.[454] Am 2. Oktober 1922 folgte die Zuteilung zum I. Zivilsenat, zu dessen Präsidenten er am 1. April 1934 ernannt wurde.[455] *Triebel* trat am 1. Januar 1937 in den Ruhestand,[456] ohne jemals NSDAP Mitglied gewesen zu sein. [457] Am 20. Januar 1942 verstarb *Franz Triebel* in Leipzig.[458]

7. *Prof. Dr. Fritz Heinrich Karl Paul Lindenmaier*

Letzter Senatspräsident des I. Zivilsenats wurde Prof. *Dr. Fritz Heinrich Karl Paul Lindenmaier.*[459] Er übernahm das Amt am 1. Januar 1937 bis zur Schließung des Reichsgerichts im April 1945.

---

450 BArch R3002/PA/993, Bd. 1 Bl. 3, 30.

451 BArch R3002/PA/993, Bd. 1 Bl. 3, 30.

452 Siehe auch *Kaul,* Geschichte des RG, S. 311.

453 BArch R3002/PA /993, Bd. 1 Bl. 7 ff.

454 BArch R3002/PA /993, Bd. 1 Bl. 2, 6.

455 BArch R3002/PA /993, Bd. 1 Bl. 2, 6.

456 BArch R3002/PA /993, Bd. 1 Bl. 43.

457 BArch R3002/PA /993, Bd. 1 Bl. 40f.

458 BArch R3002/PA /993, Bd. 3 Bl. 2, Bd. 1, Bl. 65.

459 BArch R3002/PA /533, Bd. 1; *Möhring,* Nachruf, NJW 1960, S. 1991.

Lindenmaier wurde am 2. Oktober 1881 in Hamburg geboren.[460] Nach dem Abitur im Jahre 1900 studierte er in Tübingen, Berlin und Kiel Rechtswissenschaften und legte am 13. Juli 1903 das erste Staatsexamen ab. Im Anschluss promovierte *Lindenmaier* in Rostock[461] und begann im Mai 1903 das Referendariat in Hamburg. Nach der Ausbildung und einem einjährigen Militärdienst legte er am 13. April 1908 das Zweite Staatsexamen ab und wurde zum 1. Januar 1911 als Landrichter in Hamburg angestellt.[462] Im Jahre 1925 erfolgte eine Beförderung zum Landgerichtsdirektor. Zum 11. Januar 1926 wechselte *Lindenmaier* als Reichsgerichtsrat nach Leipzig.[463] Dort wurde er zunächst dem 5. Strafsenat zugeteilt,[464] bevor er am 21. April 1926 Mitglied des I. Zivilsenats wurde.[465] Zum 1. Januar 1937 erfolgte die Ernennung zum Präsidenten des I. Zivilsenats. Während seiner Dienstzeit als Senatspräsident war *Lindenmaier* ein Befürworter der mit der Gesetzesnovelle von 1936 eingeführten Regelung, wonach das öffentliche Interesse an einer Maßnahme nach § 15 PatG durch die Reichsregierung beurteilt wurde, und nicht wie zuvor durch das Gericht selbst.[466]

Vor 1922 gehörte *Lindenmaier* zeitweise der deutschen Volkspartei an.[467] Am 15. Juni 1938 trat er jedoch, unter Rückdatierung auf den 1. Mai 1937, der NSDAP bei. Zuvor war er im November 1933 dem „Stahlhelm, Bund der Frontsoldaten" beigetreten, mit dem er im Februar 1934 in die SA-Reserve transferiert wurde.[468] „*Wegen unzureichender Teilnahme*" wurde er hiervon jedoch am 15. August 1935 ausgeschlossen.[469]

Nach dem Krieg und der Auflösung des Reichsgerichts im April 1945 bemühte sich *Lindenmaier* um Aufnahme in den sächsischen Justizdienst. Unter Hinweis auf seine NSDAP- und SA-Mitgliedschaft lehnte die Landesverwaltung Sachsen dies jedoch ab. [470] Nachdem *Lindenmaier* bereits von 1944 bis 1945 Honorarprofessor für gewerblichen Rechtsschutz und Schifffahrtsrecht der Universität

---

460 BArch R3002/PA /533, Bd. 1.
461 BArch R3002/PA /533, Bd. 1 Bl. 53.
462 *Kaul,* Geschichte des RG, S. 308 f.
463 BArch R3002/PA/533, Bd. 1 Bl. 16.
464 BArch R3002/PA/533, Bd. 1 Bl. 36.
465 BArch R3002/PA/533, Bd. 1 Bl. 37.
466 *Lindenmaier,* GRUR 1942, S. 485, 512 f.
467 1925 bis 1930, siehe hierzu *Kaul,* Geschichte des RG, S. 308 f.
468 BArch R3002/PA/533, Bd. 1 Bl. 1 ff.
469 BArch R3002/PA/533, Bd. 1 Bl. 1 ff.
470 BArch R3002/PA/533, Bd. 1, Bl. 148.

Leipzig war,[471] wurde er 1949 Honorarprofessor an der Universität Hamburg.[472] Von 1951 bis 1953 war *Lindenmaier* Richter am Bundesgerichtshof in Karlsruhe und auch Vorsitzender des I. Zivilsenats.[473] Am 7. Oktober 1960 starb Fritz Lindenmaier in Karlsruhe.[474]

D. Die Rolle der Behörden in den Verfahren zum Ausführungs- und Lizenzzwang

Die Rolle der Reichsministerien (z.B. das Reichsministerium des Inneren, Reichsjustizministerium, Reichswirtschaftsministerium) im Verfahren um die Zurücknahme eines Patents wegen Nichtausführung oder Lizenzverweigerung bzw. wegen Erteilung einer Zwangslizenz war klar geregelt: Vor der Gesetzesnovelle von 1936 war eine Beteiligung von Reichsministerien – zumindest nach dem Gesetz – nicht vorgesehen. Das Patentamt entschied eigenständig und unabhängig über die Zurücknahme eines Patents oder die Erteilung einer Zwangslizenz.[475] Das Reichsamt des Inneren (bis 1917) und danach das Reichsjustizamt hatten als organisatorische Aufsichtsbehörde des Patentamtes, die Möglichkeit der Einflussnahme. Diese lag aber allein in der Aufsicht äußerlicher Geschäftsgänge und dem Recht, im Verwaltungswege darauf zu drängen, etwaige Missstände zu beseitigen. Sie erstreckte sich formal gesehen aber nicht auf die materielle, rechtspolizeiliche oder gerichtliche Tätigkeit des Patentamts.[476] Erst nach 1936 wurden die Reichsministerien mit § 15 PatG 1936 aktiv in die Entscheidungen des Patentamtes eingebunden. Die Erteilung einer Zwangslizenz oder die Zurücknahme eines Patents war seitdem von der Erklärung der Reichsregierung abhängig. Darin entschied die Reichsregierung, ob die Maßnahme zur Wahrung der „Belange der Volksgemeinschaft“ notwendig war.

---

471 BArch R3002/PA/533, Bd. 1 Bl. 4f., 144.

472 Professorenkatalog der Universität Leipzig, hrsg. V. Lehrstuhl für Neuere und Neuste Geschichte, Historisches Seminar der Universität Leipzig, http://www.uni-leipzig.de/unigeschichte/professorenkatalog/leipzig/Lindenmaier_624, (abgerufen am 17. Februar 2014).

473 Professorenkatalog der Universität Leipzig, hrsg. V. Lehrstuhl für Neuere und Neuste Geschichte, Historisches Seminar der Universität Leipzig, http://www.uni-leipzig.de/unigeschichte/professorenkatalog/leipzig/Lindenmaier_624, (abgerufen am 17. Februar 2014); vgl. auch *Möhring*, Nachruf, NJW 1960, S. 1991.

474 *Möhring*, Nachruf, NJW 1960, S. 1991.

475 Vgl. *Kohler*, Handbuch, S. 682.

476 Vgl. hierzu *Kohler*, Handbuch, S. 682.

Dass gleichwohl auch schon vor der Novelle von 1936 andere Behörden insbesondere im Rahmen von Zwangslizenzverfahren mit eingebunden wurden und darüber hinaus auch versucht wurde, behördlichen Einfluss auf die Entscheidungen des Patentamts zu nehmen, zeigen einige interne Vermerke und die Korrespondenz zwischen Reichsministerien (bzw. diesen zugehörige Abteilungen) und dem Patentamt. Ob es sich hierbei allerdings um Ausnahmen handelte oder aber ob dies in der behördlichen Praxis üblich war, kann in Anbetracht der nur noch sehr unvollständig vorhandenen Prozess-/Verfahrensakten nicht abschließend beurteilt werden. Von den vom Reichsgericht zwischen 1879 bis 1945 in Ausführungs- und Lizenzzwangssachen ergangenen Entscheidungen sind nur noch 30 Verfahrensakten vorhanden, die zum Teil nur noch das reichsgerichtliche Urteil enthalten.[477] Die Verfahrensakten des Kaiserlichen Patentamts bzw. Reichspatentamts wurden nach Ablauf der gesetzlichen Aufbewahrungsfristen vernichtet.[478]

I. In der Zeit vor der Gesetzesnovelle von 1936

Die heute noch im Bundesarchiv in Lichterfelde-Berlin archivierten Akten dokumentierten im Wesentlichen zwei unterschiedliche Arten von Fällen der behördlichen Beteiligung. Zum einen versuchten die „Parteien“ eines Verfahrens – ähnlich der Erklärung der Reichsregierung nach § 15 PatG 1936 – das öffentliche Interesse an einer Erteilung einer Zwangslizenz durch entsprechende behördliche Erklärungen zu belegen. Zum andern finden sich Fälle, in denen sich andere Behörden aktiv direkt gegenüber dem Patentamt über das „öffentliche“ oder besser „behördliche“ Interesse“ erklärten und austauschten.

1. Behördliche Erklärungen als prozessualer Beleg im patentrechtlichen Verfahren

Zur Zurücknahme eines Patents oder zur Erteilung einer Zwangslizenz bedurfte es u.a. nach § 11 PatG 1877/1891/1911 eines „öffentlichen Interesses“ an einer solchen Maßnahme. Ob ein solches Interesse vorlag, prüfte und entschied bis 1936 das Patentamt bzw. das Reichsgericht, danach – unter dem Gesichtspunkt der „Belange der Volksgemeinschaft“ – nur noch die Reichsregierung. Das „öffentliche Interesse“ war ein unbestimmter Rechtsbegriff, der – wie in Teil 3 dieser Arbeit noch näher erläutert wird – durch die Rechtsprechung ausgefüllt

---

477 Vgl. BArch R3002/Zivilsenate/1072/1; R3002/Zivilsenate/1203/2; R3002/Zivilsenate/1212/4; R3002/Zivilsenate/1955/1.

478 Auskunft des DPMA vom 1. August 2013.

wurde. Um aber die Auslegung dieses Rechtsbegriffes nicht nur den Ermittlungen des Patentamts bzw. Reichsgerichts zu überlassen, wurde von Antragstellern nicht selten eine entsprechende Erklärung der jeweils maßgeblichen Behörde eingeholt. Diese wurde im patentrechtlichen Verfahren als Beleg für das Bestehen eines öffentlichen Interesses eingebracht.

Beispielhaft sei hier ein Zwangslizenzverfahren aus dem Jahre 1921 erwähnt.[479] Die Antragstellerin, ein Hamburger Unternehmen zur Herstellung von Röntgengeräten, begehrte die Erteilung einer Zwangslizenz für ein von einer Berliner Gesellschaft gehaltenes Patent an einer „Drahteinführung für luftleere Gefäße". Zu diesem Zweck legte die Antragstellerin ein „geheimes" Schreiben der Torpedo-Inspektion aus Kiel vor, in dem die Erteilung einer Zwangslizenz aus militärischen Gründen für notwendig erachtet wurde. Hierin heißt es:

> *„Geheim!*
> *(...)*
> 1. *Die Inspektion bestätigt hierdurch, daß Ihnen die hier in Frage stehende Senderröhren aus militärischen Gründen zum Zwecke der raschen und erfolgreichen Weiterentwicklung des Gegenstandes in Auftrag gegeben werde, und dann notwendig ist, wenn die Schutzrechte Dritter hierbei benutzt werden sollten. Weiterhin bestätigt Ihnen die Inspektion, daß von ihr die Verantwortung und die Rechtsfolgen, die sich unter diesen Umständen bei der Herstellung und dem Verkauf dieser Röhren durch Sie an die Inspektion ergeben können, in vollem Umfange übernommen werden.*
> 2. *Ein Bestellzettel für 4 Senderröhren, sowie für 4 Verstärkerröhren zu Versuchszwecken liegt bei.*
> 3. *Welchen Preis werden Sie bei der Übernahme der Röhren der Inspektion in Rechnung setzen?*
> 4. *Die Senderröhren für 10 000 Volt werden hier dringend gebraucht. Wann werden die hier eintreffen? Sie müssen unbedingt mit einem sehr engen Gitter versehen sein, so daß der Durchgriff möglichst unter 1/1000 wird, wie schon kürzlich geschrieben wurde.*
>   *Von Seiten der Inspektion des Torpedowesens- Der Chef des Stabes."*[480]

Ähnlich verhielt es sich in einem Verfahren im Jahre 1926, in dem ein Unternehmen die Lizenz für ein Verfahren zur Herstellung von künstlicher Seide begehrte.[481] In diesem Verfahren bestätigte der Reichswirtschaftsminister auf Anfrage

479 Entscheidung des PA vom 28. Februar 1921 (A 23969 Z.A.I. 46a/20), BArch R3002/Zivilsenate/737, Bl. 2 ff.

480 Schreiben der Torpedo-Inspektion vom 14. Dezember 1917, BArch R3002/Zivilsenate/737, Bl. 26 f.

481 RG v. 11. März 1926 (I 243, 244/25), RGZ 113, 115.

der Antragstellerin, dass *„bei der Aufnahme der Stapelfaser- und Kunstseidenproduktion durch die K.-R. AG die beteiligten Reichsressorts mitgewirkt haben, und dass auch jetzt noch ein erhebliches Interesse an der Förderung der Kunstseidenerzeugung habe. (...) dass ich es bei den zwingenden volkswirtschaftlichen Gründen, welche die Förderung der inländischen Fabrikation künstlicher Fasern gebieten, nicht für angängig erachtet, wenn durch die Patentlage aussichtreiche Unternehmungen, die sich mit der Herstellung von Kunstseide befassen, verhindert sein sollten, die Kunstseideerzeugung wirtschaftlich zu betreiben.“*[482]

Auch das Reichswehrministerium bestätigte im selben Verfahren das „öffentliche Interesse.“ In einem Schreiben des Reichswehrministers vom 8. März 1926 führte dieser hierzu aus: *„Bei der frühen Verhandlungen der Kriegsrohstoffabteilung über die Umstellung von K.-R. AG war es der Behörde darum zu tun, die Zerstörung der Werke in Böblingen und Rottweil zu verhindern und diese beiden Unternehmungen einer Friedensproduktion zuzuführen, die neben der Erhaltung der Werke einem volkswirtschaftlichen Bedürfnis entsprach; die Herstellung von Stapelfaser bzw. Kunstseide wurde vom Reichswehrministerium als ein solches Bedürfnis anerkannt und deshalb zugesichert, daß die Behörde sich für die Erteilung etwa notwendiger Zwangslizenzen einsetzen werde.“*[483]

2. Behördenübergreifende Korrespondenz in Zwangslizenzsachen

Anders zu bewerten sind hingegen direkte Interaktionen zwischen Reichsministerien und dem Patentamt.

Ein interessanter Beleg einer behördenübergreifenden Abstimmung stellt hierbei ein Vorgang Anfang des Jahres 1915 dar, in dem über mögliche patentrechtliche Vergeltungsmaßnahmen gegenüber Großbritannien beraten wurde. Hintergrund war ein von Großbritannien nur wenige Tage nach dessn Kriegserklärung gegenüber dem Deutschen Kaiserreich[484] erlassenes Gesetz – der *„Patents, Designs and Trade Marks (Temporary Rules) Act 1914“* vom 7. August 1914 – das dem *„Board of Trade“* ermöglichte, gegen die Patente von Angehörigen feindlicher Staaten vorzugehen.[485] In einem Schreiben des Präsidenten des Kaiserlichen Patentamts *Robolski*

482 Schreiben des Reichswirtschaftsministers v. 27. Februar 1926, BArch R3002/Zivilsenate/954.

483 Schreiben des Reichswehrministers v. 8. März 1926, BArch R3002/Zivilsenate/954.

484 4. August 1914: Kriegserklärung Großbritanniens gegenüber dem Deutschen Kaiserreich.

485 Siehe hierzu ausführlich *Mächtel,* PatR im Krieg, S. 212 ff.

an den Staatssekretär des Inneren[486] berichtete jener u.a. davon, dass sich zwar die deutsche Industrie mehrheitlich gegen Vergeltungsmaßnahmen aussprach, teilweise aber eine zwangsweise Lizenzierung von durch Briten gehaltenen Patenten an deutsche Staatsangehörige gefordert wurde. Alternativ sollten solche Patente außer Kraft gesetzt werden. Dem Schreiben war eine Liste über „*In englischem Besitz befindliche deutsche Patente, welche für die deutsche Volkswirtschaft wesentlich sind*“[487] als Anlage beigefügt. Hierin wurden 22 von Briten gehaltene Patente benannt, verbunden mit der Information, ob bereits Lizenzen an „*Inländer*“ erteilt wurden.

Robolski sprach sich aber gleichwohl deutlich gegen derartige Vergeltungsmaßnahmen gegenüber Großbritannien aus und verwies in diesem Zusammenhang auf die bereits bestehenden gesetzlichen Regelungen des Patentgesetzes. So führte er hierzu aus: „*Für die Zwecke des Heeres und der Flotte bietet in solchem Falle, (…) die Vorschrift in § 5 Absatz 2 des Patentgesetzes einen geeigneten Rechtsbehelf. Für andere Kreise (z.B. die in den Anlagen genannte Landwirtschaft und Textil-Industrie) könnte durch eine entsprechende Ausgestaltung der Bestimmung über den Lizenzzwang in § 11 des Patentgesetzes (Gesetz vom 6. Juni 1911) Ähnliches erreicht werden.*“[488] Er schlug ferner vor, ein einstweiliges Verfügungsverfahren bei der Zwangslizenzerteilung zuzulassen, eine Forderung, die erst mit der Gesetzesnovelle von 1936 tatsächlich umgesetzt wurde.[489]

Ein weiteres Beispiel für direkte Kommunikation zwischen den Behörden bietet eine Zwangslizenzverfahren aus dem Jahre 1935, mit dem ein Berliner Unternehmen von einer ebenfalls in Berlin ansässigen Firma eine Zwangslizenz auf dem Gebiet der Tontechnik erwirken wollte.[490] Auf Veranlassung der Antragstellerin machte zunächst das Reichskommissariat für Preisüberwachung gegenüber dem Patentamt eine Eingabe,[491] in der es die Zwangslizenzerteilung an die Antragstellerin im Interesse der Öffentlichkeit für dringend notwendig erachtete. Es teilte hierin u.a. mit, dass es „*in der Ausnutzung der Schutzrechte der Tobis A.G. in der gegenwärtigen Form eine Schädigung der Interessen der Öffentlichkeit und der allgemeinen Wirtschaft erblicke.*“[492] Ferner hob es hervor, dass mit der Benutzung der

486 BArch R1501/107338, Bl. 123 ff.

487 BArch R1501/107338, Bl. 129 ff.

488 BArch R1501/107338, Bl. 123 ff.

489 Siehe hierzu bereits unter 1. Teil, D. III. (S. 60 ff.).

490 Zwangslizenzklagen (Ni. Ic 111, 112 und 113/34), vgl. hierzu BArch R131/53.

491 Eingabe des Reichskommissars für Preisüberwachung vom 26. März 1935, BArch R131/53.

492 Eingabe des Reichskommissars für Preisüberwachung vom 26. März 1935, BArch R131/53.

Schutzrechte *„erhebliche Vorteile in technischer und wirtschaftlicher Beziehung für die Allgemeinheit verbunden"* seien, welche bei Nichtausübung *„dem Geist, in dem ein Schutzrechtsinhaber heute zu handeln"* habe, widerspräche.[493]

Auch der „Beauftragte für Wirtschaftsfragen beim Stab des Stellvertreters des Führers" empfahl in einer Eingabe gegenüber dem Patentamt die Zwangslizenzerteilung an den Antragsteller. Hierin heißt es: *„(...) Es liegt im Interesse der deutschen Film-und Volkswirtschaft, die unhaltbaren Zustände auf dem Tonaufnahmegebiet, die im wesentlichen auf einer angeblichen Monopolstellung und vor allem der Kapitalmacht einer Gesellschaft beruhen, zu beseitigen. Nur die Schaffung eines Wettbewerbes kann zu der notwendigen Verbilligung der Produktion und Qualitäts-Steigerung führen. Unter den wenigen deutschen Firmen mit neuartigen Tonaufzeichnungsverfahren verdient besonders die Firma Breusing-Tonsystem G.m.b.H. mit ihrer hochwertigen Apparatur von Produktionswiderständen zum Nutzen der Gesamtwirtschaft befreit zu werden. In der gegenwärtigen Situation kann ich die Erteilung von Zwangslizenzen an die Firma Breusing, ausschliesslich unter dem Gesichtspunkt, die deutsche Filmwirtschaft und insbesondere den deutschen Filmexport zu fördern, nur wärmstens befürworten."*[494]

Bemerkenswert ist, dass das Patentamt in dieser Angelegenheit in einem internen Vermerk vom 12. April 1935 nochmals explizit festhielt, dass die beiden genannten Stellen nicht von sich aus an das Patentamt herangetreten waren, sondern auf Veranlassung des Antragstellers.[495] Die Eingabe sei folglich für die Nichtigkeitsabteilung bestimmt gewesen, weshalb von der Amtsleitung *„vorerst nichts zu veranlassen"* sei.[496]

II. In der Zeit nach der Gesetzesnovelle von 1936

In der Zeit nach der Gesetzesnovelle von 1936 war die Einbindung der Reichsregierung und damit aller übrigen Behörden gesetzlich vorgeschrieben. Die Bewilligung einer Zwangslizenz, die Zurücknahme eines Patents oder die Erteilung einer Zwangslizenz im einstweiligen Rechtsschutz setzten immer eine Erklärung der zuständigen Behörde voraus, dass die jeweilige Maßnahme zum „Wohle der Volksgemeinschaft" geboten war, § 15 PatG 1936.

---

493 Eingabe des Reichskommissars für Preisüberwachung vom 26. März 1935, BArch R131/53.

494 BArch R131/53.

495 BArch R131/53.

496 BArch R131/53.

Überraschend ist, dass sich trotz dieser zwingenden formalen Voraussetzung, weder in den heute im Bundesarchiv in Berlin-Lichterfelde archivierten behördlichen Akten noch in den teilweise vorhandenen Prozessakten des Reichsgerichts entsprechende Erklärungen der Reichsregierung finden.[497] Zwar wurde in den jeweiligen Entscheidungen des Patentamts bzw. des Reichsgerichts die Existenz solcher Erklärungen in den Entscheidungsgründen erwähnt und demnach wohl auch berücksichtigt. Ein derartiges Dokument konnte ihm Rahmen der Recherche im Bundesarchiv jedoch nicht aufgefunden werden.

Unabhängig hiervon zeigt ein Dokument aus dem Jahre 1938, dass versucht wurde, die Zwangslizenz aktiv seitens der Behörden zu nutzen. Wegen der ökonomischen Dominanz eines französischen Schmiermittelherstellers in Deutschland versuchte das Reichswirtschaftsministerium, die Zwangslizenz zur Förderung national-ökonomischer Interessen einzusetzen. In einem internen Vermerk des Reichswirtschaftsministeriums vom 9. März 1938[498] wird festgehalten, dass versucht werden sollte, die Vormachtstellung des französischen Schmiermittelherstellers zu Gunsten der nationalen Industrie zu beseitigen. Hierzu wurde erwogen, Zwangslizenzen an nationale Unternehmen zu vergeben, obwohl der Anspruch auf Erteilung einer Zwangslizenz rechtlich wohl nicht bestand. Zu diesem Zweck und zur Klärung weiterer Fragen sollte sich daher das Reichswirtschaftsministerium mit dem Reichspatentamt in Verbindung setzten. Der interne Vermerk lautete wie folgt:

> *„Herr ORR Drawe teilte mit, die Vormachtstellung der Técalémit in der Schmiermittelindustrie beruhe in erster Linie auf einem Patent von 1922. Im Laufe der Jahre habe die Técalémit ihre Patente so ausgedehnt, daß diese nicht nur ihre Konstruktion, sondern ihr Erzeugnis als solches schützten, und daß dadurch die deutsche Firmen nicht in der Lage seien, ein ähnliches Erzeugnis auf den Markt zu bringen, ohne die Patente der Técalémit zu verletzen. Auf Grund ihrer Patentansprüche hat die Técalémit im Laufe der Jahre zahlreiche deutsche Firmen mit Prozessen überzogen und in diesen Prozessen nicht etwa nur durch die Gewandtheit ihrer Patentanwälte, sondern eben wegen ihrer weitgehenden Patentansprüche obsiegt.*
> *Um die Vormachtstellung der Técalémit in Deutschland zu beseitigen, sei die Forderung nach Erteilung von Zwangslizenzen erhoben worden. Nach dem Patentgesetz ist die*

497 Auf Nachfrage im Februar 2013 teilte auch das Deutsche Patent- und Markenamt mit, dass Prozessakten aus dieser Zeit nicht mehr vorhanden seien. Sämtliche Prozessakten des Kaiserlichen Patentamts bzw. Reichspatentamts wurden nach Ablauf der Aufbewahrungsfrist vernichtet, Email des DPMA vom 1. August 2013.

498 Interner Vermerk über eine Besprechung mit Herrn ORR *Drawe*, Dr. *Trost*, Ass. *Hickmann* und Ass. *Haase* (Übersandt an Herrn Ministerialrat *Dr. Kohler* (Hauptabteilung III) am 9. März 1938), BArch R3101/10301.

Erteilung von Zwangslizenzen an bestimmte Voraussetzungen gebunden. Diese seien jedoch nicht erfüllt, da die Técalémit mit ihren Produktionsmitteln durchaus in der Lage ist, den deutschen Markt zu befriedigen und auch vom Preisstandpunkt her gegen ihr Verhalten Einwendungen nicht erhoben werden können. Aus rechtlichen Gründen könne daher eine Zwangslizenz kaum erteilt werden.
Eine Zwangslizenz würde aber auch praktisch den deutschen Firmen nichts nützen, da sie nur für den deutschen Markt Gültigkeit hätte. Hingegen die Técalémit die Ausfuhr von Maschinen in andere Länder, in denen sie über gleiche Patentansprüche wie in Deutschland verfügt, unter Berufung auf diese Patentansprüche verhindern, so habe sich auch bereits die französische Botschaft des Falles angenommen und zu erkennen gegeben, daß im Falle einer unberechtigten Erteilung einer Zwangslizenz die französische Regierung zu Gegenmaßnahmen greifen würde.
Da jedoch versucht werden soll, den deutschen Firmen zu helfen, soll folgendes unternommen werden:

1. *Es soll über das Reichspatentamt Nachforschungen angestellt werden, ob die Técalémit auch im Ausland über ebenso weitgehende Patentansprüche verfügt wie in Deutschland. Wäre das nicht der Fall, dann würde der Erteilung einer Zwangslizenz praktische Bedeutung zukommen und könnte dann durch die Erteilung einer Zwangslizenz den deutschen Firmen geholfen werden.*
2. *Es soll beim Reichspatentamt geprüft werden, inwieweit durch die auf Grund des Versailler Vertrags erfolgten Vordatierungen der Patente der Técalémit den deutschen Unternehmen Nachteile entstanden sind. Je nach dem Ergebnis dieser Nachprüfung soll dieses dann in den Verhandlungen mit Técalémit verwertet werden. Dies ist wichtig, weil in erster Linie versucht werden müsse, die Técalémit zu einer freiwilligen Erteilung von Lizenzen zu veranlassen, um damit der französischen Regierung die Berechtigung zu Gegenmaßnahmen zu nehmen.*

Das RWM wird sich wegen der Klärung dieser beiden Fragen mit dem Reichspatentamt in Verbindung setzen. Die Angelegenheit selbst muß streng vertraulich behandelt werden, da sich herausgestellt hat, daß die Técalémit sich ständig als gut unterrichtet zeigt und von ihrer Kenntnis bei ihren Verhandlungen mit deutschen Firmen und in ihren Prozessen hemmungslos Gebrauch macht.“[499]

Die oben aufgeführten Beispiele zeigen, dass die wirtschaftspolitischen Möglichkeiten des § 11 PatG 1877/1891/1911 bzw. 15 PatG 1936 der staatlichen Verwaltung durchaus bewusst waren und in einigen Fällen explizit versucht wurde, diese zu nutzen. Ob sich dies aber auch gleichermaßen auf die Entscheidungen des Patentamts bzw. des Reichsgerichts ausgewirkt hat, kann erst die Analyse der hierzu ergangenen Entscheidungen zeigen.

499 BArch R3101/10301.

3. Teil: Rechtsprechungsanalyse: Die Judikatur des Reichsgerichts zum Ausführungs- und Lizenzzwang

Die Zurücknahme von Patenten und die Erteilung von Zwangslizenzen waren nach dem Patentgesetz an eine Reihe von Voraussetzungen geknüpft. Erst wenn sie alle erfüllt waren, war ein Eingriff in das Monopolrecht des Patentinhabers gerechtfertigt. Kern eines jeden Verfahrens nach § 11 PatG bildete ganz überwiegend die Frage, ob die Zurücknahme eines Patents oder die Erteilung einer Zwangslizenz im öffentlichen Interesse geboten war. Dies änderte sich erst mit der Gesetzesnovelle von 1936. An die Stelle des „öffentlichen Interesses“ rückten die *„Belange der Volksgemeinschaft“*, deren Vorliegen der richterlichen Kontrolle entzogen war.[500] Zuvor oblag es dem Patentamt bzw. dem Reichsgericht, den unbestimmten Rechtsbegriff des *öffentlichen Interesses* mittels seiner Entscheidungen inhaltlich auszufüllen und zu begrenzen. Das Patentgesetz selbst hielt hierfür keine Auslegungsregel vor.[501] Maßstab waren vielmehr die zum Zeitpunkt der Entscheidungen jeweils vorherrschenden technischen, wirtschaftlichen und sozialen Bedürfnisse sowie die Wertevorstellungen der Allgemeinheit. Ob auch weitere Faktoren, wie etwa politische oder fiskalische Anliegen, bei der Gestaltung dieses Rechtsbegriffes eine Rolle spielten, wird im Folgenden die Analyse der etwa 100 Entscheidungen des I. Zivilsenats des Reichsgerichts im Zeitraum von über 60 Jahren zeigen.

A. Die Ansprüche im Überblick

Die notwendigen Voraussetzungen zur Erwirkung einer Maßnahme nach § 11 PatG (bzw. § 15 PatG 1936) variierten in dem hier maßgeblichen Untersuchungszeitraum in zweifacher Hinsicht. Zum einen waren an die Zurücknahme von Patenten wegen mangelnder Inlandsausführung andere Anforderungen gestellt als an die Zurücknahme wegen Lizenzverweigerung oder aber bei der Erteilung von Zwangslizenzen. Zum andern änderten sich diese Anforderungen und Rechtsfolgen aufgrund der drei Gesetzesnovellen[502] zwischen 1877 und 1945. Dies bedeutet, dass es in dem für diese Arbeit maßgeblichen Zeitraum,

500 Hierzu oben 1. Teil, D. III. (S. 60 ff.).

501 Vgl. *Clad*, Zwangslizenzen, S. 36; *Holzapfel*, Mitt. 2004, S. 391, 392, hier aber im Bezug auf § 24 Abs. 2 des aktuellen PatG.

502 Hierzu oben 1. Teil, D. (S. 50 ff.).

sechs unterschiedliche Ansprüche mit zum Teil unterschiedlichen Anforderungen. Bis 1911 konnte ein Patent

i. wegen Nichtausführung im Inland nach § 11 Nr. 1 PatG 1877/1891 zurückgenommen werden oder
ii. wegen Verweigerung einer Lizenz nach § 11 Nr. 2 PatG 1877/1891.

Seit Inkrafttreten der Gesetzesnovelle von 1911 bestand die Möglichkeit,

iii. das Patent wegen „ausschließlicher oder hauptsächlicher" Ausführung der Erfindung im Ausland nach § 11 Abs. 2 PatG 1911 zurückzunehmen oder
iv. die Erteilung einer Zwangslizenz nach § 11 Abs. 1 PatG 1911 zu erzwingen.

Nach der Gesetzesnovelle von 1936 konnte unter geänderten Voraussetzungen ebenfalls

v. das Patent nach § 15 Abs. 2 PatG 1936 zurückgenommen, oder
vi. nach § 15 Abs. 1 PatG 1936 die Erteilung einer Zwangslizenz erwirkt werden.

Alle diese Ansprüche gründen im Wesentlichen auf insgesamt sieben unterschiedlichen Tatbestandsmerkmalen, welche aber nur teilweise und an unterschiedlichen Punkten der Anspruchsprüfung zum Tragen kamen. Diese waren der *„Ablauf der Karenzzeit"*, die *„mangelnde Patentausführung im Inland"*, die *„ausschließliche oder hauptsächliche Ausführung außerhalb des Deutschen Reichs"*, *„keine Entschuldigungsgründe"*, das *„Angebot einer angemessenen Vergütung und Sicherheitsleistung"*, die *„Verweigerung einer Lizenzierung"* und das *„Vorhandensein eines öffentlichen Interesses"* bzw. die *„Erklärung der Reichsregierung"*. Zum besseren Verständnis und zur Vermeidung von Wiederholungen und Verweisen werden daher zunächst unter I., II. und III. die Tatbestandsmerkmale aller Anspruchsvarianten in einer Übersicht kurz dargestellt und sodann gesammelt unter IV. erläutert.

I. Die Ansprüche nach § 11 PatG 1877/1891

§ 11 PatG 1877/1891 sah zwei Anspruchsvarianten vor, nach denen die Zurücknahme eines Patents verlangt werden konnte. Zum einen wegen mangelnder Ausführung einer Erfindung im Inland, zum anderen wegen Verweigerung einer im öffentlichen Interesse gebotenen Lizenz.

1. *Tatbestandsvoraussetzungen der Patentzurücknahme wegen mangelnder Inlandausführung nach § 11 Nr. 1 PatG 1877/1891*

Die Patentzurücknahme nach § 11 Nr. 1 PatG 1988/1891 setzte zunächst den *Ablauf einer Karenzzeit*[503] von drei Jahren voraus. Erst nach dieser Zeit konnte dem Patentinhaber der Vorwurf gemacht werden, dass die patentierte Erfindung nur *mangelhaft im Inland ausgeführt*[504] wurde. Für einen Anspruch auf Zurücknahme durfte der Patentinhaber zudem *keine Entschuldigungsgründe*[505] dafür haben, dass die Erfindung nicht ausreichend ausgeführt wurde. Anders als bei einer Patentzurücknahme wegen Lizenzverweigerung (§ 11 Nr. 2 PatG 1877/1891)[506] war das Vorhandensein eines „*öffentlichen Interesses*" [507] an der Patentzurücknahme aber kein unmittelbares Tatbestandsmerkmal. Nach dem Wortlaut des § 11 Nr. 1 PatG 1877/1891 konnte ein Patent nach Ablauf der Karenzzeit schon dann zurückgenommen werden, „*wenn der Patentinhaber es unterläßt, im Inlande die Erfindung in angemessenem Umfange zur Ausführung zu bringen, oder doch alles zu thun, was erforderlich ist, um diese Ausführung zu sichern.*"[508] Gleichwohl waren sich die Rechtsprechung[509] und die Literatur[510] einig, dass ein öffentliches Interesse auch ohne ausdrückliche Erwähnung im Gesetzeswortlaut vorliegen musste, wenn ein Patent wegen mangelnder Ausführung im Inland zurückgenommen werden sollte.

Schon im ersten Urteil[511] des Reichsgerichts zu § 11 Nr. 1 PatG 1877/1891, wurde die Notwendigkeit eines öffentlichen Interesses auch bei Zurücknahme eines Patents wegen mangelnder Ausführung explizit klargestellt. „*Dieser weitere Gesichtspunkt des öffentlichen Interesses (...) liegt der auszulegenden Gesetzesbestimmung*

503 Hierzu sogleich ausführlich unten 3. Teil, B. I. (S. 95 f.).

504 Hierzu sogleich ausführlich unten 3. Teil, B. II. (S. 96 ff.).

505 Hierzu sogleich ausführlich unten 3. Teil, B. IV. (S. 105 ff.).

506 Wortlaut § 11 Nr. 2 PatG 1877/1891: „*wenn im öffentlichen Interesse die Ertheilung der Erlaubniß zur Benutzung der Erfindung an andere geboten erscheint, der Patentinhaber aber gleichwohl sich weigert, diese Erlaubniß gegen angemessene Vergütung und genügende Sicherstellung zu ertheilen.*"

507 Hierzu sogleich ausführlich unten 3. Teil, C. (S. 109 ff.).

508 Wortlaut § 11 Nr. 1 PatG 1877/1891.

509 RG v. 27. Juni 1883 (I 23/83); RG v. 4. Dezember 1897 (I 354/97); RG v. 12. März 1900 (I 2/00); RG v. 21. März 1900 (I 372/99); RG v. 20. November 1909 (I 569/08); RG v. 11. Februar 1911 (I 409/10); RG v. 27. März 1911 (I 427/5/1910); RG v. 22. April 1912 (I 141/11); u.a.

510 *Damme*, Handbuch, S. 438; *Isay*, PatG 1. Aufl, § 11 Anm. 34ff.; *Kohler*, Handbuch, S. 619.

511 RG v. 27. Juni 1883 (I 23/83).

zu Grunde und ist für die Art ihrer Anwendung und namentlich für die Vertheilung der Klarlegungspflicht des Antragstellers der Patentzurücknahme auf Grund des § 11 Ziffer 1 des Patentgesetzes maßgebend.“[512] Das Reichsgericht stellte weiter klar, dass es sich hierbei aber nicht um eine vom Antragsteller darzulegende Voraussetzung handelte, sondern, dass der Gesetzgeber annahm, dass eine Zurücknahme nach § 11 Nr. 1 PatG grundsätzlich im öffentlichen Interesse war. Denn eine unterlassene Ausführung einer patentierten Erfindung schade der inländischen Volkswirtschaft. Diese (prima facie) Vermutung konnte jedoch vom Patentinhaber widerlegt werden. Neben der Intention des Gesetzgebers folgerte das Reichsgericht die Notwendigkeit eines öffentlichen Interesses zudem aus dem Wort „*kann*“ in § 11 Satz 1 PatG 1877/1891.[513] Der Entscheidungsbehörde wurde durch die Formulierung „kann“ ein Ermessensspielraum eingeräumt, wonach von einer Zurücknahme abgesehen werden konnte, „*wenn nach Lage des einzelnen Falles das öffentliche Interesse des Inlandes nicht geschädigt*“ wurde.[514] Andere Juristen hingegen begründeten die Notwendigkeit eines öffentlichen Interesses damit, dass die Ausführung der Erfindung im Inland „in angemessenen Umfang“ zu erfolgen habe. Die Formulierung „in angemessenen Umfang“ sei als Synonym für ein „im öffentlichen Interesse gebotenen Umfang“ zu verstehen gewesen.[515]

Im Ergebnis war aber klar, dass auch bei Zurücknahme eines Patents nach § 11 Nr. 1 PatG 1877/1891 das öffentliche Interesse ausschlaggebend sein sollte.

2. *Tatbestandsvoraussetzungen der Patentzurücknahme wegen Lizenzverweigerung nach § 11 Nr. 2 PatG 1877/1891*

Die Zurücknahme eines Patents wegen der Weigerung des Patentinhabers, eine Lizenz zu erteilen, setzte – wie bei der Patentzurücknahme nach § 11 Nr. 1 PatG 1877/1891 – zunächst den *Ablauf einer Karenzzeit*[516] von drei Jahren voraus. Vor Ablauf dieser Zeit war der Patentinhaber noch nicht verpflichtet, Dritten Lizenzen an seiner Erfindung zu erteilen. Die Zurücknahme des Patents nach § 11 Nr. 2 PatG 1877/1891 setzte zudem voraus, dass derjenige, welcher die

---

512 RG v. 27. Juni 1883 (I 23/83).

513 Wortlaut § 11 Satz 1 PatG 1877: „*Das Patent kann nach Ablauf von drei Jahren zurückgenommen werden:*“; vgl. hierzu auch *Bußmann*, S. 43 ff.

514 RG v. 20. November 1909 (I 569/08); vgl hierzu auch RG v. 27. Juni 1883 (I 23/83), RG v. 22. April 1912 (I 141/11); nach RG v. 4. Dezember 1897 (I 354/97) sollte die Zurücknahme nur dann erfolgen, wenn eine solche Maßnahme wirklich im Interesse der einheimischen Industrie geboten erschien.

515 *Kohler*, Handbuch, S. 619; siehe hierzu auch RG v. 5. März 1902 (I 372/01).

516 Hierzu ausführlich unten 3. Teil, B., I., (S. 95 ff.).

Zurücknahme des Patents beantragte, beim Patentinhaber eine Lizenzierungsanfrage gestellt hatte, verbunden mit dem *Angebot einer angemessenen Vergütung und Sicherheitsleistung.*[517] Erst wenn sich der Patentinhaber gleichwohl *weigerte, eine Lizenz zu erteilen,*[518] welche im *öffentlichen Interesse*[519] geboten schien, konnte das Patent zurückgenommen werden.

II. Die Ansprüche nach § 11 PatG 1911

Mit der Gesetzesnovelle von 1911 hielt die Zwangslizenz Einzug in § 11 des Reichspatentgesetzes. Zudem wurde der strenge Ausübungszwang beseitigt. Was blieb, war die Aufteilung in zwei Anspruchsvarienten auf Erteilung einer Zwangslizenz und auf Zurücknahme eines Patents.

1. Tatbestandsvoraussetzungen einer Zwangslizenz nach § 11 Abs. 1 PatG 1911

An den Tatbestandsvoraussetzungen des neuen § 11 Abs. 1 PatG 1911 hatte sich gegenüber § 11 Nr. 2 PatG 1877/1891 nichts geändert. Nach wie vor musste die dreijährige *Karenzzeit abgelaufen*[520] sein; der Anspruchsteller beim Patentinhaber eine Lizenzierungsanfrage stellen, verbunden mit dem *Angebot einer angemessenen Vergütung und Sicherheitsleistung;*[521] der Patentinhaber musste sich *weigern, eine Lizenz zu erteilen.*[522] Außerdem musste die Erteilung einer Lizenz im *öffentlichen Interesse*[523] geboten sein. Neu war hingegen die Rechtsfolge, welche nunmehr nicht mehr in der Zurücknahme des Patents bestand, sondern in der direkten Erteilung einer Zwangslizenz.

2. Tatbestandsvoraussetzungen einer Patentzurücknahme nach § 11 Abs. 2 PatG 1911

Der neue § 11 Abs. 2 PatG 1911 eröffnete nach wie vor die Möglichkeit, ein Patent wegen mangelnder Ausführung einer Erfindung zurückzunehmen. Lediglich die Anforderungen wurden mit der Gesetzesnovelle von 1911 geändert. Die ausschließliche Ausführung der Erfindung im Inland war keine

---

517 Hierzu ausführlich unten 3. Teil, B. V. (S. 105 ff.).
518 Hierzu ausführlich unten 3. Teil, B. VI. (S. 108 f.).
519 Hierzu ausführlich unten 3. Teil, C. (S. 109 ff.).
520 Hierzu ausführlich unten 3. Teil, B. I. (S. 95 ff.).
521 Hierzu ausführlich unten 3. Teil, B. V. (S. 105 ff.).
522 Hierzu ausführlich unten 3. Teil, B. VI. (S. 108 f.).
523 Hierzu ausführlich unten 3. Teil, C. (S. 109 ff.).

Tatbestandsvoraussetzung mehr. Das Gesetz forderte nun, neben dem *Ablauf einer Karenzzeit*,[524] eine *ausschließliche oder hauptsächliche Ausführung außerhalb des Deutschen Reichs*.[525] Zudem durften *keine Entschuldigungsgründe*[526] für die ausschließliche oder hauptsächliche Ausführung der Erfindung im Ausland vorliegen. Außerdem musste die Zurücknahme im *öffentlichen Interesse*[527] geboten sein.

Die beiden letzten Merkmale – *keine Entschuldigungsgründe* und *öffentliches Interesse* – hatten eines gemeinsam: Sie waren beide im Gesetzeswortlaut des § 11 Abs. 2 PatG 1911 nicht vorhanden. Während allerdings der Begriff des öffentlichen Interesses schon seit Entstehung des Patentgesetzes im Wortlaut nicht enthalten war, enthielt der alte § 11 Nr. 1 PatG 1877/1891 noch eine Erleichterung. Denn falls sich der Patentinhaber – wenn auch vergebens – alle Mühe gegeben hatte, die Erfindung im Inland auszuführen, sollte eine Zurücknahme nicht erfolgen.[528] Eine solche Einschränkung enthielt der neue § 11 Abs. 2 PatG 1911 nicht mehr. Die im April 1903 vom Deutschen Reich ratifizierte *Pariser Verbandsübereinkunft zum Schutze des gewerblichen Eigentums* nebst Zusatzakten in ihrer Fassung vom 20. März 1883[529] enthielt jedoch in Nr. 3b des Schlussprotokolls eine Regelung, wonach *„der Verfall eines Patentes in jedem Lande nur dann ausgesprochen werden konnte, wenn der Patentinhaber rechtfertigende Gründe für seine Untätigkeit nicht"* darbringen konnte.[530]

Diese Vorschrift kam – zumindest sinngemäß – bei der Beurteilung eines Zurücknahme-Begehrens nach § 11 Abs. 2 PatG 1911 zu Anwendung.[531] Streng genommen konnte diese Regelung aber nur dann Anwendung finden, wenn der Patentinhaber Staatsbürger eines Mitgliedsstaates der Pariser Verbandsübereinkunft war oder wenn das patentinhabende Unternehmen dort angesiedelt war. D.h. es konnte – formal gesehen – bei inländischen Patentinhabern keine Anwendung finden. Dieses Problem war letztlich aber rein theoretischer Natur, da seit Inkrafttreten der Gesetzesnovelle von 1911 bis 1945 nur noch drei

524 Hierzu ausführlich unten 3. Teil, B. I. (S. 95 ff.).
525 Hierzu ausführlich unten 3. Teil, B. III. (S. 99 f.).
526 Hierzu ausführlich unten 3. Teil, B. IV. (S. 100 ff.).
527 Hierzu ausführlich unten 3. Teil C. (S. 109 ff.).
528 Vgl. *Isay*, PatG 4. Aufl., § 11 Anm. 13.
529 RGBl. 1903 S. 148 ff.
530 Vgl. RG v. 22. April 1912 (I 141/1911).
531 Vgl. RG v. 22. April 1912 (I 141/11); RG v. 20. September 1913 (I 313/12); RG v. 15. Januar 1927 (I 350/25); siehe hierzu auch *Isay*, PatG 4. Aufl., § 11 Anm. 13.

Zurücknahmeverfahren geführt wurden. [532] Bei allen kam der Patentinhaber aber aus einem anderen Verbandsstaat. Das Reichsgericht musste folglich die Frage, ob die PVÜ auch im innerdeutschen Verhältnis zur Anwendung kommt, nie beantworten.

Was die gesetzliche Herleitung der Notwendigkeit eines öffentlichen Interesses im Zurücknahmeverfahren nach § 11 Abs. 2 PatG 1911 betrifft, kann auf die Ausführungen zu § 11 Nr. 1 PatG 1877/1891 verwiesen werden.[533]

Mit der Gesetzesnovelle von 1911 wurde ferner ein Zusatz aufgenommen, wonach eine Zurücknahme wegen mangelnder Ausführung der Erfindung nur dann erfolgen durfte, wenn keine Staatsverträge entgegenstanden. Es handelte sich hierbei aber mehr um eine klarstellende Ergänzung als um ein zusätzliches Tatbestandsmerkmal. Internationale Verträge, wie etwa mit den USA, der Schweiz oder die Pariser Verbandsübereinkunft, fanden auch ohne explizite Erwähnung im PatG Anwendung.[534]

III. Die Ansprüche nach § 15 PatG 1936

Mit der Gesetzesnovelle von 1936 erfuhr der alte § 11 PatG 1911 eine wesentliche Änderung der formellen Voraussetzungen. Anstelle der Prüfung des Erfordernisses eines öffentlichen Interesses trat eine Erklärung der Reichsregierung. Die übrigen Tatbestandsmerkmale und die Grundstruktur – Anspruch auf Zwangslizenz nach Absatz 1 und Anspruch auf Zurücknahme nach Absatz 2 – wurden hingegen beibehalten.

1. *Tatbestandsvoraussetzungen einer Zwangslizenz nach § 15 Abs. 1 PatG 1936*

Die Tatbestandsvoraussetzungen des Anspruchs auf Erteilung einer Zwangslizenz unterschieden sich von § 11 Abs. 1 PatG 1911 nur in einem Punkt: Die

532 RG v. 22. April 1912 (I 141/11); RG v. 20. September 1913 (I 313/12); RG v. 15. Januar 1927 (I 350/25); *Isay* verweist in PatG 2. Aufl. § 11 Anm. 5 und 4. Aufl. § 11 Anm. 13 in diesem Zusammenhang auf ein Reichsgerichtsurteil v. 3. März 1905 und gibt als Fundstelle PMZ 1904 (Jg.10), S. 255 an. Unabhängig davon, dass die Fundstelle schon zeitlich gesehen nicht richtig sein kann, konnte ein solches Urteil im Rahmen der Recherche nicht gefunden werden. Andere Entscheidungen des Patentamts zu § 11 Abs. 2 PatG 1911 wurden ebenfalls nicht veröffentlicht.

533 Hierzu 3. Teil, A. I. 1. (S. 89 f.).

534 Vgl. PA v. 10. Oktober 1895, bestätigt durch RG v. 22. April 1896 (I 66/96); RG v. 25. Februar 1907 (I 324/06); RG v. 20. November 1909 (I 569/08); RG v. 18. Dezember 1909 (I 133/09).

Erklärung der Reichsregierung,[535] wonach an der Erteilung einer Zwangslizenz ein öffentliches Interesse bzw. Belang der Volksgemeinschaft bestand. Darüber hinaus blieben die Anforderungen wie bisher: Eine *Karenzzeit*[536] von drei Jahren musste *abgelaufen* sein, der Antragsteller musste ein *Angebot mit angemessener Vergütung und Sicherheitsleistung*[537] gemacht und der Patentinhaber musste dieses *Angebot verweigert*[538] haben.

2. *Tatbestandsvoraussetzungen einer Patentzurücknahme nach § 15 Abs. 2 PatG 1936*

Auch an den Tatbestandsvoraussetzungen der Patentzurücknahme nach § 15 Abs. 2 PatG 1936 änderten sich gegenüber der Fassung von 1911 im Wesentlichen nur zwei Dinge: Das Erfordernis eines öffentlichen Interesses wurde ebenfalls durch eine *Erklärung der Reichsregierung* ersetzt, und die Karenzzeit wurde aufgrund der Pariser Verbandsübereinkunft[539] verlängert. Die Zurücknahme durfte, sofern alle anderen Voraussetzungen erfüllt waren, erst zwei Jahre nach Erteilung einer Zwangslizenz erfolgen, im Ergebnis also erst nach fünf Jahren. Diese „Milderung" des Zurücknahme-Tatbestandes sollte jedoch nicht für Patentinhaber der Staaten gelten, die nicht auch deutschen Staatsbürgern Erleichterungen bei der Ausführung patentierter Erfindungen im Ausland gewährten. Die übrigen Tatbestandsvoraussetzungen änderten sich nicht. Die Erfindung musste *ausschließlich oder hauptsächlich außerhalb des Deutschen Reichs ausgeführt*[540] werden. Außerdem durften für die mangelnde Ausführung im Inland *keine Entschuldigungsgründe* vorliegen. Wie bei der Novelle von 1911 handelte es sich auch hier um ein „ungeschriebenes" Tatbestandsmerkmal, das streng genommen nur für ausländische Patentinhaber gelten konnte. In der Praxis kam es hierauf aber nie an.[541]

B. Die übergreifenden Tatbestandsmerkmale des § 11 PatG in der Rechtsprechung des Reichsgerichts

Die sieben unterschiedlichen Tatbestandsmerkmale der Ansprüche auf Patentzurücknahme und Erteilung einer Zwangslizenz wurden über die Jahre ihres

535 Hierzu ausführlich unter 3. Teil, C. I. 2. (S. 111 f.) und 1. Teil, D. III (S. 60, 63 ff.).
536 HIerzu ausführlich unter 3. Teil, B. I. (S. 95 ff.).
537 Hierzu ausführlich unten 3. Teil, B. V. (S. 105 ff.).
538 Hierzu ausführlich unten 3. Teil, B. VI. (S. 108 f.).
539 Hierzu ausführlich unten 1. Teil, D. III. (S. 60, 63 ff.).
540 Hierzu ausführlich unten 3. Teil, B. III. (S. 99 f.).
541 Hierzu ausführlich unten 3. Teil, A. II. 2. (S. 91 f.).

Bestehens durch die Rechtsprechung inhaltlich ausgefüllt. Während einige Tatbestandsmerkmale in ihrer Wertung durch die Entscheidungsbehörden im Laufe der Zeit relativ konstant blieben, wurden die Kriterien für das öffentliche Interesse immer wieder geändert. Dieser Abschnitt beleuchtet daher zunächst die allgemeinen Tatbestandsvoraussetzungen und deren Wertung in der Spruchpraxis des Reichsgerichts. Der Erläuterung des öffentlichen Interesses wird unter C. ein gesonderter Abschnitt gewidmet. In ihm wird eine vertiefte Analyse der Entscheidungen zum Merkmal des öffentlichen Interesses vorgenommen, insbesondere im Hinblick auf deren Einordnung im zeitlichen Kontext.

I. Ablauf der Karenzzeit

Die Ansprüche aus § 11 PatG bzw. § 15 PatG 1936 konnten nur nach Ablauf einer gewissen Frist geltend gemacht werden. Diese Karenzzeit sollte die endgültigen Rechtsfolgen der Patentzurücknahme bzw. der Zwangslizenz etwas abmildern und dem Umstand Rechnung tragen, dass ein Produkt nicht unmittelbar mit seiner Erfindung respektive Patentierung auch kommerziell genutzt (d.h. „ausgeführt") werden konnte. Die Frist betrug zunächst drei Jahre. Mit der Gesetzesnovelle von 1936 wurde jedoch die Karenzzeit, nach der ein Patent wegen ausschließlicher oder hauptsächlicher Ausführung im Ausland zurückgenommen werden konnte (§ 15 Abs. 2 PatG 1936), auf fünf Jahre verlängert. Denn eine Zurücknahme durfte erst zwei Jahre nach Erteilung einer Zwangslizenz erfolgen. Für die Zwangslizenz an sich galt weiterhin eine Karenzzeit von drei Jahren.

Ab welchem Zeitpunkt diese Frist beginnen sollte, war in den Anfängen des Patentgesetzes noch umstritten. Einige schlugen vor, auf den Beginn der Laufzeit des Patents abzustellen, die nach § 7 PatG 1877 *„mit dem auf die Anmeldung der Erfindung folgenden Tage"* begann.[542] Andere wiederum hielten diesen Termin für verfrüht, da der genaue Inhalt des Patents zu diesem Zeitpunkt noch nicht endgültig vom Patentamt anerkannt war. Damit erschien ihnen eine exakte Ausführung kaum möglich.[543] Sie plädierten daher für einen Fristbeginn mit Erteilung des Patents. Dieser Auffassung folgte auch das Patentamt. In einer Entscheidung vom 23. Juli 1885[544] stellte es klar, dass die Zurücknahme eines Patents dessen rechtliche Existenz voraussetze. Wenn das Gesetz die Zurücknahme eines

542 Vgl. u.a. *Klostermann,* PatG, S. 190, 192; *Rosenthal,* PatG, S. 180 m.w.N.; siehe hierzu auch RG v. 27. Juni 1882.

543 Vgl. *Kohler,* Handbuch, S. 530; *Gareis,* Patentgesetz 1877, § 11, II, S. 151; *Dambach,* PatG, § 11 Nr. 9, S. 40; *Rosenthal,* PatG, S. 180 m.w.N.

544 PA v. 23. Juli 1885, PatBl. 1885, S. 335 ff.

Patents nach Ablauf von drei Jahren bestimme, müsse *„man folgerichtig diese Frist von dem Zeitpunkt an zu rechnen haben, wo das Patent als solches zur Existenz gelangt ist."*[545] Ähnlich sah es später auch der Gesetzgeber. Die Klarstellung im Patentgesetz erfolgte mit der Gesetzesnovelle von 1891, die den Fristbeginn auf den *„von dem Tage der über die Ertheilung des Patents erfolgten Bekanntmachung (§. 27 Absatz 1)"* festlegte.

II. Mangelnde Ausführung im Inland

Die Frage, ob eine Erfindung in angemessenem Umfang im Inland ausgeführt wurde, war sehr vielschichtig. Ähnlich wie der Begriff des „öffentlichen Interesses" konnte dies nicht mit einer einfachen Subsumtion einer Definition ermittelt werden. Sieht man von Extremfällen ab, etwa wenn ein Patent überhaupt nicht genutzt wurde, oblag es abermals dem Patentamt bzw. dem Reichsgericht, das erforderliche Maß der Ausführung zu bestimmen.

1. Anforderungen an die Art der Patentausführung

Die Frage des angemessenen Umfangs war immer eine Einzelfallentscheidung und konnte nur in sehr beschränktem Maße auch auf andere Fälle übertragen werden. Den Maßstab für die Angemessenheit einer Ausführung lieferte der inländische Bedarf an der jeweiligen patentierten Erfindung und schwankte daher von Produkt zu Produkt.[546] So konnte z.B. die Herstellung von nur 16 Maschinen für die Textilbranche im Inland für ausreichend erachtet werden,[547] während in einem anderen Fall sogar 6.500 Zerkleinerungsmaschinen noch zu wenig waren.[548]

Dass aber ein reiner Import von im Ausland produzierten Waren nicht ausreichen konnte, wurde schon mit den ersten Entscheidungen des Patentamts[549] und des Reichsgerichts[550] Ende des 19. Jahrhundert klargestellt. Notwendig war vielmehr die unmittelbare Herstellung des Produkts im Deutschen Reich.

545 PA v. 23. Juli 1885, PatBl. 1885, S. 335, 336.

546 Vgl. *Isay,* PatG 1. Auf., § 11 Anm. 16.

547 Vgl. PA v. 3. Dezember 1891, PatBl. 1892, S. 189 f.

548 So auch im Bezug auf Zerkleinerungsmaschinen für weiche Materialien, RG v. 21. September 1891 (I 172/91).

549 Vgl. z.B. PA v. 8. Januar 1883, PatBl. 1883, S. 329, 330; PA v. 7. Februar 1884, PatBl. 1886, S. 49ff.; PA v. 11. Februar 1886, PatBl. 1887, S. 39 ff.

550 Vgl. z.B. RG v. 27. Juni 1883 (I 23/83); RG v. 30. November 1885 (I 264/84); RG v. 11. Dezember 1886 (I 222/86).

Entsprechend musste ein patentiertes Verfahren ebenfalls im Inland zur Anwendung kommen. Es herrschte die Vorstellung, dass durch den Import von im Deutschen Reich patentierten Produkten aus dem Ausland der deutsche Markt ausgebeutet wurde.[551] Das Reichsgericht[552] formulierte es positiv: Es sah die Herstellungspflicht im Inland als ein *„Aequivalent für den ihm* [dem Patentinhaber] *gewährten Schutz; (...) die mit der Herstellung verbundenen, mannigfachen industriellen und volkswirtschaftlichen Vorteile"* sollten dem Inland zugute kommen. Erleichternd wirkte sich hierbei das Verständnis aus, dass die patentierte Erfindung lediglich *„im Wesentlichen"* zur Ausführung gebracht werden musste. D.h. unwesentliche Abweichungen von der Patentbeschreibung führten nicht zu einer ungenügenden Ausführung der Erfindung.[553]

Nicht selten wurde trotzdem versucht, nur einen Teil des patentierten Produkts im Inland herzustellen und die restliche Nachfrage über einen Import aus dem Ausland zu bedienen, ein System, dem das Patentamt und das Reichsgericht schon früh „den Riegel vorschob." Dazu zählt auch die Entscheidung aus dem Jahre 1887,[554] bei der ein US-amerikanisches Unternehmen Schiffchen für Nähmaschinen zwar im Deutschen Reich herstellte, der weit überwiegende Anteil des inländischen Bedarfs aber mit in den USA produzierten Produkten befriedigte. Das Patentamt entschied in diesem Fall, das Patent zurückzunehmen, da der inländische Bedarf an Nähmaschinenschiffchen mit den im Deutschen Reich hergestellten Produkten nicht gedeckt wurde.[555]

Es bestand jedoch die Möglichkeit, die Ausführung des Patents durch die Erteilung von Lizenzen an inländische Dritte zu erbringen. Der Patentinhaber konnte sich hierdurch seiner Verantwortung aber nicht vollständig entledigen. Mit der bloßen Vergabe von Lizenzen oder dem öffentlichen Anbieten einer Lizenzbereitschaft[556] war es nicht getan. Er musste sicherstellen, dass die patentierte Erfindung auch tatsächlich vom Lizenznehmer im Inland ausgeführt wurde, und diesen hierzu regelmäßig anhalten und kontrollieren.[557] Stellte der Lizenznehmer die

551 Vgl. PA v. 8. Januar 1883, PatBl. 1883, S. 329, 330.

552 RG v. 27. Juni 1883 (I 23/83); RG v. 30. November 1885 (I 265/84).

553 Vgl PA v. 12. Oktober 1882 - RG v. 12. November 1883; PA v. 15. Mai 1884.

554 Vgl. PA v. 6. Januar 1887, PatBl. 1887, S. 169 ff.

555 So auch im Bezug auf Zerkleinerungsmaschinen für weiche Materialien, RG v. 21. September 1891 (I 172/91).

556 Vgl. PA v. 27. August 1891, PatBl. 1891, S. 597 ff.; vgl. hierzu auch RG v. 6. Mai 1899 (I 99/1899).

557 Vgl. PA v. 20. Januar 1881, PatBl. 1981, S. 167; PA v. 14. Dezember 1882, PatBl. 1883, S. 329ff. und RG v. 27. Juni 1883 (I 23/83); PA v. 31. Mai 1888, PatBl. 1889,

Herstellung jedoch wegen mangelnder Nachfrage nach dem patentierten Gegenstand ein, so ging dies nicht zu Lasten des Patentinhabers. So entschied zumindest das Patentamt am 3. Dezember 1891,[558] wobei in diesem Fall die Lizenzen an zwei besonders *bedeutende und leistungsfähige* Unternehmen erteilt waren, so dass es sich um eine Einzelfallentscheidung gehandelt haben dürfte.

Der angemessene Umfang einer Patentausführung erforderte allerdings nicht nur die Herstellung des patentierten Produkts im Inland. Notwendig war auch, dass die Erfindung dem inländischen Markt zugänglich gemacht wurde. Die Anforderungen hieran, konkretisierte das Reichsgericht insbesondere in vier Entscheidungen aus den Jahre 1907.[559] Danach musste das patentierte Produkt nicht zwangsläufig verkauft werden, solange es auch mietweise erworben werden konnte und so der deutschen Wirtschaft zu Gute kam.

Auch wenn die reichsdeutsche Volkswirtschaft der eigentliche Nutznießer von § 11 PatG sein sollte, reichten gleichwohl rein ökonomische Argumente nicht ausreichen, um die Frage der Angemessenheit einer Patentausführung positiv zu beantworten. Die Tatsache, dass z.B. bei der Einfuhr von Produkten Zollgebühren anfielen, die – zumindest indirekt – auch der Volkswirtschaft zugute kamen, war hierfür nicht genug.[560] Ebenfalls unzureichend galt es, wenn lediglich die Rohstoffe im Inland erworben wurden, die Fertigung der patentierten Produkte aber im Ausland erfolgte.[561]

2. *Ausführungshandlungen Dritter*

Das Patent musste nicht zwingend von seinem Inhaber selbst ausgeführt werden. Er konnte, etwa durch die Vergabe von Lizenzen, die Ausführungshandlungen von

---

S. 255ff. und RG v. 27. April 1889; PA v. 3. Dezember 1891 PatBl. 1892, S. 189; RG v. 4. Dezember 1893 (I 360/93); RG v. 26. November 1898 (I 232/97); RG v. 6. Mai 1899 (I 99/99).

558 PA v. 3. Dezember 1891, PatBl. 1892, S. 189 f.; vgl. in diesem Zusammenhang auch RG v. 27. Februar 1896 (I 383/95).

559 RG v. 27. Mai 1907 (I 554/06); RG v. 27. Mai 1907 (I 555/06); RG v. 27. Mai 1907 (I 556/06); RG v. 27. Mai 1907 (I 557/06); in einer Entscheidung des RG v. 1. April 1905 (I 590/04) mit einem ähnlichen Sachverhalt wurde das Patent zurückgenommen. Ausschlaggebendes Argument war hierbei aber nicht die ausschließliche Vermietung, sondern die mangelnde Herstellung im Inland, vgl. hierzu auch RG v. 27. Mai 1905 (I 554/06).

560 Vgl. PA v. 11. Oktober 1888, PatBl. 1889, S. 25 ff.

561 Vgl. PA v. 7. Februar 1884, PatBl. 1886, S. 49, 50; bestätigt durch RG v. 30. November 1885.

Lizenznehmern erbringen lassen. Ein besonderer Fall lag der Entscheidung des Reichsgericht vom 26. November 1898[562] zugrunde. Ein Patentinhaber hatte seine Erfindung unstreitig nicht ausgeführt. Ihm wurden aber die Ausführungshandlungen Dritter zugerechnet, *„welche wider seinen Willen, unter Verletzung seiner Patentrechte, durch unberechtigte Dritte"* erfolgten.[563] Voraussetzung hierfür war aber, dass der Patentinhaber diese Ausführungshandlungen nicht einfach duldete, sondern bestrebt war, seine Patentrechte gegenüber diesen Dritten zur Geltung zu bringen.[564]

3. Zeitpunkt der Ausführungshandlungen

Wann die Ausführungshandlungen erbracht wurden, war letztlich unerheblich. Entscheidend war, dass nur solche Handlungen bei der Beurteilung der Angemessenheit vom Patentamt bzw. Reichsgericht berücksichtigt wurden, die vor Erhebung einer Zurücknahmeklage erfolgt waren. Ausführungshandlungen, die erst nach Ablauf der dreijährigen Frist, aber vor Erhebung der Zurücknahmeklage vorgenommen wurden, waren für die Beurteilung der Begründetheit der Klage ebenso maßgeblich, wie solche vor Ablauf der Frist.[565] Ausführungshandlungen, die erst nach der Erhebung der Zurücknahmeklage erbracht wurden, konnten nur dann berücksichtigt werden, wenn die Untätigkeit bis zu diesem Zeitpunkt entschuldigt war[566] und der Patentinhaber in der Zwischenzeit bis zur Entscheidung alles getan hatte, *„um die Erfindung im Inlande ins Leben zu rufen."*[567]

III. Ausschließliche oder hauptsächliche Ausführung im Ausland

Mit der Gesetzesnovelle zum Patentausführungszwang von 1911 wurde die strenge Ausführungspflicht im Inland abgeschafft. Entscheidend war nunmehr, ob die im Deutschen Reich patentierte Erfindung *„ausschließlich oder hauptsächlich"* im Ausland ausgeführt wurde. Dies bedeutete: Eine unterlassene Ausführung im Inland führte nicht zwangsläufig zu einer Zurücknahme des Patents. Wurde dieses auch im Ausland nicht oder nicht hauptsächlich ausgeführt, rechtfertigte dies noch nicht die Zurücknahme.[568]

---

562 RG v. 26. November 1898 (I 232/97).

563 RG v. 26. November 1898 (I 232/97).

564 RG v. 26. November 1898 (I 232/97).

565 Vgl. PA v. 2. November 1882, PatBl. 1883, S. 74, 75; RG v. 16. Februar 1891; RG v. 8. Januar 1906 (I 223/05).

566 Hierzu sogleich unten 3. Teil, B. IV. (S. 100 ff.).

567 Vgl RG v. 1. Juni 1907 (I 571/06).

568 *Isay*, PatG, 4. Aufl. § 11 Anm. 10, S. 385.

In der Rechtsprechungspraxis wurde die Voraussetzung der *ausschließlichen oder hauptsächlichen Ausführung im Ausland* fast nie geprüft. Für die Zeit zwischen Inkrafttreten der Gesetzesnovelle von 1911 bis 1945 sind lediglich drei Entscheidungen[569] bekannt, welche auf § 11 Abs. 2 PatG 1911 bzw. § 15 Abs. 2 PatG 1936 beruhen. Alle drei Klagen wurden abgewiesen.

IV. Keine Entschuldigungsgründe

Die Zurücknahme eines Patentes setzte ferner voraus, dass der Patentinhaber für seine unterlassene Ausführung der Erfindung keine Entschuldigungsgründe hatte. Was als Entschuldigungsgrund des Patentinhabers in Betracht kam, stand im Ermessen des Patentamts bzw. des Reichsgerichts.[570] Die Beweislast für diese Entschuldigungsgründe lag hierbei aber nicht beim Antragsteller, sondern beim Patentinhaber: Ihm oblag *„darzuthun, daß ihm eine Schuld hieran nicht zur Last falle, sondern daß seine ernstlichen und nachhaltigen Bemühungen, die Erfindung zur Ausführung zu bringen, infolge von außerhalb seiner Person liegenden Umständen ergebnislos geblieben sind."*[571] *Das Reichsgericht befasste sich in einer Reihe von Entscheidungen mit Entschuldigungsgründen. In den seltensten Fällen sah es solche aber als gegeben an.*

1. Vergebliche Lizenzofferten

Das am häufigsten vorgebrachte Argument für einen Entschuldigungsgrund war der vergebliche Versuch des Patentinhabers, Lizenzen an Dritte zu erteilen. Das Reichsgericht entwickelte hierfür eine sehr differenzierte Rechtsprechung. Die Veröffentlichung von Lizenzangeboten in Fachzeitschriften und Zeitungen etc. oder das pauschale Anschreiben von potentiellen Lizenznehmern reichte danach in keinem Fall zur Sicherung der Ausführung aus.[572]

Aber auch resultatlose – *auf die inländische Ausführung abzielende* – konkrete Verhandlungen mit potentiellen Lizenznehmern konnten nur in sehr engen Grenzen *den Nachweis der Erfüllung der gesetzlichen Ausführungspflicht*

---

569 RG v. 22.4.1912 (I 141/11); RG v. 20. September 1913 (I 313/12); RG v. 15. Januar 1927 (I 350/25).

570 Vgl. *Isay*, PatG 4. Aufl., § 11 Anm. 13.

571 Vgl. RG v. 5. Juli 1899 (I 172/99).

572 PA v. 11. Februar 1886, PatBl 1887, 39, 41; PA v. 31. Mai 1888, PatBl. 1889, S. 255 ff., bestätigt durch RG v. 27. April 1889 (I 288/88); RG v. 21. September 1891 (I 172/91); RG v. 6. Mai 1899 (I 99/1899); PA v. 27. August 1891 PatBl. 91, 597; RG v. 22. Februar 1893 (I 415/92).

erbringen.[573] Patentamt und Reichsgericht forderten, dass *ernstlich Alles gethan* wurde, um die Ausführung der Erfindung in Deutschland zu sichern.[574] Was hierzu u.a. erforderlich war, formulierte das Patentamt in einer Entscheidung vom 27. August 1891:[575] „*Die Industrie ist für ein neues Erzeugnis nicht ohne Weiteres durch ein kurzes Angebot zu gewinnen. Es müssen derselben in ausführlicher Weise die Vortheile der Sache dargelegt werden, bevor erwartet werden kann, daß sie Mittel an dieselbe wende; es muß ihr der erste Schritt erleichtert werden, und wird sie durch den ersten Versuch nicht gewonnen, so können erneute Ermunterungen den gewünschten Erfolg bringen.*"[576]

Für das Anerkennen des vergeblichen Lizenzierungsversuchs durfte aber zudem „*der Grund des Scheiterns der Bemühungen des Patentinhabers lediglich in dem mangelnden Interesse der betheiligten gewerblichen Kreise des Inlandes an der Verwerthung der Erfindung für das Inland*"[577] liegen. In einer späteren Entscheidung des Reichsgerichts[578] wurde diese Anforderung noch etwas weiter konkretisiert. Danach hätten sich die inländischen Produzenten – trotz Angebot der Einarbeitung der inländischen Arbeiter – weigern müssen, die Herstellung des patentierten Gegenstandes zu übernehmen. Zusätzlich hätte es dem Patentinhaber aber auch nicht zugemutet werden dürfen, eine eigene Fabrik im Inland zu errichten.

Tatsächlich aber erkannte das Reichsgericht bzw. das Patentamt nur sehr selten die erfolglosen Lizenzierungsversuche als Entschuldigungsgrund für die mangelnde Ausführung einer Erfindung an. Eine dieser Ausnahmen betraf ein Patent zur Herstellung von Verbundpanzerplatten, welches der Patentinhaber mehrmals erfolglos versuchte, an ein inländisches Unternehmen zu lizenzieren.[579] Das Patentamt sah in diesem Fall die vergeblichen Lizenzierungsversuche des Patentinhabers sogar bei nur einem inländischen Unternehmen als ausreichend an. Es begründete dies mit *der Lage der obwaltenden Umständen,* wonach zum einen das lizenzablehnende Unternehmen das einzige in Deutschland war,

573 Vgl. PA v. 31. Mai 1888, PatBl. 1889, S. 255 ff.

574 PA v. 12 Februar 1891, PatBl. 1891, S. 532 ff., bestätigt durch RG v. 21. September 1891.

575 PA v. 27. August 1891, PatBl. 1891, S. 597 ff.

576 PA v. 27. August 1891, PatBl. 1891, S. 597, 599.

577 PA v. 31. Mai 1888, PatBl. 1889, S. 255 ff.

578 RG v. 5. Juli 1899 (I 172/99).

579 PA v. 19. Oktober 1882, PatBl. 1883, S. 73 f.; so auch PA v. 2. November 1882, PatBl. 1883, S. 74f. unter Bezugnahme auf die Entscheidungsgründe in PA v. 19. Oktober 1882, PatBl. 1883, S. 73 f.

welches die technischen Voraussetzungen hatte, das patentierte Herstellungsverfahren in Gebrauch zu nehmen.[580] Zum anderen hatte das Produkt mit der Kaiserlichen Marine einen so beschränkten Kundenkreis, dass es dem Patentinhaber nicht zugemutet werden konnte, eine eigene Fabrik in Deutschland zu errichten.[581]

Eine weitere Ausnahme betraf ein Patent, das einen „Hohlglasreflektor für Lampen in Kuppelform" zum Gegenstand hatte. Das Reichsgericht lehnte hier ebenfalls die Zurücknahme des Patents ab, obwohl dieses ausschließlich im Ausland ausgeführt wurde.[582] Grund hierfür war, dass sämtliche Lizenzierungsverhandlungen des Patentinhabers scheiterten, da begründetermaßen die deutsche Glasindustrie zu dieser Zeit technisch noch nicht in der Lage war, die patentierten Hohlglasreflektoren in ausreichender Qualität zu fertigen.

Scheiterten die Lizenzierungsverhandlungen jedoch wegen überzogener Vorstellungen des Patentinhabers für die Lizenzgewährung (z.B. in Bezug auf die Lizenzgebühr oder weitere mit der Lizenzierung verbundene Verpflichtungen), so konnte dies nicht als ein entschuldigender Versuch der Sicherung der Ausführung gewertet werden.[583] Dies sollte auch dann nicht gelten, wenn der Patentinhaber zuvor vertragliche Verpflichtungen gegenüber Dritten hinsichtlich der Lizenzbedingungen eingegangen war. In einer vom Reichsgericht bestätigten Entscheidung des Patentamts hieß es hierzu: *„Der Inhaber eines Patents hat sich die Folgen selbst zuzuschreiben, wenn er sich durch Uebernahme contractlicher Verpflichtungen außer Stand setzt, die Anforderungen, die das Gesetz an ihn stellt, zu erfüllen."*[584]

2. Technische Vorbereitungshandlungen

Unter gewissen Umständen konnten auch schon technische Vorbereitungshandlungen der Produktion als Maßnahme zur Sicherung der Ausführung im Inland ausreichen. Das Reichsgericht stellte dies indirekt in einer Entscheidung vom 6.

---

580 PA v. 19. Oktober 1882, PatBl. 1883, S. 73, 74.

581 PA v. 19. Oktober 1882, PatBl. 1883, S. 73, 74.

582 RG v. 11. Mai 1889 (I 195/89).

583 PA v. 11. Februar 1886, PatBl 87, 39, 41: *„(...) die an die Licenzgewährung geknüpften Bedingungen [sind] für deutsche Fabrikanten unannehmbar"*, bestätigt durch RG v. 11. Dezember 1886 (I 222/86): *„(...)die von den Beklagten gestellten Bedingungen der Licenzerteilung (...) [schließt] die Annahme einer Offerte seitens eines verständigen Geschäftsmannes aus."*; so auch RG v. 4. Dezember 1897 (I 354/97).

584 PA v. 11. Februar 1886, PatBl 87, 39, 41 bestätigt durch RG v. 11. Dezember 1886 (I 222/86).

Mai 1891[585] klar. Hierbei ging es um die Zurücknahme eines Patents auf ein Material zur Herstellung von Oberlichtfenstern, welches bereits in Großbritannien erfolgreich vermarktet wurde. Im Deutschen Reich hingegen sah der Patentinhaber das Produkt als nicht absetzbar an, da die Polizeibehörden aus Berlin und Hamburg das Produkt wegen Feuergefahr ablehnten. Das Reichsgericht nahm das Patent zwar wegen mangelnder Ausführung im Inland zurück, führte hierzu aber aus, dass es gleichwohl zu Gunsten des Patentinhaber berücksichtigt hätte, wenn er lediglich „*Willens und im Begriff*" gewesen sei, „*auch in Deutschland mit einer Fabrikation zu beginnen.*"[586] Das Reichsgericht stellte damit indirekt klar, dass es grundsätzlich technische Vorbereitungshandlungen als ausreichende Ausführung anerkannte, sofern diese ernsthafte Bemühungen darstellten.

Mit einem ähnlichen Argument hatte das Reichsgericht bereits einige Jahre zuvor in einer Entscheidung vom 27. Juni 1883[587] die Zurücknahme eines Patents wegen Nichtausführung erklärt. In diesem Fall hatte der Patentinhaber zwar bereits ein Grundstück in Deutschland erworben, auf dem er angeblich eine Fabrik zur Herstellung von Nähmaschinen errichten wollte. Das Reichsgericht sah hierin aber aufgrund der geringen Größe des Grundstückes und dessen geringen Werts kein ernsthaftes Bemühen.

3. *Sonstige Gründe*

Eine mangelnde Ausführung im Inland wurde immer wieder auch mit zu hohen Kosten begründet. In diesen Fällen argumentierten die Patentinhaber damit, dass insbesondere die Errichtung einer eigenen Fabrik im Inland nicht rentabel sei und die Produktion im Ausland günstiger sei. In einer Reihe von Entscheidungen[588] stellte das Patentamt und das Reichsgericht jedoch klar, dass Unrentabilität kein Entschuldigungsgrund für die Nichtausführung einer Erfindung im Inland sein konnte. Das Reichsgericht formulierte dies in einer Entscheidung vom 4. April 1897[589] wie folgt: „*Der § 11 des Patentgesetzes verlangt, soweit dies möglich ist, die Ausführung der Erfindung im Inlande. Der Patentnehmer ist daher hierzu verpflichtet, selbst unter Hintenansetzung eines Vortheils; er darf nicht so*

---

585 RG v. 6. Mai 1891 (132/91).

586 Vgl. RG v. 6. Mai 1891 (132/91).

587 RG v. 27. Juni 1883 (I 132/91).

588 Vgl. PA v. 23. Januar 1890, PatBl. 1891, S. 345ff., bestätigt durch RG v. 6. Mai 1891 (I 132/91); PA v. 12. Februar 1891, PatBl. 1891, S. 531ff, bestätigt durch RG v. 21. September 1891 (I 172/91); RG v. 4. April 1897 (I 354/97); RG v. 4. Dezember 1897 (I 354/97); RG v. 8. Januar 1906 (I 223/05); RG v. 29. Juni 1907 (I 63/07).

589 RG v. 4. April 1897 (I 354/97).

lange warten, bis die Fabrikation im Inlande lohnend wird und muß seinerseits beweisen, daß er ernstlich bemüht gewesen sei.“ Wie das Reichsgericht wiederholt deutlich machte, durfte „*der Patentinhaber die Opfer der ersten Jahre nicht scheuen.*“[590]

Gegenstand weiterer zahlreicher Entscheidungen[591] war die Frage, ob die unterlassene Ausführung *bei Unausführbarkeit, Unbrauchbarkeit oder wirtschaftlicher Unverwertbarkeit der Erfindung*[592] entschuldigt war. Patentamt und Reichsgericht bejahten dies zunächst. In einer richtungsweisenden Entscheidung des Patentamts aus dem Jahre 1887[593] – 1888 bestätigt durch das Reichsgericht[594] – wurde hervorgehoben, dass infolge der mangelhaften Brauchbarkeit einer Ammoniak-Kompressionspumpe vom Patentinhaber nicht verlangt werden konnte, die Erfindung weiter auszuführen. Begründet wurde dies einerseits damit, dass *durch die Nichtausführung einer praktisch unbrauchbaren Konstruktion* das öffentliche Interesse nicht berührt sei.[595] Hauptsächlich aber begründete das Reichsgericht dies mit der juristischen Funktion der Zurücknahmeklage: „*Die Norm des § 11 No. 1 des Patentgesetzes bezweckt nicht eine Abhülfe gegen die nachtheiligen Wirkungen der Ertheilung eines Patents für etwas nicht Patentfähiges, namentlich auch nicht für etwas gar nicht Ausführbares. Diese Gesetzesbestimmun setzt vielmehr eine ausführbare patentierte Erfindung voraus und ein in Bezug auf die Ausführung schuldhaftes Verhalten des Patentinhabers.*“[596] Das geeignete Rechtsinstrument sei daher das Institut der Nichtigerklärung nach § 10 Nr. 1 PatG 1877, welches in denjenigen Fällen Abhilfe schaffe, „*in welchen ein Patent ertheilt worden ist, obwohl der Gegenstand des Patentes nach §§ 1 und 2 des Patentgesetzes nicht patentfähig war.*“[597]

Diese Auffassung änderte sich jedoch mit der Gesetzesnovelle von 1891,[598] welche die zuvor ohne Zeitbeschränkung zulässige Nichtigkeitsklage mit § 28

---

590 Vgl. RG v. 29. Juni 1907 (I 63/07).

591 PA v. 1. Dezember 1887, PatBl. 1889, S. 137ff., bestätigt durch RG v. 12. Dezember 1888 (I 120/88); RG v. 4. Dezember 1897 (I 354/97); RG v. 16. Oktober 1901 (I 207/01); RG v. 26. November 1902 (I 211/02); RG 8. Januar 1906 (I 223/05); RG v. 6. Oktober 1909 (I 402/07).

592 Vgl. RG v. 6. Oktober 1909 (I 402/07).

593 PA v. 1. Dezember 1887, PatBl. 1889, S. 137 ff.

594 RG v. 12. Dezember 1888 (I 120/88).

595 Vgl. PA v. 1. Dezember 1887, PatBl. 1889, S. 137, 139.

596 RG v. 12. Dezember 1888 (I 120/88).

597 RG v. 12. Dezember 1888 (I 120/88).

598 Vgl. hierzu auch bereits unter 1. Teil, D. I. (S. 50 f.).

Abs. 3 PatG 1891 nach Ablauf von fünf Jahren ab Patenterteilung für unstatthaft erklärte. Das Reichsgericht rechtfertigte hiermit die Änderung seiner Rechtsprechungspraxis. Da nunmehr nach Ablauf der fünf Jahre auch unausführbare Patente nicht mehr vernichtet werden konnten, hielt es das Reichsgericht nicht mehr für statthaft, die Ausführbarkeit einer Erfindung als Anwendungsvoraussetzung der Zurücknahmeklage nach § 11 Nr. 1 PatG 1891 vorzuschreiben.[599] Es ging sogar noch weiter und brachte deutlich zum Ausdruck, dass auch eine Nichtausführung der geschützten Erfindung aufgrund einer Unausführbarkeit, Unbrauchbarkeit oder wirtschaftlichen Unverwertbarkeit die Zurücknahme des Patents ohne weiteres begründen kann.[600]

V. Angebot einer angemessenen Vergütung und Sicherheitsleistung

Das Bemühen des Antragstellers vom Patentinhaber gegen angemessene Vergütung und Sicherheitsleistung eine Lizenz zu erhalten, war seit der Entstehung des Reichspatentgesetzes eine notwendige Tatbestandsvoraussetzung. Vor der Gesetzesnovelle von 1911 war das Angebot einer angemessenen Vergütung und Sicherheitsleistung eine tatbestandliche Voraussetzung für die Rücknahme eines Patents wegen Lizenzverweigerung nach § 11 Nr. 2 PatG 1877/1891. Später war das Angebot notwendig, um eine Zwangslizenz nach § 11 Abs. 1 PatG 1911 bzw. § 15 Abs. 1 PatG 1936 zu erhalten. Es war Ausfluss der *allgemeinen Subsidiarität heteronomer gegenüber privatautonomer Rechtsgestaltung.*[601] Gleichwohl spielte das Angebot einer angemessenen Vergütung und Sicherheitsleistung vor der Gesetzesnovelle von 1911 in der Entscheidungspraxis des Patentamts und des Reichsgerichts nahezu keine Rolle. Die Ursache lag zum einen an der nur sehr geringen Anzahl von Zurücknahmeklagen, die überhaupt auf § 11 Nr. 2 PatG 1877/1891 gestützt wurden.[602] Zum anderen gaben die Entscheidungsbehörden in nur einem einzigen[603] der heute zu § 11 Nr. 2 PatG 1877/1891 bekannten Urteile[604] der Klage statt, so dass auch nur in diesem Fall die angemessene

599 Vgl. RG v. 4. Dezember 1897 (I 354/97).

600 Vgl. RG v. 4. Dezember 1897 (I 354/97); RG 8. Januar 1906 (I 223/05); so auch RG v. 6. Oktober 1909 (I 402/07).

601 *Holzapfel*, Mitt. 2004, S. 391, 392.

602 Siehe hierzu ausführlich *Bußmann*, welcher in der Zeit bis zur Novelle von1911 von höchstens 10% bis 15% aller Zurücknahmeanträge spricht; er lässt aber offen, was die Quellenbasis dieser Einschätzung ist, *Bußmann*, Zwangslizenz, S. 29 f.

603 RG v. 11 Februar 1903 (I 291/02).

604 PA v. 7. Januar 1884, PatBl. 1884, S. 193; PA v. 6. Januar 1887, PatBl. 1887, S. 169; RG v. 11. Februar 1903 (I 291/02); RG v. 28. September 1904 (I 200/04); RG v. 21. März

Vergütung und Sicherheitsleistung erörtert wurden. In allen übrigen Entscheidungen zu § 11 Nr. 2 PatG 1877/1891 wurden die Klagen wegen Fehlens anderer Tatbestandsvoraussetzungen abgewiesen[605] oder aber die Zurücknahme zumindest auch auf die mangelnde Ausführung nach § 11 Nr. 1 PatG 1877/1891 gestützt.[606] Erst mit der Gesetzesnovelle von 1911, welche die direkte Zwangslizenz einführte, gewann das Tatbestandmerkmal der angemessenen Vergütung und Sicherheitsleistung in der Rechtsprechungspraxis an Gewicht. Es schuf den notwendigen Ausgleich dafür, dass der Patentinhaber zur Lizenzerteilung gezwungen werden konnte.[607]

An das Angebot des Lizenzbegehrenden selbst wurden nur geringe Anforderungen gestellt. Es hatte eher formalen Charakter und konnte sogar noch im Zwangslizenzprozess gegenüber dem Patentinhaber abgegeben werden.[608] Hierbei musste als Vergütung und Sicherheit nicht einmal zwingend eine exakte Summe genannt werden.[609] Ausreichend war schon, die Bereitschaft zu erklären, eine vom Patentamt bzw. vom Reichsgericht als angemessen erachtete Summe zu zahlen.[610] Die Frage der Angemessenheit war daher nur noch in der Rechtsfolge ausschlaggebend, d.h. für die Festsetzung einer Vergütung und Sicherheitsleistung.

Die Festsetzung der Höhe der Lizenzgebühr und der Sicherheit gestaltete sich in der Praxis schwierig. Richtschnur waren die maßgeblichen Umstände wie Absatzverhältnisse, Marktlage und Gewinnaussichten etc.[611] Das Patentamt behalf sich oft damit, lediglich die Mitte zwischen dem Angebot des Lizenzsuchenden und der Forderung des Patentinhabers zu nehmen.[612] Mit einem grundlegenden Urteil

---

1906 (I 458/05); RG v. 12. Februar 1908 (I 474/07); PA v. 7. September 1908, PMZ 1908, S. 290; PA v. 17. September 1908, PMZ 1908, S. 291; PA v. 26. November 1908, Mitt. 1909, S. 18.

605 PA v. 7. Januar 1884, PatBl. 1884, S. 193; RG v. 12. Februar 1908 (I 474/07); PA v. 7. September 1908, PMZ 1908, S. 290; PA v. 17. September 1908, PMZ 1908, S. 291; PA v. 26. November 1908, Mitt. 1909, S. 18.

606 RG v. 28. September 1904 (I 200/04); PA v. 6. Januar 1887, PatBl. 1887, S. 169; RG v. 21. März 1906 (I 458/05).

607 Vgl. RG v. 11. Februar 1903 (I 291/02); siehe hierzu auch *Krauße,* PatG1891, § 11Anm. 2, b, s. S. 169.

608 Vgl. RG v. 11 März 1926 (I 243/25 und I 244/25); so im Ergebnis auch bereits RG v. 3. März 1913 (I 227/12).

609 Vgl. RG v. 13. April 1943 (I 79/42).

610 Vgl. RG v. 11 März 1926 (I 243/25, I 244/25); RG v. 13. April 1943 (I 79/42).

611 Vgl. RG v. 11. März 1926 (I 244/25).

612 Vgl. *Isay,* PatG, 4. Aufl., § 11 Anm. 3.

vom 20. März 1918[613] setzte das Reichsgericht sodann einen Maßstab fest, welcher fortan bei der Festsetzung der Vergütung diente.[614] Danach sah das Reichsgericht eine Lizenzgebühr von 1% bis 10% des Verbraucherpreises als angemessen an. Innerhalb dieser Bandbreite sollten die konkreten Umstände den Ausschlag geben. Bei einem Massenartikel sollte sich die Vergütung eher an der unteren Grenze der Bandbreite orientieren. Zudem sollte der Wert der zu benutzenden Erfindung Berücksichtigung finden. Etwas konkreter formulierte es das Reichsgericht in einer späteren Entscheidung vom 29. Juni 1943,[615] wonach maßgebend sein sollte, *„was bei einer vertraglichen Einigung ein vernünftiger Patentinhaber gefordert und ein vernünftiger Lizenznehmer gewährt hätte."* Jedenfalls sollte der Patentinhaber durch die Bewilligung einer Zwangslizenz nicht schlechter gestellt werden, als gegenüber Dritten, den er bereits freiwillig Lizenzen erteilt hatte.[616] Ein solcher Vergleich konnte jedoch nur dann hilfreich sein, wenn es sich tatsächlich um die gleiche Erfindung handelte. Insbesondere bei Zusatzpatenten war dies oft nicht der Fall.[617] Bereits in einer früheren Entscheidung hatte das Reichsgericht[618] festgelegt, dass etwaige Vertragstrafen, die der Patentinhaber anderen Lizenznehmern für den Fall weiterer Lizenzerteilungen zu zahlen hatte, bei der Beurteilung der Angemessenheit einer Vergütung nicht zu berücksichtigen waren.

Die ebenfalls von Lizenzbegehrenden anzubietende Sicherheit sollte den Patentinhaber bei ausbleibenden Zahlungen der Lizenzvergütung schützen.[619] Sie konnte nach § 232 BGB[620] geleistet werden.[621] In den späteren Urteilen wurde

613 RG v. 20. März 1918 (I 412/17).
614 So etwa bei RG v. 24. Januar 1934 (I 37/33).
615 Vgl. RG v. 13. April 1943 (I 79/42).
616 Vgl. RG v. 24. November 1923, (I 324/21).
617 Vgl. *Isay*, PatG 4. Aufl., § 11 Anm. 3.
618 RG v. 11. Februar 1903 (I 291/02).
619 Vgl. RG v. 30. November 1929 (I 76/29).
620 § 232 BGB i.d.F. v. 18. August 1896: *„(1) Wer Sicherheit zu leisten hat, kann dies bewirken - durch Hinterlegung von Geld oder Werthpapieren, - durch Verpfändung von Forderungen, die in das Reichsschuldbuch oder in das Staatsschuldbuch eines Bundesstaats eingetragen sind, - durch Verpfändung beweglicher Sachen, - durch Bestellung von Hypotheken an inländischen Grundstücken, - durch Verpfändung von Forderungen, für die eine Hypothek an einem inländischen Grundstücke besteht, oder durch Verpfändung von Grundschulden oder Rentenschulden an inländischen Grundstücken. (2) Kann die Sicherheit nicht in dieser Weise geleistet werden, so ist die Stellung eines tauglichen Bürgen zulässig.*", RGBl. 1896, S. 195.
621 Vgl. hierzu auch RG v. 11. Januar 1903 (I 291/02); RG v. 16. Juni 1915 (I 57/16); RG v. 17. November 1917 (I 336/17).

zudem explizit die Sicherheitsleistung „*durch Bürgschaft einer deutschen Großbank*“ erlaubt.[622] Die Höhe der Sicherheit belief sich im Regelfall auf den jährlichen Betrag der Zwangslizenzvergütung.[623] Befand sich der Lizenznehmer aber in Zahlungsschwierigkeiten, so konnte der Betrag unter Umständen höher ausfallen.[624]

VI. Verweigerung einer Lizenzierung

Die Zurücknahme eines Patents nach § 11 Nr. 2 PatG 1877/1891 bzw. die Erteilung einer Zwangslizenz nach § 11 Abs. 1 PatG 1911 und § 15 Abs. 1 PatG 1936 war nur dann erforderlich, wenn sich der Patentinhaber weigerte, dem Lizenzsucher eine Genehmigung zur Benutzung der Erfindung zu erteilen. An diese Weigerung stellten weder das Gesetz noch die Gerichte besondere Anforderungen. Schriftform war nicht erforderlich. Es reichte schon ein konkludentes Verhalten, wie etwa das willentliche Ignorieren von Angeboten eines Patentsuchers.[625] Der ausdrücklichen oder konkludenten Lizenzverweigerung kam es im übrigen gleich, wenn der Patentinhaber unangemessene Bedingungen stellte, so dass es dem Lizenzsucher nicht zugemutet werden konnte, eine solche Verpflichtung einzugehen.[626] Was zählte, war ausschließlich die faktische Wirkung. Motive für die Verweigerung spielten an dieser Stelle keine Rolle. Diese konnten allenfalls im Rahmen des Ermessens der jeweils urteilenden Stelle berücksichtigt wurden. In keinem Fall konnten aber vertragliche Verpflichtungen, welche der Patentinhaber gegenüber Dritten eingegangen war, die Verweigerung einer im öffentlichen Interessen gebotenen Lizenz rechtfertigen oder aber – ab 1911 – den Anspruch auf eine Zwangslizenz in irgendeiner Weise beschränken.[627]

---

622 Vgl. RG v. 2. Mai 1941 (I B 1/41); RG v. 24. Januar 1934 (I 37/33); RG v. 14. Februar 1934 (I 68/33).

623 Vgl. RG v. 24. Januar 1934 (I 37/33).

624 Vgl. RG v. 16. August 1935.

625 Vgl. *Jaffé*, Zwangslizenz, S. 17; *Klauer-Möhring*, PatG § 15 Anm. 4, S. 283.

626 Vgl. RG v. 11. Februar 1903 (I 291/02); so auch *Klauer-Möhring*, PatG, § 15, Anm. 3, S. 282; siehe hierzu auch bereits unter 3. Teil, B. IV. 1. (S. 101 f.) im Zusammenhang mit vergeblichen Lizenzierungsversuchen aufgrund überhöhter Lizenzbedingungen.

627 Vgl. PA v. 11. Februar 1886, PatBl. 1887, S. 39, 41, 42 ff., bestätigt durch – RG v. 11. Dezember 1886 (I 222(86); RG v. 11. Februar 1903 (I 291/02).

C. Das „öffentliche Interesse" in der Rechtsprechung des Reichsgerichts bei Maßnahmen nach § 11 PatG 1877/1891/1911[628]

Die Anzahl der Entscheidungen des Reichsgerichts zu § 11 PatG 1877/1891/1911 bzw. § 15 PatG 1936 ist vergleichsweise gering. In den 67 Jahren seines Bestehens traf das Reichsgericht rund 100 Entscheidungen in Patentzurücknahme- und Zwangslizenzsachen.[629] Die Anzahl der Anträge auf Patentzurücknahme oder Erteilung einer Zwangslizenz lag jedoch deutlich höher. Das Reichsgericht musste nur dann entscheiden, wenn gegen ein Urteil des Patentamtes Berufung eingelegt wurde. Dies geschah in nur rund 35 % der Fälle, über die das Patentamt streitig entschieden hatte.[630] Nicht in jeder Entscheidung des Reichsgerichts wurde auf das „öffentliche Interesse" eingegangen. In manchen Fällen scheiterte der Anspruch auf Patentzurücknahme oder Zwangslizenzerteilung auch aus anderen Gründen als dem mangelnden „öffentlichen Interesse". In anderen Fällen äußerte sich das Reichsgericht nicht, weil das „öffentliche Interesse" – wie etwa bei der Patentzurücknahme wegen mangelnder Inlandausführung nach § 11 Nr. 1 PatG 1877 – prima facie indiziert war.[631] Schaut man sich aber die übrigen Entscheidungen des Reichsgerichts an, so zeigt sich, wie der Begriff des „öffentlichen Interesses" infolge der erheblichen gesellschaftlichen und politischen Umwälzungen im Untersuchungszeitraum angepasst wurde.

Die 38 in diesem Kapitel näher dargestellten Entscheidungen des Reichsgerichts in Patentzurücknahme- und Zwangslizenzsachen zeigen exemplarisch, wie sich die verschiedenen Aspekte des öffentlichen Interesses entwickelt haben und welchen Einfluss die zeitgeschichtlichen Ereignisse hatten. Hierzu werden

---

628 (§ 15 PatG 1936); vgl. zum Folgendem auch *Bußmann,* Zwangslizenz, S. 118 ff., 167 ff., 185 ff.

629 Siehe hierzu das Rechtsprechungsverzeichnis S. 228 ff.

630 Eigene Berechnung auf Grundlage der Analyse der Patentamtlichen Statistik durch *Bußmann,* nach dem zwischen 1877 und 1911 522 Anträge auf Patentzurücknahme und in der Zeit zwischen 1911 bis 1914 und 1923 bis 1943 insgesamt 313 Anträge auf Erteilung einer Zwangslizenz beim Patentamt gestellt wurden. Der Großteil dieser Anträge (ca. 68%) erledigte sich allerdings durch Klagzurücknahme oder in sonstiger Weise, siehe hierzu ausführlich *Bußmann,* Zwangslizenz, S. 26 ff., 66 ff. Gemessen an der ursprünglichen Anzahl an Anträgen auf Patentzurücknahme oder Erteilung einer Zwangslizenz lag die Anzahl der vom RG zu entscheidenden Fälle gar nur bei ca. 10 %, siehe hierzu die Statistik in Anhang D, (S. 218).

631 Siehe hierzu bereits unter 3. Teil, A. I. 1. (S. 89 f.).

die Entscheidungen chronologisch im Lichte der drei bestimmenden Zeitabschnitte *Deutsches Kaiserreich*, *Weimarer Republik* und *NS-Zeit* dargestellt. In Zwischenresümees wird analysiert, welchen Stellenwert die Patentzurücknahme und die Zwangslizenz in der jeweiligen Epoche hatten und ob die Nationalität des Patentinhabers hierbei ein bestimmender Faktor war. Zunächst folgt jedoch eine allgemeine Bestimmung der Begriffe des „öffentlichen Interesses" bzw. ab 1936 der „Belange der Volksgemeinschaft."

I. Die Begriffe des öffentliches Interesse und der Erklärung der Reichsregierung

Der Kern eines jeden Verfahrens auf Zurücknahme eines Patents oder später auf Erteilung einer Zwangslizenz bildete die Frage, ob ein öffentliches Interesse an der jeweiligen Maßnahme bestand. Dies beurteilte nach eigenem Ermessen zunächst das Patentamt bzw. das Reichsgericht. Erst später, mit der Gesetzesnovelle von 1936, wurde diese Kompetenz auf die Reichsregierung übertragen, so dass das Patentamt und das Reichsgericht an deren Entscheidung gebunden waren.[632]

1. Der Begriff des „öffentlichen Interesses"

Das „öffentliche Interesse" war – und ist bis heute – ein im ständigen Wandel befindlicher unbestimmter Rechtsbegriff. Maßstab waren die Bedürfnisse und Anschauungen der Allgemeinheit[633] zum Zeitpunkt der jeweiligen Entscheidungsfindung. Insbesondere vor dem Hintergrund der enormen wirtschaftlichen und politischen Veränderungen Ende des 19. und in der ersten Hälfte des 20. Jahrhunderts änderte sich die Beurteilung des öffentlichen Interesses immer wieder. Das „öffentliche Interesse" war daher auch kein homogenes Gebilde, sondern die Summe der jeweils vorherrschenden allgemeinen Belange. Eine allgemeingültige Begriffsbestimmung des öffentlichen Interesses war folglich nicht möglich.[634] Trotzdem wird die Analyse der Urteile zeigen, dass das Reichsgericht bemüht war, die in den einzelnen Entscheidungen entwickelten Wertungen auch auf andere Sachverhalte anzuwenden.

---

632 Siehe hierzu bereits oben 1. Teil, D. III. (S. 60, 63 ff.); vgl. auch *Krauße/Katluhn*, PatG 1936, 2. Aufl., § 15, Anm. 2, S. 222 ff.
633 Vgl. *Clad*, Zwangslizenzen, S. 38 f.
634 Vgl. *Horn*, Mitt. 1970, S. 184, 185.

2. *Die Belange der Volksgemeinschaft*

Mit der Gesetzesnovelle von 1936 wurde das öffentliche Interesse durch die „Belange der Volksgemeinschaft" ersetzt.[635] Es handelte sich hierbei nicht nur um eine Änderung der Formulierung. Das Vorliegen wurde nun nicht mehr vom Patentamt bzw. Reichsgericht geprüft, sondern durch die Reichsregierung. Anspruchsvoraussetzung war daher lediglich eine Erklärung der Reichsregierung, die bestätigte, dass eine Zwangslizenz geboten war, um die Belange der Volksgemeinschaft zu wahren.[636] Die Erklärung der Reichsregierung entwickelte sich so zur formalen Voraussetzung, die einer Nachprüfung durch das Patentamt und das Reichsgericht entzogen war. Auf eine Anfrage eines Patentanwalts vom 24. Juni 1938, an welche Stelle ein Antrag nach § 15 Satz 1 PatG 1936 zur Erlangung einer Erklärung der Reichsregierung zu richten sei, antwortete das Patentamt wie folgt: *„Bei der nach § 15 Abs. 1 PG zu treffenden Entscheidung, ob die Belange der Volksgemeinschaft die Erlaubnis zur Benutzung des Patents geboten erscheinen lassen, wird die Reichsregierung jeweils durch den Reichsminister vertreten, der die in Frage kommenden Belange betreut (Amtliche Begründung zu den Gesetzen über den gewerblichen Rechtsschutz vom 5. Mai 1936 in Blatt pp. 1936 S. 108). In der Mehrzahl der Fälle wird der Herr Reichswirtschaftsminister zuständig sein."*[637]

II. Die Patent-Zurücknahme- und Zwangslizenzklage im Deutschen Kaiserreich

Betrachtet man den gesamten Wirkungszeitraum des Reichsgerichts von 1879 bis 1945, so war es die Epoche des Deutschen Kaiserreiches, in der sich das Reichsgericht mit den meisten Klagen im Zusammenhang mit Patentzurücknahmen und Zwangslizenzen an Patenten zu befassen hatte. Historisch gesehen betraf dies im Wesentlichen die Zeit der Herrschaft von Wilhelm II., welche mit dem Ausgang des Ersten Weltkriegs ihr Ende fand. Im Folgenden wird daher zunächst die frühe Phase der Hochindustrialisierung bis 1898 betrachtet, um dann die Entwicklung der Patentzurücknahme und der Zwangslizenz in der gesamten Wilhelminischen Epoche ausführlich in einen gesonderten Abschnitt darzustellen.

635 Siehe hierzu bereits oben 1. Teil, D. III. (S. 60, 63 ff.).

636 Vgl. hierzu ausführlich oben unter 1. Teil, D. III. (S. 60, 63 ff.).

637 Antwortschreiben des PA vom 2. Juli 1938, BArch R131/52.

1. *Das Mittel der Patentzurücknahmeklage im Zeitalter der frühen Hochindustrialisierung (1879–1889)*

Das Reichsgericht traf in den ersten zehn Jahren[638] seines Bestehens acht Entscheidungen[639] in Patentzurücknahmesachen nach § 11 PatG. In all diesen Verfahren ging es um Anträge auf Patentzurücknahme wegen ungenügender Ausführung einer patentierten Erfindung im Inland. Die folgenden vier Entscheidungen zeigen charakteristische Konstellationen von Prozessparteien in der Phase der frühen Hochindustrialisierung sowie übliche Motive und Argumente bei Verfahren in dieser Zeit.

a) Die Entscheidung vom 27. Juni 1883 (I 23/83)

Die Entscheidung des Reichsgerichts vom 27. Juni 1883[640] ist in mehrfacher Hinsicht von besonderer Bedeutung. Zum einen war sie die erste Entscheidung des Reichsgerichts überhaupt im Zusammenhang mit der Zurücknahme eines Patents nach § 11 PatG. Zum anderen ist sie charakteristisch für eine ganze Reihe von Entscheidungen im Deutschen Kaiserreich: Die klagende Partei kam aus Deutschland, der Patentinhaber stammte aus dem Ausland und das Patent betraf eine Neuerung in der Bekleidungsindustrie.

Gegenstand der Auseinandersetzung war ein im Juli 1882 beim Kaiserlichen Patentamt gestellter Antrag der G. M. Pf. aus K.[641] – ein führender deutscher Nähmaschinenhersteller – auf Zurücknahme eines am 13. Juli 1878 erteilten Patents auf „*Neuerungen an Nähmaschinen*“[642] (§ 11 Nr. 1 PatG 1877). Der Antragsteller machte hierzu geltend, dass die Erfindung von den US-amerikanischen Patentinhabern – dem L. B. M. und dem P. D. aus N.Y. – in Deutschland nicht ausgeführt würde und dass nicht alles getan worden sei, um die Ausführung im

---

638 1879 bis 1889.

639 RG v. 27. Juni 1883 (I 23/83); RG v. 12. November 1883 (I 11/83); RG v. 30. November 1885 (I 264/84); RG v. 11. Dezember 1886 (I 222/86); RG v. 12. Dezember 1888 (I 120/88); RG v. 27. April 1889 (I 288/88); RG v. 11. Mai 1889 (I 195/89); RG v. 8. Juni 1889 (I 45/89).

640 RG v. 27. Juni 1883 (I 23/83).

641 Auf Wunsch der Bibliothek des Bundesgerichtshofes, welche die für diese Arbeit maßgeblichen Entscheidungen des Reichsgerichts in Original zur Verfügung gestellt hat, werden die Prozessparteien und Beteiligten nur abgekürzt wiedergegeben. Ausnahme hiervon bilden lediglich die Prozessparteien oder Beteiligten, welche auch in den amtlichen Veröffentlichungen des Kaiserlichen Patentamts bzw. Reichspatentamtes oder des Reichsgerichts ungekürzt abgedruckt wurden.

642 D.R.P. Nr. 3895.

Inland zu sichern. Die US-amerikanischen Patentinhaber gestanden zwar ein, dass die Erfindung bisher noch nicht von ihnen selbst im Inland ausgeführt wurde. Sie trugen jedoch vor, dass sie der Singer Manufacturing Company in New York vertraglich die Erlaubnis erteilt hatten, die Nähmaschinen mit der patentierten Erfindung in Deutschland herzustellen und zu vertreiben. Hierzu hatte der deutsche Vertreter der Singer Manufacturing Company, Herr G. Neiderlinger aus Hamburg, bereits im Juni 1879 ein Grundstück zur Fabrikation in Essen erworben. Mangels hinreichender Nachfrage im Inland wurden die Nähmaschinen allerdings zunächst aus den USA importiert. Laut der Beklagten wurden erst später, d.h. ab ca. 1882, rund 100 Nähmaschinen in Deutschland verkauft, so dass erst dann Werkzeugmaschinen zur Herstellung der Nähmaschinen in Deutschland bestellt wurden. Nachdem sich allerdings in der mündlichen Verhandlung vor dem Reichspatentamt herausstellte, dass bereits seit Oktober 1881, 174 nach D.R.P. 3895 und 11392 geschützte, aber in den USA hergestellte Nähmaschinen in Deutschland verkauft worden waren, entschied das Reichspatentamt am 14. Dezember 1882[643] auf die Zurücknahme des Patents. Es führte hierzu aus, dass die Einführung US-amerikanischer Maschinen darauf hinausliefe, *„den durch das Patentrecht geschützten deutschen Markt mittels Lieferung ausländischen Fabrikats auszubeuten.*[644]

Gegen diese Entscheidung wendeten sich die Patentinhaber mit ihrer Berufung ohne Erfolg. Das Reichsgericht bestätigte die Auffassung des Patentamts und formulierte entscheidende Rechtssätze im Zusammenhang mit dem Verständnis des öffentlichen Interesses bei der Zurücknahme von Patenten nach § 11 PatG 1877. Es stellte zunächst abstrakt klar, dass unter dem öffentlichen Interesse das nationaldeutsche volkswirtschaftliche Interesse zu verstehen sei. Nutznießer des § 11 Nr. 1 PatG sollte die deutsche Wirtschaft sein. Vorteile sollten ihr etwa durch die zwingende Ausführung von Erfindungen, vornehmlich durch die technische Ausbildung und Vergütung der in der inländischen Gewerbeindustrie beschäftigten Personen, gewährt werden. Durch den ausschließlichen Import von im Ausland produzierten Produkten konnte dies jedoch nicht gewährleistet werden. Es stellte weiter fest, dass bei einer unterlassenen Ausführung einer Erfindung im Inland *prima facie* von einer Schädigung des deutschen volkswirtschaftlichen Interesses auszugehen war.[645] Im Einzelnen führte das Reichsgericht aus:

643 PA v. 14. Dezember 1882, PatBl. 1883, S. 329 f.

644 PA v. 14. Dezember 1882, PatBl. 1883, S. 329, 330.

645 Siehe hierzu bereits oben 3. Teil, A. I. 1. (S. 89 ff.) zum Erfordernis des öffentlichen Interesses bei Zurücknahme eines Patents nach § 11 Nr. 1 PatG 1877/1891.

„Die Bestimmung des § 11 Ziffer 1 des Deutschen Patentgesetzes ist in nationalem deutschen (namentlich in dem deutschen volkswirtschaftlichen) Interesse gegeben. Dieselbe beruht ersichtlich auf der Auffassung des deutschen Gesetzgebers, dass durch die in angemessenem Umfange erfolgende Herstellung der von dem Deutschen Reich und durch die Anwendung patentierter Verfahrensweisen zur Herstellung von Gegenständen im Deutschen Reich sind im Großen und Ganzen der Lohnverdienst und die technische Ausbildung der in der deutschen Gewerbeindustrie beschäftigten Personen heben, das Entstehen lohender gewerbeindustrieller Unternehmungen in Deutschland im Großen und Ganzen begünstigt werden und dadurch für das Deutsche Volk, die Deutschen Staaten und das Deutsche Reich im Großen und Ganzen unmittelbare und mittelbare wirthschaftliche Vortheile erwachsen müßten, während ein entgegengesetztes, nachteiliges Ergebnis eintreten müsse, wenn thatsächlich ein Zustand um sich greife, in welchem die Deutschen Reichspatente (durch die Wirkung der ihnen einwohnenden Verbote) die Herstellung der patentierten Gegenstände in Deutschland und die Anwendung patentierter Herstellungsweisen von Gegenständen in Deutschland durch andere Personen, als die Patentinhaber, verhinderten, während die Patentinhaber selbst die patentierten Gegenstände überhaupt nicht herstellen, beziehungsweise die patentierte Herstellungsweiseüberhaupt nicht anwendeten, oder gar jene, Herstellung beziehungsweise Anwendung lediglich (oder doch nur mit ausnahme eines unangemessen geringen Umfanges) im Auslande betrieben, so dass die Deutschen Reichspatente effectiv durch Verschiebung der Productions- und Concurrenz-Verhältnisse zum Vortheile der Gewerbeindustrie des Auslandes die nationalen Interessen Deutschlands schädige. Dieser weite Gesichtspunkt des öffentlichen Interesse, für welchen die Verhältnisse im Großen und Ganzen, sowie die durchschnittliche Wirkung gewisser Voraussetzungen in ihrer allgemeinen Qualifikation in das Auge gefasst wird, liegt der auszulegenden Gesetzesbestimmung zu Grunde und ist für die Verteilung der Klarlegungspflicht des Antragstellers der Patentzurücknahme auf Grund des § 11 Ziffer 1 des Patentgesetzes maßgebend. (…)“[646]

b) Die Entscheidung vom 30. November 1885 (I 264/84)

Das volkswirtschaftliche Wohl durch Produktion im Inland war auch in den Folgeentscheidungen das maßgebliche Argument zur Begründung des öffentlichen Interesses. Dass hingegen ein rein wirtschaftlicher Vorteil im Inland nicht ausreichte, um die Zurücknahme von Patenten zu verhindern zeigt die Entscheidung des Reichsgerichts vom 30. November 1885.[647] Ihr lag ein Antrag des deutschen Bleistiftfabrikanten J. F. aus N. auf Patentzurücknahme nach § 11 Nr. 1 PatG 1877 zu Grunde, der sich gegen drei Patente auf „Neuerungen an Bleistifthaltern“[648] richtete. Patentinhaber war zunächst der Amerikaner J. R. aus N.-Y., zum Zeitpunkt der Entscheidung jedoch seine Erben. Nebenintervenientin des Patentinhabers war die E. P. Company, ebenfalls aus N.-Y.

646 RG v. 27. Juni 1883 (I 23/83).
647 RG v. 30. November 1885 (I 264/84).
648 D.R.P. Nr. 6523 mit den Zusatzpatenten 7168 und 12529.

Unstreitig war, dass der Patentinhaber die patentierten Bleistifthalter nur in den USA herstellte und lediglich zum Verkauf nach Deutschland importierte. Prima facie hätte die mangelnde Herstellung im Inland bereits zur Begründung des öffentlichen Interesses bei der Patentzurücknahme nach § 11 Nr. 1 PatG 1877 ausgereicht.[649] Ein vom Antragsteller zusätzlich angeführtes Argument lässt jedoch auf seine tatsächlichen Motive schließen, nämlich die Beseitigung eines erfolgreichen Konkurrenzprodukts: Er führte im Verfahren erster Instanz vor dem Kaiserlichen Patentamt aus, dass das Bestehen der angegriffenen Patente die deutsche Bleistiftsfabrikation in eine Notlage versetzt hätte, welche die einheimische Industrie schädige.[650] Weiter stellte er fest: *„(...) die patentierten Bleistifthalter seien so einfach und praktisch, dass sie die bisherigen Fabrikate in dieser Branche fast vollständig vom Markte verdrängt hätten.“*[651] Der Patentinhaber argumentierte hingegen rein ökonomisch. Durch die Produktion im Ausland könne das Produkt im Inland zu günstigen Preisen angeboten werden, zudem sei durch zwei inländische Vertriebsgesellschaften der deutsche Bedarf an der patentierten Bleistifthaltern vollständig gedeckt. Ferner sei ein Mitinhaber der Nebenintervenientin *„bairischer Staatsangehöriger“* und zahle daher erhebliche Gewerbesteuer. Auch würden die für die Herstellung notwendigen Rohprodukte wie Graphit, Thonerde und Anilin im Inland bezogen. Zudem müsste durch die Einfuhr der fertigen Produkte aus dem Ausland ohnehin Zoll an das Deutsche Reich bezahlt werden.

Das kaiserliche Patentamt und das Reichsgericht ließen keine der Einwände des Patentinhabers gelten. Das Patentamt nahm mit seiner Entscheidung vom 7. Februar 1884,[652] bestätigt durch die Reichsgerichtsentscheidung vom 30. November 1885,[653] die Patente zurück. Beide stützen ihre Entscheidungen jedoch wie die erste Entscheidung des Reichsgerichts vom 27. Juni 1883[654] allein auf den Zweck des § 11 Nr. 1 PatG 1877, wonach *„dem Patentinhaber als Aequivalent für den ihm gewährten Schutz die Verpflichtung“* auferlegt sei, *„seine Erfindung im Inlande herzustellen, und mit der Herstellung verbundenen, mannigfachen industriellen und volkswirtschaftlichen Vortheile im Inlande zu verwenden.“*[655]

---

649 Siehe hierzu bereits unter 3. Teil, A. I. 1. (S. 89 ff.).

650 Vgl. PA v. 7. Februar 1884, PatBl. 1886, S. 49.

651 PA v. 7. Februar 1884, PatBl. 1886, S. 49.

652 PA v. 7. Februar 1884, PatBl. 1886, S. 49ff.

653 RG v. 30. November 1885 (I 264/84).

654 Siehe hierzu unter 3. Teil, C. II. 1. a. (S. 112 ff.).

655 PA v. 7. Februar 1884, PatBl. 1886, S. 49, 50.; bestätigt durch RG v. 30. November 1885 (I 264/84).

Die ohne Zweifel vorhandenen wirtschaftlichen Vorteile, welche auch ohne Herstellung der Bleistifthalter im Inland in Deutschland entstanden, reichten nicht aus, um den Gesetzeszweck zu erfüllen. Ob allerdings auch der Erfolg der Erfindung und die damit verbundene erhöhte Konkurrenzsituation im deutschen Bleistiftmarkt die Entscheidung der Patentzurücknahme beeinflusst hat, lässt sich aus den Entscheidungsgründen nicht ablesen.

c) Die Entscheidung vom 11. Dezember 1886 (I 222/86)

Die Entscheidung des Reichsgerichts vom 11. Dezember 1886 reiht sich was den Tatbestand betrifft und auch hinsichtlich der rechtlichen Bewertung des öffentlichen Interesses in die vorangegangenen Entscheidungen ein. Ausgangspunkt war erneut ein Patentzurücknahmeantrag nach § 11 Nr. 1 PatG 1877. Ein Nähmaschinenhersteller, der Königlich Preußische Hof-Schlossermeister und Nähmaschinen-Fabrikant E. B. aus B., wendete sich gegen drei patentierte Vorrichtungen für Nähmaschinen[656]. Patentinhaber waren, wie in allen seit 1883 ergangenen Entscheidungen des Reichsgerichts, US-amerikanische Staatsbürger. In diesem Fall handelte es sich um die Fabrikanten S. B. aus P. und C. H. W. aus N.-Y.. Die patentierten Erfindungen wurden unstreitig wie auch in den anderen Verfahren allesamt im Ausland hergestellt und nur zum Vertrieb ins Deutsche Reich importiert. Neu war, dass die Produkte in Deutschland nur im Rahmen eines Kauf-Mietmodells erworben werden konnten.

Es handelte sich hierbei unter heutigen Gesichtspunkten um einen Finanzierungskauf unter Eigentumsvorbehalt mit einer vergleichsweise fortschrittlichen Kundenbindung. Denn die patentierten Nähmaschinenvorrichtungen konnten nur erworben werden, wenn gleichzeitig auch eine vollständige Nähmaschine gekauft wurde. Diese konnte aber nur im Wege eines auf zehn Jahre festgelegten Finanzierungsvertrages erworben werden. D.h. der Käufer der Nähmaschine musste zunächst eine Anzahlung von 6 £ leisten, zuzüglich einer vierteljährlichen *„Miethsprämie"*[657] in Höhe von 1 £. Nach zehn Jahren ging das Eigentum auf den Erwerber über. Die Kosten beliefen sich somit insgesamt auf 46 £, was seinerzeit 920 Mark entsprach und im Vergleich zu anderen Nähmaschinen, welche zwischen 100 und 250 Mark kosteten, übermäßig teuer war.

---

656 D.R.P. Nr. 21185, betr. Verfahren und Einrichtungen an Nähmaschinen zum Säumen gewirkter Stoffe; D.R.P. Nr. 21186, betr. Abzugsvorrichtung für den Oberfaden an Nähmaschinen; D.R.P. Nr. 21548, betr. Neuerungen in der Herstellung von Säumen an gewirkten Stoffen.

657 Vgl. PA v. 11. Februar 1886, PatBl. 1887, S. 39, 41.

Das Reichsgericht verurteilte eine derartige Praxis zutiefst und bestätigte mit seinem Urteil die Patentzurücknahme des kaiserlichen Patentamts vom 11. Februar 1886.[658] Es bemängelte nicht nur, dass infolge der ausschließlichen Produktion im Ausland der deutschen Volkswirtschaft die wirtschaftlichen Vorteile nicht zugute kamen. Es kritisierte auch, dass der deutsche Industriezweig der Warenfabrikation aus gewirkten Stoffen durch unangemessene Bedingungen erheblich geschädigt wurde. Das Reichsgericht fand hierzu in seiner Entscheidung klare Worte: *„Die Industriellen des Auslandes haben durch Stipulationen, welche die Beklagten zu einem solchen Verhalten gegenüber den Industriellen in Deutschland verpflichteten, selbstverständlich die Hebung ihrer mit der deutschen konkurrierenden Industrie und die Benachtheiligung der einschlagenden Gewerbezweige in dem deutschen Reiche bezweckt. Das deutsche Reich hat das Patentgesetz erlassen um das volkswirtschaftliche Interesse Deutschland zu heben. Dieses Gesetz des deutschen Reiches darf nicht von Ausländern gemißbraucht werden, um jenes Interesse Deutschlands zu schädigen.“*[659] Mit dem Kauf-Mietmodell als Bezahlsystem musste sich das Reichsgericht in nachfolgenden Entscheidungen[660] noch häufiger befassen. Im Laufe der Jahre änderte sich jedoch die rechtliche Beurteilung des Modells.

d) Die Entscheidung vom 12. Dezember 1888 (I 120/88)

Ein weiterer Schritt zur Ausfüllung des unbestimmten Rechtsbegriffs des öffentlichen Interesses brachte die Entscheidung des Reichsgericht vom 12. Dezember 1888.[661] Dieses Urteil ist insofern von Bedeutung, als dass mit diesem erstmalig eine Entscheidung des Kaiserlichen Patentamts vom Reichsgericht aufgehoben wurde. Hinzu kam, dass es sich aus Sicht der frühen Rechtsprechung des Reichsgerichts zu § 11 PatG 1877 um eine „exotische“ Konstellation handelte, da keine ausländische Partei am Rechtsstreit beteiligt war. Rein inländische Sachverhalte waren bis Anfang des 20. Jahrhunderts eher die Ausnahme und führten in den meisten Fällen zur Abweisung der Klage.[662] So auch in der Entscheidung des Reichsgerichts vom 1. Dezember 1888.

---

658 PA v. 11. Februar 1886, PatBl. 1887, S. 39 ff.

659 RG v. 11.12.1886 (I 222/86).

660 RG v. 1. April 1905 (I 590/04), RG v. 27. Mai 1907 (I 554/06; I 555/06; I 556/06; I 557/06).

661 RG v. 12. Dezember 1888 (I 120/88).

662 Siehe hierzu noch ausführlich unter 3. Teil, C. II. 3. d. (S. 151 ff.).

Hintergrund war ein Antrag der deutschen Maschinenfabrik G. aus C. nach § 11 Nr. 1 PatG 1877, mit dem diese die Zurücknahm von zwei Patenten[663] des ebenfalls deutschen Maschinenfabrikanten A. O. aus H. bei B. begehrte. Beide Patente betrafen *„Neuerungen an Ammoniakgas-Kompressionspumpen"*, welche überwiegend beim Bau von *„Kälteerzeugungsmaschinen"* Verwendung fanden. Das D.R.P 21971 wurde nachträglich als Zusatzpatent des Hauptpatents D.R.P. 17373 erteilt. Die Klägerin, welche ursprünglich hinsichtlich der streitgegenständlichen Patente Lizenznehmerin des Patentinhabers war, warf diesem vor, seine Patente nur ungenügend im Inland auszuführen. Zwar seien hierzulande drei Exemplare der mit dem Hauptpatent geschützten Pumpen hergestellt und zum Teil verkauft worden. Allerdings hätten sie sich nachträglich im praktischen Gebrauch als nicht verwertbar erwiesen und seien daher eingestellt worden. Das Zusatzpatent 21971 sei zusammen mit der Konstruktion der patentierten Haupterfindung 17373 nicht ausführbar und hätte folglich auch nicht als Zusatzpatent erteilt werden dürfen.

Das Kaiserliche Patentamt gab in seiner Entscheidung vom 1. Dezember 1887[664] der Klage teilweise statt. Während es allerdings hinsichtlich des Hauptpatents die Zurücknahme mit der Begründung ablehnte, dass das öffentliche Interesse *„durch die Nichtausführung einer praktisch unbrauchbaren Konstruktion nicht berührt"* würde, nahm es das Zusatzpatent wegen mangelnder Ausführung im Inland zurück.[665] Es begründete die Zurücknahme letztlich damit, dass das „Zusatzpatent" kein Zusatzpatent zum streitgegenständlichen Hauptpatent war und somit auch nicht gemeinsam mit ihm ausgeführt wurde.

Gegen diese Entscheidung legten beide Parteien Berufung ein. Das Reichsgericht sah im Gegensatz zum Patentamt auch für das Zusatzpatent keinen Anlass zur Zurücknahme. Es begründete dies mit dem Zweck von § 11 Nr. 1 PatG 1877. Dieser liege nämlich nicht in der *„Abhülfe gegen die nachtheiligen Wirkungen der Ertheilung eines Patents für etwas nicht Patentfähiges, namentlich auch nicht für etwas gar nicht Ausführbares"*, sondern in der Verhinderung missbräuchlichen Verhaltens des Patentinhabers zu Lasten der *„Gewerbsamkeit und Wohlfahrt des Inlandes."*[666] Eine Patenterteilung könne mit dem Rechtsmittel der Nichtigkeitsklage nach § 10 Nr. 1 PatG 1877 angegriffen werden, wenn eine Erfindung nach §§ 1 und 2 PatG 1877 nicht patentfähig gewesen wäre. Mit der Gesetzesreform von 1891 änderte sich diese Einschätzung jedoch grundlegend.[667]

---

663 D.R.P. Nr. 17373 und das Zusatzpatent D.R.P. Nr. 21971.

664 PA v. 1. Dezember 1887, PatBl. 1889, S. 137 ff.

665 PA v. 1. Dezember 1887, PatBl. 1889, S. 137, 139.

666 RG v. 12. Dezember 1888 (I 120/88).

667 Vgl. hierzu bereits unter 3. Teil, B. IV. 3. (S. 103, 104 f.).

Obwohl die Berufung des Patentinhabers damit bereits begründet war, hielt es das Reichsgericht, noch weitere Ausführungen zur Auslegung des Begriffs des öffentlichen Interesses für angebracht. Das Gericht stellte explizit klar, dass das fiskalische Interesse an der Einnahme von Patentgebühren nie ein öffentliches Interesse (etwa an der Beibehaltung eines Patents) begründen könne, sondern *„daß das bei den Normen des § 11 im Patentgesetze in Betracht kommende öffentliche Interesse zu bestimmen ist als das für die gemeine Wohlfahrt wesentliche Interesse der Gewerbsamkeit des Inlandes in dem Sinne, daß darunter begriffen werden die Interessen der inländischen Gewerbetreibenden, in Gewerben beschäftigten Arbeiter und inländischen Abnehmer gewerblicher Erzeugnisse.“*[668]

In der Tat wurde in keiner der zwischen 1879 und 1945 ergangenen und für diese Arbeit maßgeblichen Entscheidungen des Reichsgerichts zu § 11 PatG 1877/1891/1911 bzw. § 15 PatG 1936 das wirtschaftliche Interesse des Staates an den Einnahmen aus Patentgebühren als entscheidungserhebliches Argument mit aufgeführt. Dennoch waren fiskalische Interessen als solche bei der Beurteilung des öffentlichen Interesses nicht ohne Einfluss.[669]

2. *Die wilhelminische Epoche einschließlich des I. Weltkriegs*

Die wilhelminische Epoche umfasst die Zeit zwischen 1890 und 1918 und kennzeichnet sowohl die Herrschaft des Kaisers Wilhelm II.[670] als auch die Kriegsjahre des Ersten Weltkriegs. Betrachtet man die Verfahren des Reichsgerichts zu § 11 PatG 1877/1891/1911, dann ging diese Zeit mit einem deutlichen quantitativen Anstieg der Entscheidungen einher. Nachdem in den ersten zehn Jahren seit Gründung des Reichsgerichts lediglich acht einschlägige Entscheidungen ergangen waren, stieg die Zahl in den folgenden zehn Jahren auf 13 und erreichte in der dritten Dekade mit 33 Urteilen ihren Höchststand.[671]

a) Die Entscheidung vom 5. Juli 1899 (I 172/99)

Die Entscheidung vom 5. Juli 1899 ist aus zwei Gründen interessant. Sie zeigt zum einen, dass schon das Interesse eines einzelnen inländischen Fabrikanten als öffentliches Interesse gewertet werden konnte.[672] Zum anderen handelte es sich

668 RG v. 12. Dezember 1888 (I 120/88).

669 Vgl. hierzu 2. Teil, D. (S. 80 ff.).

670 Friedrich Wilhelm Viktor Albert von Preußen (1859–1941).

671 Siehe hierzu das Rechtsprechungsverzeichnis auf S. 228 ff.

672 RG v. 5. Juli 1899 (I 172/99).

bei dem mit der Klage angegriffenen Patent um eine Erfindung für militärische Zwecke. Eine politische Intention war damit nicht auszuschließen.

Der Entscheidung lag ein Antrag des Deutschen Dr. L. S. aus B. zugrunde, der im Auftrag der Firma Friedrich Krupp handelte.[673] Ihr Ziel war es, die Zurücknahme eines Patents auf einen besonderen Verschluss für Hinterladergeschütze[674] nach § 11 Nr. 1 PatG 1891 zu bewirken. Patentinhaber waren der schwedische Leutnant O. W. B aus G. und der in Frankreich wohnhafte Schwede E. T. aus P.

Unstreitig wurde die patentierte Erfindung in Deutschland nie ausgeführt, d.h. weder hergestellt noch vertrieben. Die Patentinhaber waren jedoch der Auffassung, dass sie alles Dienliche getan hatten, um eine Ausführung der Erfindung sicherzustellen, wenn auch ohne Erfolg. Sie begründeten dies damit, dass der einzige Abnehmer im Inland das Deutsche Reich selbst gewesen wäre, welches sich aber trotz Vermittlungsversuchen des deutschen Militär-Bevollmächtigten als nicht interessiert gezeigt hätte. Unter diesen Umständen sei eine eigene Fabrik im Inland nicht zumutbar gewesen.

Obwohl der Kläger vortrug, dass die Erfindung bereits zuvor bekannt war und somit in Deutschland nicht hätte patentiert werden dürfen, wies das Kaiserliche Patentamt die Klage mit seiner Entscheidung vom 22. Dezember 1898[675] in erster Instanz zurück. Es begründete dies damit, dass der Kläger nicht hätte darlegen können, dass neben der Regierung im Deutschen Reich noch weitere Abnehmer des Geschützverschlusses vorhanden waren *„oder dass deutsche Gewerbetreibende bereit und in der Lage gewesen seien, die Erfindung für das Ausland zur Ausführung zu bringen."*[676]

Nachdem der Kläger in erster Instanz – offenbar unverhofft – eine Niederlage erlitten hatte, begründete er nunmehr seine Berufung mit vielfachen Argumenten, nicht zuletzt mit der Offenlegung seines Auftragsverhältnisses mit der Firma Friedrich Krupp.

Mit der Berufung machte der Kläger geltend, dass es nicht ihm obliege, eine Verletzung des Interesses der deutschen Industrie zu beweisen, sondern dass die Patentinhaber darlegen müssten, dass ein Interesse weder im Inland noch auf dem Weltmarkt an der Erfindung bestünde. Ferner führte er aus, dass sich

---

673 In erster Instanz legte der Kläger sein Auftragsverhältnis mit der Fa. Friedrich Krupp noch nicht offen, sondern erst nachdem das Kaiserliche Patentamt mit seiner Entscheidung vom 22. Dezember 1898 die Klage ablehnte.

674 D.R.P. 59663.

675 PA v. 22. Dezember 1898, Hinweis in PMZ 1899, S. 290.

676 PA v. 22. Dezember 1898, in RG v. 5. Juli 1899 (I 172/99).

die Patentinhaber bei den Verhandlungen mit dem deutschen Militär-Bevollmächtigten nicht ernsthaft bemüht hätten, den Verschluss auch dem Deutschen Reich zu verkaufen. Der Grund hierfür sei eine Verpflichtung der Patentinhaber gegenüber der französischen Regierung gewesen, welche die Geschützkonstruktion bereits erworben hatte. Darüber hinaus erhob der Kläger den Vorwurf, dass es die Patentinhaber unterlassen hätten, der Firma Friedrich Krupp ein Lizenzangebot zu unterbreiten. Dieses Unternehmen wäre aufgrund seiner guten Beziehungen zu den deutschen Behörden viel eher in der Lage gewesen, *„die Einführung des geschützten Verschlusses bei dem deutschen Artillerie-Material zu erwirken.“*[677] Zumindest wäre die Firma Friedrich Krupp in der Lage gewesen, das Produkt auch international abzusetzen. Endlich hob er noch einmal hervor, dass aufgrund von § 23 Abs. 3 PatG 1891 die Nichtigkeitsklage wegen Fristablaufs nicht mehr zulässig sei, so dass nur noch das Mittel der Patentzurücknahme bestünde, *„um die deutsche Industrie von der durch das Patent geschaffene Fessel zu befreien.* Die Patentinhaber bestritten die Vorwürfe des Klägers. Insbesondere sei eine Lizenz für den Export nicht erforderlich gewesen. Zudem hätte auch die Firma Friedrich Krupp kein Interesse an der Erfindung gezeigt.

Das Reichsgericht hob die Entscheidung des Patentamts vom 22. Dezember 1898 auf und gab der Klage in vollem Umfang statt. In seiner Begründung führte der Senat aus, dass der Zweck der Ausführungspflicht des § 11 Nr. 1 PatG 1891 sei, den inländischen Gewerbefleiß vor einem Missbrauch des Patents zu schützen. Der Regel nach könne daher von einem Missbrauch immer dann ausgegangen werden, wenn *„ein ausländischer Patentinhaber die Ausführung der geschützten Erfindung im Inlande, sei es im eigenen Betriebe, sei es durch Andere, völlig unterlässt.“* Es stellte weiter fest, dass es im Falle einer Nichtausführung Aufgabe des Patentinhabers sei darzulegen, dass ihn trotz aller ernstlicher und nachhaltiger Bemühungen keine Schuld treffe.

Bemerkenswert sind in diesem Zusammenhang die Ausführungen des Senats zu den „Entschuldigungsgründen“, die aufgrund ihrer abstrakten Formulierung einen richtungsweisenden Maßstab für zukünftige Entscheidungen darstellten. Entschuldigungsgründe sollten danach nur vorliegen, wenn entweder der Patentinhaber keine Abnehmer im Inland fand, ein Export aber ausgeschlossen war, oder aber, wenn die Möglichkeit eines solchen Absatzes zwar bestand, sich die inländische Industrie aber trotz Unterstützung weigerte, das patentierte Produkt im Inland herzustellen, eine eigene Fabrik im Inland für den Patentinhaber aber unzumutbar war.

---

677 RG v. 5. Juli 1899 (I 172/99).

Im Ergebnis stützte der Senat seine Entscheidung im konkreten Fall nur darauf, dass es den Patentinhabern nicht gelungen sei darzulegen, dass die Privatindustrie kein Interesse daran habe, den patentierten Verschluss, wenn nicht fürs Inland, so zumindest für den Export ins Ausland zu produzieren. Es verlangte damit, dass die Patentinhaber verpflichtet gewesen wären, mit der Firma Friedrich Krupp ernsthafte Lizenzierungsgespräche zu führen, und setzte damit das Interesse der Firma Friedrich Krupp mit dem öffentlichen Interesse gleich. Die Essenz der Entscheidung lautete daher: *„Konzentriert sich die inländische Industrie auf einem bestimmten Gebiete wesentlich in den Händen eines einzigen Fabrikanten, so fällt das öffentliche Interesse an der Hebung der inländischen Industrie mit dem Interesse dieses Fabrikanten zusammen und der Inhaber eines in dieses Industriegebiet fallenden Patentes, der einen eigenen Betrieb nicht eröffnen kann oder will, ist in solchem Falle allerdings dazu gedrängt, wegen der Ausführung der Erfindung mit diesem Fabrikanten in Verbindung zu treten."*[678]

Zu den weiteren Argumenten des Klägers nahm der Senat keine Stellung. Dass das Reichsgericht diese dennoch – wenn auch nicht schriftlich – in der Entscheidungsfindung berücksichtigte, lässt sich nur an einer Stelle im Urteil mutmaßen. Dort stellte es klar, dass nach *„der Gestaltung, welche die Sache in der Berufungsinstanz angenommen hat, (...) die angefochtene Entscheidung des Patentamts nicht aufrecht erhalten bleiben"* konnte.

b) Die Entscheidung vom 21. März 1900 (I 372/99)

Das kaiserliche Patentamt hatte auch in anderen Entscheidungen dem jeweiligen Kläger die Verpflichtung auferlegt, die Verletzung des öffentlichen Interesses zu belegen. Der späteren Überprüfung durch das Reichsgericht hielt eine solche Rechtsauffassung jedoch nicht stand. Beispielhaft hierfür ist u.a. die Entscheidung des Reichsgerichts vom 21. März 1900,[679] welche zudem die Tendenz bestätigte, dass das Reichsgericht das öffentliche Interesse weiter auslegte als das Kaiserliche Patentamt.

Die nicht veröffentliche Entscheidung des Reichsgerichts vom 21. März 1900 betraf zwei Patente[680] mit Neuerungen an *Vielfachumschaltern für Vermittlungsämter von Fernsprechanlagen,* nämlich Klinken, Stromschlussfedern, Ringe, Anrufklappen, Anker und Spulen. Kläger war der deutsche Zivilingenieur G. S. aus B., der die Zurücknahme der beiden Patente wegen unterlassener Ausführung

---

678 RG v. 5. Juli 1899 (I 172/99).

679 RG v. 21. März 1900 (I 372/99).

680 D.R.P. 67086 und das Zusatzpatent 70958.

im Inland anstrebte. Patentinhaberin war die bereits 1889 gegründete F. W. aus B., die deutsche „Filiale“ eines US-amerikanischen Herstellers von Fernsprechanlagen. Sie sollte Telefone für den deutschen Markt herstellen und vertreiben. Auch die Württembergischen und Königlich Bayrischen Postdirektionen hatten bei F. W. bestellt. Die Patentinhaberin lieferte jedoch Vielfachumschalter, bei denen die verwendeten Klappen und Klinken ausschließlich in den USA hergestellt wurden. In Deutschland wurden die Teile lediglich montiert. Den Import der Klinken und Klappen aus den USA begründete die Patentinhaberin damit, dass zu deren Herstellung teures Spezialwerkzeug notwendig sei, dessen Beschaffung sich bei der gegenwärtigen Auftragslage in Deutschland noch nicht gerechnet hätte. Zudem wäre es in der von den Postdirektionen geforderten Lieferfristen nicht möglich gewesen, die Teile im Inland herzustellen.

Das Kaiserliche Patentamt sah hierin eine ausreichende Ausführung der Erfindung im Inland, unabhängig davon, welchen Teil der Erfindung man tatsächlich als patentiert ansehen würde. Es wies die Klage ab und begründete dies zudem damit, dass der Nachweis der Verletzung der Interessen der deutschen Industrie nicht erbracht worden sei.

Das Reichsgericht teilte diese Auffassung nicht, hob die Entscheidung des Kaiserlichen Patentamts auf und gab der Klage statt. Zum einen wertete es die Klappen und Klinken als die wesentlichen Bestandteile der patentierten Erfindungen an den Vielfachschaltern, so dass damit auch der überwiegende Teil der Erfindung im Ausland hergestellt wurde und nicht im Deutschen Reich. Zum anderen hielt es die Entschuldigungsgründe der Patentinhaberin für den Import der Klappen und Klinken für nicht ausreichend. Wer ein Patent in Anspruch nehme, müsse auch dafür Sorge tragen, dass die Erfindung im geforderten Umfang ausgeführt werden könne. Die Schädigung der inländischen Industrie sah es durch den Import der Teile also ohne weiteres als gegeben an.

c) Die Entscheidungen vom 11. Februar und 8. April 1903 (I 291/02)

Ein Beschluss des Reichsgerichts vom 11. Februar 1903[681] und das im selben Verfahren ergangene Urteil vom 8. April 1903[682] sind von doppelter historischer Bedeutung. Zum einen handelt es sich um die ersten Entscheidungen des Reichsgerichts zu § 11 Nr. 2 PatG. Zum anderen begründete das Reichsgericht erstmals das öffentliche Interesse nicht nur mit volkswirtschaftlichen Vorteilen für die deutsche Industrie, sondern auch mit sozialpolitischen Belangen wie der Arbeitssicherheit.

---

681 RG Beschluss v. 11. Februar (I 291/02).
682 RG v. 8. April 1903 (I 291/02).

Die Entscheidung betraf eine patentierte Erfindung zum Pichen[683] und Entpichen von Holzbierfässern.[684] Während früher das heiße Pech über Trichter in die Fässer eingefüllt wurde, ermöglichte es das patentierte sog. Bernreuthersche Verfahren, das Pech mittels Druckluft über Rohrleitungen in das Fass zu füllen, wo es sodann mit einem besonderen Spritzkopf gleichmäßig im Fass verteilt wurde. Patentinhaber und Beklagter war der deutsche E. M.-D. aus M.. Die Klägerin, die Maschinenfabrik G. aus C. (vormals I. S. S. & S.), war Inhaberin eines zum Patent des Beklagten erteilten Zusatzpatents,[685] welches das automatische Pichen und Entpichen mehrerer Fässer gleichzeitig ermöglichte und dabei eine Trennung von Alt- und Neupech durchführte. Im Vordergrund stand hierbei zudem der unbedingte Schutz des jeweils bedienenden Arbeiters. Die Klägerin war an der Ausführung ihrer Zusatz-/ Verbesserungserfindung gehindert, da sich der Beklagte weigerte, ihr eine Lizenz am Hauptpatent zu erteilen, bzw. nur gegen eine Lizenzgebühr von 1.800 Mark pro Maschine, was nach Auffassung der Klägerin einer Verweigerung gleichkam.

Die Klägerin beantragte sodann, dem Beklagten nach § 11 Nr. 2 PatG 1891 aufzugeben, ihr gegen eine angemessene Vergütung und Sicherheitsleistung eine Lizenz am Hauptpatent zu erteilen, oder andernfalls das Patent zurückzunehmen.

Ein vom Kaiserlichen Patentamt beauftragter Sachverständiger kam zu dem Ergebnis, *„daß das Interesse der Brauereiindustrie durch die Nichtausführung des Patentes Nr. 108126 unbedingt berührt werde,“*[686] da das Zusatzpatent der Klägerin eine erhebliche Verbesserung gegenüber dem Hauptpatent darstellte. Ferner stellte er fest, dass auch das öffentliche Interesse insofern betroffen sei, *„als der durch den Apparat gewährte Schutz des Arbeiters von hohem Werte sei.“*[687] Trotz dieser Einschätzung wies das Kaiserliche Patentamt die Klage am 13. Januar 1902 zurück. Aus welchen Gründen dies geschah, lässt sich nicht mehr überprüfen. Das nicht veröffentlichte Original der Entscheidung des Patentamts wurde vernichtet.[688]

683 „Pichen“ ist die innere Behandlung von Holzbierfässern mit flüssigem Pech, um Poren und Fugen im Holz zu schließen.

684 D.R.P. 73906.

685 D.R.P. 108126.

686 Vgl. hierzu die Ausführungen des Reichsgerichts zur ersten Instanz, RG Beschluss v. 11. Februar (I 291/02).

687 Vgl. hierzu die Ausführungen des Reichsgerichts zur ersten Instanz, RG Beschluss v. 11. Februar (I 291/02).

688 Vgl. hierzu die Ausführungen in der Einleitung (S. 1ff.).

In der Berufungsinstanz bestritt der Beklagte insbesondere, dass an der Zusatzerfindung der Klägerin irgendein Interesse der Brauereiindustrie bestünde, „*da deren Bedürfnis durch die im Verkehr befindlichen Systeme vollkommen gedeckt werde.*" Ferner habe er sich gegenüber anderen Lizenznehmern unter einer Konventionalstrafe von insgesamt 1.500 Mark vertraglich verpflichtet, keine weiteren Lizenzen an Dritte zu erteilen. Zuzüglich eines Verdienstes von 300 Mark sei eine Lizenzgebühr von 1.800 Mark folglich gerechtfertigt.

Anders als das Kaiserliche Patentamt sah der I. Zivilsenat des Reichsgerichts alle Voraussetzungen des § 11 Nr. 2 PatG 1891 als gegeben an. Er begründete das öffentliche Interesse zum einen mit dem Interesse der Allgemeinheit an einem ungehemmten gewerblichen Fortschritt. „*Die Vorteile, welche das Patent gewährt, sollen zu Erfindungen auf gewerblichen Gebiete anspornen und anreizen; nicht aber darf das dem einzelnen gewährte Privileg dazu führen, die Entwicklungen der gewerblichen Technik hintanzuhalten und zu schädigen.*"[689] Dieses volkswirtschaftliche Argument für das Bestehen eines öffentlichen Interesses an der Ausführung der Zusatzerfindung untermauerte das Reichsgericht mit dem sozialpolitisch gewünschten Zugewinn einer höheren „*Sicherheit der im Brauereigewerbe beschäftigten Arbeiter*".[690] Das Reichsgericht stützte sich damit direkt auf die Ergebnisse des Sachverständigen, welche in erster Instanz vom Kaiserlichen Patentamt offensichtlich als noch nicht ausreichend für die Begründung des öffentlichen Interesses gewertet wurden.

Auch was die Verweigerung einer Lizenz aufgrund von vertraglichen Verpflichtungen des Beklagten gegenüber dritten Lizenznehmern betrifft, fand das Reichsgericht klare Worte: „*Keinesfalls konnte der Beklagte auf die Licenznehmer mehr Rechte übertragen, als er selbst besaß. Das ihm selbst durch die Patenterteilung gewährte Privileg bestand aber von vornherein nur innerhalb der durch das Patentgesetz gezogenen Schranken, zu welchen auch die Bestimmung des § 11 des Patentgesetzes gehört. Hat der Beklagte darüber hinaus Verpflichtungen übernommen oder Garantie geleistet, so kann dies den auf § 11 Ziffer 2 gestützten Anspruch der Klägerin nicht berühren. Durch die vertragsmäßigen Abmachungen des Beklagten mit Dritten können die gesetzlichen Grenzen des Patentrechts des Beklagten nicht zum Nachteil der Klägerin verschoben werden.*"[691]

Das Reichsgericht legte mit seinem Beschluss vom 11. Februar 1903 dem Beklagten die Erteilung einer Lizenz gegen eine Sicherheitsleistung von 20.000

689 RG Beschluss v. 11. Februar (I 291/02).
690 RG Beschluss v. 11. Februar (I 291/02).
691 RG Beschluss v. 11. Februar (I 291/02).

Mark und einer Lizenzgebühr von 350 Mark pro Apparat auf. Widrigenfalls würde das Patent Nr. 73906 zurückgenommen. Daraufhin einigten sich die Parteien auf die vom Senat vorgeschlagenen Lizenzbedingungen. Mit dem abschließenden Urteil des Reichsgerichts vom 8. April 1903 wurde die Entscheidung des Kaiserlichen Patentamts vom 13. Januar 1902 dahin abgeändert, dass der Antrag auf Zurücknahme wegen der Lizenzerteilung für erledigt erklärt und die Kosten des Rechtsstreits dem Beklagten auferlegt wurden.

d) Die Entscheidungen vom 1. April 1905 (I 590/04) und 27. Mai 1907 (I 554/06; I 555/06; I 556/06; I 557/06)

Die fünf Entscheidungen des I. Zivilsenats vom 1. April 1905[692] und vom 27. Mai 1907[693] sind in vielfacher Hinsicht von besonderer Bedeutung. Sie dokumentieren ein gezieltes – im Ergebnis aber erfolgloses – Vorgehen der deutschen Maschinenbau-Industrie gegen erfolgreiche ausländische Konkurrenz. Die Entscheidungen vom 27. Mai 1907 fallen aber auch deshalb auf, weil das Reichsgericht das öffentliche Interesse zur Begründung der Versagung des Zurücknahmebegehrens heranzog. Bisher wurde das öffentliche Interesse nämlich nur als Argument für eine Zurücknahme angeführt. Nur wenn ein solches Interesse nicht bestand, wurde die Zurücknahme abgelehnt.

Alle fünf Entscheidungen wurden durch drei deutsche Hersteller von Werkzeugmaschinen initiiert, die Maschinenfabrik M. AG aus F., die Maschinenfabrik U. GmbH aus L.-S. und die N. W. AG aus W.. Eine Ausnahme bildete lediglich das Verfahren vor dem Reichsgericht mit dem Az. I 556/06.[694] Dieses wurde nur durch die Maschinenfabrik M. AG aus F. und der Maschinenfabrik U. GmbH aus L.-S. angestoßen und nicht auch von der N. W. AG. In allen fünf Verfahren begehrten die Klägerinnen die Zurücknahme von Patenten nach § 11 Nr. 1 PatG 1891 im Bereich von Schuhfertigungsmaschinen.

Hintergrund war wieder ein Mietsystem, wonach die patentierten Fertigungsmaschinen an die Kunden lediglich vermietet, nicht aber verkauft wurden. Im Mittelpunkt stand hierbei die *Deutsche Vereinigte Schuhmaschinen Gesellschaft* (D.V.S.G.), eine Tochtergesellschaft der US-amerikanischen United Shoe Machinery Company (U.S.M.),[695] auf die im Laufe der Verfahren sämtliche Patente von den ursprünglichen Patentinhabern übertragen wurden. Die U.S.M. wiederum war ein Zusammenschluss einer der bedeutendsten US-amerikanischen

692 RG 1. April 1905 (I 590/04).
693 RG v. 27. Mai 1907 (I 554/06; I 555/06; I 556/06; I 557/06).
694 RG v. 27. Mai 1907 (I 556/06).
695 Siehe RG v. 27. Mai 1907 (I 554/06).

Schuhmaschinen-Unternehmen, der *International Goodyear Shoe Machinery Co.*, der *Consulated Hand Method Lasting Machine Co.* und der *Stanley Manufacturing Co.*[696] Die im Deutschen Reich patentierten Maschinen wurden allerdings nur an solche Kunden vermietet, die bereits die Hauptmaschine, eine „Doppelstich- und Einstechmaschine" aus dem „Good-Year-Weltsystem", über die D.V.S.G gemietet hatten.

aa) Die Entscheidung vom 1. April 1905

Die Klägerinnen wendeten sich erstmals im Jahre 1904 gegen eben dieses Vertriebssystem und begehrten die Zurücknahme eines Patents an einer Vorrichtung für Schuhwerk-Nähmaschinen zur Veränderung der Entfernung der Stiche vom Sohlenrande.[697] Nach ihrer Auffassung wurde die in Deutschland vertriebene Vorrichtung ausschließlich in den USA hergestellt. Zudem erfolgte der Vertrieb ausschließlich mietweise.

Wie sich im Rahmen der Verhandlung in erster Instanz herausstellte, waren tatsächlich erst nach Klageerhebung die ersten patentierten Vorrichtungen von der D.V.S.G. in Deutschland hergestellt worden. Sämtliche vorher vermieteten Apparate waren aus den USA importiert worden.

Dem Kaiserlichen Patentamt schienen die Ausführungshandlungen gleichwohl ausgereicht zu haben. Am 24. April 1904 wies es die Klage auf Zurücknahme des Patents zurück. Genauere Angaben zur Begründung dieser Entscheidung liegen heute leider nicht mehr vor. Die von den Klägern hiergegen eingelegte Berufung hatte Erfolg. Nach Auffassung des Reichsgerichts hatte der Patentinhaber keinerlei Ausführungshandlungen vorgenommen. Ausführungshandlungen, die erst nach der Erhebung einer Klage auf Zurücknahme des Patents erfolgten, sollten hierbei als verspätet keine Berücksichtigung mehr finden. Zudem äußerte es sich, wie bereits in einer vorherigen Entscheidung,[698] gegenüber dem Vertriebssystem mittels Miete äußerst kritisch: „*Die deutsche Industrie hat ein Interesse daran, daß Vorrichtungen, für welche ein Patent erteilt ist, durch entsprechende Ausführung im Inland den beteiligten Kreisen zugänglich gemacht werden. (...) Diesem Bedürfnis entspricht der Patentinhaber dann nicht, wenn er dasselbe zum Vorteil des Vertriebs anderer Maschinen, welche mit dem vorliegenden Patente an*

696 Hessisches Wirtschaftsarchiv, Abt. 135, Deutsche Vereinigte Schuhmaschinenfabrik GmbH, online abgerufen am 19. September 2013 unter www.hessischeswirtschaftsarchiv.de/bestaende /einzeln/0135.php.

697 D.R.P. 104556.

698 RG v. 11. Dezember 1886 (I 222/86), siehe hierzu bereits unter 3. Teil, C. II. 1. c. (S. 116 ff.).

und für sich nichts zu tun haben, ausbeutet, und die patentierte Vorrichtung nur den Mietern jener Maschinen zugänglich macht."[699]

bb) Die vier Entscheidungen vom 27. Mai 1907

Anfang 1906 klagten die Klägerinnen erneut gegen die gleichen Beteiligten und begehrten die Zurücknahme fünf weiterer Patente aus dem Bereich von Schuhfertigungsmaschinen.[700] Am zugrundeliegenden Sachverhalt hatte sich im Vergleich zur Reichsgerichtsentscheidung vom 1. April 1905[701] im Wesentlichen nur eines geändert: Die nunmehr von der D.V.S.G. vertriebenen Vorrichtungen und Maschinen waren jetzt allesamt im Inland hergestellt worden. Nach wie vor wurden diese aber ausschließlich vermietet, und zwar nur, wenn auch die Hauptmaschine bei der D.V.S.G. gemietet wurde.

Unter Bezugnahme auf die Entscheidung des Reichsgerichts vom 1. April 1905 gab das Kaiserliche Patentamt am 29. März 1906 allen Klagen statt und nahm die angefochtenen Patente zurück. Nach Auffassung des Patentamts erfüllte eine Vermietung dann nicht die Ausführungspflicht nach § 11 Nr. 1 PatG 1891, wenn diese nur einem ausgewählten Kreis zugänglich gemacht wurde, nämlich denen, welche bereits eine Hauptmaschine gemietet hatten. Der „*Genuß des durch die Erfindung erzielten Fortschrittes* [stünde] *nicht allen inländischen Interessenten, sondern nur einem beschränkten Kreise*" zur Verfügung.[702]

Das Reichsgericht teilte diese Auffassung jedoch nicht und revidierte damit – zumindest auf den ersten Blick – seine bisherige Auffassung[703] im Zusammenhang mit der ausschließlichen Vermietung von patentierten Erfindungen. Die vier Entscheidungen des Reichsgerichts vom 27. Mai 1907[704] fallen aber nicht nur wegen ihrer vermeintlich „neuen" Rechtsauffassung auf, sie haben überdies eine nahezu wortidentische Urteilsbegründung, obwohl sie formal nicht in einem Verfahren zusammengefasst wurden.

Nach Auffassung des Reichsgerichts bezog sich das Kaiserliche Patentamt zu Unrecht auf die Entscheidung des Senats vom 1. April 1905.[705] Was sich in der Entscheidung vom 1. April 1905 noch als eine grundsätzliche Rechtsauffassung

---

699 RG v. 1. April 1905 (I 590/04).

700 D.R.P. 105762; D.R.P. 85201; D.R.P. 87848; D.R.P. 95248; D.R.P. 102926.

701 RG v. 1. April 1905 (I 590/04).

702 PA v. 29. März 1906 (unveröffentlicht), siehe aber Bezugnahme hierauf in RG v. 27. Mai 1907 (I 554/06).

703 Siehe hierzu RG v. 11. Dezember 1886 (I 222/86) und RG v. 1. April 1905 (I 590/04).

704 RG v. 27. Mai 1907 (I 554/06; I 555/06; I 556/06; I 557/06).

705 RG v. 1. April 1905 (I 590/04).

zu Lasten einer beschränkten Vermietung las, wollte der Senat nunmehr anders verstanden wissen. Danach sollte die Rechtsauffassung nicht als „abstrakte Allgemeinheit“ verstanden werden, sondern im Lichte des damaligem Sachverhalts, wonach die vermieteten Patentvorrichtungen vorwiegend im Ausland hergestellt wurden.[706] Zwar sei als eine leitende Regel davon auszugehen, *„daß eine absichtliche Beschränkung des Bezugs auf besonders qualifizierte Interessenten nicht statthaft sei, weil eben dadurch dem zu beachtenden Allgemeinbedürfnisse der inländischen Industrie kein Genügen geschehen würde, so bedarf es doch im einzelnen Falle der besonderen Prüfung, ob nach der Gesamtheit der einschlagenden Verhältnisse diesem Bedenken ein entscheidendes Gewicht beizulegen sei.“*[707] Das Reichsgericht war nicht der Auffassung, dass ein solches Ungleichgewicht zu Lasten der inländischen Industrie bestand. Im Gegenteil: Es betrachtete das Mietsystem als eine nützliche Möglichkeit, *„den inländischen Bedarf in steigendem Maße wachzurufen“* und die teuren Maschinen einem breiteren Interessenskreis ohne größerem Investitionsaufwand zugänglich zu machen.[708] Ein weiterer Grund, der gegen die Einziehung der Patente und für das Mietsystem vom Reichsgericht berücksichtigt wurde, war das Interesse der inländischen Verbraucher an niedrigen Preisen, ein Aspekt, der bisher im Rahmen des „öffentlichen Interesses“ nur als Argument für die Zurücknahme eines Patents verwendet wurde. So führte das Reichsgericht hierzu aus: *„Das konsumierende Publikum ist vor allem daran interessiert, daß die Einführung des Maschinenbetriebs in die heimische Schuhindustrie rasch und in möglichst großem Umfange erfolge, damit es die Vorteile der neuen Herstellungsweise, insbesondere die größere Billigkeit der hergestellten Ware, zu genießen bekomme.“*

Die Urteile des Reichsgerichts vom 27. Mai 1907 zeigen eindrucksvoll die Ausweitung des Begriffs des öffentlichen Interesses. Während zuvor fast ausschließlich das öffentliche Interesse mit den Interessen der einheimischen Industrie gleichgesetzt wurde, spielten in dieser Beurteilung auch andere Faktoren eine entscheidende Rolle. Hätte das Reichsgericht das öffentliche Interesse ausschließlich im Lichte der inländischen Werkzeugmaschinenindustrie entschieden, wäre die Entscheidung sicher anders ausgefallen.

---

706 Urteilsbegründungen der RG Urteile v. 27. Mai 1907 (I 554/06; I 555/06; I 556/06; I 557/06).

707 Urteilsbegründungen der RG Urteile v. 27. Mai 1907 (I 554/06; I 555/06; I 556/06; I 557/06).

708 Urteilsbegründungen der RG Urteile v. 27. Mai 1907 (I 554/06; I 555/06; I 556/06; I 557/06).

e) Die Entscheidung vom 28. März 1908 (I 511/07)

In die Reihe der Entscheidungen zu Nähmaschinenpatenten fügt sich auch das Urteil des Reichsgerichts vom 28. März 1908[709] ein. Wie in den vorangegangenen Entscheidungen in diesem Bereich, begehrte auch in diesem Verfahren ein deutscher Hersteller für Nähmaschinen, die Firma B. N. B & R aus B., die Zurücknahme eines Patents auf einen rotierenden Fadenaufnehmer für Nähmaschinen.[710] Patentinhaberin war die S. Co Nähmaschinen AG aus H., eine deutsche Tochtergesellschaft eines großen US-amerikanischen Nähmaschinenherstellers.

Der Vorwurf der Klägerin ging dahin, dass das Patent im Inland nie richtig ausgeführt worden sei. Die von der Beklagten hergestellten Nähmaschinen mit umlaufenden Fadenaufnehmern seien alle nach anderen Patenten der Beklagten hergestellt worden, nicht aber nach dem streitgegenständlichen. Die Beklagte hingegen war der Auffassung, nichts unversucht gelassen zu haben, die Ausführung im Inland zu sichern. Die Muttergesellschaft der Beklagten hatte bereits vor Ablauf der Drei-Jahres-Frist nach § 11 Satz 1 PatG 1891 in Wittenberge an der Elbe eine große Fabrik errichtet, in der auch Spezialwerkzeug für das streitbefangene Patent angefertigt wurden. Die tatsächliche Herstellung der rotierenden Fadenaufnehmer erfolgte allerdings – wenn auch nur in kleinem Umfang – erst nach Erhebung der Zurücknahmeklage. Die Beklagte begründete dies mit einem Mangel an Nachfrage im deutschen Markt und einem neuen Patent, welches die Anforderungen der Kunden besser erfüllte. Zumindest aber hätte die Klägerin selbst mit der eigenen Herstellung eines rotierenden Fadenaufnehmers das streitige Patent verletzt.

Das Reichsgericht bestätigte in seiner Entscheidung vom 28. März 1908 das Urteil des Kaiserlichen Patentamts vom 21. Februar 1907 und nahm das Patent zurück. Nach seiner Auffassung war der Patentinhaber seiner Ausführungspflicht nicht ausreichend nachgekommen. Obwohl technische Vorbereitungshandlungen im Grundsatz ausreichten, um den Anforderungen des Gesetzes gerecht zu werden,[711] sah der Senat in diesem Fall keinen ernsthaften Willen des Patentinhabers, die patentierte Erfindung tatsächlich auszuführen. Dies führte er insbesondere darauf zurück, dass er nicht einmal versucht hatte, die Klägerin an der vermeintlich patentverletzenden Herstellung von rotierenden Fadenaufnehmern zu hindern. Zudem belege gerade die Tatsache, dass die Klägerin derartige Fadenaufnehmer herstelle, dass ein Bedarf im Inland vorhanden sei. Im Ergebnis

---

709 RG v. 28. März 1908 (I 511/07).

710 D.R.P. 139183.

711 Siehe hierzu erstmalig RG v. 6. Mai 1891 (132/91).

gebiete es das öffentliche Interesse, auch gegebenenfalls überholte Patente zurückzunehmen, „*wenn sie der Weiterentwicklung der Industrie im Wege stehen.*“[712]

f) Die Entscheidung vom 20. November 1909 (I 569/08)

Die Entscheidung des Reichsgerichts vom 20. November 1909 nimmt eine herausragende Stellung in seiner Rechtsprechung zu § 11 PatG ein. Nicht nur in juristischen Fachkreisen rief diese Entscheidung ein erhebliches Echo hervor. Auch die inländische Industrie äußerte vielfach ihren Unmut gegen den Prozessausgang.[713] Grund hierfür war allerdings hauptsächlich das mittlerweile in Kraft getretene Deutsch-amerikanische Abkommen vom 23. Februar 1909.[714] Das Urteil trug nicht zuletzt zur vorgezogenen Gesetzesreform vom 6. Juni 1911[715] in besonderem Maße bei.

Den Anfang machte ein Patentzurücknahmeantrag eines deutschen Herstellers von Registrierkassen – der Maschinenfabrik S. & S. AG aus C. – der sich gegen vier Patente[716] mit Neuerungen an Registrierkassen wendete. Die Patente waren eingetragen auf die National C. R. Company, eine GmbH mit Sitz in Berlin. Es handelte sich hierbei um die deutsche Tochtergesellschaft der The National C. R. Company aus D., einem US-amerikanischen Hersteller von Registrierkassen.

In erster Instanz kam das Kaiserliche Patentamt zu dem Ergebnis, dass keine der vier patentierten Erfindungen im Inland hergestellt, sondern lediglich aus den USA importiert wurden. Am 11. Mai 1908 nahm es daher nach § 11 Nr. 1 PatG 1891 alle vier Patente zurück. Gegen diese Entscheidung wendete sich die Patentinhaberin mit ihrer Berufung.

Noch vor Anberaumung der mündlichen Verhandlung vor dem Reichsgericht übertrug die Patentinhaberin am 25. Mai 1909 alle vier Patente auf ihre US-amerikanische Muttergesellschaft. Nur wenige Tage zuvor, am 13. Mai 1909, hatte der Reichstag dem am 23. Februar 1909 zwischen dem Deutschen Reich und den USA abgeschlossenen Abkommen über die „gegenseitige“ Aufhebung des Ausübungszwangs zugestimmt.[717] Nach Mitteilung des Patentamts vom 15. November 1909 war jedoch eines der angefochtenen Patente (D.R.P. 102501) wegen

712 RG v. 28. März 1908 (I 511/07).

713 Siehe hierzu bereits unter 1. Teil, D. II. (S. 51 ff.).

714 RGBl. 1909, S. 895–897; siehe hierzu bereits unter 1. Teil, D. II. (S. 51 ff.).

715 Siehe hierzu vertiefend unter 1. Teil, D. II. (S. 51 ff.).

716 D.R.P. 102501, 119260, 119155 und 141833.

717 StenBer-RT, 12. Leg., I. Sess., Bd. 236, 1909, 256. Sitzung v. 13. Mai 1909, S. 8410 ff.; Drucks-RT 1909, Nr. 1377; RGBl. 1909, S. 895–897; siehe hierzu auch bereits unter 1. Teil, D. II. (S. 51 ff.).

Nichtzahlung der Patentgebühren erloschen. Auf ein weiteres (D.R.P. 141833) hatte die Patentinhaberin freiwillig verzichtet.

Hinsichtlich dieser beiden Patente erklärten die Parteien den Rechtsstreit für erledigt. Was die beiden übrigen angefochtenen Patente (D.R.P. 119155, 119260) betraf, hob das Reichsgericht die Zurücknahme der Patente auf. Zwar hatte das Kaiserliche Patentamt zu Recht die Patente nach § 11 Nr. 1 PatG zurückgenommen. Nach Inkrafttreten des Abkommens zwischen dem Deutschen Reich und den USA und der Umschreibung der streitbefangenen Patente auf die US-amerikanische Muttergesellschaft war jedoch nach Auffassung des Senats kein Platz mehr für eine Zurücknahme der Patente. Aufgrund von Art. I Satz 1 des Abkommens fand die Vorschrift des § 11 PatG 1891, wonach *„dem Patentinhaber unter Androhung der Verwirkung die Verpflichtung auferlegt* [wurde], *die Erfindung im Inlande in angemessenem Umfange zur Ausführung zu bringen,“* auf US-amerikanische Staatsbürger keine Anwendung. Hiervon begünstigt waren auch Gesellschaften mit Gesellschaftssitz in den USA.

Das Reichsgericht bejahte damit auch die Frage, ob das Abkommen auch auf einen *„bereits vor seinem Inkrafttreten anhängig gemachten Verwirkungsprozeß“* anzuwenden war, welcher bereits in erster Instanz zu einer Zurücknahme der Patente geführt hatte. In diesem Zusammenhang machte der Senat auch Rechtsausführungen zur grundsätzlichen Natur der Patentzurücknahmeklage, zu deren Zweck sowie zu dem hierfür erforderlichen „öffentlichen Interesse.“ Der Senat stellte klar, dass der Anspruch auf Zurücknahme eines Patents nach § 11 PatG kein Privatrecht beinhalte, sondern die Natur des Verfahrens in einer Popularklage läge, welche dem jeweiligen Antragsteller *„zur Wahrnehmung des allgemeinen, öffentlichen Interesses gegeben“* sei. Weiter führte das Reichsgericht aus: *„Die Frage, was hierbei als schutzwürdiges öffentliches Interesse anzuerkennen ist, kann an und für sich verschieden beantwortet werden. Man kann dabei den Gesichtspunkt in den Vordergrund rücken, daß das Patentwesen in erster Linie der nationalen Industrie dienen, sie fördern und durch vermehrte Arbeitsgelegenheit den heimischen Wohlstand heben soll. Man kann aber auch den Gesichtspunkt betonen, daß der freie internationale Austausch aller irgendwie erzielten technischen Fortschritte und der auf diesem Wege neu gewonnenen Erzeugnisse anzustreben sei.“*

Das Reichgericht betonte ferner, dass bei Verabschiedung des Abkommens mit den USA der internationale Austausch im Vordergrund gestanden hatte und dass daher die Interessen der nationalen Industrie zurücktreten müssten. Es stellte klar, dass mit dem Abkommen neue Gesichtspunkte zur Bestimmung des öffentlichen Interesses geschaffen wurden, welche es den Behörden verböten,

„gegenüber einem Angehörigen der Vereinigten Staaten den Schutz der deutschen nationalen Gütererzeugung als ein öffentliches Interesse" bei der Zurücknahme eines Patents als Argument anzuführen.

Zum Missfallen der nationalen Industrie[718] legitimierte das Reichsgericht mit diesem Urteil die Privilegierung der US-amerikanischen gegenüber den nationalen Unternehmen.

g) Die Entscheidung vom 22. April 1912 (I 141/11)

Die Entscheidung des Reichsgerichts vom 22. April 1912 war die erste des Senats im Zusammenhang mit einer Patentzurücknahme nach der Gesetzesreform vom 6. Juni 1911.[719] Interessant ist das Urteil jedoch nicht nur, weil mit der Gesetzesreform der strenge Ausführungszwang von patentierten Erfindungen im Inland im Grunde genommen abgeschafft worden war. Es unterscheidet sich auch deshalb von den bisher geführten Zurücknahmeverfahren, weil diese Klage vom Königlich Preußischen Fiskus selbst initiiert wurde. Dieser forderte die Zurücknahme eines Patents auf *„Verfahren und Vorrichtung zur Herstellung konischer oder abgesetzter Gegenstände aus Ambroid u. dergl."*[720] Zunächst stütze er sich auf den (alten) § 11 Nr. 1 PatG 1891, in der Berufungsinstanz dann auf § 11 Abs. 2 PatG 1911. Patentinhaber war der österreichische Fabrikant E. S. aus W.

Dem Zurücknahmeverfahren war ein Patentverletzungsprozess zwischen denselben Parteien vorangegangen, den der Patentinhaber in erster Instanz für sich entscheiden konnte. Danach verletzte der Fiskus das mit dem Patentzurücknahmeverfahren angefochtene Patent. Der Fiskus legte jedoch Rechtsmittel gegen diese Entscheidung ein.[721]

Unstreitig hatte der Patentinhaber die patentierte Erfindung im Inland nie ausgeführt. Dieser erachtete deren Nichtausführung jedoch als entschuldigt, da er *„alles Erdenkliche getan habe, um die Ausführung seiner Erfindung im Inland in angemessenem Umfang zu sichern und gerade der Kläger die Ausführung der geschützten Erfindung hintertrieben und unmöglich gemacht habe."* Der

718 Siehe hierzu bereits unter 1. Teil, D. II. 1. (S. 51, 55 f.).

719 Siehe hierzu ausführlich unter 1. Teil, D. II. (S. 51 ff.).

720 D.R.P. 146431. Ambroid ist ein aus Schleifresten und kleinen Stücken von Bernstein künstlich hergestellter Pressbernstein.

721 Urteil des 10. Zivilsenats des Königlichen Kammergerichts vom 6. Dezember 1911, vgl. RG v. 22. April 1912 (I 141/11). Wie der Patentverletzungsprozess ausging, ist unklar, da zum Zeitpunkt der Entscheidung des RG in der Zurücknahmesache das Berufungsgericht noch nicht im Patentverletzungsprozess entschieden hatte. Hierauf kam es im Ergebnis aber nicht an.

Patentinhaber hatte tatsächlich mehrere Male vergeblich versucht, der Klägerin, welche mit den Königlichen Bernsteinwerken das einzige Unternehmen im Deutschen Reich war, das die Erfindung nutzen konnte, das streitbefangene Patent zu lizenzieren bzw. zu verkaufen. Zudem versagte der Kläger als einziger Bernsteinlieferant im Deutschen Reich den Verkauf von Bernstein an den Patentinhaber, so dass die Errichtung einer eigenen Fabrik nicht möglich war. Der Kläger entgegnete hierauf, dass die Königlichen Bernsteinwerke eine wichtige Einnahmequelle Preußens seien, deren Einkünfte weder geschmälert noch gefährdet werden dürften. Darum dürfe er keine Konkurrenz in Deutschland dulden. Es läge insbesondere *„nicht im öffentlichen Interesse, daß neben den Königlichen Bernsteinwerken eine zweite Ambroidfabrik im Reiche gegründet werde."*

Das Kaiserliche Patentamt wies die Klage mit seiner Entscheidung vom 1. Dezember 1910 zurück.[722] Anders als erwartet, begründete es dies nicht damit, dass der Patentinhaber alles Erdenkliche getan hatte, um die Ausführung zu sichern. Das Kaiserliche Patentamt befand bereits das öffentliche Interesse an der Zurücknahme des Patents als nicht gegeben. Dies erscheint um so erstaunlicher, als die Königlichen Bernsteinwerke auf dem *„Gebiete der Bernsteinbearbeitung im Inlande eine Monopolstellung"* einnahmen und deshalb mit ihrem Interesse auch das öffentliche Interesse verkörpert wurde.[723] Das Kaiserliche Patentamt wertete das öffentliche Interesse allerdings als *„das Interesse der deutschen Industrie an der Ausführung des Patents 146431"*,[724] welches aus Sicht des Fiskus offensichtlich nicht bestand. Es sah das Interesse des Klägers vielmehr darin, *„dem schwebenden Prozesse wegen Verletzung des Patents 146431 durch erfolgreiche Durchführung des vorliegenden Verfahrens zu begegnen und für die Zukunft vor dem Vorwurfe der Patentverletzung gesichert zu sein."*[725] Darin sah das Kaiserliche Patentamt aber kein öffentliches Interesse, das eine Zurücknahme zum Wohle der Allgemeinheit gerechtfertigt hätte.

In der Berufungsinstanz vor dem Reichsgericht wurde von den Parteien kaum Neues vorgetragen. Der Fiskus hielt die Voraussetzungen zur Patentzurücknahme auch nach der Gesetzesänderung vom 6. Juni 1911 für gegeben. Insbesondere läge der *„gewinnreiche fiskalische Betrieb der Bernsteinwerke in Palmnicken und Königsberg"* im öffentlichen Interesse, *„und da dieser Betrieb durch den vom Beklagten begonnenen Rechtsstreit wegen Patentverletzung geschädigt werde, sei*

722 PA v. 1. Dezember 1910, BArch R3002/Zivilsenate/355.
723 PA v. 1. Dezember 1910, BArch R3002/Zivilsenate/355.
724 PA v. 1. Dezember 1910, BArch R3002/Zivilsenate/355.
725 PA v. 1. Dezember 1910, BArch R3002/Zivilsenate/355.

die Zurücknahme des Patents auszusprechen.“[726] Der Patentinhaber trug lediglich vor, dass ihm zumindest die patentverletzende Ausführung der Erfindung durch den Kläger zugerechnet werden müsse.

Mit seinem Urteil vom 22. April 1912[727] bestätigte das Reichsgericht die Entscheidung des Kaiserlichen Patentamts vom 1. Dezember 1910. Der Senat sah auch nach dem neuen § 11 Abs. 2 PatG 1911 die Voraussetzungen der Patentzurücknahme als nicht gegeben an. Zwar war auch unter den Voraussetzungen des § 11 Abs. 2 PatG 1911 unstreitig die Ausführung der Erfindung ausschließlich außerhalb des Deutschen Reiches und seiner Schutzgebiete erfolgt. Das Reichsgericht sah aber gleichwohl, wie schon das Kaiserliche Patentamt, das öffentliche Interesse an einer Zurücknahme des Patents für nicht gegeben. Denn nach dem eigenen Vortrag des Klägers hätte er an der Ausführung des Patents im Inland kein Interesse gehabt. Da aber *„auf dem Gebiete der Fabrikation von Bernstein und Ambroidwaren die inländische deutsche Industrie sich im wesentlichen in den Händen des Klägers“* befand, bestand damit auch kein öffentliches Interesse an der Zurücknahme des Patents.

Neben dem fehlenden öffentlichen Interesse begründete das Reichsgericht seine Entscheidung auch damit, dass der Patentinhaber an der fehlenden Ausführung seiner Erfindung innerhalb des Deutschen Reiches keine Schuld habe. Das Gericht berief sich hierzu auf die *Internationale Übereinkunft zum Schutze des gewerblichen Eigentums vom 20. März 1883,*[728] der sowohl das Deutsche Reich als auch Österreich-Ungarn beigetreten waren. Nach Nr. 3b des Schlussprotokolls sollte *„der Verfall eines Patentes in jedem Lande nur dann ausgesprochen werden können, wenn der Patentinhaber rechtfertigende Gründe für seine Untätigkeit nicht dartut.“* Ein derartiges Verschulden konnte dem Patentinhaber jedoch nicht zur Last gelegt werden. Nach Auffassung des Reichsgerichts hatte der Patentinhaber durch die verschiedenen Lizenz- bzw. Verkaufs-Angebote gegenüber dem Kläger ausreichende Anstrengungen unternommen, das Patent zur Ausführung zu bringen.

Die Bezugnahme auf die PVÜ war notwendig geworden, da der neue § 11 Abs. 2 PatG 1911 im Gegensatz zur alten Fassung des § 11 Nr. 1 PatG 1891 den Entschuldigungstatbestand nicht mehr enthielt.[729]

---

726 RG v. 22. April 1912 (I 141/11).

727 RG v. 22. April 1912 (I 141/11).

728 In der Fassung der Brüsseler Zusatzakte vom 14. Dezember 1900, RGBl. 1903, S. 148, 167. Die Übereinkunft trat für das Deutsche Reich am 1. Mai 1903 in Kraft; siehe oben 3. Teil, A. II. 2. (S. 91 f.).

729 Hierzu bereits ausführlich oben 3. Teil, A. II. 2. (S. 91 f.); 1. Teil, D. II. (S. 51 ff.).

h) Die Entscheidung vom 3. März 1913 (I 227/12)

Ein weiterer Fall der Beteiligung des Fiskus in einem Verfahren nach § 11 PatG dokumentiert die Entscheidung des Reichsgerichts vom 3. März 1913, in der der deutsche Marinefiskus als Kläger und Nebenintervenient des deutschen Rüstungsunternehmens F. K. AG aus E. agierte. Beklagt war ein US-amerikanisches Rüstungsunternehmen, die E. B. Company aus N.-Y. Die beiden Kläger hatten bereits 1910 eine Entscheidung des Kaiserlichen Patentamts gegen die Beklagte erwirkt, mit der dieser nach § 11 Nr. 2 PatG 1891 aufgegeben wurde, *„den Klägern die Erlaubnis zur Benutzung der durch das Patent 133607 unter Schutz gestellten Erfindung gegen eine Gebühr von 5000 M für jedes Ausstoßrohr binnen einer Frist von drei Monaten nach Zustellung des Beschlusses zu erteilen, widrigenfalls das Patent 133607 (…) zurückgenommen werde.“*[730]

Nach Inkrafttreten der Patentnovelle vom 6. Juni 1911 stießen die Kläger ein zweites Verfahren nach nunmehr § 11 Abs. 1 PatG 1911 gegen die Beklagte an. Sie begehrten die Erteilung einer Zwangslizenz gegen eine Vergütung von nur noch 500 Mark pro Ausstoßrohr, hilfsweise *„gegen eine vom Patentamt für angemessen gehaltene Vergütung.“* Mit seinem Urteil vom 23. Februar 1912 wies das Kaiserliche Patentamt die Klage ab, weil die Kläger nicht bereit gewesen seien, eine angemessenen Vergütung zu zahlen. Gegen diese Entscheidung legten die Kläger Berufung ein – mit Erfolg.

Das Reichsgericht teilte die Auffassung des Kaiserlichen Patentamts nicht und hob dessen Entscheidung vom 23. Februar 1912 mit Urteil vom 3. März 1913 auf. Stattdessen erteilte es beiden Klägern eine Zwangslizenz gegen eine Vergütung von 4000 Mark pro Ausstoßrohr. In seiner Urteilsbegründung ging der Senat nicht auf die einzelnen Tatbestandsvoraussetzungen ein. Es stellte nur fest, dass sie *„unbedenklich zu bejahen“* seien.

i) Die Entscheidung vom 27. Juni 1913 (I 389/12)

In der Rechtsprechung zu § 11 PatG nimmt die Entscheidung des Reichsgerichts vom 27. Juni 1913 eine besondere Rolle ein. Der Senat nutzte diese Entscheidung, um sich ausführlich mit der Auslegung des Rechtsbegriffs des öffentlichen Interesses zu befassen und abstrakte Rechtsgrundsätze zum Umfang des öffentlichen Interesses aufzustellen.

Streitgegenstand war ein Patent der deutschen Firma T. G. aus E. für eine Vorrichtung und ein Verfahren zur Bearbeitung von Weißblechbüchsen zwecks

---

730 Vgl. RG v. 3. März 1913 (I 227/12).

späterer Entzinnung.[731] Dem Kläger, Dr. W. G. aus C., war ursprünglich ein Zusatzpatent[732] zum Patent der Beklagten erteilt worden. Da sich die Beklagte weigerte, dem Kläger gleichwohl gegen angemessene Vergütung und Sicherheitsleistung eine Lizenz am Hauptpatent zu erteilen, beantragte der Kläger zunächst die Zurücknahme des Hauptpatents nach § 11 Nr. 2 PatG 1891. Nachdem während des Verfahrens die Gesetzesnovelle vom 6. Juni 1911 in Kraft getreten war, stellte er seine Klage auf Erteilung einer Zwangslizenz nach § 11 Abs. 1 PatG 1911 um.

Das Kaiserliche Patentamt sprach dem Kläger daraufhin am 27. Juni 1912 eine Zwangslizenz gegen Vergütung und Sicherheitsleistung zu. Gegen diese Entscheidung legte die Patentinhaberin Berufung ein. Noch bevor das Reichsgericht in dieser Sache entschied, wurde das Zusatzpatent des Klägers in einem gesonderten Verfahren durch Urteil des Reichsgerichts vom 17. März 1913 für nichtig erklärt. Nach Auffassung des Reichsgerichts wurde der Entscheidung des Kaiserlichen Patentamts vom 27. Juni 1912, das seine Entscheidung ausschließlich auf das öffentliche Interesse an der Ausführung einer Verbesserungserfindung gestützt hatte, mit der Nichtigkeit des Zusatzpatents die Grundlage entzogen.[733]

Das Reichsgericht ließ es damit aber nicht bewenden. Es prüfte darüber hinaus, *„ob die Erteilung einer Zwangslizenz aus anderen Gründen im öffentlichen Interesse geboten“* erschien. Hierzu ging es dem Vorwurf des Klägers nach, die Patentinhaberin habe durch eine Monopolstellung das öffentliche Interesse geschädigt. Zur Auslegung des Begriffs des öffentlichen Interesses und für den Zweck des § 11 PatG nahm es die Gesetzesmaterialien und Protokolle *„zur Richtschnur.“* Der Senat kam danach zu dem Ergebnis, dass eine tatsächliche Monopolstellung des Patentinhabers nicht zwangsläufig zu einer Verletzung des öffentlichen Interesses führe. Von einer Beeinträchtigung des öffentlichen Interesses könne erst dann ausgegangen werden, wenn *„besondere Umstände“* hinzuträten. Dies wäre namentlich dann der Fall, *„wenn der Patentinhaber die ihm durch § 4 des Patentgesetzes verliehenen ausschließlichen Rechte mißbrauchte, die Erfindung der Allgemeinheit vorzuenthalten, oder es ihm wenigstens nicht gelänge, die berechtigten Bedürfnisse des inländischen Marktes in ausreichendem Maße zu befriedigen.“*[734] Weiter führte es aus, dass das öffentliche Interesse auch dadurch geschädigt werden könne, wenn *„der Patentinhaber seine Rechte in einer das billige Maß überschreitenden Weise ausbeute“*, z.B. durch *„die Versagung*

731 D.R.P. 181876.

732 D.R.P. 212173.

733 RG v. 27. Juni 1913 (I 389/12).

734 RG v. 27. Juni 1913 (I 389/12).

einer Lizenz zur Ausübung einer bahnbrechenden Erfindung", welche den Bestand eines ganzen Industriezweiges gefährden könnte. Es stellte damit klar, dass der allgemeine Rechtssatz, *„daß es gegen die guten Sitten verstoße, wenn der Inhaber einer Monopolstellung seine Macht dazu mißbrauche, andere unbillige und unverhältnismäßige Bedingungen vorzuschreiben*" auch im Patentrecht gelte. Es warnte jedoch eindringlich davor, vorschnell von einem missbräuchlichen Ausnutzen des Patentrechts auszugehen.[735] Dem Patentinhaber stünde schließlich *„für seine Erfindung und den mit ihr verknüpften Aufwand an Mühen, Gefahr und Kosten ein gebührender Lohn*"[736] zu.

Unter Anwendung dieser Grundsätze war das Reichsgericht in diesem Fall nicht der Auffassung, dass der Patentinhaber seine Monopolstellung unbillig ausgenutzt habe. Mit dem Urteil vom 27. Juni 1913 hob der Senat daher die Entscheidung des Kaiserlichen Patentamts vom 27. Juni 1912 auf.

j) Die Entscheidung vom 20. September 1913 (I 313/12)

Das Urteil des Reichsgerichts vom 20. September 1913[737] fällt zwar nicht wegen seines besonderen Sachverhalts oder dessen rechtlicher Beurteilung auf. Es ist aber, seit Inkraftreten der Gesetzesnovelle von 6. Juni 1911 einer der wenigen Fälle eines Patentzurücknahmeantrages, den das Reichsgericht auch nach 1911 noch zu entscheiden hatte.

Zurückgenommen werden sollte ein patentiertes *„Verfahren zur Umwandlung ungesättigter Fettsäuren oder deren Glyzeride in gesättigte Verbindungen,*" welches auf die holländische Firma N. V. A. J. V. Fabrieken in O. eingetragen war. Der ursprüngliche Kläger,[738] der deutsche Fabrikbesitzer und Chemiker R. C. aus D., war der Auffassung, dass das Patent zurückgenommen werden müsse, da es nicht ausgeführt werden könne und in Deutschland auch noch nicht ausgeführt wurde. Tatsächlich aber hatten die Patentinhaberin und die vorherigen Inhaber des Patents das Verfahren bereits zunächst in England, später aber auch im Deutschen Reich zur Anwendung gebracht. Nachdem sich die Ausführung des Patents wegen technischer Schwierigkeiten und mangelnder Nachfrage im Inland zunächst etwas verzögerte, gründete der Beklagte im Jahre 1911 im Deutschen Reich eine eigenständige Gesellschaft und erwarb ein Grundstück, auf dem das Patent nunmehr industriell zur Anwendung kam.

---

735 RG v. 27. Juni 1913 (I 389/12).
736 RG v. 27. Juni 1913 (I 389/12).
737 RG v. 20. September 1913 (I 313/12).
738 Der Prozess wurde in der Berufungsinstanz von der Witwe des Klägers weiter geführt.

Sowohl das Kaiserliche Patentamt[739] als auch das Reichsgericht[740] wiesen den Zurücknahmeantrag des Klägers zurück. Sie waren der Auffassung, dass durch die Bemühungen der Patentinhaberin und der vorherigen Inhaber des Patents der Ausführungspflicht des deutschen Patentgesetzes ausreichend genüge getan wurde. Das Reichsgericht attestierte der Patentinhaberin sogar eine Förderung der inländischen Gewerbsamkeit, so dass ein öffentliches Interesse an der Zurücknahme des Patents nicht bestünde. Die Ausführungshandlungen seien zwar zum Teil etwas verspätet gewesen, die Patentinhaberin sei aber aufgrund der Umschreibungen des Patents und der technischen Schwierigkeiten entschuldigt gewesen. Damit wäre auch Nr. 3b des Schlussprotokolls zur PVÜ einschlägig, *„wonach der Verfall eines Patentes nur dann ausgesprochen werden könne, wenn der Patentinhaber Gründe für seine Untätigkeit nicht dartut.“*[741]

Das Urteil des Reichsgerichts vom 20. September 1913 zeigt somit die direkte Wirkung der Gesetzesnovelle vom 6. Juni 1911: eine erhebliche Lockerung der Ausführungspflicht einer patentierten Erfindung im Deutschen Reich.

k) Die Entscheidung vom 8. November 1913 (I 153/13)

Die Entscheidung des Reichsgerichts vom 8. November 1913 ist Ausdruck der der Zwangslizenz nach § 11 PatG 1911 zugedachten Funktion den inländischen gewerblichen Fortschritt zu fördern.

Dem Verfahren lag eine Auseinandersetzung um ein Patent an einem metallenen Gefäß für einen Gleichrichter für Wechselstrom zu Grunde.[742] Hierbei handelte es sich um einen Wandler, der insbesondere bei besonders großen Stromstärken Vorteile brachte. Patentinhaber war der US-Amerikaner C. H. aus N.-Y., Kläger der deutsche Professor E. H. aus F. a.M., ebenfalls Inhaber mehrerer Patente und Gebrauchsmuster im Bereich von Gleichrichtern. Unstreitig konnte der Kläger seine Patente nicht ausführen, ohne von der patentierten Erfindung des Beklagten Gebrauch zu machen. Er begehrte daher vom Patentinhaber, die Einräumung einer Lizenz an der patentierten Erfindung gegen eine angemessene Vergütung und Sicherheitsleistung. Der Patentinhaber verweigerte diese jedoch, da er der Auffassung war, das abhängige Patent des Klägers *„sei keineswegs von so bahnbrechender Bedeutung, daß man annehmen könne, durch sie sei erst der Weg zur praktischen Ausführung des Gleichrichters großer Leistungen gegeben.“* Zudem hielt er den Kläger für nicht befähigt, das Patent auszuführen,

739 PA v. 29. April 1912.

740 RG v. 20. September 1913 (I 313/12).

741 RG v. 20. September 1913 (I 313/12).

742 D.R.P. 157642.

da der Kläger – was unstreitig der Fall war – keine eigene Fabrik zur Herstellung von Gleichrichtern hatte.

Das Kaiserliche Patentamt teilte diese Auffassung und wies die Klage mit seinem Urteil vom 6. Februar 1913 zurück. Anders entschied hingegen das Reichsgericht. Mit Urteil vom 20. September 1913 hob es die Entscheidung des Kaiserlichen Patentamts auf und erteilte dem Kläger gegen angemessene Vergütung und Sicherheitsleistung eine Zwangslizenz.

In der Berufungsinstanz hatte der Beklagte vorgetragen, dass der Kläger mit seinem Patent einen ganz anderen – aus seiner Sicht weniger erfolgversprechenden – Weg bestreite als er, um Lösungen für die technischen Aufgaben der Metall-Großgleichrichter zu finden. Nicht zuletzt aufgrund dieser Ergänzung hielt das Reichsgericht eine Zwangslizenz für im öffentlichen Interesse zwingend geboten.

Wie bereits das Patentamt beurteilte auch das Reichsgericht das Patent des Beklagten als eine Art *„Pioniererfindung.“* Hieraus schlussfolgerte es jedoch: *„Je bedeutender aber eine Erfindung ist, um so größeres Interesse hat die Allgemeinheit daran, daß die Erfindung technisch durchgebildet, vervollkommnet und dadurch ihr Anwendungsgebiet erweitert wird.“* Die Tatsache, dass der Kläger mit seinen Patenten auch zu Lösungen auf dem Gebiet von Metall-Gleichrichtern gekommen sei, zeige, *daß ein wichtige technische Fortschritte einschließendes Ziel auf verschiedenen Wegen angestrebt wird und daß brauchbare Erfolge auf beiden Wegen erwartet werden dürfen. Auf welcher Seite der überragende Erfolg errungen werden wird, ist eine Frage der Zukunft.“*

Auch den Einwand des Beklagten, der Kläger sei mangels einer Fabrik nicht in der Lage, das Patent selbst auszuführen, hielt das Reichsgericht für unerheblich. Zwar sei die Zwangslizenz eine ausschließliche Lizenz, welche der Lizenznehmer selbst ausnutzen müsse und keine Unterlizenzen erteilen könne. Ebenso wie der Patentinhaber könne sich aber auch der Lizenznehmer *„fremder Werkstätten“* bedienen, um die Erfindung zur Ausführung zu bringen.

Das Reichsgericht machte mit diesem Urteil seine Prioritäten deutlich. Dem allgemeinen technischen Fortschritt kam ein höherer Stellenwert zu als dem individuellen Patentschutz.

l) Die Entscheidungen vom 18. Oktober 1916 (I 45/16, I 46/16)

Die Anforderungen an die Gewährung einer Zwangslizenz, variierten über die Jahre. Insbesondere bei den frühen Entscheidungen scheint es, dass ein Mehrwert für die Allgemeinheit bereits ausreichte, um die Erteilung zu rechtfertigen.

Ein Beispiel sind die Urteile des Reichsgerichts vom 18. Oktober 1916,[743] die zudem ein Beleg dafür sind, dass bereits zu einem sehr frühen Zeitpunkt Lochkartenmaschinen – die als Vorläufer der heutigen Computer gelten – als eine entscheidende Erfindung gewertet wurden. Zum Wohle der Allgemeinheit sollten sie eine möglichst weite Verbreitung erfahren.

In beiden Entscheidungen vom 18. Oktober 1916 begehrte die Klägerin, die D. G. für Addier- und Sortiermaschinen mbH aus B., Zwangslizenzen an Patenten im Zusammenhang mit Neuerungen an Lochkartenmaschinen.[744] Der Patentinhaber, der US-Amerikaner H. H. aus R., war ein direkter Konkurrent der Klägerin. Während jedoch der Beklagte elektronische Lochkartenmaschinensysteme vertrieb, entwickelte der Kläger ein mechanisches System, das auch im deutschen Kriegsministerium Verwendung fand.[745]

Das Kaiserliche Patentamt sprach der Klägerin mit seinen Urteilen vom 21. Dezember 1915[746] für beide Patente Zwangslizenzen gegen Vergütung und Sicherheitsleistung zu. Nachdem der Beklagte gegen beide Entscheidungen Berufung eingelegt hatte, erlosch das ein Patent wegen Zeitablaufs noch im Berufungsverfahren, so dass das Reichsgericht hinsichtlich des D.R.P. 139022 nur noch über die Kosten zu entscheiden hatte. Dies führte aber indirekt auch zur (kursorischen) Prüfung der Begründetheit der Klage.

Das Reichsgericht bestätigte mit seinen Entscheidungen vom 18. Oktober 1916[747] die Erteilung der Zwangslizenzen und äußerte sich hinsichtlich des öffentlichen Interesses pragmatisch und kurz: *„Was das öffentliche Interesse an der Erteilung der Zwangslizenz anlangt, so genügt es, mit dem Patentamte festzustellen, daß es sich auch bei den P.-Maschinen um Erfindungen handelt, die für die Allgemeinheit erheblichen Nutzen bringen.“*[748] Es betonte, dass demzufolge eine Erfindung wie die des Beklagten, welche bei Nichterteilung einer Lizenz die Entwicklung des Systems der Klägerin hemmen würde, dem Interesse der Allgemeinheit widerspräche. Das dem Beklagten erteilte Patent dürfe nicht dazu führen, dass die Einführung von statistischen Maschinen gehemmt werde. Vielmehr sei *„der Entfaltung eines lauteren Wettbewerbes zwischen den beiden Systemen die Bahn frei zu machen.“*

743 RG v. 18. Oktober 1916 (I 45/16 und I 46/16).
744 D.R.P. 139022, 228316.
745 *Pleitgen,* Die Entwicklung, S. 85.
746 PA v. 21. Dezember 1915 zu D.R.P. 228316, PMZ 1917, S. 40.
747 RG v. 18. Oktober 1916 (I 45/16, I 46/16).
748 RG v. 18. Oktober 1916 (I 46/16).

m) Die Entscheidung vom 17. November 1917 (I 336/17)

Die Entscheidung des Reichsgerichts vom 17. November 1917[749] ist eine Grundsatzentscheidung zu Zwangslizenzen, die bis zum Ende des Reichsgerichts im Jahre 1945 bestand hatte.[750]

Sie betraf nicht direkt die Ausgestaltung des öffentlichen Interesses, sondern die praktische Durchsetzung einer im öffentlichen Interesse gebotenen Zwangslizenz. Hintergrund war die bisherige rechtliche Beurteilung von Sachverhalten mit behaupteten Verbesserungspatenten. Nach dieser Rechtsauffassung sollte die Feststellung der Abhängigkeit beider Patente eine Voraussetzung der Erteilung einer Zwangslizenz sein. In einem separaten Patentverletzungsprozess sollte daher zunächst verbindlich festgestellt werden, ob das vermeintliche „Verbesserungspatent" des Antragstellers tatsächlich vom „Hauptpatent" des Patentinhabers abhängig war, d.h. durch Ausführung des „Verbesserungspatents" tatsächlich das „Hauptpatent" verletzt wurde. Das Zwangslizenzverfahren wurde so bis zur rechtskräftigen Entscheidung im Patentverletzungsprozess ausgesetzt. Dies konnte mitunter mehrere Jahre dauern.[751]

Hierdurch sollte verhindert werden, dass über das selbe Patent zwei unterschiedliche Urteile zur Abhängigkeit ergingen. Stellte sich nämlich im Patentverletzungsprozess heraus, dass keine Patentverletzung und damit keine Abhängigkeit vorlag, so bestand kein Bedarf mehr an einer Zwangslizenz, da die Ausführung des vermeintlichen „Verbesserungspatents" auch ohne Lizenz, d.h. ohne Verletzung des vermeintlichen „Hauptpatents", erfolgen konnte. Hatte aber zuvor der Lizenzsuchende im Zwangslizenzprozess das Abhängigkeitsverhältnis förmlich anerkannt, so konnte dies im Patentverletzungsprozess gegen ihn verwandt werden. Oder aber, der Zwangslizenznehmer hätte unter Umständen eine Lizenzvergütung zahlen müssen, obwohl sich später im Patentverletzungsprozess herausstellte, dass die Erfindung des Zwangslizenznehmers das Hauptpatent überhaupt nicht verletzte.

Diese Situation hielt das Reichsgericht für nicht praktikabel. Mit seiner Entscheidung vom 17. November 1917[752] beseitigte es diesen Missstand, indem es von nun an die behauptete Abhängigkeit im Zwangslizenzverfahren grundsätzlich unterstellte. Die Abhängigkeit war so keine zu belegende Tatsache mehr,

---

749 RG v. 17. November 1917 (I 336/17).

750 Vgl. u.a. RG v. 30. November 1929 (I 76); RG v. 31. Mai 1930 (I 236/27); RG v. 25. November 1931 (I 352/30); RG v. 24. Januar 1934 (I 37/33); RG v. 8. Juli 1936 (I 26/36); RG v. 1. Februar 1938 (I 173/36, I 174/36).

751 Siehe hierzu auch *Mittelstaedt*, GRUR 1916, S. 305, 310.

752 RG v. 17. November 1917 (I 336/17).

so dass das Verfahren nicht für den Patentverletzungsprozess ausgesetzt werden musste. Eine untunliche Verzögerung der Erteilung einer im öffentlich Interesse gebotenen Zwangslizenz konnte so vermieden werden. Zudem sollte der Zwangslizenznehmer durch eine Zwangslizenz nicht verpflichtet werden, das Patent zu verwenden. Nutzte er das Patent nicht oder stellte sich in einem späteren Patentverletzungsprozess heraus, dass das Patent nicht abhängig war, fielen auch keine Lizenzgebühren an.

Gegenstand dieser Grundsatzentscheidung war die Auseinandersetzung zwischen insgesamt vier Parteien, die allesamt auf dem Gebiet des Bergbaus tätig waren. Die Kläger, die I. Bergbau-AG aus G. I. N.L. sowie Herr F. K. aus D., waren beide Lizenznehmer eines Patents zur Herstellung von Gleisrückmaschinen.[753] Die Beklagten, der Geheime Regierungsrat Prof. O. K. aus C. und der königliche Bergrat W. U. aus A. i. G., waren ebenfalls Inhaber eines Patents zur Herstellung einer Gleisbaurückmaschine.[754] Wie sich im Rahmen eines zuvor von den Beklagten angestoßenen Patentverletzungsprozess herausstellte, war das Patent der Kläger von dem der Beklagten abhängig. Gegen diese Entscheidung hatten die Kläger jedoch Berufung eingelegt. Die Bergbau-AG und Herr F. K. klagten daher auf Erteilung einer Zwangslizenz am Patent der Beklagten. In diesem Prozess hatten sich die Kläger zunächst auf den Standpunkt gestellt, dass ihr Patent nicht von dem der Beklagten abhängig sei. Das Kaiserliche Patentamt wies im Prozess jedoch darauf hin, dass *„für die Erteilung einer Zwangslizenz (...) so lange kein Raum* [sei], *als sie auch in dem gegenwärtigen Zwangslizenzverfahren den Standpunkt einnähmen, daß sie* [die Antragsteller] *das Patent 242575 ohne Eingriff in das Patent 242464 der Beklagten benutzen könnten.“*[755] Die Kläger nahmen folglich Abstand von dieser Argumentation, um nicht in der Zwangslizenzklage unterliegen.

Mit Urteil vom 7. Juni 1917 erteilte das Kaiserlichen Patentamt allerdings nur der I. Bergbau-AG eine Zwangslizenz. Die Klage des Herrn F. K. wies es zurück. Da die Entscheidungen des Patentamts leider nicht mehr vorhanden ist, kann nicht exakt nachvollzogen werden, auf welche Gründe es die Entscheidung stützte. Naheliegend ist aber, dass es dem Kläger zu 2 die Zwangslizenz versagte, weil dieser die Gleisrücker nicht selbst herstellte und nutzte – so wie Kläger zu 1 – , sondern herstellen ließ und vermietete. Gegen das Urteil legten alle Beteiligten Berufung ein.

---

753 D.R.P. 242575.

754 D.R.P. 242464.

755 Vgl. Ausführungen des RG in RG v. 17. November 1917 (I 336/17).

Das Reichsgericht hob die Entscheidung des Patentamts mit Urteil vom 17. November 1917[756] teilweise auf und erteilte gegen eine etwas höhere Vergütung beiden Klägern die gewünschte Zwangslizenz. Es stellte explizit klar, dass die Erteilung einer Zwangslizenz *nur von der Annahme aus geschehen* [kann], *daß die Abhängigkeit besteht.* Dass diese Abhängigkeit jedoch zuvor rechtlich festgestellt worden sein müsse, lehnte es strikt ab. Deren bloße Annahme reiche vielmehr aus, eine solche könne sodann auch keine rechtlichen Auswirkungen in einem gesondert geführten Patentverletzungsprozess haben. Denn *„jedem Urteil über die Erteilung einer solchen mit einem jüngeren Patente verknüpften Zwangslizenz wohnt mit rechtlicher Notwendigkeit der Sinn bei, daß es seine maßgebliche Bedeutung einbüßt, falls sich später die Nichtabhängigkeit des Patentes des Klägers zeigen oder diese eintreten sollte.“* Dies könne schließlich auch bei rechtskräftig festgestellter Abhängigkeit geschehen, wenn etwa das Hauptpatent nachträglich für nichtig erklärt werden würde. Zudem würde es auch das öffentliche Interesse verletzen, wenn mit der Erteilung einer im öffentlichen Interesse gebotenen Lizenz bis zur Entscheidung im Patentverletzungsprozess gewartet werden müsste.

Was das öffentliche Interesse betrifft, sah es das Reichsgericht als bewiesen an, dass die Erfindung der Kläger gegenüber der der Beklagten *„erhebliche Vorteile bei der Braunkohleförderung“* aufwies. Aus der einfachen Bauweise der Maschine und aus der zu erwartenden schnelleren und kostengünstigeren Herstellung entstehe ein wesentliches öffentliches Interesse *„an der freien Verwendung der Gleisrücker.“*

n) Die Entscheidung vom 20. März 1918 (I 412/17)

Die Entscheidung des Reichsgerichts vom 20. März 1918 hatte vornehmlich aufgrund seiner Einschätzungen zur Angemessenheit der Lizenzgebühr grundlegende Bedeutung in der Rechtsprechung zu § 11 PatG.[757] Dennoch ist aus historischer Sicht auch der Sachverhalt und dessen Beurteilung zum öffentlichen Interesse interessant.

Der Entscheidung lag eine Auseinandersetzung im Zusammenhang mit der Gewährung einer Lizenz an einem Patent[758] zugrunde, das eine besondere Art des Einbaus von Signalsendern bei Unterwasserschallsignal-Anlagen betraf. Klägerin war die S.-Gesellschaft mbH aus K., ein Unternehmen, das für die Kaiserliche Marine Unterwasserschallsignal-Anlagen baute. Patentinhaberin war

756 RG v. 17. November 1917 (I 336/17).
757 Hierzu oben bereits unter 3. Teil, B. V. (S. 105 f.).
758 D.R.P. 162601.

die S. S. Company aus B., ein US-amerikanischer Hersteller von U-Boot-Signal-Systemen.

Obwohl der Patentinhaber bereits einem deutschen Hersteller von Marineschiffen und U-Booten, der A. W. Aktiengesellschaft aus B, eine Lizenz zur Verwendung der patentierten Erfindung erteilt hatte, bejahte das Kaiserliche Patentamt das öffentliche Interesse und erteilte der Klägerin mit seiner Entscheidung vom 5. Oktober 1917[759] eine Zwangslizenz. Es begründete das öffentliche Interesse mit dem dringenden Zweck der Landesverteidigung, den der Kläger zudem durch eine amtliche Bescheinigung der Inspektion des Torpedowesens belegt hatte. Das Kaiserliche Patentamt führte hierzu im Einzelnen aus: „*Das öffentliche Interesse an der Erteilung der Zwangslizenz ist offensichtlich vorhanden. Es ist, besonders in der Zeit des jetzigen Krieges, dringend erforderlich, daß die dem Zwecke der Landesverteidigung dienenden Hilfsmittel so wirkungsvoll wie nur möglich gemacht werden. Wenn das, wie aus dem Schreiben der Inspektion des Torpedowesens hervorgeht, nur zu erreichen ist, indem bei dem Einbau der von der Klägerin hergestellten Sender die durch das Patent 162601 geschützte Erfindung benutzt wird, so liegt es im öffentlichen Interesse, diese Benutzung zu ermöglichen.*“[760]

Gegen die Entscheidung des Kaiserlichen Patentamts legte die Patentinhaberin Berufung ein. Sie wendete sich damit aber weniger gegen die Erteilung der Zwangslizenz, als gegen die Höhe der Lizenzgebühren, die des Kaiserlichen Patentamt festgesetzt hatte.

Das Reichsgericht bestätigte mit seinem Urteil vom 20. März 1918 die Entscheidung des Kaiserlichen Patentamts dem Grunde nach, nahm jedoch eine Anpassung bei der Lizenzvergütung vor. Ohne weitere Ausführungen zu machen, übernahm das Reichsgericht die Einschätzungen des Patentamts und bejahte damit auch das öffentliche Interesse an einer Zwangslizenz zu Kriegszwecken.

3. *Zwischenresümee*

Die Epoche des Deutschen Kaiserreichs deckt sich überwiegend mit der Phase der Hochindustrialisierung im Deutschen Reich. Geprägt war diese Zeit von dem starken Bestreben, volkswirtschaftliche Defizite gegenüber dem Ausland aufzuholen. Dies spiegelte sich auch in den zu dieser Zeit geführten Verfahren zu Patentzurücknahmen und Zwangslizenzen wider.

---

759 PA v. 5. Oktober 1917, BArch R3002/Zivilsenate/529, Bl. 2 ff.

760 PA v. 5. Oktober 1917, BArch R3002/Zivilsenate/529, Bl. 2 ff.

a) Die Verfahren und die betroffenen Patente

In der Zeit von 1879 bis 1918 wurden knapp 70% der jemals vom Reichsgericht gefassten Entscheidungen zu Patentzurücknahme- und Zwangslizenzklagen gefällt.[761] Die weit überwiegende Anzahl betraf hierbei Patentzurücknahmeanträge wegen mangelnder Ausführung der patentierten Erfindung im Inland, § 11 Nr. 1 PatG 1877/1891 bzw. § 11 Abs. 2 PatG 1911.[762] Die Patentzurücknahme wegen Verweigerung einer im öffentlichen Interesse gebotenen Lizenz nach § 11 Nr. 2 PatG 1877/1891 bzw. die Erteilung einer Zwangslizenz nach § 11 Abs. 1 PatG 1911 spielten in dieser Zeit zahlenmäßig nur eine untergeordnete Rolle. In den ersten 32 Jahren des Reichsgerichts, d.h. bis zur Einführung der direkten Zwangslizenz mit der Gesetzesnovelle vom 6. Juli 1911,[763] musste sich das Reichsgericht in nur vier Fällen mit einer Patentzurücknahme nach § 11 Nr. 2 PatG 1877/1891 befassen.[764] Nur zwei[765] dieser vier Entscheidungen wurden ausschließlich auf § 11 Nr. 2 PatG 1877/1891 gestützt. In den anderen beiden Entscheidungen wurde § 11 Nr. 2 PatG 1877/1891 lediglich hilfsweise mit angeführt. Die Gründe für dieses Missverhältnis sind überwiegend in der praktischen Anwendung zu finden. Es war um ein Vielfaches einfacher, die ungenügende Ausführung einer Erfindung im Inland oder den Import von patentierten Produkten und die damit indizierte Schädigung des „öffentlichen Interesses" zu behaupten, als die Anforderungen einer Patentzurücknahme nach § 11 Nr. 2 PatG 1877/1891 zu begründen. Darüber hinaus lag es oft nicht im Interesse des Antragstellers, eine Lizenz an der

761 Nach Analyse der in der Einleitung beschriebenen Veröffentlichungen, Unterlagen und Dokumente hat das Reichsgericht in den Jahren 1879 bis 1945 98 Entscheidungen zu § 11 PatG 1877/1891/1911 bzw. § 15 PatG 1936 gefasst. 69 Entscheidungen fallen hierbei in die Zeit des Deutschen Kaiserreichs. Siehe hierzu auch das Rechtsprechungsverzeichnis auf S. 228ff.

762 Zwischen 1879 und 1918 fasste das Reichsgericht 55 Entscheidungen zu § 11 Nr. 1 PatG 1877/1891 bzw. § 11 Abs. 2 PatG 1911, 11 Entscheidungen zu § 11 Nr. 2 PatG 1877/1891 bzw. § 11 Abs. 1 PatG 1911 und zwei Entscheidungen zu § 11 Nr. 1 und 2 PatG 1877/1891. Zudem fasste es eine weitere Entscheidungen zu § 11 PatG, welche heute aber nicht mehr eindeutig eigeordnet werden kann: Im Urteil vom 4. November 1911 (I 187/12/1911) wurde nur über Verfahrenskosten nach Zurücknahme des Patentzurücknahmeantrags entschieden, ohne Verweis darauf, ob es sich um einen Antrag nach § 11 Nr. 1 oder Nr. 2 handelte. Siehe hierzu auch das Rechtsprechungsverzeichnis auf S. 228ff.

763 Hierzu bereits oben ausführlich unter 1. Teil, D. II. (S. 51)

764 RG v. 11. Februar 1903 (I 291/02); RG v. 28. September 1904 (I 200/04); RG v. 21. März 1906 (I 458/05); RG v. 12. Februar 1908 (I 474/07).

765 RG v. 11. Februar 1903 (I 291/02); 12. Februar 1908 (I 474/07).

patentierten Erfindung zu erhalten, zumal diese vergütet werden musste. Auch wenn die direkte Zwangslizenz erst mit der Gesetzesnovelle von 1911 eingeführt wurde, musste auch in der Zeit davor derjenige, der eine Patentzurücknahme nach § 11 Nr. 2 PatG 1877/1891 beantragte, bestimmte persönliche Voraussetzungen erfüllen, was nicht immer der Fall war. Notwendig war, dass es auch im öffentlichen Interesse geboten war, die Lizenz gerade demjenigen zu gewähren, dem sie zuvor vom Patentinhaber verweigert wurde. Dies setzte voraus, dass der Lizenzsuchende auch technisch und finanziell in der Lage war, die begehrte Erfindung auszuüben.[766] Eine Patentzurücknahme wegen mangelnder Inlandsausführung konnte hingegen von jedem beantragt werden, ohne besondere persönliche Voraussetzungen. Es war nicht einmal notwendig, dass der Antragsteller von der Nichtausführung der patentierten Erfindung persönlich betroffen war. Es handelte sich hierbei um ein Bedürfnis der Allgemeinheit, welche folglich auch von jedem quasi im Namen der Allgemeinheit, geltend gemacht werden konnte (Popularklage).

Das Verhältnis zwischen Patentzurücknahme nach § 11 Nr. 1 und § 11 Nr. 2 PatG kehrte sich mit der Gesetzesnovelle von 1911 und der damit einhergehenden Einführung der Zwangslizenz um. Bis zum Ende des Deutschen Kaiserreichs im Jahre 1918 musste das Reichsgericht nur noch zwei Mal über eine Patentzurücknahme wegen mangelnder Ausführung der Erfindung entscheiden.[767] Bis 1945 kam nur noch ein weiterer Fall einer Patentzurücknahme hinzu.[768] Alle übrigen Fälle betrafen Zwangslizenzen.[769]

Betroffen von den Patentverfahren nach § 11 PatG1877/1891 bzw. nach § 11 Abs. 1 PatG 1911 konnte jegliche patentierte Erfindung sein. Einige Patent-Gruppen waren jedoch besonders häufig Gegenstand von Auseinandersetzungen. Legt man einen relativ strengen Maßstab an, was die Konsistenz der einzelnen Patentgruppen betrifft, so waren Patente im Bereich der Schuh- und Bekleidungsindustrie die am häufigsten mit Zurücknahmeanträgen angefochtenen

---

766 Vgl. im Bezug auf Zwangslizenzen nach § 11 Abs. 1 PatG 1911 RG v. 8. November 1913 (I 153/13); später auch RG v. 27. Juni 1928 (I 271/27); RG v. 26. November 1930 (I 295/28); RG 25.11.1931 (I 352/30); siehe hierzu auch *Böck*, GRUR 1932, S. 396 ff.

767 RG v. 22. April 1912 (I 141/11); RG v. 20. September 1913 (I 313/12).

768 RG v. 15. Januar 1927 (I 350/25).

769 RG v. 3. März 1913 (I 227/12); RG v. 27. Juni 1913 (I 389/12); RG v. 8. November 1913 (I 153/13); RG v. 16. Juni 1915 (I 57/15); RG v. 18. Oktober 1916 (I 45/16); RG v. 18. Oktober 1916 (I 46/16); RG v. 17. November 1917 (I 336/17); RG v. 20. März 1918 (I 412/17); RG v. 27. Mai 1918 (I 89/17).

Patente. Über 17 % der im Deutschen Kaiserreich gefassten Entscheidungen des Reichsgerichts betrafen diese Gruppe, gefolgt von Patenten aus dem Bereich der elektrischen Verfahren mit knapp 11,5 % sowie sonstige elektrische Geräte mit 8,6 %. Erfindungen für Marine- und Militärzwecke machten 7,1 % aus. An fünfter Stelle betroffen mit jeweils 5,7 % waren Patente aus dem Bereich von Druckmaschinen, Registrierkassen und Lochkartenmaschinen sowie Neuerungen bei chemischen Verfahren. Die übrigen Entscheidungen betrafen sonstige Patente, die nicht mehrmals in Erscheinung traten.

b) Das öffentliche Interesse

Im Bezug auf die Bewertung des öffentlichen Interesses zeigt sich eine Zäsur mit Anfang des Ersten Weltkrieges 1914. Zuvor setzte das Reichsgericht das öffentliche Interesse an einer Maßnahme nach § 11 PatG nahezu ausschließlich mit dem Interesse der einheimischen Industrie gleich.[770] Ausnahmen hiervon machte das Reichsgericht in nur sehr wenigen Entscheidungen. In diesen Fällen wurden etwa soziale Aspekte wie die Arbeitssicherheit[771] mit in die Beurteilung einbezogen. Der klare Fokus lag jedoch in dem volkswirtschaftlichen Belang der Förderung der inländischen Wirtschaft. Mit Einsetzen des Krieges kam hingegen ein weiteres öffentliches Interesse hinzu: der Kriegszweck.[772]

c) Mutmaßliche Beweggründe der Antragsteller

Auch wenn die Patentzurücknahme nach § 11 PatG 1877/1891 den eigentlichen Zweck hatte, durch missbräuchliche Ausnutzung der Monopolstellung verursachte Schädigungen der Allgemeinheit zu beseitigen, liegt es dennoch nahe, dass nicht selten auch andere Beweggründe eine Rolle spielten oder hätten spielen können.

aa) § 11 PatG als Mittel gegen Konkurrenz

Mit Ausnahme einiger weniger heute nicht mehr zweifelsfrei nachprüfbarer Verfahren, wurden alle Patentzurücknahmeanträge im Deutschen Kaiserreich von Personen oder Unternehmen gestellt, die in der gleichen Branche tätig waren wie der Patentinhaber, dessen Patent mit der Klage nach § 11 PatG angegriffen wurde. D.h. der Nutzen einer Patentzurücknahme lag, im Wesentlichen beim Antragsteller selbst. Mit Hilfe der Zurücknahmeklage konnte der Kläger die

---

770 So auch *Weber*, Erfinderrecht, S. 57; vgl. zum Folgendem auch *Bußmann*, Zwangslizenz, S. 118 ff., 167 ff., 185 ff.

771 Vgl. RG v. 11. Februar und 8. April 1903 (I 291/02).

772 Vgl. RG v. 20. März 1918 (I 412/17).

Konkurrenz schwächen, zumindest aber erheblich unter Druck setzen. Die hohe Antragsrate durch Konkurrenten des jeweiligen Patentinhabers legt nahe, dass die Zurücknahmeklage gezielt als wirtschaftliches Instrument gegen Konkurrenten eingesetzt wurde. Bei Verfahren auf Erteilung einer Zwangslizenz kann aus der Branchengleichheit der beteiligten Parteien hingegen kein derartiger Rückschluss gezogen werden, auch wenn der Konkurrenzkampf sicherlich auch eine Rolle spielte. Denn die Voraussetzung zur Erteilung einer Zwangslizenz setzte die technische Fähigkeit des Antragstellers voraus, die Erfindung auch auszuführen zu können. Diese Voraussetzung führte zwangsläufig dazu, dass sich in diesen Verfahren regelmäßig Konkurrenten gegenüber standen.

Nicht selten ging dem Patentzurücknahmeantrag zudem ein Patentverletzungsprozess voran, in dem der Patentinhaber den späteren Antragsteller der unberechtigten Nutzung seiner Erfindung bezichtigte.[773] Der Antrag auf Patentzurücknahme nach § 11 PatG war folglich auch ein Verteidigungsmittel des vermeintlichen Patentverletzers, um eine Verurteilung im Patentverletzungsprozess zu verhindern.

bb) § 11 PatG als Instrument der Kriegswirtschaft?

Die zeitgenössische Literatur hatte den Maßnahmen nach § 11 PatG insbesondere im Hinblick auf den Kriegszustand in den Jahren 1914 bis 1918 noch weitere Funktionen zugedacht. Unter der Überschrift *„Maßnahmen zur Sicherung der Inländer und zur Schädigung der Feinde"* forderte etwa *Osterrieth*[774] allgemein, dass in den Zeiten des Krieges *„der gewerbliche Rechtsschutz selbst auch zu einer wirtschaftlichen Bekämpfung des Feindes dienen muß."* Etwas konkreter, dafür weniger offensiv, forderte *Isay*[775] in diesem Zusammenhang die Zwangsbenutzung von Erfindungen und Patenten zu Kriegszwecken: *„Um alle Kräfte in der Richtung auf das eine Ziel nutzbringend zu vereinigen, erfordert es das allgemeine Wohl, daß alle Erfindungen, welche von militärischer oder wirtschaftlichen Bedeutung sind, nicht mehr nach überwiegend privatwirtschaftlichen, sondern in erster Reihe nach Gesichtspunkten des Gemeinwohls behandelt, d. h. daß sie – wenn auch unter denkbarster Schonung der privatwirtschaftlichen Interessen – in möglichst*

773 Vgl. u.a. RG v. 2. Januar 1901 (I 320/00); RG v. 9. Februar 1901, (I 384/00); RG v. 28. September 1904 (200/04); RG v. 11. Oktober 1905 (I 126/05); RG v. 25. Februar 1907 (I 324/06); RG v. 27. Mai 1907 (I 554/06); RG v. 27. Mai 1907 (I 555/06); RG v. 27. Mai 1907 (I 557/06); RG v. 22. April 1912 (I 141/11).

774 *Osterrieth*, GRUR 1914, S. 289, 295; weiter hierzu auch in GRUR 1915, S. 49 ff.

775 *Isay*, GRUR 1916, S. 311 ff.; siehe hierzu auch die Stellungnahmen von *Proskauer*, GRUR 1917, S. 113 ff. und *Fuchs*, GRUR 1917, S. 170 ff.

großem Umfange der Kriegsindustrie und der Kriegswirtschaft zugänglich gemacht werden. Das geltende Patentgesetz stellt zu diesem Zwecke zwei Bestimmungen zur Verfügung, den § 5 und den § 11.“ § 5 Abs. 2 PatG[776] sollte dann zur Anwendung kommen, wenn das Reich oder ein Bundesstaat eine patentierte Erfindung unmittelbar selbst verwenden wollte. Dagegen griff § 11 PatG immer dann, wenn ein anderer Unternehmer oder ein anderes Unternehmen das Patent nutzen sollte, um kriegsbedingten Bedarf zu decken.[777]

Wie *Isay*[778] allerdings bereits selbst früh erkannte, spielte § 11 PatG in der Vorkriegs- und Kriegszeit des Ersten Weltkrieges nahezu keine Rolle. Ein Grund hierfür sah er in der langen Verfahrensdauer; die Erteilung einer Zwangslizenz konnte teilweise bis zu zwei Jahre dauern, was in Anbetracht der im Krieg oft notwendigen schnellen Reaktion viel zu lange war. Einen weiteren Nachteil sah *Isay* darin, dass § 11 PatG (wie § 5 PatG auch)[779] nur auf bereits patentierte Erfindungen Anwendung finden konnte. Dies war insofern problematisch, als die für die Kriegsindustrie und Kriegswirtschaft wichtigen Erfindungen, die erst während des Krieges angemeldet wurden, von der Patenterteilung ausgeschlossen waren, da sie nicht bekannt gemacht werden durften.[780]

In der Tat bestätigt die Auswertung der Reichsgerichtsentscheidungen die Einschätzung *Isays.* § 11 PatG spielte als Instrument der Kriegswirtschaft keine Rolle.[781] Die Anzahl der Entscheidungen des Reichsgerichts zu § 11 PatG nahm in dieser Zeit im Vergleich zu den vor Jahren sogar eher ab. In den Kriegsjahren hatte das Reichsgericht lediglich sechs Entscheidungen zu § 11 PatG zu treffen. Alle betrafen Zwangslizenzen nach § 11 Abs. 1 PatG 1911. Die geringe praktische Relevanz des § 11 PatG für militärische Zwecke zeigt sich auch inhaltlich.

---

776 Siehe hierzu auch bereits unter 1. Teil, C. IV. 4. (S. 48 f.).

777 Vgl. *Isay*, GRUR 1916, S. 311 ff.

778 *Isay*, GRUR 1916, S. 311, 312.

779 Obwohl § 5 Abs. 2 PatG ursprünglich ausdrücklich für Zwecke der Landesvereidigung und Kriegsbedarf geschaffen wurde, hatte diese Norm auch zu Kriegszeiten nahezu keine praktische Relevanz. Wie auch bei § 11 PatG lag dies vornehmlich am Verfahren zur Geltendmachung des Anspruchs. Für die Behörden war es wesentlich einfacher sich um die Patentrechte nicht zu kümmern, und eine etwaige Entscheidung des Gerichts abzuwarten. Auch in diesem Fall hätte der Staat lediglich die Lizenzvergütung als Schadensersatz an den Patentinhaber zahlen müssen, welche er auch im Rahmen einer Entscheidung vor Nutzung des Patents hätte entrichten müssen, vgl. hierzu *Isay,* PatG, Aufl. 4, § 5 Anm. 26, S. 293 f.

780 Vgl. *Isay* GRUR 1916, S. 311, 312; vgl. auch *Mächtel,* PatR im Krieg, S.21.

781 So auch *Mächtel,* PatR im Krieg, S. 137 ff., 347 ff., der feststellt, dass § 11 (§ 15 n.F.) zu Kriegszeiten keine andere Rolle spielte, als zu Friedenszeiten.

Während des Deutschen Kaiserreiches musste das Reichsgericht in nur fünf Fällen[782] über Maßnahmen nach § 11 PatG entscheiden, welche militärisch nutzbare Erfindungen betrafen.

d) Der Auslandsbezug

Welche Rollte spielte die Herkunft des Patentinhabers bei den Entscheidungen des Reichsgerichts in der Phase des Deutschen Kaiserreichs? Betrachtet man die frühen Entscheidungen vor 1890, so fällt auf, dass der Anteil an Verfahren mit Auslandsbezug[783] sehr hoch war. An sechs der acht Verfahren in dieser Zeit war mindestens eine ausländische Partei beteiligt. In den meisten Fällen war der Patentinhaber, und damit der Beklagte, eine ausländische Person oder Gesellschaft. In nur einem Verfahren war es der Antragsteller, der ausländischer Herkunft war. Das alleine sagt zwar noch nichts darüber aus, ob die Herkunft des Patentinhabers sich auch auf das Ergebnis der Entscheidung auswirkte. Es zeigt aber, dass die Maßnahmen nach § 11 PatG überproportional häufig gegen ausländische Patentinhaber verwendet wurden. Betrachtet man jedoch den Ausgang der Entscheidungen, so fällt auf, dass kein Zurücknahmeantrag zu Lasten eines deutschen Patentinhabers entschieden wurde.[784] Der Schutz von deutschen Interessen und deutschen Erfindungen scheint zumindest statistisch eine nicht unerhebliche Rolle gespielt zu haben.

Dies schien auf den ersten Blick auch in der wilhelminischen Epoche bis zur Einführung der direkten Zwangslizenz im Jahre 1911 nicht anders gewesen zu sein. Zwar nahm der Anteil von Verfahren mit Auslandsbezug im Vergleich zu den frühen Entscheidungen vor 1890 etwas ab, er war mit 62 % aber nach wie vor sehr hoch. In 29 der 47 in dieser Zeit geführten Verfahren vor dem Reichsgericht waren ausländische Personen oder Unternehmen beteiligt.[785] Wieder waren in 26 Verfahren vor allem Patentinhaber ausländische Unternehmen oder ausländische Personen, die verklagt wurden. Demgegenüber war das Verhältnis von

---

782 RG v. 5. Juli1899 (I 172/99); RG v. 6. März 1909 (I 546/10/1908); RG v. 11. Februar 1911 (I 409/10); RG v. 3. März 1913 (I 227/12); RG v. 20. März 1918 (I 412/17).

783 Von einem „Auslandsbezug" ist im Rahmen dieser Untersuchung immer dann die Rede, wenn (i) der Kläger oder der Beklagte eine ausländische Person oder ein ausländisches Unternehmen war, oder (ii) der Patentinhaber ein deutsches Tochterunternehmen einer ausländischen Gesellschaft war, oder (iii) das Patent ursprünglich auf eine ausländische Person oder Gesellschaft eingetragen war, später jedoch auf eine deutsche Gesellschaft übertragen wurde.

784 RG v. 12. November 1883 (I 11/83); RG v. 12. Dezember 1888 (I 120/88).

785 Siehe hierzu das Rechtsprechungsverzeichnis auf S. 228 ff.

Urteilen zu Lasten ausländischer und inländischer Patentinhaber mit elf zu zehn Entscheidungen nahezu ausgeglichen.

Mit der Einführung der Zwangslizenz im Jahre 1911 bis zum Ende des Deutschen Kaiserreiches 1918 begann eine Entwicklung, die sich noch bis zum Ende des Untersuchungszeitraums im Jahre 1945 im Wesentlichen fortsetzte: Der Anteil der Verfahren mit Auslandsbezug nahm ab. In der Zeit von 1911 bis 1918 war er nun nahezu ausgeglichen. Nur noch acht von 14 Verfahren hatten einen Auslandsbezug. Überraschend ist, dass die Entscheidungsquote jedoch alles andere als ausgeglichen war. Sechs Entscheidungen gingen zu Lasten eines ausländischen, nur zwei Urteile zu Lasten eines inländischen Patentinhabers.

Vor allem zwei Gründe führten zur Abnahme der Ausländerbeteiligung bei Verfahren nach § 11 PatG: Zum einen belastete die Patentausführungspflicht nach § 11 Nr. 1 1877/1891 vor allem ausländische Patentinhaber, da diese häufig noch keine Produktionsstätten im Deutschland besaßen. Zum Unterschied dazu hatten inländische Patentinhaber normalerweise ihren Standort im Deutschen Reich und führten dort auch ihr Patent aus. Die Patentzurücknahme wegen mangelnder Ausführung der Erfindung im Inland traf folglich überproportional häufig ausländische Patentinhaber. Mit der Abschaffung des strikten Patentausführungszwangs durch die Gesetzesnovelle von 1911 sank der Ausländeranteil folglich.

Zum anderen wirkte sich der Krieg zwischen 1914 und 1918 auf die Beteiligung ausländischer Patentinhaber und Antragsteller aus. Die gerichtliche Durchsetzung von Ansprüchen war nicht nur faktisch durch den Kriegszustand beschränkt, auch rechtlich wurden die Patentrechte von Angehörigen feindlicher Staaten begrenzt. Dies machte die Maßnahmen nach § 11 PatG entweder unmöglich oder obsolet. So wurde z.B. bereits kurz nach der Kriegserklärung des Deutschen Reiches die „Bundesratsverordnung über die Geltendmachung von Ansprüchen von Personen, die im Ausland ihren Wohnsitz haben“, vom 7. August 1914[786] erlassen. Dadurch war es Ausländern während des Krieges nicht gestattet, vermögensrechtliche Ansprüche gerichtlich geltend zu machen. Zum Teil noch drastischere Regelungen gab es im Ausland zu Lasten deutscher Inhaber ausländischer Patente. Nachdem das Deutsche Reich zunächst nur sehr verhalten auf diese Repressalien feindlicher Staaten reagierte,[787] erließ es am 1.

786 RGBl. 1914, S. 360.

787 Da von deutschen Staatsangehörigen und Unternehmen im Ausland viel mehr Patente gehalten wurde als von ausländischen Patentinhabern in Deutschland, hätten ausländische Vergeltungsmaßnahmen im Bereich des gewerblichen Rechtsschutzes Deutschland viel härter getroffen, als dies umgekehrt der Fall gewesen wäre, vgl. hierzu auch *Osterrieth*, GRUR 1914, S. 289, 298.

Juli 1915 die „Bundesratsverordnung über gewerbliche Schutzrechte feindlicher Staatsangehöriger“[788] wonach u.a. Patentrechte Angehöriger feindlicher Staaten[789] durch Anordnung des Reichskanzlers *„im öffentlichen Interesse beschränkt und aufgehoben werden“* konnten. Dies umfasste nach § 1 Abs. 1 Satz 2 der Verordnung insbesondere auch die Einräumung von Ausübungs- und Nutzungsrechten an Dritte. Zwangslizenzen an deutschen Patenten, die von Engländern, Franzosen oder Russen gehalten wurden, konnten folglich direkt beim zuständigen Reichskommissar beantragt werden, ohne dass das langwierige Verfahren beim Kaiserlichen Patentamt und ggf. beim Reichsgericht durchlaufen werden musste.[790]

III. Die Zwangslizenz in der Weimarer Republik (1919 bis 1933)

Die Weimarer Republik war gezeichnet von den Folgen des Kriegsausgangs. Ökonomische, politische und nicht zuletzt psychologische Nachwirkungen zerrten am Deutschen Reich.[791] Die nach dem Friedensvertrag von Versailles geforderten Reparationen und der Wertverlust der eigenen Währung durch die Hyperinflation belasteten die ersten Jahre der Weimarer Republik schwer. Die Überwindung der Inflation im Jahre 1924 schaffte nur kurzzeitig eine stabilere Phase. Sie endete mit dem Börsencrash im Oktober 1929 und der folgenden Weltwirtschaftskriese. Die schwierigen wirtschaftlichen Verhältnisse spiegelten sich auch in den Entscheidungen des Reichsgerichts wider. Insbesondere soziale Aspekte fanden vermehrt Berücksichtigung bei der Beurteilung des öffentlichen Interesses bei Maßnahmen nach § 11 PatG.

1. Die wesentlichen Urteile in der Rechtsprechung des Reichsgerichts

Die Anzahl der vom Reichsgericht in der Weimarer Republik zu § 11 PatG gefällten Entscheidungen nahm trotz der wirtschaftlichen Schwierigkeiten kaum ab. An den Begründungen zum öffentlichen Interesse ließen sich die neuen Bedürfnisse im Land ablesen.

---

788 RT-Drucks 1914, Nr. 107, S. 75.

789 Feindliche Staaten waren nach § 5 der Verordnung England, Frankreich und Russland.

790 Siehe hierzu ausführlich *Mächtel*, PatR im Krieg, S. 250 ff.

791 Vgl. Süddeutsche Zeitung Online, Artikel v. 29. Juni 2009, „90 Jahre Versailler Vertrag: Im Angesicht des Grauens“, Verf. *Gerd Krumreich*, http://www.sueddeutsche.de/politik/jahre-versailler-vertrag-im-angesicht-des-grauens-1.106639, (abgerufen am 20. Januar 2014).

a) Die Entscheidungen vom 20. Januar und 24. November 1923 (I 324/21)

Die Entscheidungen des Reichsgerichts vom 20. Januar und 24. November 1923[792] ergingen im selben Verfahren. Mit dem Zwischenurteil vom 20. Januar 1923 entschied das Reichsgericht über den Anspruch auf Erteilung einer Zwangslizenz dem Grunde nach. Im Urteil vom 24. November 1923 ging es nur noch um die Höhe der Lizenzgebühr.

Streitgegenstand war eine Neuerung auf dem Gebiet von Vakuumröhren für elektronische Kreisläufe.[793] Während in der herkömmlichen Bauweise Vakuumröhren aus gewöhnlichen Glas mit Platindrahteinführung hergestellt wurden, ermöglichte es die patentierte Erfindung, die Röhren aus Molybdänglas mit Molybdändrahteinführung herzustellen. An dieser Erfindung begehrte die deutsche Firma C. H. F. M. aus H. eine Zwangslizenz. Patentinhaberin war die deutsche Gesellschaft A. E. G. aus B.

Das Reichspatentamt sprach der Klägerin mit seiner Entscheidung vom 28. Februar 1921[794] die Zwangslizenz an der Erfindung gegen Vergütung und Sicherheitsleistung zu. Das für die Erteilung der Zwangslizenz notwendige öffentliche Interesse sah es hierbei vornehmlich im Lichte der schlechten wirtschaftlichen Lage im Deutschen Reich. Indem bei der Röhrenfertigung Molybdän[795] verwendet werde, könne der Rohstoff Platin eingespart werden. Zudem würde die Verweigerung der Zwangslizenz das Exportgeschäft der Klägerin schwächen, was aufgrund ihrer bestehenden guten Geschäftsverbindungen ins Ausland besonders nachteilig wäre. Das Ausschließungsrecht des Patentinhabers sollte hierfür zum Wohle der Allgemeinheit zurückstehen. Hierzu führte das Patentamt aus: „*Wenn auch das Patentgesetz im allgemeinen die Bestimmung hat, Ausschließungsrechte auf Grund von Erfindungen festzusetzen, so muß doch bei der gegenwärtigen Lage der Industrie und des gesamten Wirtschaftslebens in Deutschland das Erfindungsrecht in gewissen Grenzen zurückstehen gegenüber der Notwendigkeit, die Herstellung hochwertiger Ware zu fördern, bewährten Firmen das Fortbestehen zu ermöglichen und ihre Wettbewerbsfähigkeit insbesondere auf dem Auslandsmarkt zu unterstützen.*“ Gegen diese Entscheidung legten beide Parteien

---

792 RG v. 20. Januar und 24. November 1923 (I 324/21).

793 D.R.P. 266796.

794 PA v. 28. Februar 1921, BArch R3002/Zivilsenate/737, Bl. 2 ff.

795 „*Es war anzuerkennen, daß ein allgemeines Interesse besteht, daß bei der gegenwärtigen wirtschaftlichen Lage des Deutschen Reiches die Einfuhr von Platin möglichst beschränkt wird, daß daher der Klägerin die Benützung einer Erfindung zugänglich gemacht wird, die es ermöglicht, das Platin durch einen anderen Stoff zu ersetzen.*“, PA v. 28. Februar 1921, BArch R3002/Zivilsenate/737, Bl. 2 ff.

Berufung ein. Die Klägerin beantragte die Reduzierung der Lizenzgebühr, während die Beklagte die Aufhebung des Urteils des Patentamts und die vollständige Abweisung der Klage verlangte. Nach ihrer Auffassung rechtfertigten die schwierigen wirtschaftlichen Verhältnisse im Deutschen Reich nicht die Erteilung von Zwangslizenzen an jeden beliebigen Produzenten mit Erfahrung in der betroffenen Branche und Auslandsvertrieb.

Das Reichsgericht teilte offenbar die Bedenken der Beklagten und gab der Klägerin daher auf, zur Begründung des öffentlichen Interesses weitere Angaben zu machen.[796] Mit Schriftsatz vom 5. Dezember 1921 trug die Klägerin daraufhin vor, dass sie u.a. von der Technischen Abteilung der Funkertruppen, Berlin, und der Torpedo-Inspektion, Kiel, zur Mitarbeit auf diesem Gebiet aufgefordert worden sei. Als Beleg fügte sie ein Schreiben der Inspektion des Torpedowesens vom 14.12.1917 bei. Darin wurde bestätigt, dass die Senderröhren aus Molybdänglas aus militärischen Gründen benötigt würden. Im Einzelnen schrieb sie: „*Die Inspektion bestätigt hierdurch, daß Ihnen die hier in Frage stehende Senderröhren aus militärischen Gründen zum Zwecke der raschen und erfolgreichen Weiterentwicklung des Gegenstandes in Auftrag gegeben werde, und* [auch] *dann notwendig ist, wenn die Schutzrechte Dritter hierbei benutzt werden sollten. Weiterhin bestätigt Ihnen die Inspektion, daß von ihr die Verantwortung und die Rechtsfolgen, die sich unter diesen Umständen bei der Herstellung und dem Verkauf dieser Röhren durch Sie an die Inspektion ergeben können, in vollem Umfange übernommen werden.*“[797] Weiter wurde ausgeführt, dass insbesondere Senderröhren für 10000 Volt benötigt würden.

Während ein derartiges Schreiben einer militärischen Stelle bis 1918 sicher noch ohne weiteres das öffentliche Interesse für die Erteilung einer Zwangslizenz begründet hätte,[798] fand das Schreiben im Zwischenurteil des Reichsgerichts vom 20. Januar 1923 nicht einmal Erwähnung. Das Reichsgericht gab der Klage auf Erteilung einer Zwangslizenz zwar statt, hielt aber die schlechte wirtschaftliche Lage im Reich allein nicht für ausreichend, um das öffentliche Interesse an der Erteilung einer Zwangslizenz zugunsten der Klägerin zu rechtfertigen. Es verlangte das Vorliegen weiterer „wichtiger Umstände“. Im konkreten Fall sah es diese in dem wirtschaftlichen Bedarf an Vakuumröhren aus Molybdän für geringe Stromstärken. Das verwundert etwas, da die Torpedo-Inspektion in ihrem Schreiben insbesondere den Bedarf an Senderröhren für starke Stromstärken bekundete.

796 BArch R3002/Zivilsenate/737, Bl. 14 ff.

797 BArch R3002/Zivilsenate/737, Bl. 14 ff.

798 Vgl. hierzu RG v. 20. März 1918 (I 412/17).

Nach Auffassung des Reichsgerichts hatte die Beklagte ihre Erfindung nur bei Vakuumröhren für höhere Belastungen verwendet, nicht aber bei Vakuumröhren für weniger als fünf Kilowatt. Diese wurden weiterhin aus gewöhnlichem Glas mit Platindrahteinführung hergestellt und nur auf Sonderbestellung aus Molybdan gefertigt. Der Senat sah hierin ein „brach liegen lassen" der Erfindung im *„Gebiet der Röhren mit schwächerer Belastung"*, welches durch die Klägerin, die den Bau von kleineren Röhren aus Molybdänglas plante, beseitigt werden konnte.

Die zu erwartende Platinersparnis wurde vom Reichsgericht in diesem Zusammenhang lediglich als weiterer Vorteil der Ausführung der Erfindung auch für kleinere Röhren mit angeführt. Anders als das Reichspatentamt berücksichtigte es dies aber nicht als Hauptargument. Trotzdem war eine Platinersparnis auch nach Auffassung des Reichsgerichts *„im Interesse der deutschen Volkswirtschaft wünschenswert,"* da durch den Minderverbrauch weitere in Deutschland vorhandene Platinvorräte *„für wissenschaftliche und andere Zwecke"* frei wurden.

b) Die Entscheidung vom 3. November 1923 (I 76/20)

Die Entscheidung des Reichsgerichts vom 3. November 1923[799] spiegelt die Unsicherheit wider, die zu dieser Zeit im Deutschen Reich herrschte. Ob für die angeschlagene deutsche Wirtschaft allerdings die Zwangslizenz nach § 11 PatG immer das richtige Instrument zur Stärkung des wirtschaftlichen Wachstums war, wurde auch vom Patentamt und Reichsgericht unterschiedlich beurteilt.

Der Entscheidung lag ein Antrag auf Erteilung einer Zwangslizenz für ein Patent an einer *„Einrichtung zur Erzeugung elektrischer Schwingungen"*[800] zugrunde, welche für die Funk- und Nachrichtentechnik verwendet wurde. Patentinhaber war die Gesellschaft f. d. T. mbH aus Berlin. Die Antragstellerin, die Dr. E. F. H. GmbH aus Berlin, besaß ebenfalls zwei Patente im Bereich der Funk- und Nachrichtentechnik, die aber von dem streitgegenständlichen Patent abhängig waren. Die Antragstellerin begehrte daher eine Zwangslizenz, um sowohl die eigenen Patente als auch das Hauptpatent selbst ausführen zu können. Das Reichspatentamt sah in der streitgegenständlichen Erfindung eine besonders nützliche Neuerung und betitelte sie gar als ein *„Pionierpatent."* Die Allgemeinheit habe daher ein besonderes Interesse daran, dass die Erfindung *„durchgebildet, vervollkommet und dadurch ihr Anwendungsgebiet erweitert werde."*[801] Das Reichspatentamt

799 RG v. 3. November 1923 (I 76/20).

800 D.R.P. 291604.

801 PA v. 13. Januar 1920, in RG v. 3. November 1923 (I 76/20).

sah dies insbesondere durch einen Export des Produkts gewährleistet und erteilte der Antragstellerin eine Zwangslizenz gegen eine Vergütung.

Das Reichsgericht jedoch vertrat einen anderen Standpunkt. Zwar teilte es die Auffassung des Reichspatentamts, dass ein derartiges Interesse der Allgemeinheit im Grunde genommen die Erteilung einer Zwangslizenz rechtfertigen könne. Im konkreten Fall müsse aber das Interesse der Allgemeinheit an einer Auswertung der Erfindung zurücktreten, da es auch im öffentlichen Interesse sei, dass die Geltung des Patents im In- und Ausland für die Beklagte vollständig erhalten bleibe. Die Beklagte könne ihre bedeutungsvolle Stellung im Ausland nur dann bewahren, wenn ihr das Patent *„völlig intakt und unabgebröckelt"* zur Verfügung stünde. Weiter führte es aus, dass die *„Erteilung einer Zwangslizenz könnte hier Folgen zeitigen, welche für das öffentliche Interesse des deutschen Volkes nachteiliger sich gestalten, als die vielleicht sonst wünschenswerte Auswertung der Erfindung durch die Klägerin im Zusammenhalt mit ihrem Patent 310152.*[802] Das Reichsgericht hob daher die Entscheidung des Reichspatentamts vom 13. Januar 1920 auf und wies den Antrag auf Erteilung einer Zwangslizenz zurück.

Die Entscheidung des Reichsgerichts vom 3. November 1923[803] stellt damit eines der wenigen Urteile da, das die Versagung einer Zwangslizenz nicht mit dem Mangel eines öffentlichen Interesses an der Erteilung einer Zwangslizenz begründete, sondern „positiv" mit dem öffentlichen Interesses des Deutschen Volkes an deren Verweigerung.

c) Die Entscheidung vom 11. März 1926 (I 243, 244/25)

In wirtschaftlich angespannten Zeiten wurden zur Begründung des öffentlichen Interesses vermehrt soziale Aspekte herangezogen, so auch in der Entscheidung des Reichsgerichts vom 11. März 1926.[804]

Betroffen waren zwei Patente der V. G.-F. AG aus E., zur Herstellung von Kunstseide aus Viskose.[805] Antragstellerin war die K.-R. AG aus B., welche die Erteilung von Zwangslizenzen an den Patenten begehrte. Bis zum Ende des Ersten Weltkrieges, war die K.-R. AG ein bedeutender Hersteller von Schießpulver und Schießwolle. Nach dem Friedensvertrag von Versailles war die Antragstellerin jedoch gezwungen, die Erzeugung von Kriegsbedarf einzustellen und den Betrieb auf eine Friedensproduktion umzustellen. Andernfalls drohte die Zerstörung

802 RG v. 3. November 1923 (I 76/20).
803 RG v. 3. November 1923 (I 76/20).
804 RG v. 11. März 1926 (243, 244/25).
805 D.R.P. 187947, 287955.

der Maschinen und Schließung der Fabrik.[806] Auf Anregung der Reichsregierung stellte sie die Produktion auf die Herstellung von Kunstseide um. Im Jahre 1920 begann die Antragstellerin zunächst mit der Herstellung von Stapelfaser nach dem „Minkschen Verfahren". Ein Jahr später folgte dann die Produktion von Kunstseide.

Zur Begründung ihres Anspruchs trug sie vor, sie sei durch die Reichsregierung veranlasst worden, den Betrieb auf Kunstseide umzustellen. Ferner habe insbesondere das Kriegsamt eine ausdrückliche Zusage gegeben, *„die aus Rücksicht auf die Allgemeinheit gebotene Erwirkung von Zwangslizenzen zu unterstützen.*[807] Darüber hinaus könnten durch die Umstellung auf Kunstseide Arbeitsplätze erhalten und die deutsche Kunstseidenerzeugung gegenüber ausländischen Wettbewerbern gestärkt werden. Die Beklagte wendete hauptsächlich ein, die Zwangslizenz nütze nur der Antragstellerin selbst, nicht aber der Allgemeinheit, so dass die Erteilung einer Zwangslizenz nicht im öffentlichen Interesse geboten sei.

Am 14. März 1925 entschied das Reichspatentamt auf Erteilung der Zwangslizenzen gegen Vergütung und Sicherheitsleistung. Beide Parteien legten hiergegen Berufung ein. Die Antragstellerin wendete sich im Wesentlichen gegen die mengenmäßigen Beschränkung des Herstellungsvolumens. Die Beklagte wehrte sich gegen die Erteilung der Zwangslizenz als solcher.

Die Beklagte begründete die Berufung zum einen damit, dass die Klägerin nicht ernsthaft versucht habe, sich gütlich mit ihr über eine Lizenzierung zu einigen. Zudem berief die Beklagte sich erneut auf das fehlende öffentliche Interesse an der Erteilung einer Zwangslizenz. Nach ihrer Auffassung hatte das Patentamt fälschlicher Weise die Sondervorteile für die Antragstellerin mit dem Nutzen für die Allgemeinheit gleichgesetzt. Der Vorteil eines wirkungsvollen Patentschutzes hätte für die Allgemeinheit einen viel höheren Stellenwert als der erhebliche Nutzen für einen Einzelnen. Dies gelte auch dann, wenn es sich um ein Unternehmen mit vielen Beschäftigten handele, das durch seine Größe und seinen Umsatz *„wirtschaftlich etwas Besonderes"* darstelle.

Die Antragstellerin reagierte mit Schreiben von Regierungsstellen, die das Vorliegen eines öffentlichen Interesses an der Lizenzerteilung bestätigten.[808] So

---

806 Versailler Vertrag v. 22. Juni 1919, Art. 168, 169.

807 RG v. 11. März 1926 (I 243, 244/25).

808 Die Antragstellerin berief sich in diesem Zusammenhang sowohl auf zwei Schreiben aus dem Reichswirtschaftsministerium v. 8. Juni 1925 und v. 19. Januar 1926 sowie auf ein Schreiben aus dem Reichswehrministerium vom 14. Januar 1926. Diese Schreiben konnten der Prozessakte (BArch R3002/Zivilsenate/954) nicht

erkannte etwa der Reichswirtschaftsminister mit Schreiben vom 27. Februar 1926[809] gegenüber der Antragstellerin schriftlich an, dass *„bei der Aufnahme der Stapelfaser- und Kunstseidenproduktion durch die K.-R. AG die beteiligten Reichsressorts mitgewirkt haben, und dass auch jetzt noch ein erhebliches Interesse an der Förderung der Kunstseidenerzeugung"* bestünde. Ferner stellte er klar, dass er es nicht für statthaft halte, *„wenn durch die Patentlage aussichtsreiche Unternehmungen, die sich mit der Herstellung von Kunstseide befassen, verhindert sein sollten, die Kunstseideerzeugung wirtschaftlich zu betreiben."* Auch der Reichswehrminister erklärte in einem Schreiben vom 8. März 1926[810] ausdrücklich: *„Bei der frühen Verhandlungen der Kriegsrohstoffabteilung über die Umstellung von K. -R. war es der Behörde darum zu tun, die Zerstörung der Werke in Böblingen und Rottweil zu verhindern und diese beiden Unternehmungen einer Friedensproduktion zuzuführen, die neben der Erhaltung der Werke einem volkswirtschaftlichen Bedürfnis entsprach; die Herstellung von Stapelfaser bzw. Kunstseide wurde vom Reichswehrministerium als ein solches Bedürfnis anerkannt und deshalb zugesichert, daß die Behörde sich für die Erteilung etwa notwendiger Zwangslizenzen einsetzen werde."* Was die Antragstellerin als einen klaren Beleg für das Vorliegen eines öffentlichen Interesses wertete, erachtete die Beklagte als unzulässige Einwirkung auf den Rechtsstreit.

Bemerkenswert ist die Bewertung der Schreiben durch das Reichsgericht. Zwar erteilte es mit seinem Urteil vom 11. März 1926[811] die begehrten Zwangslizenzen. Es stellte aber ausdrücklich fest, dass es *„ohne maßgebliche Bedeutung"* sei, ob bei der Umstellung des Betriebes auf Stapelfaser und Kunstseide von Regierungsstellen Zusicherungen gemacht worden seien. Weiter noch: *„Einen Anspruch aber, jenen Zusagen gemäß die gewünschte Nutzungserlaubnis an den Erfindungspatenten der Beklagten zu erhalten, könnte sie auf dergleichen Anregungen und Versprechen nicht gründen."*[812] Eine solche Erklärung einer Regierungsstelle könne allenfalls dann ausschlaggebend sein, wenn es sich um einen Fall

---

entnommen werden, lediglich zwei weitere Schreiben aus den selben Ministerien v. 27. Februar 1926 und v. 8. März 1926. Diese gaben inhaltlich aber ebenfalls den von der Antragstellerin vorgetragenen Inhalt wieder.

809 Schreiben des Reichswirtschaftsministers v. 27. Februar 1926, BArch R3002/Zivilsenate/954.

810 Schreiben des Reichswehrministers v. 8. März 1926, BArch R3002/Zivilsenate/954. Die Antragstellerin nahm zudem Bezug auf zwei Schreiben des Reichswirtschaftsministeriums.

811 RG v. 11. März 1926 (243, 244/25).

812 RG v. 11. März 1926 (243, 244/25).

der Nutzung nach § 5 Abs. 2 PatG 1911[813] handle, was hier nicht der Fall sei. Das Reichsgericht machte damit gegenüber den Regierungsstellen seine vollkommene Souveränität bei der Einschätzung des öffentlichen Interesses deutlich. Diese Rechtslage, sollte sich mit der Gesetzesnovelle von 1936 drastisch ändern.[814]

Das Reichsgericht stützte sein Urteil ausschließlich auf eigene Einschätzungen, namentlich ob die Erteilung der Zwangslizenz im öffentlichen Interesse geboten erschien. Entscheidend waren vor allem soziale Aspekte, die mit der drohenden Schließung des klägerischen Betriebes einhergegangen wären. Vor dem Hintergrund der ohnehin schwierigen wirtschaftliche Situation im Deutschen Reich sollte dies vermieden werden. Das Reichsgericht sah es als erwiesen an, dass eine Schließung des Betriebes – welche ohne Umstellung auf eine Friedensproduktion zwangsläufig erfolgt wäre – nicht nur zahlreiche Arbeiter in die Arbeitslosigkeit gedrängt hätte, sondern auch Arbeitsmöglichkeiten für die große Anzahl an Kriegsheimkehrern vernichtet hätte. Aus der Sicht des Reichsgerichts musste *„ein weiteres Anwachsen der ohnehin verbreiteten Arbeitslosigkeit“* dringend vermieden werden, um nicht *„große Volkskreise in Not“* zu bringen. Zudem sollte die vermehrte Produktion an Kunstseide den dringenden Volksbedarf an billiger Kleidung decken helfen.

Die Entscheidung des Reichsgerichts zeigt deutlich, welchen Einfluss die wirtschaftlichen Umstände in dieser Zeit auf die Beurteilung des öffentlichen Interesses hatten. Bislang waren soziale Aspekte nur sehr restriktiv in die Entscheidungsfindung mit eingeflossen.

d) Die Entscheidung vom 3. Januar 1927 (I 139/26)

Auch in der Entscheidung des Reichsgerichts vom 3. Januar 1927[815] wurden soziale Gesichtspunkte bei der Beurteilung des öffentlichen Interesses herangezogen. Anders als in der vorangegangenen Entscheidung schienen hierfür aber die wirtschaftlichen Verhältnisse im Inland kaum eine Rolle zu spielen. Wichtiger war die Tatsache, dass der Auseinandersetzung eine Erfindung aus dem – seinerzeit äußerst wichtigen –Industriezweig des Bergbaus zugrunde lag.

Die Antragstellerin, die Firma H. M. aus B., war Lizenznehmerin für ein Patent zur Herstellung von Grubenstempeln,[816] welches ein Zusatzpatent zum Patent des

---

813 Siehe hierzu den Exkurs zu § 5 Abs. 2 PatG 1911, 1. Teil, C. IV. 4. (S. 48 f.).

814 Mit der Gesetzesnovelle von 1936 wurde die Erteilung einer Zwangslizenz von einer Erklärung der Reichsregierung abhängig gemacht, siehe hierzu bereits unter 1. Teil, D. III. (S. 60, 63 ff.).

815 RG v. 3. Januar 1927 (I 139/26).

816 D.R.P. 306178; Grubenstempel sind Stützelemente, welche beim Bergbau Untertage Anwendung fanden.

Beklagten darstellte – ein „nachgiebiger Grubenstempel.“[817] Da durch die Ausführung des lizenzierten Patents notwendiger Weise das Patent des Beklagten verletzt wurde, begehrte die Antragstellerin eine Zwangslizenz am Patent des Beklagten. Nach Auffassung der Antragstellerin hatte das Zusatzpatent gegenüber dem Hauptpatent erhebliche Vorzüge. Zum einen sollte die Bauart wesentlich einfacher sein. Zum anderen konnte die Stütze allmählich und mit nur einer Schraube gelöst werden, was eine höhere Sicherheit für den Verwender bedeutete.

Mit seiner Entscheidung vom 12. November 1925 erteilte das Reichspatentamt der Antragstellerin die begehrte Zwangslizenz. Soweit dies heute noch nachvollziehbar ist, ließ das Reichspatentamt jedoch offen, ob das Zusatzpatent tatsächlich eine Verbesserung gegenüber dem Hauptpatent darstellte. Jedenfalls habe die Öffentlichkeit Anspruch darauf, *„daß ihr die Wahl zwischen verschiedenen Gegenständen derselben Art, deren sie zu bedürfen glaube, nicht verkümmert werde.“*[818]

Das Reichsgericht teilte diese Auffassung nur bedingt. Zwar bestätigte es die Entscheidung des Reichspatentamts im Ergebnis. Das öffentliche Interesse an der Erteilung sah es aber weniger in der Wahlmöglichkeit des Anwenders als in einer höheren Arbeitssicherheit. Der Senat war zu der Überzeugung gelangt, dass Grubenstempel nach dem Zusatzpatent dem Bergarbeiter insbesondere beim Entfernen der Stützen *„ein höheres Gefühl der Sicherheit“* bieten. Diesen Vorzug erachtete das Reichsgericht als so erheblich, *„daß es sich nicht rechtfertigen ließe, den (...) Stempel der Allgemeinheit vorzuenthalten.“* Darüber hinaus sprach es der Allgemeinheit zudem ein großes Interesse daran zu, den Bergbau zu fördern. Eine solche Förderung könne auch darin bestehen, dass *„die Bergarbeiter bei der Ausübung ihres gefährlichen Berufs vor den ihnen drohenden Gefahren, soweit dies irgend möglich ist, geschützt werden und die Überzeugung gewinnen, daß keine hierzu geeignete Maßnahme unterbleibt.“*

Der Senat bestätigte damit seine frühere Rechtsprechung,[819] in der die Arbeitssicherheit erstmalig als soziales Argument des öffentlichen Interesses angeführt wurde.

e) Die Entscheidung vom 15. Januar 1927 (I 350/25)

Betrachtet man die Urteile des Reichsgerichts aus der Zeit zwischen 1919 und 1933, so sticht die Entscheidung vom 15. Januar 1927[820] hervor. Sie dokumentiert

---

817 D.R.P. 240187.

818 Siehe hierzu die Ausführungen des RG in RG v. 3. Januar 1927 (I 139/26).

819 Vgl. RG v. 11. Februar 1903 (I 291/02), hierzu bereits oben 3. Teil, C. II. 2. c. (S. 123 ff.).

820 RG v. 15. Januar 1927 (I 350/25).

den einzigen Fall einer Patentzurücknahmeklage[821] in der Weimarer Republik, mit dem sich das Reichsgericht zu befassen hatte. Die Auseinandersetzung betraf zwei Patente[822] aus dem Bereich der Glasherstellungsindustrie zur Fertigung von Fenstergläsern im Ziehverfahren. Der belgische Patentinhaber, der Glasmeister E. F. aus L., ließ die patentierten Vorrichtungen überwiegend im Ausland herstellen, der Vertrieb erfolgte aber auch im Deutschen Reich. Im Inland gab es bereits drei Lizenznehmer, welche die Vorrichtungen importiert hatten und nutzten.

Die Zurücknahme der beiden Patente wurden von dem deutschen Hüttenbesitzer W. L. aus D. beantragt, nach dessen Auffassung es nicht auf die Benutzung, sondern auf die Herstellung der geschützten Vorrichtungen ankomme. Danach seien beide Erfindungen ausschließlich außerhalb des Deutschen Reichs ausgeführt worden. Der Patentinhaber machte hingegen geltend, dass es nicht auf die Herstellung, sondern nur auf die Benutzung innerhalb der deutschen Glasfabrikation ankomme. Zudem sei den Belangen der inländischen Industrie genügend Rechnung getragen.

Das Reichspatentamt folgte im Wesentlichen der Argumentation des Beklagten und wies die Klage mit Urteil vom 9. Juni 1925[823] zurück. Die *„scharfe Maßnahme der Zurücknahme“* dürfe nur als Ausnahmeregelung verstanden werden und könne nur dann zur Anwendung kommen, wenn die wirtschaftlichen Vorteile und Nutzen einer Erfindung ganz oder teilweise der deutschen Wirtschaft vorenthalten werden würden. Ein derartiges Verhalten konnte das Reichspatentamt aber bei dem Beklagten nicht erkennen. Es sah den wirtschaftlichen Wert der Erfindungen in der Nutzung des geschützten Verfahrens, nicht aber in der Herstellung der Vorrichtung. Die Nutzung der Erfindungen im Inland war aber durch entsprechende Lizenzvergaben und Importe ausreichend gewährleistet, so dass es die Voraussetzungen für eine Zurücknahme der Patente wegen des fehlenden öffentlichen Interesses als nicht gegeben ansah.

An dieser rechtlichen Wertung änderte sich im Ergebnis auch im Berufungsverfahren nichts Wesentliches, obgleich die prozessualen Rahmenbedingungen andere waren: Das eine streitgegenständliche Patent[824] war mittlerweile durch Zeitablauf erloschen. Die Zurücknahmeklage wurde daher von beiden Parteien für erledigt erklärt. Am Verfahren gegen das zweite Patent hatte der Antragsteller offensichtlich kein Interesse mehr, denn er nahm die Berufung auch diesbezüglich zurück. Zudem verstarb der Patentinhaber während des Prozesses, so dass das Verfahren von seinen Erben weitergeführt wurde.

---

821 § 11 Abs. 2 PatG 1911.

822 D.R.P. 178580 und 185839.

823 PA v. 9. Juni 1925, BArch R3002/Zivilsenate/967.

824 D.R.P. 185839.

Im Ergebnis stimmte das Reichsgericht mit seinem Urteil vom 15. Januar 1927[825] der Argumentation des Reichspatentamts zu. Der Wortlaut der Urteilsbegründung zeigt jedoch, dass das Reichsgericht das Mittel der Patentzurücknahme etwas offensiver bewertet. So heißt es beim Senat: Das Reichspatentamt habe den Zweck der Bestimmung richtig erkannt, nämlich als „*der inländischen Wirtschaft als Kampfmittel gegenüber einer schädlichen ausländischen Einfuhr zu dienen.*" Weiter räumte es ein, dass der Entscheidungsbehörde ein gewisser Ermessensspielraum bei der Zurücknahme zustehe, dieser sich aber auf Null reduziere, wenn „*die Verhinderung der ausschließlichen Einfuhr aus dem Auslande im öffentlichen Interesse liegt*" und „*sie zum Schutz der deutschen Industrie erforderlich erscheint.*"

Als Kampfmittel hatte das Patentamt die Zurücknameklage jedoch nie bewertet. Im Gegenteil, es ging sehr restriktiv mit dem Rechtsmittel um, mahnte sogar zu Augenmaß im Umgang damit.[826]

In diesem Sinne ging das Reichsgericht davon aus, dass die Voraussetzungen für eine Patentzurücknahme im Grunde vorlagen, da die Erfindungen ausschließlich im Ausland hergestellt wurden und die Lizenznehmer diese importieren mussten, um mit ihnen im Inland zu arbeiten. Es stimmte den Patentamt aber darin zu, dass ein Bedürfnis an einer Herstellung im Inland nicht bestand und die Erfindungen bereits durch die Lizenzen vollumfänglich im Deutschen Reich zu Anwendung kamen. Im Ergebnis bestand also kein öffentliches Interesse daran, das Patent zurückzunehmen. Anders als das Reichspatentamt prüfte das Reichsgericht die Zurücknahme auch vor dem Hintergrund des ebenfalls anwendbaren Art. 5 Abs. 2 der Pariser Verbandsübereinkunft.[827] Danach konnte der Verfall eines Patents wegen mangelnder Ausführung im Inland nur dann erklärt werden, wenn den Patentinhaber hieran ein Verschulden traf. Ein solches Verschulden sah das Reichsgericht aber nicht bereits darin, dass der Beklagte das alleinige Begehren des Klägers, die Vorrichtung im Inland herzustellen, nicht erfüllte. Hierzu hätte er sich auch gegenüber weiteren Interessenten verweigern müssen, was aber vom Kläger nicht vorgetragen wurde.

Im Ergebnis bestätigte das Reichsgericht, wenn auch mit einer gewissen Mahnung gegenüber ausländischen Patentinhabern, die Entscheidung des Reichspatentamts.

---

825 RG v. 15. Januar 1927 (I 350/25).

826 „*Das Patentamt muß bei der Ausübung der ihm erteilten Befugnis zur Zurücknahme des Patentes daher stets besonders sorgfältig prüfen, ob die gesetzlichen Voraussetzungen der Anwendung dieser Sondermaßnahme im einzelnen Falle wirklich gegeben sind.*", PA v. 9. Juni 1925, BArch R3002/Zivilsenate/967.

827 Verbandsübereinkunft zum Schutze des gewerblichen Eigentums, Fassung vom 2. Juni 1911, RGBl. 1913 S. 209 ff.

f) Die Entscheidung vom 27. Juni 1928 (I 271/27)

In der Entscheidung des Reichsgerichts vom 27. Juni 1928[828] wurde zum öffentlichen Interesse eine vergleichsweise große Bandbreite an Argumenten diskutiert und diese – im Vergleich zum Reichspatentamt – unterschiedlich bewertet.

Die Auseinandersetzung betraf ein Patent[829] des US-Amerikaners T. A. E. an einem alkalischen Akku (*„elektrischer Sammler“*). Dieser hatte bereits im Jahre 1905 eine Lizenz zur Herstellung und zum Vertrieb der Batterien an eine deutsche Gesellschaft erteilt. Deren Anteile wurden später von der Klägerin, der Firma A.-Fabrik, AG aus B., erworben. Nachdem der Lizenzvertrag im Dezember 1920 endete, verweigerte die beklagte US-amerikanische Firma T. A. E. Incorporated, auf die das Patent mittlerweile übertragen wurde, eine Vertragsverlängerung. Die Klägerin produzierte und vertrieb das Produkt gleichwohl weiter und beantragte sodann eine Zwangslizenz am betroffenen Patent. Diese wurde ihr mit Urteil vom 19. Mai 1927[830] vom Reichspatentamt auch zugesprochen.

Nach Auffassung des Reichspatentamts war die Erfindung unstreitig von *„erheblicher industrielle Wichtigkeit“*. Hieraus folgerte es ein *„erhebliches öffentliche Interesse“* an der Erteilung einer Zwangslizenz, was im Wesentlichen mit vier Hauptargumenten begründet wurde. Zum einen ging es um die Sicherheit bei Bergbauanlagen, wo insbesondere Grubenlokomotiven funkenlos und ohne Oberleitung arbeiten müssten, wozu sich der patentierte Akku besonders gut eigne. Zudem erfordere der deutsche Bergbau aufgrund besonderer Stollenausmaße spezielle Batterietypen, die so nicht im Ausland gefertigt werden könnten. Darüber hinaus setzte das Patentamt auf ein überaus fortschrittliches Argument: Die Industrie solle nicht gehemmt werden, Benzinmotoren durch abgasfreie Akkumulatoren zu ersetzen, was der Volksgesundheit zu Gute käme und hierbei *„alle im technischen Betriebe auftretenden Erfordernisse, Montage, Reparatur und Ersatz erheblich leichter und schneller befriedigt werden können.“* Letztlich solle es auch der Klägerin ermöglicht werden, *„die Fabrikation aufzunehmen und durchzuführen, um sowohl früher gelieferte Zellen betriebsfähig zu halten, als auch, um dem Bedürfnis des heimischen Bergbaues und anderer Kreise, für welche die Benutzung des alk. Röhrensamlers besondere Vorteile bietet, zu befriedigen.“* Auf den Einwand der Beklagten, eine Zwangslizenz verstoße gegen das deutsch-amerikanische Abkommen vom 23. Februar 1909,[831] entgegnete das Patentamt, dass die Zwangslizenz nicht wegen ausschließlicher oder hauptsächlicher

828 RG v. 27. Juni 1928 (I 271/27).

829 D.R.P. 203284.

830 PA v. 19. Mai 1927, BArch R3002/Zivilsenate/1079.

831 Siehe oben 1. Teil, D. II. (S. 52 ff.).

Ausführung der Erfindung im Ausland erteilt werde, sondern weil ein öffentliches Interesse daran bestanden hätte. Insgesamt hielt das Reichspatentamt all diese Argumente bei der Frage des Vorliegens eines öffentliches Interesses offensichtlich bereits für ausreichend, denn den weiteren Vortrag des Klägers, die Lizenzerteilung würde weitere Arbeitsplätze schaffen, vertiefte es trotz der schlechten Arbeitsplatzsituation im Deutschen Reich nicht.

Das Reichsgericht kam auf die Berufung der Beklagten zwar ebenfalls zu der Erkenntnis, dass ein öffentliches Interesse an der Erteilung einer Zwangslizenz bestand. Es stützte sein Urteil[832] aber teils auf andere Gründe als das Reichspatentamt. Zunächst prüfte der Senat erneut, ob das deutsch-amerikanische Abkommen einschlägig war. Anders als das Patentamt verneinte es dies aber nicht ohne weiteres, auch wenn es letztlich zum selben Ergebnis kam. Es lehnte nämlich die Auffassungen des Schrifttums[833] ab, wonach das Abkommen von 1909 auf das Zwangslizenzverfahren grundsätzlich keine Anwendung finden könne, bzw. dass eine Zwangslizenz keine „sonstige Beschränkung des Patentrechts“ darstelle. Im Gegenteil, führte das Reichsgericht aus, dass die Erteilung einer Zwangslizenz sogar einen besonders starken Eingriff in das Recht des Patentinhabers darstelle. Letztlich kam das Reichsgericht aber im vorliegenden Fall trotzdem zu dem Schluss, dass das Abkommen nicht einschlägig war. Zwar müsse die Nichtausführung als Grund für die Erteilung einer Zwangslizenz ausscheiden, dies gelte aber nicht für andere Gründe, auch wenn ein *„gewisser Zusammenhang mit der tatsächlichen Nichtausführung im Inland“* bestehe.

Deutliche Unterschiede gegenüber der Argumentation des Patentamts finden sich auch bei der Begründung des öffentlichen Interesses. Anders als das Patentamt erachtete das Reichsgericht die streitgegenständliche Erfindung nicht als grundsätzlich wichtig für die inländische Industrie. Es stützte sich in diesem Zusammenhang auf ein Sachverständigengutachten, wonach der alkalische Akku keine wesentlichen Vorteile gegenüber den herkömmlichen Batterien aufweise. Auch bei Grubenlokomotiven gebe es bereits andere Akkus, die sich genauso gut eignen würden und dazu noch leichter und günstiger seien. Zwei Vorteile sprach das Gutachten dem alkalischen Akku trotzdem zu, welche für das Ergebnis mit ausschlaggebend waren. Zum einen hatten die alkalischen Akkus Metall-Gehäuse, die gegenüber den Hartgummigefäßen herkömmlicher Akkus einen besseren Schutz vor dem Zerbrechen beim Umkippen der

832 RG v. 27. Juni 1928 (I 271/27).

833 *Damme/Lutter,* Das deutsche Patentrecht, 3. Aufl., S. 534; *Seligsohn,* PatG, 6. Aufl., S. 242 § 11, Anm. 13.

Grubenlokomotiven boten. Das Reichsgericht kam daher zu folgender Auffassung: *„Im Bergwerksbetriebe steht jedoch die Frage der Betriebssicherheit an erster Stelle und es kann nicht dem geringsten Zweifel unterliegen, daß das Interesse der Betriebssicherheit ein öffentliches Interesse ist.“* Darüber hinaus attestierte das Reichsgericht dem patentierten Akku gegenüber den herkömmlichen Modellen eine geringere Wartungsbedürftigkeit, die es auch *„dem ungeschicktesten Arbeiter“* ermögliche, die entsprechenden Maschinen ohne *„öftere Auswechslungen einzelner Teile“* zu bedienen.

Daneben erachtete der Senat es als *„untunlich“*, den Vertrieb der streitgegenständlichen Akkus aus dem Ausland zu erledigen, da die vom deutschen Bergbau benötigten Sonderformen nicht von den ausländischen Herstellern produziert würden. Zudem hätte der Kläger mehrere Großaufträge aus dem Ausland. Es liege daher im besonderen öffentlichen Interesse, *„wenn durch die Erteilung einer Zwangslizenz eine die Handelsbilanz verbessernde Ausfuhrmöglichkeit geschaffen wird.“*

Im Ergebnis bestätigte das Reichsgericht also die Entscheidung des Reichspatentamts, wenn auch mit einer anderen Begründung. Lediglich bei der Vergütung nahm es eine geringe Anpassung vor und hob sowohl die Lizenzgebühr als auch die jährliche Mindestabnahmemenge an.

g) Die Entscheidung vom 30. November 1929 (I 76/29)

Gegenstand der dem Urteil vom 30. November 1929[834] zugrundeliegenden Auseinandersetzung war ein Patent an einer Teigteil- und Wirkmaschine für Backwaren[835] des Ingenieurs P. B. aus H.. Die Klägerin, die N. Maschinenbau Gesellschaft aus H., war selbst Generallizenznehmerin eines Patents an einer Messerstern-Teig- Teil- und Wirkmaschine.[836] Die Klägerin sah sich jedoch in der Herstellung dieser Maschine behindert, da nach Auffassung des Beklagten hierdurch sein „Teigteil- und Wirkmaschine Patent“ verletzt wurde. Versuche der Klägerin, auf gütlichem Wege eine Lizenz zu erhalten, waren bisher gescheitert. Die Klägerin beantragte daraufhin die Erteilung einer Zwangslizenz, die ihr das Reichspatentamt am 1. November 1928 gegen Lizenzgebühr und Sicherheitsleistung zusprach. Hiergegen legten beide Parteien Berufung ein.

Das Reichsgericht bestätigte mit seinem Urteil vom 30. November 1929[837] die Entscheidung des Reichspatentamts. Im Sinne der Grundsatzentscheidung

834 RG v. 30. November 1929 (I 76/29).
835 D.R.P. 348994.
836 D.R.P. 461363.
837 RG v. 30. November 1929 (I 76/29).

des Senats vom 17. November 1917[838] wurde die Abhängigkeit des Patents der Klägerin vom Patent des Beklagten unterstellt und nur geprüft, ob die Messerstern-Teig- Teil- und Wirkmaschine, die die Klägerin herzustellen wünschte, *„für die Belange der Allgemeinheit einen erheblichen Fortschritt"* gegenüber der Erfindung des Beklagten darstellte.

Nach einem Sachverständigengutachten, dem sich der Senat anschloss, hatte die Messerstern- Teig- Teil- und Wirkmaschine im Wesentlichen zwei Vorteile: Zum einen ermöglichte diese Konstruktion die Herstellung von handbetriebenen Maschinen. Dies war insofern von allgemeinem Interesse, als es hierdurch insbesondere kleineren Bäckereien ermöglicht wurde, das Wirken mit den Händen zu vermeiden, ohne eine teure motorbetriebene Maschine erwerben zu müssen. Ferner hatte die Konstruktion geringere Ausmaße, was sich beim Export der Produkte positiv in günstigeren Frachtkosten niederschlug. Nach Auffassung des Reichsgerichts reichten diese Vorteile aber noch nicht aus, um das öffentliche Interesse an der Erteilung einer Zwangslizenz zu bejahen. Hierauf kam es letztlich aber auch nicht an. Viel wichtiger war dem Reichsgericht, dass die technische Entwicklung und der Fortschritt nicht gehemmt würden. Entscheidend war daher, dass durch die neue Erfindung ein anderer *„Weg für die maschinelle Herstellung von Backwaren"* eröffnet wurde, auch wenn dieser vorerst nur geringe Vorteile gegenüber dem Hauptpatent aufwies. Die potentielle Steigerung der maschinellen Herstellung von Backwaren und die Prüfung der unterschiedlichen Vorteile der Verfahren war nach Auffassung des Senats für die Allgemeinheit von besonderer Bedeutung. Dies sollte auch dann gelten, wenn die *„Verbesserungen, die auf einem neuen Wege erzielt werden, erst einen erhöhten Bedarf an Maschinen erzeugen."* Einen positiven „Nebeneffekt" sah das Gericht zudem darin, dass *„der unhygienische Handwirkbetrieb"* eingeschränkt würde.

Das Reichsgericht bezog sich bei der Beurteilung des öffentlichen Interesses zwar überwiegend auf volkswirtschaftliche Gesichtspunkte, stellte aber auch den sozialen Aspekt der Volksgesundheit in den Vordergrund.

h) Die Entscheidung vom 25. November 1931 (I 352/30)

Dass eine drohende Betriebsschließung auch in wirtschaftlich schwierigen Zeiten nicht automatisch zur Erteilung einer Zwangslizenz führte, zeigt die Entscheidung des Reichsgerichts vom 25. November 1931.[839]

---

838 RG v. 17. November 1917 (I 336/17); siehe hierzu auch unter 3. Teil, C. II. 2. m. (S. 142 ff.).

839 RG v. 25. November 1931 (I 352/30).

Sie betraf eine Erfindung für Kleinbildkameras, namentlich eine Verbindung zwischen der Verriegelung der Gehäusetür und der Schließvorrichtung der Filmkassette.[840] Patentinhaberin war die Z.I. AG aus D., welche u. a. optische Geräte wie Kameras herstellte. Die Antragstellerin, die Kommanditgesellschaft E. L., Optische Werke aus W., war ebenfalls ein namhafter Hersteller von Kleinbildkameras, der für seine Kleinbildkamera (die „L.-Kamera") die patentierte Verriegelungsvorrichtung nutzen wollte. Dem Verfahren auf Erteilung einer Zwangslizenz war ein Patentverletzungsprozess vorangegangen, in dem die Antragstellerin unterlag. Zur Begründung des öffentlichen Interesses an der Zwangslizenz trug die Antragstellerin vor, sie sei andernfalls gezwungen, die Produktion der Kameras ins Ausland zu verlagern und ein *"blühender inländischer Betrieb"* müsse stillgelegt werden. Zudem verwende die Beklagte ihr Patent nur dafür, um den Vertrieb der klägerischen Kamera zu verhindern.

Das Reichspatentamt teilte diese Auffassung nicht. Mit Urteil vom 22. September 1930 wies es die Klage zurück. Infolgedessen übertrug die Antragstellerin ihren technischen Betrieb auf eine GmbH und verfolgte selbst nur noch die schwebenden Rechtsstreitigkeiten. Zudem trug sie vor, dass sie mittlerweile infolge des unterlegenen Verletzungsprozesses gezwungen gewesen sei, *„die Herstellung der Kassetten und der beanstandeten Verriegelungsvorrichtung für den Vertrieb im Ausland an eine ausländische Stelle zu verlegen, während sich der deutsche Käufer mit einer minder vorteilhaften Vorrichtung begnügen müsse."*

Auch dieser Einwand blieb jedoch ohne Erfolg. Das Reichsgericht bestätigte mit seinem Urteil vom 25. November 1931[841] die Entscheidung des Patentamts und wies die Berufung der Antragstellerin zurück.

Unter Hinzuziehung eines gerichtlichen Gutachters kam das Reichsgericht zu dem Ergebnis, dass die streitgegenständliche Verschlussvorrichtung gegenüber den sonstigen Vorteilen der L.-Kamera von *„untergeordneter Bedeutung"* war, so dass durch ihren Fortfall eine *„erhebliche Minderung der Absatzfähigkeit nicht zu erwarten"* war. Das galt insbesondere dann, wenn der Klägerin eine nicht patentverletzende Gestaltung auch ohne Aufgabe der *„der L.-Kamera eigentümlichen Vorteile"* möglich war. Vor diesem Hintergrund war für das Gericht nicht nachvollziehbar, warum die Antragstellerin durch die Versagung einer Zwangslizenz *„an dem Vertrieb einer entsprechend geänderten Kamera im In- und Ausland verhindert und zu einer Stillegung eines Teils ihres Werkes mit deren volkswirtschaftlichen Folgen gezwungen sein sollte."*

840 D.R.P. 316686.
841 RG v. 25. November 1931 (I 352/30).

Auch was die sonstigen mit der Betriebsstilllegung verbundenen wirtschaftlichen Folgen betraf, sah das Reichsgericht diesen erstaunlich gelassen entgegen. In Anbetracht der Vielzahl inländischer Anbieter von Kleinbildkameras sah es auch bei einem potentiellen Verschwinden der klägerischen Kameras vom Markt nicht die Gefahr, dass zwingende Konsumbedürfnisse der Verbraucherschaft *„in einer die Allgemeinheit schädigenden Weise"* unbefriedigt blieben.

Zu guter Letzt machte das Gericht deutlich, dass die Antragstellerin ohnehin nicht mehr in der Lage gewesen wäre, die Zwangslizenz selbst zu nutzen, nachdem der technische Betrieb auf eine GmbH übertragen worden war.

In der Gesamtschau erachtete das Reichsgericht das öffentliche Interesse an der Erteilung einer Zwangslizenz als nicht gegeben.

2. Zwischenresümee

Die Folgen des Krieges und dessen Ausgang spiegelten sich auch in den Verfahren nach § 11 PatG 1911 wider. Dies zeigte sich nicht nur in einem Rückgang der Antragszahlen beim Reichsgericht, sondern auch an dem, was das Reichsgericht für das öffentlichen Interesse der Allgemeinheit hielt.

a) Die Verfahren und die betroffenen Patente

In den rund 15 Jahren der Weimarer Republik fällte das Reichsgericht 17[842] Entscheidungen zu § 11 PatG 1911. Die bereits seit der Gesetzesreform von 1911[843] einsetzende Entwicklung setzte sich weiter fort, wonach nahezu keine Anträge mehr auf Patentzurücknahme gestellt wurden. Nur noch ein Urteil[844] betraf eine Patentzurücknahme nach § 11 Abs. 2 PatG 1911. Auffallend ist, dass in wirtschaftlich angespannteren Zeiten anscheinend weniger Verfahren geführt wurden. So musste sich das Reichsgericht etwa erst zwei Jahre nach Kriegsende wieder mit einem Antrag nach § 11 PatG befassen. Bedenkt man jedoch, dass zwischen dem Antrag auf Erteilung einer Zwangslizenz beim Reichspatentamt und einer Entscheidung des Reichsgerichts im Berufungsverfahren regelmäßig eineinhalb Jahre oder mehr vergingen, so ist die Ursache für den Entscheidungsrückgang in den ersten beiden Jahren eher in der geringeren Anzahl von

---

842 Siehe hierzu das Rechtsprechungsverzeichnis unten S. 228 ff.; Die Entscheidung RG v. 12. Februar 1930 hat hierbei jedoch eine Sonderrolle, da in diesem Verfahren sich das RG nur indirekt zur Rechtmäßigkeit einer Zwangslizenz äußern musste, es sich also nicht um ein Standardverfahren nach § 11 PatG handelte.

843 Hierzu ausführlich oben 1. Teil, C. IV. 4. (S. 48).

844 RG v. 15. Januar 1927 (I 350/25).

Anträgen während des Krieges[845] zu finden als in der wirtschaftlichen Krise danach. Das erklärt auch, weshalb das Reichsgericht gerade 1930, im Anfangsjahr der Weltwirtschaftskrise, die meisten Urteile zu § 11 PatG zu fällen hatte. Denn die hierauf beruhenden Anträge waren noch zur Zeit der vermeintlichen wirtschaftlichen Erholung zwischen 1924 und 1929 gestellt worden. Die direkten Folgen der Weltwirtschaftskrise zeigten sich somit eher in den Jahren 1932 und 1933, in denen das Reichsgericht über keinen einzigen Antrag nach § 11 PatG zu entscheiden hatte.

Inhaltlich betrafen die Zwangslizenzverfahren überwiegend Patente aus dem Bereich des Bergbaus, einer Branche, die zu dieser Zeit als einer der wichtigsten Wirtschaftszweige in Deutschland galt. Sieben der 17 in dieser Zeit gefassten Entscheidungen ergingen in diesem Bereich. Die mit vier Urteilen am zweithäufigsten mit einem Verfahren nach § 11 PatG angegriffenen Patente betrafen Erfindungen aus dem Bereich der Telekommunikation. Die übrigen Entscheidungen ergingen in ganz unterschiedlichen Bereichen. Eine besondere Tendenz zeigt sich bei ihnen nicht.

b) Das öffentliche Interesse

Die zur Begründung des öffentlichen Interesses in der Weimarer Republik herangezogenen Argumente unterscheiden sich signifikant von denen im Kaiserreich. Während vor dem Krieg, aber auch in den Kriegsjahren selbst, noch eine überwiegend volkswirtschaftliche Betrachtung maßgeblich war, traten in der wirtschaftlich und politisch äußerst turbulenten Zeit der Weimarer Republik vermehrt soziale Aspekte in den Vordergrund. Neben der Betriebssicherheit[846] und der Volksgesundheit[847] wurde nicht selten die Sicherung von Arbeitsplätzen durch den Erhalt von Betrieben angeführt.[848] Aus volkswirtschaftlicher Sicht lag das öffentliche Interesse im Wesentlichen in der Sicherung und Förderung der durch

845 Eine Angabe der exakten Zahlen von Patentzurücknahme- und Lizenzerteilungs-Anträgen ist nicht möglich, da in der Statistik des Kaiserlichen Patentamts beide Antragsarten gemeinsam mit den Anträgen auf Nichtigkeitserklärung nach § 10 PatG zahlenmäßig erfasst wurden. Zu erkennen ist aber auch hier, dass die absolute Zahl von Anträgen während des Krieges um ca. 50% abnahm, siehe hierzu PMZBl. 1919, S. 18.

846 Vgl. RG v. 3. Januar 1927 (I 139/26); RG v. 27. Juni 1928 (I 271/27); vgl. zum Folgenden auch *Bußmann*, Zwangslizenz, S. 118 ff., 167ff., 185 ff.

847 Vgl. RG v. 30. November 1929 (I 76/29).

848 Vgl. RG v. 11. März 1926 (I 243, 244/25); RG v. 25. November 1931 (I 352/30).

den Versailler Vertrag vorgeschriebenen Friedenswirtschaft,[849] in Rohstoffersparnissen[850] aber natürlich auch in der Verbesserung der deutschen Handelsbilanz[851]

Betrachtet man den Ausgang der Patentzurücknahme- bzw. Zwangslizenzverfahren, dann fällt auf, dass sich in der Weimarer Republik das Verhältnis zwischen stattgegebenen und abgelehnten Anträgen deutlich änderte: Während im Kaiserreich den Anträgen nach § 11 PatG mehrheitlich stattgegeben wurde, war es in der Weimarer Republik genau anders herum. Nur sieben der 17 Anträge wurde stattgegeben. Es würde jedoch zu weit gehen, hierin eine Tendenz des Reichsgerichts zu sehen, in wirtschaftlich schweren Zeiten eine Maßnahme nach § 11 PatG eher abzulehnen als in wirtschaftlich stabilen Jahren. Viel entscheidender dürfte gewesen sein, dass es sich im Kaiserreich überwiegend um Anträge auf Zurücknahme von Patenten handelte und nicht um solche auf Erteilung einer Zwangslizenz. Die gesetzlichen Voraussetzungen einer Patentzurücknahme nach § 11 Nr. 1 PatG 1877 (Zurücknahmen wegen Nichtausführung der Erfindung im Inland) waren viel eher erfüllt als diejenigen für die Erteilung einer Zwangslizenz, da bei einer Nichtausführung das „öffentliche Interesse" an der Zurücknahme nicht begründet werden musste. Es wurde, anders als bei der Zwangslizenz, indiziert. Betrachtet man hingegen nur die Zeitspanne nach der Gesetzesreform von 1911 bis zum Ende des Kaiserreiches, so zeigt sich, dass auch hier – trotz überwiegender Anträge auf Erteilung einer Zwangslizenz – den Anträgen fast immer stattgegeben wurde.[852] Das Argument der geringeren Anforderungen kann hierfür folglich nicht gelten. Im Ergebnis zeigt sich also, dass das Reichsgericht offenbar bis zum Ende des Ersten Weltkriegs viel eher geneigt war das öffentliche Interesse an einer Maßnahme nach § 11 PatG zu bejahen, als in der Weimarer Republik. In dieser Zeit führte die Krise folglich eher zu einer Verschärfung der Anforderungen an das Vorliegen des „öffentlichen Interesses", was die Bedürfnisse der Allgemeinheit in dieser Zeit nach einer Sicherung und Förderung der vorhandenen wirtschaftlichen Bedingungen und weniger nach Wettbewerb und Konkurrenz widerspiegelt.

---

849 RG v. 11. März 1926 (I 243, 244/25).

850 RG v. 20. Januar 1923 (I 324/21).

851 RG v. 8. März 1922 (I 96/20); RG v. 3. November 1923 (I 76/20); RG v. 27. Juni 1928 (I 271/27).

852 In der Zeit zwischen 1911 und 1918 wurde acht der elf Anträge auf Maßnahmen nach § 11 PatG stattgegeben, siehe hierzu das Rechtsprechungsverzeichnis auf S. 228ff.

c) Mutmaßliche Beweggründe der Antragsteller

Die Beweggründe, eine Zwangslizenz zu beantragen, sind vielfältig und nicht immer klar erkennbar. Fest steht aber, dass bei 13 der 16[853] in der Weimarer Republik vom Reichsgericht entschiedenen Verfahren eine Auseinandersetzung zwischen den Prozessparteien vorausgegangen war, während der der Antragsteller durch den jeweiligen Prozessgegner beschuldigt wurde, das streitgegenständliche Patent verletzt zu haben. Meist ging es dabei um vermeintliche Patentverletzungen durch sog. Verbesserungspatente[854] bzw. Verbesserungserfindungen.[855] In drei Verfahren handelte es sich um „einfache" Patentverletzungen. Der Antragsteller nutze hierbei unberechtigt die Erfindung des Patentinhabers, ohne aber eine eigene, von der Erfindung des Patentinhabers abhängige Erfindung zu behaupteten.[856] Das bedeutet, dass das Instrument der Zwangslizenz oder der Zurücknahme eines Patents in den meisten Fällen nicht zum aktiven „Angreifen" potentieller Wettbewerber genutzt wurde, sondern als weiteres Verteidigungsinstrument in der Auseinandersetzung um die Patentverletzung. Wäre dem Antragsteller also während eines schwebenden Patentverletzungsprozesses eine Zwangslizenz erteilt worden, so hätte sich das auch positiv auf den Patentverletzungsstreit ausgewirkt. Aber auch wenn eine Patentverletzung bereits festgestellt wurde, konnte eine Zwangslizenz dem Antragsteller ermöglichen, trotz Patentverletzung die jeweilige Erfindung weiter zu nutzen.

d) Der Auslandsbezug

Betrachtet man die in der Zeit der Weimarer Republik vom Reichsgericht gefällten Entscheidungen zu § 11 PatG, so stellt man eine erstaunliche Wende im Bezug auf die Beteiligung ausländischer Parteien fest: An nur noch drei Verfahren[857] waren ausländische Patentinhaber oder Antragsteller beteiligt. Dies

---

853 17 Verfahren unter Einbeziehung von RG v. 12. Februar 1930 (I 171/29), siehe oben 3. Teil, C. III. 2. a. (S. 169 f.); Fn. 842.

854 RG v. 19. Januar 1921 (I 45/20); RG v. 8. März 1922 (I96/20); RG v. 3. November 1923 (I 76/20); RG v. 3. Januar 1927 (I 139/26); 24. November 1927 (I 233/26); RG v. 30. November 1929 (I 76/29); RG v. 31. Mai 1930 (I 236/27); RG v. 26. November 1930 (I 295/28); RG v. 3. Dezember 1930 (I 173/30).

855 RG v. 19. Januar 1924 (I 345/23), in diesem Fall betraf es nicht eine bereits patentierte Erfindung, die Antragstellerin behauptete aber gleichwohl eine Verbesserung der patentierten Erfindung bei der Verwendung durch die Klägerin.

856 RG v. 11. März 1926 (I 139/26); RG v. 27. Juni 1928 (I 271/27); rg v. 25. November 1931 (I 352/30).

857 RG v. 8. März 1922 (I 96/20); RG v. 15. Januar 1927 (I 350/25); RG v. 27. Juni 1928 (I 271/27).

überrascht zunächst, da während des Kaiserreiches noch mehrheitlich ausländische Patentinhaber von Maßnahmen nach § 11 PatG betroffen waren.[858] Bedenkt man aber, dass zumindest ab 1915 bis zum Ende des Krieges die Geltendmachung von Ansprüchen nach § 11 PatG gegenüber Staatsangehörigen Englands, Frankreichs und Russlands nicht mehr notwendig war, da diese nach einer Bundesratsverordnung vom 1. Juli 1915[859] direkt beim zuständigen Reichskommissar beantragt werden konnten, erklärt dies zumindest auch den Rückgang der Beteiligung ausländischer Patentinhaber.[860]

Was das Verhältnis von stattgegebenen zu abgelehnten Anträgen bei Verfahren mit ausländischen Prozessparteien betrifft, so gab das Reichsgericht in zwei der drei Fälle dem Antrag auf Erteilung einer Zwangslizenz statt. In Anbetracht der geringen Anzahl von Verfahren mit Auslandsbezug kann hieraus aber keine Tendenz gefolgert werden.

IV. Die Zwangslizenz in der NS-Zeit

Die Rechtsprechung in der NS-Zeit zu Zwangslizenzen oder zur Zurücknahme von Patenten änderte sich entscheidend mit der Gesetzesnovelle von 1936.[861] Die Urteile aus der Zeit vor 1936 sind daher getrennt von den späteren Urteilen zu analysieren. Denn in Verfahren, in denen die Ansprüche auf § 11 PatG 1911 beruhten, konnte das Reichsgericht noch selbst entscheiden, ob das öffentliche Interesse an einer Maßnahme nach § 11 PatG 1911 bestand. Nach dem neuen § 15 PatG 1936 war diese Beurteilung der Reichsregierung vorbehalten, die durch ihre Ministerien und Ämter Bescheinigungen hierüber ausstellte. Dabei muss jedoch bedacht werden, dass nach §§ 56 Abs. 1, 57 Abs. 5 PatG 1936 alle vor dem 1. Oktober 1936 erhobenen Klagen auf Patentzurücknahme und Erteilung einer Zwangslizenz noch dem alten Recht unterstellt wurden. So kam es auch nach 1936 noch zu einigen Urteilen des Reichsgerichts, die auf § 11 PatG 1911 gründeten.

---

858 Siehe hierzu bereits unter 3. Teil, C. II. 3. d. (S. 151 ff.).

859 „Bundesratsverordnung über gewerbliche Schutzrechte feindlicher Staatsangehöriger" vom 1. Juli 1915, siehe oben 3. Teil, C. II. 3. d. (S. 151, 152 f.). Die Verordnung wurde 1920 zur Erfüllung der Forderungen aus dem Versailler Vertrag außer Kraft gesetzt, RGBl. 1920, S. 32. Siehe hierzu ausführlich *Mächtel*, PatR im Krieg, S. 306 ff.; siehe in diesem Zusammenhang auch *Heimann*, DJZ 1914, Sp. 604 f. zu den ausländischen Regelungen zu Lasten deutscher Patentinhaber.

860 Nach *Mächtel* lag die Zahl der aufgrund der Verordnung von 1915 angegriffenen Feindschutzpatente gleichwohl trotzdem nur *„im Promillebereich"*, siehe hierzu *Mächtel*, PatR im Krieg, S. 256 f.

861 Siehe hierzu bereits unter 1. Teil, D. III. (S. 60 ff.).

Auch in der NS-Zeit sorgten vornehmlich soziale Aspekte für die Begründung des öffentlichen Interesses, jedenfalls in den Fällen, in denen der Anspruch auf den alten § 11 PatG 1911 gestützt wurde. Der zu erwartende Fokus auf militärische Zwecke blieb aus, er lässt sich zumindest in keiner der noch vorhandenen Akten des Reispatentamts, des Reichsjustiz-, Reichswirtschafts- oder Reichskriegsministeriums finden. Maßnahmen, die auf den neuen § 15 PatG 1936 gründeten, bedurften lediglich einer Bescheinigung der Reichsregierung, die im Regelfall die Gründe für das Bestehen des öffentlichen Interesses nicht näher erörterte.[862]

a) Die Entscheidung vom 24. Januar 1934 (I 37/33)

Deutlich werden die sozialen Aspekte etwa in der Entscheidung des Reichsgerichts vom 24. Januar 1934, wo zwei deutsche Schallplattenhersteller einander gegenüberstanden.[863]

Streitgegenstand war ein Patent der Firma A. G. F. mbH aus B. an einem Verfahren zur elektronischen Aufnahme von Schallplatten.[864] Für dieses Patent begehrte die D. G. AG aus B. eine Zwangslizenz. Die Klägerin nutzte bereits seit längerem ein elektronisches Aufnahmeverfahren, welches aber nach Auffassung der Beklagten ihr Patent verletzte. Verhandlungen über eine gütliche Lizenzerteilung waren bisher gescheitert. Die Antragstellerin machte geltend, dass andere Verfahren für die Tonaufnahme *„bei den heutigen Anforderungen an verzerrungsfreie Tonwiedergabe nicht mehr möglich“* seien. Da sich die Beklagte aber weigere, eine Lizenz zu erteilen, drohe dem Betrieb eine Schließung, von der hunderte Arbeitnehmer betroffen seien. Zudem würde sich hierdurch *„die deutsche Handelsbilanz fühlbar verschlechtern.“* Ein öffentliches Interesse sei auch deshalb vorhanden, *„weil die Patentinhaberin ihr Patent im Inland nicht ausführe.“*

Die Nichtausführung der Erfindung schien für das Reichspatentamt offenbar das entscheidende Argument gewesen zu sein. Am 13. Oktober 1932 erteilte es die begehrte Zwangslizenz gegen eine Vergütung von einem halben Reichspfennig pro Schallplatte und Sicherheitsleistung. Das öffentliche Interesse folgerte es hierbei ausschließlich aus der Nichtausführung der Erfindung im Inland. Das elektronische Aufnahmeverfahren sei nämlich eine *„wesentliche Verbesserung der Tonwiedergabe bei Schallplatten“*, deren Nutzbarmachung für die

---

862 Siehe hierzu z.B. RG v. 2. Mai 1941 (I B 1/41).

863 RG v. 24. Januar 1934 (I 37/33).

864 D.R.P. 400634.

Allgemeinheit im öffentlichen Interesse liege. Da die Beklagte die Erfindung im Inland aber nicht ausführe und der von ihr behauptete Lizenzvertrag mit einem anderen Hersteller noch nicht zustande kam, *„sei zu befürchten, dass sich ohne Erteilung der Zwangslizenz der deutsche Käufer mit minderwertigen Schallplatten werde begnügen müssen."* Gegen diese Entscheidung legten beide Parteien Berufung ein.

Unter Erhöhung der Vergütung stimmte das Reichsgericht mit seinem Urteil vom 24. Januar 1934 der Entscheidung des Patentamts dem Grunde nach zu. Was die Begründung des öffentlichen Interesses betrifft, stützte es sich aber auf andere Argumente. Ohne auf die vom Patentamt gewürdigten Argumente einzugehen, erachtete es schon die drohende Betriebsstillegung als ausreichend, um das öffentliche Interesse an der Erteilung einer Zwangslizenz zu begründen. Die Bekämpfung der allgemeinen Arbeitslosigkeit befand es als eine der *„wichtigsten Aufgaben des Staates, denen gegenüber alles andere zurückzutreten hat."* Es bezog sich in diesem Zusammenhang auf eine frühere Entscheidung aus dem Jahre 1926,[865] in der der Senat schon einmal eine Zwangslizenz zur Vermeidung einer Betriebsschließung erteilt hatte.

Unter Hinzuziehung eines gerichtlichen Sachverständigen sah es das Reichsgericht als erwiesen an, dass ohne Verwendung des streitgegenständlichen Patents die Herstellung von marktfähigen Schallplatten nicht möglich sei. Die Folge wäre die Schließung des Betriebes der Antragstellerin gewesen. Die Beklagten wandte ein, eine Betriebsstillegung würde lediglich zu einer *„Vertauschung der Arbeitsplätze"* führen, da die Arbeiter von übrigen Betrieben der selben Branche übernommen würden. Nach Auffassung des Senats war es jedoch viel wahrscheinlicher, dass eine Betriebsschließung bei den bestehenden Unternehmen viel eher zu einer Erhöhung der Arbeitsstunden führen würde, nicht aber zwangsläufig zur Einstellung von neuem Personal. Schließlich seien von einer Betriebsschließung nicht nur die Angestellten des schließenden Betriebes betroffen, sondern auch eine Reihe von anderen Berufsgruppen, wie etwa Musiker, Druckereien und Rohstoffhändler, die für die Klägerin arbeiteten.

Die Furcht vor einer Verschärfung der ohnehin angespannten Arbeitsmarktsituation führte also auch in diesem Fall zur Bejahung des öffentlichen Interesses an der Erteilung einer Zwangslizenz.

---

865 RG v. 11. Marz 1926 (I 243, 244/25), siehe oben 3. Teil, C. III. 1. c. (S. 157 ff.).

b) Die Entscheidung vom 14. Februar 1934 (I 68/33)

Die „Vermeidung einer drohenden Betriebsstillegung“ wurde auch in diesem Zwangslizenz-Prozess als Argument von der Klägerin vorgebracht. Anders als in der vorangegangenen Entscheidung reichte hier eine mögliche Schließung allerdings noch nicht aus, um ein öffentliches Interesse an der Erteilung einer Zwangslizenz zu rechtfertigen.

Beklagte in dieser Auseinandersetzung war die Firma V. E.-S. GmbH aus B., die Inhaberin eines Patents[866] an einer Überwachungseinrichtung für elektronische Weichen- und Signalstellwerke. Die Klägerin, die Firma O. &. K. AG aus B., begehrte eine Zwangslizenz an dem streitgegenständlichen Patent. Sie war wie die Beklagte Herstellerin von Eisenbahnsicherungsanlagen und selbst Inhaberin zweier Patente[867] in diesem Bereich. Anders als die patentierte Erfindung der Beklagten enthielt die Konstruktion der Klägerin jedoch zwei anstelle von nur einem Magneten zur Sicherung der Weichen- und Signalstellwerke. Nach Auffassung der Beklagten verletzte die Konstruktion der Klägerin das Patent der Beklagten.

Im Zwangslizenzprozess trug die Antragstellerin vor, die Beklagte verwende ihr Patent lediglich als „Sperrpatent“, da sie nur Eisenbahnsicherungsanlagen mit einem Magneten herstelle und die Zwei-Magnetlösung verhindere. Dadurch würde der technische Fortschritt bei Stellwerk-Einrichtungen gehemmt, was insbesondere in sicherheitsrelevanten Bereichen wie dem Eisenbahnverkehr dem öffentlichen Interesse widerspreche. Zudem führe eine Versagung der Zwangslizenz zur Betriebsstilllegung und zu Entlassungen. Ferner habe sie *„beträchtliche Auslandsaufträge in Aussicht“*, die ohne eine Zwangslizenz hinfällig würden, was wiederum die deutsche Handelsbilanz verschlechtern würde. Die Beklagte entgegnete, an Zwei-Magnet-Konstruktionen bestünde kein Bedarf, da die Ein-Magnet-Lösung alle Anforderungen der Betriebssicherheit erfülle und zudem einfacher in der Konstruktion sei.

Die Klägerin konnte das Reichspatentamt mit ihren Argumenten nicht überzeugen. Mit Urteil vom 24. November 1932[868] wies es den Zwangslizenz-Antrag mit der Begründung zurück, die Erteilung sei nicht im öffentlichen Interesse geboten. *„Voraussetzung für eine Zwangslizenz ist und bleibt aber stets, daß die Erfindung des Lizenzsuchers der Technik erhebliche Vorteile darbietet.“* Nach Überzeugung des Patentamts konnte hierfür aber kein *„überzeugender Beweis“*

866 D.R.P. 319278.

867 D.R.P. 400609, 552277.

868 PA v. 24. November 1932, BArch R3002/Zivilsenate/1341.

erbracht werden. Denn schon die Ein-Magnet-Konstruktion erfülle alle Sicherheitsanforderungen und wäre zudem in der Konstruktion einfacher als die Zwei-Magnet-Lösung. Auch den Einwand des „Sperrpatents" ließ es nicht gelten. Hiervon hätte nur dann ausgegangen werden können, *„wenn die Beklagte durch ihr Patent ein Monopol für das ganze Gebiet der vorliegenden Gattung von Stellwerken erlangt und damit die auf einem anderen Wege nicht mögliche Befriedigung eines allgemeinen dringenden Bedürfnisses verhindert hätte."* Da nach Auffassung des Patentamts aber kein Bedarf an Stellwerken mit zwei Magneten bestand, handelte es sich auch nicht um ein Sperrpatent.

Erstaunlicher war hingegen die Begründung des Patentamts im Bezug auf etwaige volkswirtschaftliche Schädigungen durch eine Betriebsstilllegung; denn es ging davon aus, dass eine Betriebsschließung bei der Klägerin nicht zum Verlust von Arbeitsplätzen führen würde, da die Arbeitskräfte aufgrund des Zuwachses an Aufträgen von Wettbewerbern wieder eingestellt würden. Es käme damit lediglich zu einem Betriebswechsel. Diese Argumentation war allerdings nur wenige Wochen zuvor vom Reichsgericht[869] abgelehnt worden.

Auch im Hinblick auf die schlechte Arbeitsmarktsituation zu dieser Zeit überraschte die Begründung des Patentamts. So verwundert es nicht, dass das Urteil auf die Berufung des Klägers vom Reichsgericht aufgehoben wurde. Mit Urteil vom 14. Februar 1934[870] erteilte das Reichsgericht die begehrte Zwangslizenz. Es begründete sein Urteil jedoch nicht mit dem drohenden Verlust von Arbeitsplätzen, sondern mit *„anderen rechtlichen Gesichtspunkten"*, die beim Patentamt überhaupt keine Erwähnung gefunden hatten. Dazu gehörte das allgemeine Bedürfnis nach einer möglichst weiten und umfassenden Entwicklung von sicherheitsrelevanten Techniken. Der gerichtliche Sachverständige kam zwar ebenfalls zu dem Ergebnis, *„daß beide Bauarten in ihrer Weise die erforderliche Betriebssicherheit gewährleisten, ohne daß einer von beiden ein entscheidender Vorrang zuzuerkennen wäre."*[871] Hierauf kam es aber nach Auffassung des Reichsgerichts nicht zwingend an. Als viel wichtiger wertete es, dass *„jede Einrichtung, die zur Weiterentwicklung der Sicherheitsvorkehrungen bestimmt ist, weitgehendste Förderung"* erhielt. Dies gelte insbesondere dann, wenn wie hier, *„die Unversehrtheit aller im Bahnverkehr beteiligten Personen, des reisenden Publikums ebenso wie des Bahnpersonals"* auf dem Spiel stehe. Da die Klägerin aber die einzige Herstellerin des Zwei-Magnet-Systems sei, müsse damit gerechnet werden, dass bei

---

869 Siehe RG v. 24. Januar 1934 (I 37/33), oben 3. Teil, C. IV. 1. a. (S. 174 ff.).

870 RG v. 14. Februar 1934 (I 68/33).

871 RG v. 14. Februar 1934 (I 68/33); siehe hierzu auch das Sachverständigengutachten v. 30. Oktober 1933, BArch R3002/Zivilsenate/1341.

Versagung der Zwangslizenz *„die Weiterentwicklung des Zweimagnetsystems abgeschnitten wäre."* Hinzu kam, dass die Klägerin eine Bescheinigung des Reichsbahn-Zentralamts für Bau- und Betriebstechnik vorlegte, in der zum Ausdruck gebracht wurde, dass die Deutsche Reichsbahn *„großes Interesse"* am Zwei-Magnet-System habe.

Die Bescheinigung reichte dem Senat aus, um das öffentliche Interesse an der Erteilung einer Zwangslizenz zu bejahen. Ob die Versagung der Zwangslizenz zur Betriebsstilllegung, zu Entlassungen und einer Verschlechterung der deutschen Handelsbilanz führen würde, ließ es daher offen.

c) Die Entscheidung vom 9. Juni 1934 (I 59/34)

Der Entscheidung des Reichsgerichts vom 9. Juni 1934[872] lag eine Auseinandersetzung um ein Patent der Schnellpressfabrik K. & B. AG aus W. zugrunde. Die V.-Betriebs- AG aus P. i. V. begehrte eine Zwangslizenz an diesem Patent, einer „Tiefdruckmaschine für Schrift- und Bilddruck in veränderlichem Format."[873] Vorausgegangen war zwischen den Parteien ein Patentverletzungsprozess, in dem die Klägerin wegen Verletzung des streitbefangenen Patents in der Vorinstanz unterlegen war. Sie machte geltend, sie benötige die Nutzungserlaubnis im Wege der Zwangslizenz, um einem verbindlichen Auftrag aus Paris nachkommen zu können. Es handelte sich dabei um die Herstellung und Lieferung einer Tiefdruckmaschine mit variablem Falz- und Schneideapparat. Ein weiterer Auftrag sei zudem absehbar. Zur Begründung des öffentlichen Interesses trug sie vor, dass ohne die Zwangslizenz der Auftrag an ein schweizerisches oder französisches Unternehmen gehen würde und so der deutschen Volkswirtschaft verloren ginge. Dies wäre nicht nur nachteilig für die *„Beschäftigung deutscher Arbeiter"*, sondern auch für die *„einheimische Devisenlage"*.

Das Reichspatentamt teilte diese Auffassung nicht und wies die Klage mit Urteil vom 7. Dezember 1933[874] zurück. Das Patentamt hielt es lediglich für eine Mutmaßung, dass der Auftrag bei Versagung tatsächlich an ein schweizerisches oder französisches Unternehmen vergeben würde. Es sei ebenso wahrscheinlich, dass der Auftrag an die Beklagte oder einen ihrer Lizenznehmer ginge. Hierdurch würde dann aber *„weder die Außenhandelsbilanz noch der Beschäftigungsgrad der Betriebe eine Einbuße erfahren."* Doch auch wenn der Verlust des Auftrages an ausländische Unternehmen tatsächlich die zwingende Folge

872 RG v. 9. Juni 1934 (I 59/34).

873 D.R.P. 253229.

874 PA v. 7. Dezember 1933, BArch R3002/Zivilsenate/1585.

sei, wäre das öffentliche Interesse dadurch trotzdem noch nicht betroffen. Zwar stimme im Grundsatz, *„daß derjenige, der den Export fördert, einen Anspruch auf eine Zwangslizenz haben kann."* Dies käme aber immer nur dann in Betracht, wenn durch *„erhebliche Auslandsaufträge"* die deutsche Handelsbilanz eine *„bemerkenswerte Verbesserung"* erfahren würde. Dies sei aber in Anbetracht der von der Klägerin vorgetragenen Aufträge aus Frankreich nicht der Fall.

Gegen diese Entscheidung legte die Klägerin Berufung ein, jedoch ohne Erfolg. Mit Urteil vom 9. Juni 1934[875] bestätigte das Reichsgericht die Entscheidung des Patentamts und wies damit das Zwangslizenzbegehren zurück. Zur Begründung führte es zunächst aus: *„Der Erfolg der Klage hängt davon ab ob die von der Klägerin beantragte Erlaubnis des Patent 253229 zu benutzen, im öffentlichen Interesse liegt; ob also das Wohl des in der staatlichen Form des Deutschen Reichs lebenden Volkes die Erteilung der Erlaubnis fordert. Meist kommt vornehmlich das wirtschaftlich Beste der Volksgemeinschaft in Betracht."* Nachdem sich im Berufungsverfahren aber herausstellte, dass die Klägerin bereits am 30. August 1933 – und damit nur wenige Tage nach Beantragung der Zwangslizenz – die erste Maschine nach Paris geliefert hatte, war das öffentliche Interesse an einer Zwangslizenz für diesen Auftrag entfallen. Die Klägerin bezwecke mit der Zwangslizenz in diesem Fall lediglich die nachträgliche Rechtfertigung einer bereits vollzogenen Tatsache. Dies widersprach nach Auffassung des Reichsgerichts sowohl dem *„Zweck und Wesen des Patentschutzes"* als auch dem einer Zwangslizenz.

Auch hinsichtlich des noch ausstehenden bzw. zu erwartenden Auftrags konnte der Senat ein öffentliches Interesse nicht erkennen. Es stellte daher unmissverständlich fest, dass *„nur eine Aussicht auf den Verkauf ins Ausland"* nicht ausreiche, um ein öffentliches Interesse zu begründen.

d) Die Entscheidung vom 21. Dezember 1935 (I 18/35)

Die Förderung der deutschen Wirtschaft und des Arbeitsmarktes stand auch in der Entscheidung des Reichsgerichts vom 21. Dezember 1935[876] im Vordergrund. Ihr lag eine Auseinandersetzung zwischen zwei Herstellern von Lochkarten- und Lochkartenprüfmaschinen zugrunde, in dem die Klägerin, die P. GmbH aus B., eine Zwangslizenz an einer patentierten Vorrichtung zum Prüfen gelochter Zählkarten[877] begehrte. Patentinhaberin war die US-amerikanische

875 RG v. 9. Juni 1934 (I 59/34).

876 RG v. 21. Dezember 1935 (I 18/35).

877 D.R.P. 378330.

I. B. M. Corporation aus N.Y. Vorausgegangen war zwischen den Parteien ein Patentverletzungsprozess, in dem die Beklagte erfolgreich die Verletzung des streitgegenständlichen Patents durch die Klägerin gerügt hatte. Die P. GmbH war selbst Inhaberin eines Patents an einer Lochkartenprüfmaschine,[878] des jedoch auf der patentierten Erfindung der Beklagten aufbaute. Nachdem eine gütliche Einigung über eine Lizenz gescheitert war, beantragte die Klägerin die Erteilung einer Zwangslizenz.

Das öffentliche Interesse hierfür sah sie insbesondere in einer Verbesserung der Erfindung. Ihre Prüfmaschine könne auch Schwachstellen an den Lochkarten erkennen, wozu das Prüfsystem der Beklagten nicht in der Lage sei. Weiter trug sie vor, dass ohne die Zwangslizenz ein lauterer Wettbewerb unterbunden würde. Kunden, die von ihr keine Prüfmaschine mehr erhalten könnten, würden nämlich auch keine Tabelliermaschinen (Lochkartenmaschinen) mehr bei ihr kaufen, wenn sie nicht ganz auf die Prüfung der Lochkarten verzichteten wollten. Das gelte umso mehr bei den zahlreichen ausländischen Kunden der Klägerin. Zudem drohe infolge der Auftragseinbußen der Verlust von Arbeitsplätzen durch betriebsbedingte Schließungen.

Das Reichspatentamt wies in seiner Entscheidung vom 13. September 1934[879] die Bedenken der Klägerin fast vollständig zurück. Der Zweck einer Zwangslizenz sei es nicht, *„alle geschäftlichen Schädigungen von den konkurrierenden Firmen abzuwenden."* Der Vorteil, dass die klägerische Prüfmaschine auch Schwachstellen an den Lochkarten erkennt, sei überdies nicht von solcher Bedeutung, dass hierfür die Erteilung einer Zwangslizenz gerechtfertigt wäre. Eine *„überragende Bedeutung"* sah es lediglich im deutschen Export, dessen Förderung ein *„dringendes Gebot deutscher Wirtschaftspolitik"* sei und dessen Schädigung *„unter allen Umständen vermieden werden"* müsse.[880] In Anbetracht der zahlreichen Geschäftsbeziehungen, welche die Klägerin im Ausland geknüpft hatte, erteilte es die begehrte Zwangslizenz nur zum Zwecke der Ausfuhr ins Ausland, nicht aber für den inländischen Markt.

Gegen diese Entscheidung legte die Klägerin Berufung ein – mit Erfolg. Das Reichsgericht sprach der Klägerin mit Urteil vom 21. Dezember 1935[881] die Zwangslizenz auch für das Inland zu und reduzierte außerdem die vom Patentamt festgelegte Vergütung. Wie das Patentamt prüfte auch das Reichsgericht

---

878 D.R.P. 461264.

879 PA v. 13. September 1934, BArch R3002/Zivilsenate/1896.

880 PA v. 13. September 1934, BArch R3002/Zivilsenate/1896, siehe hierzu auch die Ausführungen des RG in RG v. 21. Dezember 1935 (I 18/35).

881 RG v. 21. Dezember 1935 (I 18/35).

zunächst, ob die *„Konstruktion der Klägerin gegenüber dem älteren Patent der Beklagten eine bedeutende Förderung der Technik"* darstellte. Nachdem ein gerichtlicher Sachverständiger eingeschaltet worden war, erachtete es der Senat als *„äußerst zweifelhaft"*, dass dies tatsächlich der Fall war. Die Erteilung einer Zwangslizenz auf Grundlage eines Verbesserungspatents kam folglich nicht in Betracht. Mangels missbräuchlicher Nutzung des Patents durch die Beklagte kam für das Reichsgericht auch die Erteilung einer Zwangslizenz zur Vermeidung eines unlauteren Wettbewerbs nicht in Betracht. Dies hätte allenfalls dann angenommen werden können, wenn sich die Beklagte grundsätzlich geweigert hätte, Prüfungsmaschinen an die Kunden der Klägerin zu verkaufen. Nach Auffassung des Reichsgerichts lag es trotzdem im öffentliches Interesse, eine Zwangslizenz zu erteilen. Es stützte sich hierbei auf die *„erhebliche wirtschaftliche Bedeutung"* der Maschine. Das öffentliche Interesse erfordere es, dass *„nicht nur eines von mehreren bekannten Systemen an den Markt gebracht wird, daß also bei zwei Wettbewerbern mit Maschinen verschiedener Systeme für den gleichen Zweck jeder in der Lage bleibt, seinen Betrieb aufrechtzuerhalten und das Publikum zu beliefern."* Die Zwangslizenz könne daher in solchen Fällen nicht versagt werden, *„wenn dadurch die Gefahr eines Zusammenbruchs des Lizenz begehrenden Unternehmens beseitigt oder doch wesentlich verringert wird."* Das Reichsgericht hielt es für *„naheliegend"*, dass der Betrieb der Klägerin zum Erliegen komme, wenn sie nicht selbst Prüfmaschinen für das eigene System herstellen und verkaufen dürfe.

e) Die Entscheidungen vom 2. Mai 1941 (I B 1/41) und vom 12. Mai 1942 (I 9/42)

Die Entscheidung des Reichsgerichts vom 2. Mai 1941[882] ist in mehrfacher Hinsicht auffällig: Zum einen betraf sie das erste – und bis zum Ende des Dritten Reichs auch einzige – Verfahren auf Grundlage des neuen Patentgesetzes, in dem das Reichsgericht über eine Maßnahme nach § 15 PatG 1936 zu entscheiden hatte. Alle weiteren Entscheidungen des Reichsgerichts betrafen entweder dieselbe Streitigkeit, wie im Urteil vom 12. Mai 1942,[883] oder aber der Senat musste sich nur indirekt im Rahmen anderer Ansprüche zu § 15 PatG 1936 äußern.[884] Eine

---

882 RG v. 2. Mai 1941 (I B 1/41).

883 RG v. 12. Mai 1942 (I 9/42).

884 So etwa in RG v. 13. April 1943 (I 79/42), wo sich der Senat über einen Schadensersatzanspruch entscheiden musste, welcher aufgrund einer im einstweiligen Verfügungsverfahren erteilten Zwangslizenz entstanden war, deren Erteilung aber später im Hauptverfahren nicht bestätigt wurde.

herausragende Stellung nimmt die Entscheidung vom 2. Mai 1941 auch deshalb ein, weil es sich ebenfalls um das erste und einzige Verfahren handelte, zu dem sich der Senat im Rahmen des neu eingeführten einstweiligen Verfügungsverfahrens äußern musste. Nach § 41 Abs. 1 PatG 1936 war es dem Antragsteller nämlich nunmehr gestattet, die Erteilung einer Zwangslizenz im Wege der einstweiligen Verfügung geltend zu machen.[885]

Den Entscheidungen des Reichsgerichts vom 2. Mai 1941[886] und vom 12. Mai 1942[887] lag eine Auseinandersetzung zwischen der österreichischen Firma F. B. aus W. und dem französischen Fabrikanten M. V. aus T. zugrunde. Das klagende österreichische Unternehmen begehrte eine Zwangslizenz an einer vom französischen Fabrikanten patentierten *„Vorrichtung zum Wiederaufnehmen von Fallmaschen in Wirk- und Strickwaren“*,[888] was sie unter anderem im Wege einer einstweiligen Verfügung geltend machte. Hierzu legte sie Erklärungen des Reichswirtschaftsministers vor, in denen die Erteilung einer Zwangslizenz *„alsbaldig“* als *„dringend geboten“* erachtet wurde, *„zum Zwecke der Abwendung wesentlicher Nachteile für die Volksgemeinschaft (§ 41 Abs. 1 PatG) und um die Belange der Volksgemeinschaft zu wahren (§ 15 Abs. 1 PatG)“*.

Das Reichspatentamt erteilte am 14. Dezember 1940 die Zwangslizenz im Wege der einstweiligen Verfügung gegen eine Sicherheitsleistung von 4.000 RM. Gegen diese Entscheidung legte der Beklagte Beschwerde ein, jedoch ohne Erfolg. Mit Beschluss vom 2. Mai 1941[889] wies das Reichsgericht die Beschwerde des Beklagten zurück. Dieser hatte geltend gemacht, dass die Voraussetzungen einer Zwangslizenz zum Zeitpunkt der Entscheidung des Reichspatentamts zwar vorlagen, dem sich die Umstände seitdem aber geändert hätten. Durch den Ausbruch des Krieges sei er zwischenzeitig an der Einfuhr der Vorrichtungen von Frankreich nach Deutschland gehindert worden. Mittlerweile sei die Einfuhr aber wieder freigegeben, so dass er in der Lage sei, *„den gesamten inländischen Bedarf voll zu befriedigen.“* Zudem könnten, wenn *„die in Frankreich verkaufsbereit vorhandenen und die dort weiter angefertigten Maschinen nach Deutschland gebracht würden, (…) in Deutschland sowohl Rohstoffe als auch Arbeitskräfte gespart und für die unmittelbare Kriegswirtschaft freigemacht“* werden.

Das Reichsgericht ging auf diese Einwände nicht ein. Es stellte lediglich fest, dass es nach dem neuen § 15 PatG 1936 nicht mehr befugt sei zu überprüfen,

885 Hierzu bereits oben 1. Teil, D. III. (S. 60, 63, 65 f.).
886 RG v. 2. Mai 1941 (I B 1/41).
887 RG v. 12. Mai 1942 (I 9/42).
888 D.R.P. 537632 mit dem Zusatzpatent D.R.P. 652269.
889 RG v. 2. Mai 1941 (I B 1/41).

„ob die Erteilung der Benutzungserlaubnis wirklich im Interesse der Volksgemeinschaft (im öffentlichen Interesse) erforderlich ist" und ob die Voraussetzungen einer einstweiligen Verfügung vorlagen, um wesentliche *„Nachteile für die Volksgemeinschaft"* alsbald abzuwenden. Vor diesem Hintergrund hielt sich der Senat zu der von dem Beklagten begehrten Nachprüfung, *„ob die von der Reichsregierung im Juli 1940 abgegebenen Erklärung jetzt noch inhaltlich richtig sei"* für nicht befugt. Eine solche Erklärung könne im nationalsozialistischen Staat nur durch *„die Reichsregierung selbst widerrufen oder abgeändert"* werden.

Im Hauptsacheverfahren erteilte das Reichspatentamt mit Urteil vom 11. September 1941 die begehrte Zwangslizenz unter Festsetzung einer Vergütung je Maschine sowie einer Sicherheitsleistung. Gegen diese Entscheidung legte die Klägerin Berufung ein. Nach ihrer Auffassung war sei die Sicherheitsleistung nicht notwendig, in jedem Fall sei sie aber, wie auch die Vergütung, zu hoch bemessen.

Das Reichsgericht, das nur noch über die Höhe der Vergütung und Sicherheitsleistung zu entscheiden hatte, kam diesem Begehren teilweise nach. Mit Urteil vom 12. Mai 1942[890] reduzierte der Senat sowohl die Vergütung als auch die Sicherheitsleistung, wenn auch nicht in dem von der Klägerin geforderten Umfang.

2. Zwischenresümee

Die Zwangslizenz verlor in der NS-Zeit noch weiter an Bedeutung. Eine gewisse praktische Relevanz behielt sie nur in den ersten Jahren, in denen das Rechtsinstrument, wie bereits zuvor in der Weimarer Republik, vorwiegend zur Verteidigung in Patentverletzungsprozessen genutzt wurde.

a) Die Verfahren und die betroffenen Patente

In der NS-Zeit wurden weniger Urteile zu Maßnahmen nach § 11 PatG 1911 bzw. § 15 PatG 1936 gefasst als in allen anderen Epochen des Deutschen Reiches. 1934, 1935 und 1936 waren mit insgesamt sieben Urteilen[891] noch die Jahre mit den meisten Entscheidungen. In den restlichen neun Jahren der nationalsozialistischen Herrschaft kamen nur noch zwei neue Entscheidungen[892] hinzu. Das

890 RG v. 12. Mai 1942 (I 9/42).

891 RG v. 24. Januar 1934 (I 37/33); RG v. 14. Februar 1934 (I 68/33); RG v. 9. Juni 1934 (I 59/34); RG v. 16. August 1935 (I 44/35); RG v. 21. Dezember 1935 (I 18/35); RG v. 18. Januar 1936 (I 90/35); RG v. 8. Juli 1936 (I 26/36).

892 RG v. 1. Februar 1938 (I 173, 174/36); RG v. 2. Mai 1941 (I B 1/41).

Reichsgericht befasste sich zwar in drei weiteren Fällen auch mit Zwangslizenzen, allerdings nur indirekt, da es in der Hauptsache nicht um deren Erteilung ging, sondern lediglich um die Kosten des Verfahrens,[893] die Höhe der Vergütung[894] oder aber um die Geltendmachung eines Schadensersatzanspruchs.[895] Auf Grundlage des neuen § 15 PatG 1936 wurde nur eine einzige Entscheidung gefällt, nämlich der Beschluss vom 2. Mai 1941.[896] Dies ist wenig überraschend, da die *„Zweite Verordnung über außerordentliche Maßnahmen im Patent- und Gebrauchsmusterrecht"* vom 12. Mai 1943[897] in § 12 Abs. 1 bestimmte, dass *„Verfahren wegen Zurücknahme eines Patents oder wegen Erteilung einer Zwangslizenz (...) nicht mehr eingeleitet"* werden.

Diese Verfahren nach § 11 PatG 1911 bzw. § 15 PatG 1936 betrafen Anträge auf Erteilung einer Zwangslizenz. Hiervon betroffen waren unterschiedliche Patente, die jedoch nicht mehrheitlich Patentgruppen oder Branchen zugeordnet werden können. Neben Herstellungsverfahren von Schallplatten, Überwachungseinrichtungen für den Schienenverkehr, Lochkartenprüfmaschinen und Zubehör für Wirk- und Strickwaren waren u.a. auch Patente für Tiefdruckmaschinen, Mundspühl-Apparate, Zubehör für Transformatoren, Gussverfahren, Abdichtungen für Koksöfen und Kohlenstaubmotoren betroffen.

b) Das öffentliche Interesse

Die schwierigen wirtschaftlichen Verhältnisse in Deutschland wirkten sich auch noch in der ersten Hälfte der NS-Zeit auf die Beurteilung des öffentlichen Interesses aus. Soziale Aspekte traten sogar noch mehr in den Vordergrund als während der Weimarer Republik. Meist ging es dabei um die Vermeidung von Arbeitslosigkeit durch Betriebsstilllegungen,[898] aber auch um die Erhaltung der Volksgesundheit oder um die betriebliche Sicherheit.[899] Eine Änderung zeigte sich erst mit der Entscheidung des Reichsgerichts vom 1. Februar 1938,[900] in der es explizit konstatierte, dass *„nach Erklärung von maßgebender Stelle"* die Arbeitsmarktsituation in Deutschland so gut sei, dass die Entlassung von Belegschaft

893 RG v. 14. Oktober 1938 (I 144/36).
894 RG v. 12 Mai 1942 (I 9/42).
895 RG v. 13. April 1943 (I 79/42).
896 RG v. 2. Mai 1941 (I B 1/41).
897 RGBl. II S. 150, 151.
898 RG v. 24. Januar 1934 (I 37/33); RG v. 21. Dezember 1935 (I 18/35); RG v. 8. Juli 1936 (I 26/36).
899 RG v. 14. Februar 1934 (I 68/33); RG v. 16. August 1935 (I 44/35).
900 RG v. 1. Februar 1938 (I 173, 174/36).

nicht das öffentliche Interesse an der Gewährung einer Zwangslizenz begründen könne. Obwohl sich dieses Urteil eigentlich noch auf den alten § 11 Abs. 1PatG 1911 stützte und folglich eine Erklärung der Reichsregierung nicht notwendig war, ließ diese Begründung bereits den Einfluss der Reichsregierung erkennen.

Alle folgenden Entscheidungen des Reichsgerichts machten aufgrund der nunmehr erforderlichen Erklärung der Reichsregierung keine Angaben mehr zum Bestehen oder Nichtbestehen des öffentlichen Interesses.

Was das Verhältnis der stattgegebenen zu den abgelehnten Klagen betrifft, so gab der Senat sieben der neun Klagen auf Erteilung einer Zwangslizenz statt. Bedenkt man, dass hierbei weit überwiegend soziale Aspekte bei der Beurteilung des öffentlichen Interesses eine Rolle spielten, handelt es sich um ein weitaus weniger radikales „wirtschaftspolitisches Kampfmittel", als dies vielfach vermutet wurde.[901]

c) Mutmaßliche Beweggründe der Antragsteller

Wie bereits während der Weimarer Republik, wurde auch in der NS-Zeit die Zwangslizenzklage regelmäßig als Verteidigungsmittel in einem separaten Patentverletzungsstreit zwischen den Prozessparteien genutzt. In sieben der neun Zwangslizenzklagen wurde entweder die Patentverletzung durch ein Verbesserungspatent behauptet[902] oder aber eine „schlichte" anderweitige patentverletzende Nutzung des streitgegenständlichen Patents.[903]

Wider Erwarten wurde die Zwangslizenz auch während der Kriegsjahre nicht zum Instrument der Kriegswirtschaft. Durch die *„Zweite Verordnung über außerordentliche Maßnahmen im Patent- und Gebrauchsmusterrecht"* vom 12. Mai 1943[904] wurde das Verfahren auf Erteilung einer Zwangslizenz bzw. Patentzurücknahme sogar bis auf weiteres ganz ausgesetzt.[905] 1934 hingegen glaubte die Reichsregierung noch, die Zwangslizenz selbst zu wirtschaftspolitischen Zwecken nutzen zu können. Wie sich aus einem internen Vermerk des Reichspatentamtes vom 21. Juli 1934 bzw. 1. August 1934[906] ergibt, beabsichtigte das Reichswirtschaftsministerium, Verwertungsgesellschaften zu gründen, über

901 Hierzu bereits oben in der Einleitung S. 1 ff.

902 RG v. 14. Februar 1934 (I 68/33); RG v. 16. August 1935 (I 44/35); RG v. 21. Dezember 1935 (I 18/35); RG v. 18. Januar 1936 (I 90/35).

903 RG v. 9. Juni 1934 (I 59/34); RG v. 8. Juli 1936 (I 26/36); RG v. 1. Februar 1938 (I 173, 174/36).

904 RGBl. II S. 150, 151.

905 Hierzu bereits oben 3. Teil, C. IV. 2. a. (S. 183 f.).

906 BArch R131/53.

die Zwangslizenzen erworben werden sollten. Hierzu hieß es: „*Das Reichswirtschaftsministerium beabsichtigte zur Verwertung der Pawlikowski'schen Kohlenstaubmotoren Patente eine Gesellschaft ins Leben zu rufen, bestehend aus der Notgemeinschaft der Deutschen Wissenschaft, der Deutschen Reichsbahn und der Firma Schichau-Elbing (die beiden ersten als Geldgeber). Diese Gesellschaft soll beim Reichspatentamt eine Zwangslizenz erwirken und dann an dritte Firmen Unterlizenzen erteilen.*“[907] Das Patentamt erteilte dieser Idee allerdings eine schnelle Absage, da die Zwangslizenz eine „*einfache Lizenz*“ sei und somit nicht übertragen werden könne. Zudem verwies es auf § 5 Abs. 2 PatG 1911, der es dem Staat ermöglichte, auf Patente Zugriff zu nehmen, wenn „*die Erfindung nach Bestimmung des Reichskanzlers für das Heer oder für die Flotte oder sonst im Interesse der öffentlichen Wohlfahrt benutzt werden*“[908] sollte.

Dass trotzdem auch die Privatwirtschaft den Kriegszustand nutzen wollte, um möglichst schnell und unkompliziert eine Zwangslizenz zu erhalten, zeigt ein Schreiben einer sächsischen Armaturen-Fabrik an das Reichspatentamt vom 22. November 1939.[909] Mit diesem erhoffte sie noch vor Ablauf der gesetzlichen Drei-Jahresfrist eine Zwangslizenz an einem Patent eines US-amerikanischen Unternehmens, zu erhalten. Den Anspruch begründete die Fabrik damit, dass die US-amerikanische Maschine „*volkswichtig*“ und „*nötiger Heeresbedarf*“ sei. Das Reichspatentamt erteilte diesem Begehren allerdings eine klare Absage und verwies auf die Bestimmung des § 8 PatG 1936. Danach konnte auf Anordnung oder im Auftrag des zuständigen Reichministers sowie der ihm nachgeordneten zuständigen Behörden jede Erfindung benutzt werden, sofern Patente für Zwecke der Landesverteidigung erforderlich seien.[910]

Wie bereits in der Weimarer Republik wurde die Zwangslizenz somit auch im Dritten Reich in erster Linie als Verteidigungsinstrument in Patentverletzungsstreitigkeiten genutzt. Wirtschaftspolitische Verwendung fand sie weder zu Kriegs- noch zu Friedenszeiten.

---

907 BArch R131/53.

908 § 5 Abs. 2 PatG 1911.

909 BArch R131/53.

910 BArch R131/53.

d) Der Auslandsbezug

Die Beteiligung von ausländischen Parteien an Zwangslizenzverfahren nahm im Dritten Reich wieder leicht zu. An drei[911] der neun Zwangslizenzverfahren waren ausländische Patentinhaber bzw. Antragsteller beteiligt, in zwei der drei Fällen wurde die begehrte Zwangslizenz erteilt.

911 RG v. 21. Dezember 1935 (I 18/35); RG v. 1. Februar 1938 (I 173, 174/36); RG v. 2. Mai 1941 (I B 1/41) bzw. RG v. 12. Mai 1943 (I 9/42).

4. Teil: Resümee

Vom ersten Entwurf eines gesamtdeutschen Patentgesetzes bis zur letzten Entscheidung des Reichsgerichts zu einer Maßnahme nach § 15 PatG 1936 vergingen mehr als 70 Jahre. In dieser Zeit kam es zu erheblichen politischen und wirtschaftlichen Veränderungen in Deutschland, die sich nicht nur auf die gesetzliche Entstehung und Entwicklung des Ausführungs- und Lizenzzwangs auswirkten, sondern auch auf die Rechtsprechung des Reichsgerichts und dessen Beurteilung des öffentlichen Interesses. Was allerdings als entscheidende Kompromisslösung in der Grundsatzfrage um den Patentschutz von Erfindungen begann, endete als ein Rechtsinstrument, das vornehmlich als Verteidigungsinstrument in Patentverletzungsprozessen unter Konkurrenten verwendet wurde. Der Aspekt des „*Kampfmittels*" gegen ausländische Patentinhaber spielte hierbei nur in den Anfängen des gesetzlichen Patentschutzes eine stärkere Rolle. Die Ausländereigenschaft einer Prozesspartei war hingegen kein ausschlaggebender Faktor im Patentzurücknahme und Zwangslizenzverfahren vor dem Reichsgericht.

Auch heute finden sind weltweit in der überwiegenden Anzahl von Patentgesetzen Regelungen zum Ausführungs- und/oder Lizenzzwang und schaffen so regelmäßig Anlass für Diskussionen und Novellen. Allein in der Bundesrepublik kam es seit 1945 zu zahlreichen Änderungen in der gesetzlichen Ausgestaltung, auch wenn die Zwangslizenz in der gerichtlichen Praxis nahezu nicht mehr vorkommt. Trotzdem sind solche Regelungen nicht obsolet. Auch in der modernen Patentrechtspraxis hat zumindest das Instrument des Lizenzzwangs seine Funktion und Daseinsberechtigung.

A. Zusammenfassung und Bewertung

Ziel dieser Arbeit war es zu klären, wie das Reichsgericht in der Zeit von seiner Gründung im Jahre 1879 bis 1945 den Ausführungs- und Lizenzzwang im deutschen Patentrecht mit seinen Entscheidungen geprägt hat. Der Schwerpunkt lag hierbei auf der inhaltlichen Auswertung der Entscheidungen und deren Einordnung im zeitlichen Kontext. Im besonderen Fokus standen folgende Aspekte: 1. Wie wirkten sich die äußeren Umstände dieser Zeit auf die Bewertung des öffentlichen Interesses aus? 2. Welche Beweggründe führten zu

Patentzurücknahme- und Zwangslizenzklagen? Hierbei wurde insbesondere untersucht, ob die Ausländereigenschaft einer Prozesspartei im Verfahren vor dem Reichsgericht eine Rolle spielte.

I. Das öffentliche Interesse bei Patentzurücknahme- und Zwangslizenzklagen

Wie wirkten sich die äußeren Umstände auf die reichsgerichtliche Bewertung des öffentlichen Interesses bei Maßnahmen nach § 11 PatG 1877/1891/1911 bzw. § 15 PatG 1936 aus? Es war die bestimmende Größe. Die äußeren Umstände gestalteten das öffentliche Interesse, dessen äußerer Rahmen die *„Förderung der Volkswohlfahrt und Volkswirtschaft Deutschlands"*[912] war. Sie waren damit der maßgeblicher Faktor bei der Frage, ob eine Patentzurücknahme oder Zwangslizenzerteilung gerechtfertigt war. Während etwa 1913, zu einer Zeit des wirtschaftlichen Aufschwungs und Friedens in Deutschland, die Verbilligung von Waren für Verbraucher kein öffentliches Interesse i.S.d. § 11 PatG 1911 darstellte,[913] urteilte das Reichsgericht im Jahre 1930,[914] dass die Erteilung einer Zwangslizenz gerechtfertigt sein kann, wenn hierdurch die Erhöhung von Kohlepreisen für die Allgemeinheit vermieden würde. Gleichwohl hat die Analyse der reichsgerichtlichen Entscheidungen gezeigt, dass die Bewertung des öffentlichen Interesses auch von der jeweils begehrten Maßnahme abhing. Hierzu im Einzelnen:

1. Das öffentliche Interesse in Patentzurücknahmeklagen

Die vom Reichsgericht zu Patentzurücknahmen gefällten Entscheidungen betrafen zu über 90% Patentzurücknahmen wegen mangelnder Ausführung der Erfindung im Inland. Die Patentzurücknahme wegen Verweigerung einer im öffentlichen Interesse gebotenen Lizenz spielte in der Gerichtspraxis des Reichsgerichts nahezu keine Rolle. Da die nicht ausreichende Ausführung der Erfindung grundsätzlich das öffentliche Interesse an der Zurücknahme des Patents indizierte,[915] äußerte sich das Reichsgericht nicht in jedem Urteil zu den Gründen, die ein öffentliches Interesse rechtfertigten. Wenn es das aber tat, kamen fast ausnahmslos volkswirtschaftliche Gesichtspunkte zum Tragen. Schon in

---

912 *Pietzcker*, PatG, Teil I, 1929, Anm. 5 zu § 11; vgl. zum Folgendem auch *Bußmann*, Zwangslizenz, S. 43 ff., 118 ff., 167 ff., 185 ff.

913 Vgl. RG v. 27. Juni 1913 (I 389/12).

914 Vgl. RG v. 26. November 1930 (I 295/28).

915 Siehe hierzu oben 3. Teil, A. I. 1. (S. 89 ff.).

seiner allerersten Entscheidung[916] zu § 11 PatG 1877 urteilte das Reichsgericht am 27. Juni 1883: *„Die Bestimmung des § 11 Ziffer 1 des Deutschen Patentgesetzes ist in nationalem deutschen (namentlich in dem deutschen volkswirtschaftlichen) Interesse gegeben.“* An dieser Interpretation des öffentlichen Interesses in Patentzurücknahmesachen änderte sich in der gesamten Zeit des Bestehens des Reichsgerichts nur wenig. In fast allen seitdem ergangenen Entscheidungen in Patentzurücknaheverfahren wurde das öffentliche Interesse mit der inländischen *„Gewerbsamkeit“* bzw. mit dem Interesse der deutschen Industrie gleichgesetzt.[917] Am deutlichsten formulierte es das Reichsgericht in seiner letzten Entscheidung in Patentzurücknahmesachen am 15. Januar 1927[918]: *„Das Reichspatentamt hat aber die Zweckbestimmung des § 11 Abs. 2 PatG , der inländischen Wirtschaft als Kampfmittel gegenüber einer schädlichen ausländischen Einfuhr zu diesen, richtig erkannten und zutreffend angenommen, daß nach der Absicht des Gesetzgebers von der Befugnis („kann“) der Patentzurücknahme nur Gebrauch gemacht werden solle – dann allerdings auch müsse –, wenn die Verhinderung der ausschließlichen Einfuhr aus dem Auslande im öffentlichen Interesse liegt, wenn sie zum Schutz der deutschen Industrie erforderlich erscheint. (…).“*

Ausnahmen bildeten lediglich die wenigen Entscheidungen, die zu § 11 Nr. 2 PatG 1877/1891 ergangen sind. Bei diesen spielten – neben volkswirtschaftlichen Argumenten – auch andere Aspekte eine Rolle. So fanden etwa in einer Entscheidung vom 11. Februar 1903[919] auch die Arbeitssicherheit der Angestellten einer Brauerei als sozialpolitisches Argument bei der Beurteilung des öffentlichen Interesses Berücksichtigung. In einer Entscheidung vom 11 Mai 1889[920] wurde dagegen die Vermeidung eines Preisanstiegs im Inland im Grundsatz als öffentliches Interesse anerkannt. Das Reichsgericht stellte hierin aber klar, dass nicht entscheidend sein könne, ob das Produkt ohne Patentschutz im Inland günstiger für den Konsumenten zu erwerben sei, sondern ob *„die Preise durch die alleinige Ausübung im Auslande für die inländischen Consumenten vertheuert werden.“*[921]

Die überwiegende volkswirtschaftliche Beurteilung des öffentlichen Interesses überrascht nur wenig, wenn man bedenkt, dass fast alle Entscheidungen

---

916 RG v. 27. Juni 1883 (I 23/83).

917 Vgl. u.a. RG v. 2. Januar 1896 (I 371/95); RG v. 5. Juli 1899 (I 172/99); PA v. 21. März 1901, PMZ 1901, S. 230 ff.; RG v. 28. September 1904 (I 200/04); RG v. 11. Februar 1911 (I 409/10); RG v. 22 April 1912 (I 141/11).

918 RG v. 15. Januar 1927 (I 350/25).

919 RG v. 11. Februar 1903 (I 291/02).

920 RG v. 11 Mai 1889 (I 195/89).

921 RG v. 11 Mai 1889 (I 195/89).

des Reichsgerichts in Patentzurücknahmesachen im Kaiserreich ergangen waren und somit in die Phase der Hochindustrialisierung fielen. Ziel war es, die deutsche Volkswirtschaft voranzutreiben, auch den Rückstand gegenüber dem Ausland aufzuholen.

2. *Das öffentliche Interesse bei Zwangslizenzklagen*

Auch wenn das Reichsgericht auch in Zwangslizenzsachen das öffentliche Interesse mehrheitlich mit volkswirtschaftlichen Argumenten rechtfertigte, findet sich hier eine weitaus größere Vielfalt an unterschiedlichen Wertungen und Begründungen. Dies ist nicht zuletzt damit zu erklären, dass in der Zeit nach der Gesetzesnovelle von 1911 Deutschland wesentlich intensiveren politischen und gesellschaftlichen Umwälzungen ausgesetzt war, als in der Zeit zwischen 1879 bis 1911. Dies wirkte sich natürlich auch auf die Beurteilung des öffentlichen Interesses aus. In wirtschaftlich schwierigen Zeiten spielten vermehrt soziale Aspekte, wie etwa die Vermeidung von Arbeitslosigkeit durch drohende Betriebsstilllegungen,[922] eine Rolle. Aber auch allgemein rückten soziale Gründe bei der Beurteilung des öffentlichen Interesses immer mehr in den Vordergrund. Es sollten im öffentlichen Interesse nicht nur soziale Nachteile vermieden werden, sondern direkt die sozialen Umstände verbessert werden. So rechtfertigte die Erhöhung der Sicherheit am Arbeitsplatz[923] oder im Bahnverkehr[924] ebenso die Erteilung einer Zwangslizenz wie die Förderung der Volksgesundheit.[925]

Ähnlich wie in den Patentzurücknahmeklagen konnte aber auch eine verbesserte Versorgung des inländischen Marktes mit der patentierten Erfindung eine Zwangslizenz im öffentlichen Interesse rechtfertigen.[926] Voraussichtlich günstigere Verbraucherpreise als Folge von Konkurrenz und Wettbewerb konnten hingegen nur bedingt die Erteilung einer Zwangslizenz begründen.[927]

---

922 Vgl. RG v. 11. März 1926 (I 243/25, I 244/25); RG v. 24. Januar 1934 (I 37/33); RG v. 21. Dezember 1935 (I 18/35); anders aber PA v. 9.10.24, GRUR 30, 78.

923 Vgl. RG v. 3. Januar 1927 (I 139/26); RG v. 27. Juni 1928 (I 271/27).

924 Vgl. RG v. 14. Februar 1934 (I 86/33).

925 Vgl. RG v. 30. November 1929 (I 76/29); RG v. 16. August 1935 (I 44/35).

926 Vgl. RG v. 27 Mai 1918 (I 89/17); RG v. 20. Januar 1923 (I 324/21).

927 Vgl. RG v. 26. November 1930 (I 295/28); a.A. aber RG v. 27. Juni 1913 (I 389/12) *„Zum Zwecke der Preisniedrigung werde, sofern nicht etwa die Preisstellung der Vorenthaltung des Gegenstandes geradezu gleichkomme, eine Lizenz nicht gefordert werden können, da ein öffentliches Interesse hierfür nicht gegeben sei.“*

In Kriegszeiten traten vermehrt militärische Aspekte zur Begründung des öffentlichen Interessen hervor.[928] Dies machte sich insbesondere während des Ersten Weltkriegs bemerkbar. Aber auch rein wirtschaftspolitische Gründe rechtfertigten in einigen Fällen die Erteilung einer Zwangslizenz, etwa wenn durch ein gesteigertes Exportgeschäft die deutsche Handelsbilanz verbessert werden konnte.[929] 1935 erachtete das Reichsgericht *„die Förderung der deutschen Ausfuhr als dringendes Gebot deutscher Wirtschaftspolitik.“*[930] Ob aber die Exportförderung als einziges öffentliches Interesse an einer Zwangslizenz ausreichte oder ob noch weitere Umstände und Gründe hinzutreten mussten, lag maßgeblich an den jeweils vorherrschenden wirtschaftlichen und politischen Verhältnissen in Deutschland.[931] Die bloße Hoffnung auf eine Verbesserung reichte nie aus.[932] Weitestgehend unstreitig war, dass ein öffentliches Interesse an einer Zwangslizenz dann vorlag, wenn dies für militärische Zwecke wie der Landesverteidigung oder der Kriegsführung als notwendig erachtet wurde.[933] Ausnahmen hiervon machte das Reichsgericht nur in den Entscheidungen vom 20. Januar 1923 und 24. November 1923,[934] in denen trotz vermeintlicher militärischer Relevanz das Argument „Landesverteidigung“ in Anbetracht des verlorenen Ersten Weltkrieges nicht zum Tragen kam.

Das häufigste Argument für das Vorliegen eines öffentlichen Interesses war hingegen das sog. „Verbesserungspatent“.[935] Hierbei handelte es sich um eine

---

928 Vgl. RG v. 3. März 1913 (I 227/12); RG v. 20. März 1918 (I 412/17), hierzu auch PA vom 5. Oktober 1917, BArch R3002/Zivilsenate/529; anders jedoch nach dem Krieg, siehe hierzu RG v. 24. November 1923 (I 324/21).

929 Vgl. RG v. 20. Januar 1923 (I 324/21); RG v. 27. Juni 1928 (I 271/27); RG v. 9. Juni 1934 (I 59/34); RG v. 21. Dezember 1935 (I 18/27).

930 RG v. 21. Dezember 1935 (I 18/35).

931 So etwa in RG v. 20. Januar 1923 (I 324/21), wo als zusätzlicher Umstand eine im öffentlichen Interesse gewünschte Rohstoffersparnis (Platin) anerkannt wurde.

932 Vgl. RG v. 9. Juni 1934 (I 59/34).

933 RG v. 3. März 1913 (I 227/12); RG v. 20. März 1918 (I 412/17), hierzu auch PA vom 5. Oktober 1917, BArch R3002/Zivilsenate/529; RG v. 24. November 1923 (I 324/21).

934 RG v. 20. Januar 1923 und 24. November 1923 (I 324/21), siehe hierzu unter 3. Teil., C. III. 1. a. (S. 154 ff.).

935 Es wird teilweise auch als „Abhängigkeitspatent“ bzw. „Verbundenes Patent“ bezeichnet. Vgl. hierzu u.a. RG v. 12. Dezember 1888 (I 120/88); RG v. 11. Februar 1903 (I 291/02); RG v. 28. September 1904 (I 200/04); RG v. 20. Februar 1909 (I B 9/09); RG v. 8. November 1913 (I 153/13); RG v. 16. Juni 1915 (I 57/15); RG v. 18. Oktober 1916 (I 46/16); RG v. 17. November 1917 (I 336/17); RG v. 27. Mai 1918 (I

neue Erfindung, die sich eine bereits patentierte Erfindung zu Nutze machte. Hatte der Inhaber des jüngeren Patents also keine Erlaubnis zur Verwendung des älteren Patents, so konnte die neue Erfindung nur unter Verletzung des älteren Patentrechts ausgeführt werden. Weigerte sich dann der Inhaber eines „Hauptpatents", eine solche Lizenz zu erteilen, konnte dies zu einer Hemmung des technischen Fortschritts und der Entwicklung führen. Eine Zwangslizenz wurde allerdings nicht in jedem Fall eines abhängigen Patents erteilt. Notwendig war – wie der Name schon sagt – eine *wesentliche Verbesserung* des jüngeren Patents gegenüber dem älteren.[936] Das Reichsgericht bzw. Patentamt formulierte den Anspruch an das Verbesserungspatent folgendermaßen: *„ob die Überlegenheit des klägerischen Apparates gegenüber den im Verkehr befindlichen, insbesondere auch gegenüber den nach im angegriffenen Patent hergestellten Pichapparaten von der Art ist, daß durch die Nichtausführung der klägerischen Erfindung das öffentliche Interesse berührt wird."*[937] Teilweise ging das Gericht auch schon aufgrund der Tatsache, dass das Zusatzpatent überhaupt erteilt wurde, davon aus, dass eine Verbesserung gegenüber dem Hauptpatent vorlag.[938] Eine Ausnahme vom Erfordernis einer Verbesserung wurde nur gemacht, wenn die jüngere Erfindung auf einem neuen Weg zum gleichen Ziel gelangte.[939]

II. Gründe für die gesetzlichen Regelungen zur Patentzurücknahme- und Zwangslizenzklage und deren Praxis

Die Motive, die bei der Entstehung der Regelungen zum Ausführungs- und Lizenzzwangs eine Rolle spielten, waren vielschichtig und unterschieden sich in Anbetracht der im Entstehungsprozess beteiligten Interessengruppen. Es einte sie jedoch die Hoffnung auf die Erfüllung ihrer jeweiligen Intentionen, die ökonomischer, patriotischer aber auch sozialer Natur waren.

An erster Stelle verstand man den Ausführungs- und Lizenzzwangs des ersten gesamtdeutschen Patentgesetzes von 1877 als das adäquate Mittel gegen die

---

89/17); RG v. 8. März 1922 (I 96/20); RG v. 24. November 1927 (I 233/26); RG v. 30. November 1929(I 76/29); RG v. 31. Mai 1930 (I 236/27); RG v. 25. November 1931 (I 352/30); RG v. 24. Januar 1934 (I 37/33); RG v. 21. Dezember 1935 (I 18/35); RG v. 8. Juli 1936 (I 26/36); RG v. 1. Februar 1938(I 173/36, I 174/36); siehe herzu allg. *Wirth*, GRUR 1914, S. 33 ff.

936 Vgl. u.a. RG v. 12. Dezember 1888 (I 120/88); RG v. 11. Februar 1903 (I 291/02).

937 Vgl. RG v. 11. Februar 1903 (I 291/02).

938 So auch bei RG v. 11. Februar 1903 (I 291/02).

939 Vgl. u.a. RG v. 8. November 1913 (I 153/13); RG v. 16. Juni 1915 (I 57/15); RG v. 18. Oktober 1916 (I 46/16).

missbräuchliche Ausnutzung des Patentschutzes. Es bestand die große Sorge, dass durch eine Monopolisierung wichtige Industriezweige gehemmt und geschädigt werden könnten.[940] Zudem sollte mit einer solchen Regelung im Entstehungsprozess des ersten gesamtdeutschen Patentgesetzes auch das Vertrauen der Patentgegner gewonnen werden, die Patente grundsätzlich als schädliche Monopolisierung und Einschränkung der Handels- und Gewerbefreiheit verstanden.[941] Der Ausführungs- und Lizenzzwang sollte zudem wirtschaftspolitisch wirken. Ziel war die Förderung der inländischen Wirtschaft.[942] Man erhoffte sich durch die verpflichtende Ausführung bzw. Lizenzierung einer Erfindung einen technischen Wissenstransfer zugunsten einheimischer Unternehmen sowie die Anhebung der inländischen Beschäftigung. Andererseits versuchte man so auch, die befürchtete Überschwemmung durch im Ausland produzierte, aber in Deutschland geschützte Produkte einzugrenzen. Letztlich stellte die Patentzurücknahme- bzw. Zwangslizenzklage sicher auch ein potentielles Mittel für die Großindustrie dar, um kostengünstig auf Erfindungen kleinerer Unternehmen oder Einzelerfinder zuzugreifen. Eine solche, rein privatrechtlich relevante Intention, entsprach zwar keinesfalls dem ursprünglichen Sinn der Regelung, wonach das Wohl der Allgemeinheit maßgeblich sein sollte. In Anbetracht der beträchtlichen Anzahl an Industriellen in der Expertengruppe kann eine derartige Absicht aber nicht ganz ausgeschlossen werden.[943]

Die Analyse der reichsgerichtlichen Entscheidungen hat gezeigt, dass keine der Befürchtungen, zu deren Beseitigung bzw. Milderung der Ausführungs- und Lizenzzwang eingeführt wurde, in Gänze eingetreten ist. Selbst wenn es in Einzelfällen zu Missbräuchen und Überflutungen durch ausländische Patentinhaber gekommen sein sollte, führte dies nicht zu einem vermehrten Einsatz des Instruments der Patentzurücknahme- bzw. Zwangslizenzklage.

Betrachtet man die ersten 39 Jahre seit Inkrafttreten des Reichspatentgesetzes von 1877, so wurde in dieser Zeit des Kaiserreichs noch am ehesten der vom Gesetzgeber beabsichtigte Zweck der Patentzurücknahmeregelung erreicht, nämlich die *„Einfuhren aus dem Ausland im Interesse der deutschen Wirtschaft zu verhindern.“*[944] Rund 70% der jemals vom Reichsgericht gefassten

940 Siehe hierzu oben 1. Teil, C. IV. 1. (S. 41 f.); 1. Teil, C. IV. 2. (S. 43, 44 f.).

941 Siehe hierzu oben 1. Teil, C. II. (S. 36.).

942 Vgl. *Jabbusch*, Begrenzung, S. 79 f.

943 Siehe hierzu 1. Teil, C. IV. 1. (S. 41 ff.).

944 Vgl. Gesetzesbegründung zum Entwurf des 2. PatGÄndG vom 16. Juli 1998, mit dem die Möglichkeit der Patentzurücknahme beseitigt wurde, PMZBl. 1998, S. 393, 399.

Entscheidungen zu Patentzurücknahme- und Zwangslizenzklagen fallen in diese Zeit. Der weit überwiegende Anteil der Entscheidungen betraf hierbei Anträge auf Patentzurücknahme wegen mangelnder Ausführung der patentierten Erfindung im Inland, was in erster Linie ausländische Patentinhaber traf. In dieser Zeit des Kaiserreichs entschied das Reichsgericht in 55 Fällen über Patentzurücknahmeanträge, bei denen in 28 Fällen der Patentinhaber aus dem Ausland kam. Vergleicht man diese Zahlen mit der Gesamtzahl der vor dem Reichsgericht geführten Patentzurücknahmeverfahren, so waren ausländische Patentinhaber überproportional häufig betroffen, da die Anzahl der an ausländische Parteien erteilten Patente deutlich geringer war als der an Einheimische erteilten. Nach den von der World Intellectual Property Organization (WIPO) veröffentlichten Zahlen lag der Anteil der zwischen 1883 und 1914 an ausländische Personen oder Unternehmen erteilten Patente bei rund 34%.[945] Dies entspricht einer Zahl von 88462 erteilten Patenten. In Anbetracht der im gleichen Zeitraum vor dem Reichsgericht geführten 63 Verfahren wird schnell klar, dass die Patentzurücknahme bzw. Zwangslizenz nach § 11 PatG relativ selten zur Anwendung kam, auch wenn die Zahl der Anträge sicher höher war, da nicht in jedem Verfahren Berufung zum Reichsgericht eingelegt wurde.[946]

Die Einführung der direkten Zwangslizenz im Jahre 1911 leitete das Ende der Patentzurücknahmeklage ein, die ihren Zweck im Kampf um die Vorherrschaft unter den Industriestaaten erfüllt hatte. Mit dem zunehmenden Erfolg der deutschen Wirtschaft schwand die Sorge vor ausländischer Konkurrenz. Die vergleichsweise drastische Folge der Patentzurücknahme war in den immer internationaler werdenden Märkten eher nachteilig geworden. Dies zeigte sich auch in der Entwicklung der Zahl der erteilten Patente im Verhältnis zur praktischen Anwendung des Rechtsinstruments der Patentzurücknahme bzw. der Zwangslizenzerteilung: Trotz deszahlenmäßigen Anstiegs der insgesamt in Deutschland erteilten Patente[947] stieg die Anzahl der beim Reichsgericht geführten Verfahren nach § 11 PatG bzw. § 15 PatG nicht an; im Gegenteil, sie nahm tendenziell sogar

945 WIPO Statistische Datenbank, Dezember 2011, http://www.wipo.int/ipstats/en/statistics/patents/ (abgerufen am 4. Februar 2014).

946 Laut *Bußmann* wurden in der Zeit von 1881 bis 1910 insgesamt 510 Anträge auf Patentzurücknahme beim Kaiserlichen Patentamt gestellt, von denen aber der größte Teil bereits in erster Instanz abgewiesen wurde oder sich aber durch Zurücknahme oder in sonstiger Weise erledigt hatten, *Bußmann*, Zwangslizenz, S. 26 f.

947 Siehe WIPO Statistik Datenbank, Dezember 2011, http://www.wipo.int/ipstats/en/statistics/patents/ (abgerufen am 4. Februar 2014).

eher ab.[948] Diese Entwicklung kam in der Anzahl der Patentzurücknahmeverfahren vor dem Reichsgericht zum Ausdruck. Zwischen 1911 und 1945 musste das Reichsgericht nur noch in drei Fällen hierüber entscheiden. Selbst bis zur Abschaffung der Patentzurücknahme im Jahre 1998 kam kein weiteres Verfahren hinzu.[949] Auch die Anzahl der Verfahren nach § 11 PatG bzw. § 15 PatG mit Auslandsbezug nahm bis 1945 stetig ab.[950] Betrachtet man den gesamten Wirkungszeitraum des Reichsgerichts, so hatten rund 50% der vor dem Reichsgericht geführten Verfahren Auslandsbezug. Zu Lasten ausländischer Patentinhaber wurde hingegen insgesamt in nur 32 Fällen entschieden.

Was die mutmaßlichen Beweggründe zur Erhebung eine Klage nach § 11 PatG bzw. § 15 PatG 1936 betrifft, so hat die Analyse der reichsgerichtlichen Entscheidungen in diesem Bereich eines klar ergeben: Im Vordergrund standen fast immer wirtschaftliche Interessen der jeweiligen Antragsteller. Vor Einführung der direkten Zwangslizenz im Jahre 1911 zeigte sich dies zum einen darin, dass die Antragsteller fast ausschließlich aus der gleichen Branche kamen wie der jeweilige Patentinhaber. D.h. mit der Patentzurücknahme konnte ein Konkurrent empfindlich geschwächt werden, um so dem eigenen Unternehmen einen entsprechenden Vorsprung zu verschaffen.[951] Noch deutlicher wird die tatsächliche Funktion einer Maßnahme nach § 11 PatG/§15 PatG 1936 aber bei der Beleuchtung der Verfahrensumstände. Beim Großteil aller Verfahren vor dem Reichsgericht war die Zwangslizenzklage eine Reaktion auf einen zwischen denselben Parteien geführten Patentverletzungsstreit. Die Patentzurücknahme- bzw. Zwangslizenzklage wurde also als Verteidigungsmittel gegen den Vorwurf des Patentinhabers verwendet, dass der Antragsteller dessen Patent verletze. Nicht selten trug der Antragsteller hierzu vor, seine vermeintlich patentverletzende Erfindung sei ein Verbesserungspatent zur Erfindung des Patentinhabers. Was ursprünglich als Rechtsinstrument zum Wohle der Allgemeinheit gedacht war, wurde letztlich fast ausschließlich als Verteidigungsinstrument in der Privatwirtschaft verwendet.

Die Auffassung, das Rechtsinstrument des Ausführungs- und Lizenzzwangs sei ausschließlich als „Kampfmittel" gegen ausländische Konkurrenzprodukte intendiert und genutzt worden, hat sich folglich nur bedingt als richtig herausgestellt. Lediglich vor der Einführung der direkten Zwangslizenz im Jahre 1911, als überwiegend die Patentzurücknahme wegen mangelnder Ausführung

948 Siehe Statistik in Anhang B, (S. 213).

949 Siehe hierzu sogleich unter 4. Teil, B. II. (S. 203 ff.).

950 Siehe Statistik in Anhang C, (S. 213).

951 Siehe hierzu oben 3. Teil, C. II. 3. c. (S. 148 ff.) und 3. Teil, C. III. 2. c. (S. 172 ff.).

der Erfindung im Inland beantragt wurde, kann hiervon die Rede sein. Danach spielte dieser Aspekt nur noch eine untergeordnete Rolle. Es wurden fast ausschließlich Zwangslizenzen beantragt, in den meisten Fällen lediglich als Verteidigungsmittel im Patentverletzungsstreit. Die praktische Bedeutung der Zwangslizenz und der Anteil an von der Zwangslizenz betroffenen ausländischen Patentinhabern nahm nach 1911 stetig ab.

Die Frage, ob die Ausländereigenschaft einer Prozesspartei im Verfahren vor dem Reichsgericht eine Rolle spielte, ist hingegen mit „nein" zu beantworten. Die reinen Zahlen erwecken zwar den Anschein, dass, wenn eine ausländische Partei beteiligt war, häufiger zu deren Lasten entschieden wurde. Die Ursache hierfür ist aber nicht in der Ausländereigenschaft zu finden. Es ist vielmehr die Folge eines Gesetzes, das vornehmlich ausländische Patentinhaber traf, weil diese regelmäßig keine oder noch keine Produktionsstätte im Inland hatten.

B. Die Entwicklung des Ausführungs- und Lizenzzwangs zwischen 1945 und heute

Nach 1945 erfuhren die Regelungen zum Ausführungs- und Lizenzzwang noch zahlreiche gesetzliche Änderungen. In der Praxis wirkten sich diese Änderungen jedoch nicht aus. Die Anzahl der gerichtlichen Entscheidungen zur Erteilung von Zwangslizenzen bzw. zur Patentzurücknahme blieb verschwindend gering.

I. Die gesetzliche Entwicklung nach 1945

Die gesetzliche Regelung zur Zwangslizenz bzw. Patentzurücknahme wurde seit der Gesetzesnovelle von 1936 bis heute noch fünf Mal[952] überarbeitet und angepasst.

1. Die Gesetzesnovelle vom 8. Juli 1949

Die Überarbeitung des Patentgesetzes vom 8. Juli 1949[953] hatte in erster Linie den Zweck, die mit der Gesetzesnovelle von 1936 im Sinne der nationalsozialistischen Regierung eingeführten inhaltlichen und terminologischen Änderungen wieder rückgängig zu machen. So wurden Ausdrücke wie „Deutsches Reich" durch „Deutschland" ersetzt und „Belange der Volksgemeinschaft"

952 Siehe hierzu die Übersicht in Anhang A, (S. 207 ff.).

953 Erstes Gesetz zur Änderung und Überleitung von Vorschriften auf dem Gebiet des gewerblichen Rechtsschutzes vom 8. Juli 1949, WiGBl 1949, S. 175 ff.; für den Wortlaut der Norm siehe Anhang A, (S. 207 ff.).

durch „öffentliches Interesse". Zudem wurde insbesondere die Erteilung einer Zwangslizenz bzw. Zurücknahme eines Patents nicht mehr von der Erklärung der Reichsregierung abhängig gemacht. Maßgeblich war nunmehr wieder – wie bereits vor der Gesetzesnovelle von 1936 – das Vorliegen eines öffentlichen Interesses an der entsprechenden Maßnahme. Das Tatbestandsmerkmal des öffentlichen Interesses war folglich wieder gerichtlich Überprüfbar.

2. Die Gesetzesnovelle vom 23. März 1961

Die Änderung des § 15 PatG durch die Gesetzesnovelle vom 23. März 1961[954] war auf eine Änderung von Art. 4A Abs. 4 PVÜ zurückzuführen. Art. 4A Abs. 4 sah ursprünglich vor, dass die Erteilung von „*Zwangslizenzen an eine Wartefrist von drei Jahren seit der Erteilung des Patent*"[955] gebunden war. Streitig war allerdings, ob diese Wartefrist nur für Zwangslizenzerteilungen wegen Missbrauchs des Patents gelten sollte oder für alle Gründe einer Zwangslizenz.[956] Der deutsche Gesetzgeber sah sich aufgrund von Art. 4A Abs. 4 PVÜ daran gehindert, die Erteilung einer Zwangslizenz vor Ablauf einer dreijährigen Frist vorzusehen, obwohl sie im öffentlichen Interesse geboten gewesen wäre. Hintergrund waren die immer kürzeren technischen Entwicklungszeiten, so dass nach Ablauf einer Dreijahresfrist die Erfindung oft bereits wieder veraltet war. Mit der Neufassung des Art. 4A Abs. 4 PVÜ im Oktober 1958 in Lissabon wurde diese Unklarheit beseitigt. Es war nunmehr zweifelsfrei möglich, dass „*bei Vorliegen eines öffentlichen Interesses schon vor Ablauf der 3jährigen Wartefrist eine weitergehende Benutzung des Patents durch Erteilung von Zwangslizenzen*"[957] gewährt wurde. Von dieser Möglichkeit machte der Gesetzgeber Gebrauch. Die Gesetzesänderung trat am 1. Juli 1961 in Kraft.[958]

---

954 Sechstes Gesetz zur Änderung und Überleitung von Vorschriften auf dem Gebiet des gewerblichen Rechtsschutzes vom 23. März 1961, BGBl. I 1961, S. 274–295.

955 Vgl. Gesetzesbegründung zum Entwurf eines Sechsten Gesetzes zur Änderung und Überleitung von Vorschriften auf dem Gebiet des gewerblichen Rechtsschutzes, BT-Drucks 03/1749 vom 24. März 1960, S. 29 f.

956 Vgl. Gesetzesbegründung zum Entwurf eines Sechsten Gesetzes zur Änderung und Überleitung von Vorschriften auf dem Gebiet des gewerblichen Rechtsschutzes, BT-Drucks 03/1749 vom 24. März 1960, S. 29 f.

957 Vgl. Gesetzesbegründung zum Entwurf eines Sechsten Gesetzes zur Änderung und Überleitung von Vorschriften auf dem Gebiet des gewerblichen Rechtsschutzes, BT-Drucks 03/1749 vom 24. März 1960, S. 29 f.

958 Für den Wortlaut der Norm siehe Anhang A, (S. 207 ff.).

3. Die Gesetzesnovelle vom 26. Juli 1979

Die Gesetzesnovelle vom 26. Juli 1979[959] brachte nur wenige Änderungen zum Ausführungs- und Lizenzzwang. Zum einen wurde in § 15 Abs. 1 Satz 2 PatG der Einschub *„der Bekanntmachung der Anmeldung (§ 30) oder"* gestrichen. Dieser definierte bisher – neben der Bekanntgabe der Patenterteilung – den Fristbeginn, ab wann eine Zwangslizenz erteilt werden konnte. Zum anderen änderte sich die Nummerierung. Der ursprüngliche § 15 PatG war nunmehr in § 24 PatG zu finden.

Diese Neufassung und -nummerierung trug allerdings nur anderen Änderungen im Patentgesetz Rechnung: Mit der Gesetzesnovelle vom 13. Juli 1980 wurde die Pflicht zur Bekanntmachung einer Patentanmeldung beseitigt.[960] Die Gesetzesnovelle vom 26. Juli 1979 trat am 1. Januar 1981 in Kraft.[961]

4. Die Gesetzesnovelle vom 16. Juli 1998

Die wohl umfassendste Überarbeitung erfuhr § 24 PatG mit der Gesetzesnovelle vom 16. Juli 1998,[962] welche der Norm den Inhalt und die Struktur von heute gab. Durch den Beitritt der Bundesrepublik Deutschland zum Übereinkommen über die Errichtung der Welthandelsorganisation[963] entstand die Verpflichtung, die Bestimmungen des Übereinkommens über handelsbezogene Aspekte des geistigen Eigentums (TRIPS)[964] zu beachten.[965]

So musste auch die bisherige Regelung zur Erteilung von Zwangslizenzen in § 24 PatG an Art. 27 und 31 des TRIPS-Übereinkommens angepasst werden.[966] Zwar war der Gesetzgeber der Auffassung, *„daß das deutsche Recht den*

959 Gesetz über das Gemeinschaftspatent und zur Änderung patentrechtlicher Vorschriften v. 26. Juli 1979, BGBl. I 1979, S. 1269–1284; Bekanntmachung der Neufassung des Patentgesetzes vom 16. Dezember 1980, BGBl. I 1981, S. 1–25.

960 Gesetzesbegründung, Entwurf eines Gesetzes über das Gemeinschaftspatent und zur Änderung patentrechtlicher Vorschriften (Gemeinschaftspatentgesetz – GPatG –), BT-Drucks. 08/2087 v. 7. September 1978.

961 Für den Wortlaut der Norm siehe Anhang A, (S. 207 ff.).

962 BGBl. I 1998, S. 1827; hinsichtlich des Wortlauts siehe Anhang A, (S. 207 ff.).

963 Das Übereinkommen vom 15. April 1994 (PMZBl. 1995, 18ff) zur Errichtung der Welthandelsorganisation ist für die Bundesrepublik Deutschland am 1. Januar 1995 in Kraft getreten, BGBl. 1994 II S. 1438, 1995 II S. 456; PMZBl. 1995, 303 f.

964 PMZBl. 1995, 23 ff.

965 Siehe hierzu auch *Meinberg*, Zwangslizenzen, S. 51 ff.

966 Vgl. die Gesetzesbegründung zum Entwurf des 2. PatGÄndG, PMZBl. 1998, S. 393, 397 ff.

Verpflichtungen aus dem TRIPS-Übereinkommen entspreche und das Änderungen der Gesetze auf dem Gebiet des Schutzes des Geistigen Eigentums nicht erforderlich seien.[967] Er erachtete es aber als der Rechtssicherheit dienlich, wenn *„auf die Regelung über die Zwangslizenzen (...)* [ein] *System der konkreten Umsetzung"*[968] angewandt wird. Auf diese Weise sollten eventuelle Streitigkeiten über die Anwendbarkeit des Abkommens, auch im nationalen Bereich, vermieden werden.

§ 24 PatG enthielt daher nunmehr sechs Absätze, in denen u.a. erstmals die gesetzliche Möglichkeit geschaffen wurde, die Lizenzvergütung auch nach Erteilung einer Zwangslizenz geänderten Umständen anzupassen, § 24 Abs. 5 Satz 5 PatG. Ferner wurde die gesetzliche Grundlage dafür geschaffen, dass Zwangslizenzen zurückgenommen werden konnten, wenn die zur Erteilung geführten Umstände nachträglich entfielen, § 24 Abs. 5 Satz 6 PatG.

Eine der wesentlichen Änderungen im Vergleich zu § 24 PatG 1980 war aber nur indirekt auf das TRIPS-Übereinkommen zurückzuführen: Mit der Gesetzesnovelle vom 16. Juni 1998 wurde die Möglichkeit der Patentzurücknahme wegen ausschließlicher oder überwiegender Ausführung der Erfindung im Ausland ersatzlos gestrichen.[969] Diese Regelung war obsolet geworden, nachdem der Europäische Gerichtshof mit seiner Entscheidung vom 18. Februar 1992[970] das EU-Ausland mit dem deutschen Inland gleichstellt hatte. Nach dieser Entscheidung verletzte ein EU-Mitliedstaat seine Verpflichtungen nach Art. 30 des damaligen EWG-Vertrages, *„wenn er die Rücknahme eines Patents für den Fall zuläßt, daß das Patent für eine gewerbliche Erfindung nicht in Form einer Herstellung im Inland, sondern in Form von Einfuhr aus Mitgliedstaaten ausgeübt wird.*[971] Darüber hinaus stand nach Art. 27 Abs. 1 Satz 2 des TRIPS-Übereinkommens die Einfuhr aus einem WTO-Vertragsstaat der Herstellung oder Verfahrensausübung einer Erfindung im Inland gleich. Nach Auffassung des Gesetzgebers bestand folglich kein praktischer Anwendungsbereich mehr, so dass die Regelung zur Zurücknahme von Patenten obsolet geworden war.

Die Gesetzesnovelle vom 16. Juli 1998 trat am 1. November 1998 in Kraft.[972]

---

967 Erklärung der Bundesregierung in der Denkschrift zum WTO-Übereinkommen, vgl. PMZBl. 1998, S. 393, 398.

968 Vgl. PMZBl. 1998, S. 393, 399.

969 Vgl. Gesetzesbegründung zum Entwurf des 2. PatGÄndG, PMZBl. 1998, S. 393, 399; Busse/*Hacker* PatG § 24 Rn. 1.

970 EuGH v. 18. Februar 1992, Az. C 235/89.

971 Vgl. Gesetzesbegründung zum Entwurf des 2. PatGÄndG, PMZBl. 1998, S. 393, 399.

972 Für den Wortlaut der Norm siehe Anhang A, (S. 207 ff.).

5. Die Gesetzesnovelle vom 21. Januar 2005

Eine interessante Entwicklung nahm die Regelung zum Lizenzzwang auch mit der Gesetzesnovelle vom 21. Januar 2005.[973] Mit ihr wurde das bisher bestehende Erfordernis eines „öffentlichen Interesses" an der Erteilung einer Zwangslizenz für abhängige Erfindungen gestrichen.[974] Hintergrund war die Umsetzung der EU-Biopatentrichtlinie vom 6. Juli 1998.[975] Nach Artikel 12 dieser Richtlinie sollte eine vereinfachte Möglichkeit zur Erteilung von Zwangslizenzen bei abhängigen Erfindungen im Bereich der *„landwirtschaftlichen Nutzung neuer Pflanzensorten und der Nutzung bekannter Pflanzensorten mit neuen Merkmalen"* geschaffen werden.[976] Zu diesem Zweck sollte die Erteilung von Zwangslizenzen für abhängige biotechnologische Erfindungen nicht mehr vom Vorhandensein eines öffentlichen Interesses abhängig gemacht werden. Der deutsche Gesetzgeber sah hierin jedoch eine ungerechtfertigte Ungleichbehandlung von biotechnologischen und sonstigen Erfindungen. Für Zwangslizenzen an abhängigen Erfindungen aus anderen Bereichen als der Biotechnologie hätte nach wie vor der – meist nur schwer zu erbringende Beweis – eines öffentlichen Interesse an der Erteilung erbracht werden müssen. Zur Vermeidung dieses Missstands ließ der Gesetzgeber das Erfordernis eines öffentlichen Interesses daher für sämtliche Erfindungen bei Abhängigkeitslizenzen fallen. In der Gesetzesbegründung[977] wurde hierzu ausgeführt: *„Bliebe die bestehende Regelung im Übrigen erhalten, so wären Zwangslizenzen wegen Abhängigkeit bei biotechnologischen Erfindungen künftig unter geringeren Voraussetzungen zu erteilen als Abhängigkeitslizenzen auf anderen Gebieten der Technik, bei denen zusätzlich noch das öffentliche Interesse an der Erteilung der Zwangslizenz vorliegen müsste."*

Die Gesetzesänderung trat am 28. Februar 2005 in Kraft und entspricht in dieser Form der heute gültigen Fassung.[978]

---

973 BGBl. I 2005, S. 146–149.

974 *Leitzen/Kleinvoss,* Mitt. 2005, S. 198, 199 f.

975 Richtlinie 98/44/EG des Europäischen Parlaments und des Rates vom 6. Juli 1998 über den rechtlichen Schutz biotechnologischer Erfindungen. ABl. EG Nr. L 213 S. 13.

976 Vgl. *Leitzen/Kleinvoss,* Mitt. 2005, S. 198, 199f.; siehe hierzu auch *Holzapfel,* Mitt. 2004, S. 391 ff.

977 Gesetzesbegründung, Entwurf eines Gesetzes zur Umsetzung der Richtlinie über den rechtlichen Schutz biotechnologischer Erfindungen, BT-Drucks. 15/1709 vom 15.10.2003.

978 Für den Wortlaut der Norm siehe Anhang A, (S. 207 ff.).

II. Die Rechtsprechungspraxis zum Ausführungs- und Lizenzzwang in der Bundesrepublik Deutschland

Die Patentzurücknahme und die Zwangslizenz spielten auch nach 1945 in der Praxis kaum eine Rolle. Vom Rechtsinstrument der Patentzurücknahme etwa wurde seit 1949 kein Gebrauch mehr gemacht,[979] bis es mit der Gesetzesnovelle vom 16. Juli 1998 gänzlich abgeschafft wurde. Auch die Bedeutung der Zwangslizenz ist bis heute in der Praxis als eher gering einzuschätzen.[980] Zu dieser Erkenntnis gelangte schon der Gesetzgeber in seiner Begründung zur Gesetzesnovelle vom 16. Juli 1998,[981] in der er konstatierte, dass zwischen 1945 und 1998 nur eine einzige Zwangslizenz erteilt wurde, und zwar durch ein Urteil des Bundespatentgerichts vom 7. Juni 1991.[982] Diese Zwangslizenzerteilung wurde jedoch auf die Berufung der Patentinhaberin durch das Urteil des BGH vom 5. Dezember 1995[983] wieder aufgehoben.

Glaubt man der aktuellen Kommentarliteratur, dann hat sich an dieser Situation bis heute nichts geändert.[984] Anders jedoch die Statistik des Deutschen Patent- und Markenamts, derzufolge im Jahre 2011 vom Bundespatentgericht zumindest in einem Fall eine Zwangslizenz erteilt wurde.[985] Im Ergebnis ändert das aber nichts an der Tatsache, dass das Instrument der Zwangslizenz nur noch sehr selten zur Anwendung kommt.

C. Ausblick

Welche Berechtigung hat das Zwangslizenzsystem im modernen Patentrecht? In Anbetracht der sehr geringen Anzahl an Verfahren liegt es nahe, diese Frage mit „keine" zu beantworten. Ein solcher Rückschluss wäre jedoch vorschnell und nicht zwingend. Die Funktion der Zwangslizenz wird vorwiegend in seiner

---

979 So *Scheffler,* welcher auf die Statistiken des DPMA und des BPatG verweist, GRUR 2003, S. 97ff.; siehe auch *Hartmann,* Rechtsfolge, S. 3 f.

980 Nach *Rogge* wurde unter Auswertung der Statistiken des Bundespatentgerichts zwischen 1961 und 2004 in nur 20 Fällen eine Zwangslizenz beantragt, Benkard/*Rogge,* PatG, § 24 Rn. 4; siehe hierzu auch *Kübel,* Zwangslizenzen, S. 93 ff.; *Schieble,* Genpatente, S. 154; *Vorwerk,* GRUR 1976, 64ff.; *Wolff,* Zwangslizenzen, S. 23 f.

981 Gesetzesbegründung zum 2. PatGÄndG, PMZBl. 1998, S. 393, 398; siehe hierzu bereits unter 4. Teil, B. I. 4. (S. 200 ff.).

982 BPatG v. 7. Juni 1991, BPatGE 32, S. 184 ff.

983 BGH v. 5. Dezember 1995, Az. X ZR 26/92, BGHZ 131, S. 247 ff.

984 Vgl. Busse/*Hacker* PatG § 24 Rn. 16; Benkard/*Rogge,* PatG, § 24 Rn. 4.

985 PMZBl. 2012, S. 116.

psychologischen Wirkung gesehen.[986] Die *„bloße Existenz der Möglichkeit"* der Erteilung einer Zwangslizenz dürfte die Bereitschaft des Patentinhabers, sich freiwillig mit dem potentiellen Lizenznehmer zu einigen, fördern.[987] Auch wenn eine solche Auffassung auf den ersten Blick logisch erscheint, ist sie gleichwohl zweifelhaft und lässt sich zudem nicht empirisch belegen. Die Tatsache, dass trotz einiger weniger Anträge (fast) keine Zwangslizenzen erteilt werden, belegt vielmehr, dass die Zwangslizenz kein ernsthaftes Druckmittel in der Verhandlung um den Abschluss eines Lizenzvertrages mehr darstellt. Die hohe Anzahl an gütlichen Einigungen bei Lizenzvertragsverhandlungen dürfte vornehmlich den wirtschaftlichen Vorteilen geschuldet sein, die dem Patentinhaber aus der Lizenzvergütung erwachsen. Gleichwohl ist es berechtigt, das Zwangslizenzsystem aufrechtzuerhalten. Auch wenn ein tatsächlicher Missbrauch durch Sperrpatente kaum vorkommt, sind solche Extremfälle doch nicht ganz auszuschließen. Das Gesetz muss daher ein Instrumentarium bereit halten, um einen gerechten Ausgleich zwischen dem Ausschließungsrecht des Patentinhabers und dem Interesse der Allgemeinheit an einer Nutzung neuer Erfindungen herzustellen.[988]

Eine weitaus größere Rolle spielen Zwangslizenzen im internationalen Bereich, die für Arzneimittel erteilt werden.[989] Den rechtlichen Rahmen hierfür bieten multilaterale Verträge wie das *Agreement on Trade-Related Aspects of Intellectual Property Rights* (TRIPS)[990] und die *Pariser Verbandsübereinkunft*,[991] die vorwiegend Entwicklungsländern, den Zugriff auf günstigere Medikamente erleichtern.[992] Mit der Verordnung (EG) Nr. 816/2006[993] hat auch das Europäische

986 Benkard/*Rogge* PatG, § 24 Rn. 4, 5; *Kraßer,* PatR, 5. Aufl., § 34 IV b) 3, S. 861; *Greif,* GRUR Int. 1981, 731, 734; so auch bereits *Klostermann* auf dem Wiener Patentkongress im Jahre 1873, *Landgraf,* Reichsgesetz, S. 75.

987 Vgl. *Pfanner,* GRUR 1985, S. 357, 371.

988 Vgl. hierzu auch *Pfanner,* GRUR 1985, S. 357, 371.

989 Siehe hierzu bereits in der Einleitung auf S. 1 ff.; vertiefend auch *Böttger,* GRUR 2008, S. 881 ff.; *Doepner,* Zwangslizenzen, S. 1 ff.; *Fili,* Versuchsprivileg, S. 166 ff.; *Harnisch,* Zwangslizenz in Südafrika, S. 1 ff.; *Kübel,* Zwangslizenzen, S. 93 ff.; allg. zu Zwangslizenzen an internationalen Patenten siehe auch *Tzimas,* Zwangslizenzen, S. 1 ff.

990 Art. 31 TRIPS.

991 Art. 5 (A) Abs. 2 PVÜ.

992 Siehe hierzu *Böttger,* GRUR 2008, S. 881 ff.

993 *Verordnung (EG) Nr. 816/2006 des Europäischen Parlaments und des Rates vom 17. Mai 2006 betreffend Zwangslizenzen für Patente an der Herstellung von pharmazeutischen Erzeugnissen für die Ausfuhr in Länder mit Problemen im Bereich der öffentlichen Gesundheit,* ABl. EU L157/1 v. 9. Juni 2006; siehe hierzu auch *Krauß,* Mitt. 2007, 250 ff.

Parlament und der Rat im Jahre 2006 die Möglichkeit der Erteilung von Exportzwangslizenzen an pharmazeutischen Erzeugnissen geschaffen. Hiervon sollen vornehmlich Entwicklungsländer mit Problemen im Bereich der öffentlichen Gesundheit profitieren. So wird es Pharmaherstellern erleichtert, Lizenzen für Medikamente zu erhalten, wenn sie die Arzneien in Entwicklungsländer exportieren wollen.

Anhang

A. Die gesetzlichen Regelungen zum Ausführungs- und Lizenzzwang und seine Novellen zwischen 1877 und 2014

I. § 11 Patentgesetz vom 25. Mai 1877 (in Kraft getreten am 1. Juni 1877)

„Das Patent kann nach Ablauf von drei Jahren zurückgenommen werden:

1. *wenn der Patentinhaber es unterläßt, im Inlande die Erfindung in angemessenem Umfange zur Ausführung zu bringen, oder doch Alles zu thun, was erforderlich ist, um diese Ausführung zu sichern;*
2. *wenn im öffentlichen Interesse die Ertheilung der Erlaubniß zur Benutzung der Erfindung an Andere geboten erscheint, der Patentinhaber aber gleichwohl sich weigert, diese Erlaubniß gegen angemessene Vergütung und genügende Sicherstellung zu ertheilen."*

II. § 11 Patentgesetz vom 7. April 1891 (in Kraft getreten am 1. Oktober 1891)

„Das Patent kann nach Ablauf von drei Jahren, von dem Tage der über die Ertheilung des Patents erfolgten Bekanntmachung (§ 27 Absatz 1) gerechnet, zurückgenommen werden:

1. *wenn der Patentinhaber es unterläßt, im Inlande die Erfindung in angemessenem Umfange zur Ausführung zu bringen, oder doch alles zu thun, was erforderlich ist, um diese Ausführung zu sichern;*
2. *wenn im öffentlichen Interesse die Ertheilung der Erlaubniß zur Benutzung der Erfindung an andere geboten erscheint, der Patentinhaber aber gleichwohl sich weigert, diese Erlaubniß gegen angemessene Vergütung und genügende Sicherstellung zu ertheilen."*

III. § 11 Patentgesetz vom 6. Juni 1911 (in Kraft getreten am 6. Juni 1911)

„Verweigert ein Patentinhaber einem anderen die Erlaubnis zur Benutzung der Erfindung auch bei Angebot einer angemessenen Vergütung und Sicherheitsleistung,

so kann, wenn die Erteilung der Erlaubnis im öffentlichen Interesse geboten ist dem anderen die Berechtigung zur Benutzung der Erfindung zugesprochen werden (Zwangslizenz). Die Berechtigung kann eingeschränkt erteilt oder von Bedingungen abhängig gemacht werden

Das Patent kann, soweit nicht Staatsverträge entgegenstehen, zurückgenommen werden, wenn die Erfindung ausschließlich oder hauptsächlich außerhalb des Deutschen Reichs oder der Schutzgebiete ausgeführt wird. Die Übertragung des Patents auf einen anderen ist insoweit wirkungslos, als sie nur den Zweck hat, der Zurücknahme zu entgehen.

Vor Ablauf von drei Jahren seit der Bekanntmachung der Erteilung des Patents kann eine Entscheidung nach Abs. 1, 2 gegen den Patentinhaber nicht getroffen werden.“

IV. § 15 Patentgesetz vom 5. Mai 1936 (in Kraft getreten am 1. Oktober 1936)

„(1) Weigert sich der Patentinhaber, die Benutzung der Erfindung einem anderen zu gestatten, der sich erbietet, eine angemessene Vergütung zu zahlen und Sicherheit dafür zu leisten, so ist diesem die Befugnis zur Benutzung zuzusprechen (Zwangslizenz), wenn die Reichsregierung erklärt, daß die Erlaubnis geboten ist, um die Belange der Volksgemeinschaft zu wahren, und wenn mindestens drei Jahre vergangen sind, seit die Erteilung des Patents bekanntgemacht worden ist. Die Befugnis kann eingeschränkt erteilt und von Bedingungen abhängig gemacht werden.

(2) Das Patent ist, soweit nicht Staatsverträge entgegenstehen, zurückzunehmen, wenn die Erfindung ausschließlich oder hauptsächlich außerhalb des Deutschen Reichs ausgeführt wird. Die Zurücknahme kann erst zwei Jahre nach rechtskräftiger Erteilung einer Zwangslizenz und nur dann verlangt werden, wenn die Reichsregierung erklärt, daß den Belangen der Volksgemeinschaft durch Erteilung von Zwangslizenzen weiterhin nicht genügt werden kann; diese Einschränkungen gelten jedoch nicht bei Angehörigen eines ausländischen Staates, der hierin keine Gegenseitigkeit gewährt. Die Übertragung des Patents auf einen anderen ist insofern wirkungslos, als sie nur den Zweck hat, der Zurücknahme zu entgehen.“

V. § 15 Patentgesetz vom 8. Juli 1949 (in Kraft getreten am 1. Oktober 1949)

„(1) Weigert sich der Patentinhaber, die Benutzung der Erfindung einem anderen zu gestatten, der sich erbietet, eine angemessene Vergütung zu zahlen und Sicherheit dafür zu leisten, so ist diesem die Befugnis zur Benutzung zuzusprechen (Zwangslizenz), wenn die Erlaubnis im öffentlichen Interesse geboten ist, und wenn mindestens drei Jahre vergangen sind, seit die Erteilung des

Patentes bekanntgemacht worden ist. Die Befugnis kann eingeschränkt erteilt und von Bedingungen abhängig gemacht werden.

(2) Das Patent ist, soweit nicht Staatsverträge entgegenstehen, zurückzunehmen, wenn die Erfindung ausschließlich oder hauptsächlich außerhalb Deutschlands ausgeführt wird. Die Zurücknahme kann erst zwei Jahre nach rechtskräftiger Erteilung einer Zwangslizenz und nur dann verlangt werden, wenn dem öffentlichen Interesse durch Erteilung von Zwangslizenzen weiterhin nicht genügt werden kann. Diese Einschränkungen gelten jedoch nicht bei Angehörigen eines ausländischen Staates, der hierin keine Gegenseitigkeit gewährt. Die Übertragung des Patents auf einen anderen ist insofern wirkungslos, als sie nur den Zweck hat, der Zurücknahme zu entgehen."

VI. § 15 Patentgesetz vom 23. März 1961 (in Kraft getreten am 1. Juli 1961)

„(1) Weigert sich der Patentsucher oder der Patentinhaber, die Benutzung der Erfindung einem anderen zu gestatten, der sich erbietet, eine angemessene Vergütung zu zahlen und Sicherheit dafür zu leisten, so ist diesem die Befugnis zur Benutzung zuzusprechen (Zwangslizenz), wenn die Erlaubnis im öffentlichen Interesse geboten ist. Die Erteilung der Zwangslizenz ist erst nach der Bekanntmachung der Anmeldung (§ 30) oder nach der Erteilung des Patents zulässig. Die Zwangslizenz kann eingeschränkt erteilt und von Bedingungen abhängig gemacht werden.

(2) Das Patent ist, soweit nicht Staatsverträge entgegenstehen, zurückzunehmen, wenn die Erfindung ausschließlich oder hauptsächlich außerhalb Deutschlands ausgeführt wird. Die Zurücknahme kann erst zwei Jahre nach rechtskräftiger Erteilung einer Zwangslizenz und nur dann verlangt werden, wenn dem öffentlichen Interesse durch Erteilung von Zwangslizenzen weiterhin nicht genügt werden kann. Diese Einschränkungen gelten jedoch nicht bei Angehörigen eines ausländischen Staates, der hierin keine Gegenseitigkeit gewährt. Die Übertragung des Patents auf einen anderen ist insofern wirkungslos, als sie nur den Zweck hat, der Zurücknahme zu entgehen."

VII. § 24 Patentgesetz vom 26. Juli 1979 (in Kraft getreten am 1. Januar 1981)

„(1) Weigert sich der Patentsucher oder der Patentinhaber, die Benutzung der Erfindung einem anderen zu gestatten, der sich erbietet, eine angemessene Vergütung zu zahlen und Sicherheit dafür zu leisten, so ist diesem die Befugnis zur Benutzung zuzusprechen (Zwangslizenz), wenn die Erlaubnis im öffentlichen Interesse geboten ist. Die Erteilung der Zwangslizenz ist erst nach der Erteilung des Patents zulässig. Die Zwangslizenz kann eingeschränkt erteilt und von Bedingungen abhängig gemacht werden.

(2) Das Patent ist, soweit nicht Staatsverträge entgegenstehen, zurückzunehmen, wenn die Erfindung ausschließlich oder hauptsächlich außerhalb Deutschlands ausgeführt wird. Die Zurücknahme kann erst zwei Jahre nach rechtskräftiger Erteilung einer Zwangslizenz und nur dann verlangt werden, wenn dem öffentlichen Interesse durch Erteilung von Zwangslizenzen weiterhin nicht genügt werden kann. Diese Einschränkungen gelten jedoch nicht bei Angehörigen eines ausländischen Staates, der hierin keine Gegenseitigkeit gewährt. Die Übertragung des Patents auf einen anderen ist insofern wirkungslos, als sie nur den Zweck hat, der Zurücknahme zu entgehen."

VIII. § 24 Patentgesetz vom 16. Juli 1998 (in Kraft getreten am 1. November 1998)

„(1) Die nicht ausschließliche Befugnis zur gewerblichen Benutzung einer Erfindung wird durch das Patentgericht im Einzelfall nach Maßgabe der nachfolgenden Vorschriften erteilt (Zwangslizenz), sofern

1. der Lizenzsucher sich innerhalb eines angemessenen Zeitraumes erfolglos bemüht hat, vom Patentinhaber die Zustimmung zu erhalten, die Erfindung zu angemessenen geschäftsüblichen Bedingungen zu benutzen, und
2. das öffentliche Interesse die Erteilung einer Zwangslizenz gebietet.

(2) Kann der Lizenzsucher eine ihm durch Patent mit jüngerem Zeitrang geschützte Erfindung nicht verwerten, ohne das Patent mit älterem Zeitrang zu verletzen, so hat er im Rahmen des Absatzes 1 gegenüber dem Inhaber des Patents mit dem älteren Zeitrang Anspruch auf Einräumung einer Zwangslizenz, sofern seine eigene Erfindung im Vergleich mit derjenigen des Patents mit dem älteren Zeitrang einen wichtigen technischen Fortschritt von erheblicher wirtschaftlicher Bedeutung aufweist. Der Patentinhaber kann verlangen, daß ihm der Lizenzsucher eine Gegenlizenz zu angemessenen Bedingungen für die Benutzung der patentierten Erfindung mit dem jüngeren Zeitrang einräumt.

(3) Für eine patentierte Erfindung auf dem Gebiet der Halbleitertechnologie darf eine Zwangslizenz im Rahmen des Absatzes 1 nur erteilt werden, wenn dies zur Behebung einer in einem Gerichts- oder Verwaltungsverfahren festgestellten wettbewerbswidrigen Praxis des Patentinhabers erforderlich ist.

(4) Übt der Patentinhaber die patentierte Erfindung nicht oder nicht überwiegend im Inland aus, so können Zwangslizenzen im Rahmen des Absatzes 1 erteilt werden, um eine ausreichende Versorgung des Inlandsmarktes mit dem patentierten Erzeugnis sicherzustellen. Die Einfuhr steht insoweit der Ausübung des Patents im Inland gleich.

(5) *Die Erteilung einer Zwangslizenz an einem Patent ist erst nach dessen Erteilung zulässig. Sie kann eingeschränkt erteilt und von Bedingungen abhängig gemacht werden. Umfang und Dauer der Benutzung sind auf den Zweck zu begrenzen, für den sie gestattet worden ist. Der Patentinhaber hat gegen den Inhaber der Zwangslizenz Anspruch auf eine Vergütung, die nach den Umständen des Falles angemessen ist und den wirtschaftlichen Wert der Zwangslizenz in Betracht zieht. Tritt bei den künftig fällig werdenden wiederkehrenden Vergütungsleistungen eine wesentliche Veränderung derjenigen Verhältnisse ein, die für die Bestimmung der Höhe der Vergütung maßgebend waren, so ist jeder Beteiligte berechtigt, eine entsprechende Anpassung zu verlangen. Sind die Umstände, die der Erteilung der Zwangslizenz zugrunde lagen, entfallen und ist ihr Wiedereintritt unwahrscheinlich, so kann der Patentinhaber die Rücknahme der Zwangslizenz verlangen.*

(6) *Die Zwangslizenz an einem Patent kann nur zusammen mit dem Betrieb übertragen werden, der mit der Auswertung der Erfindung befaßt ist. Die Zwangslizenz an einer Erfindung, die Gegenstand eines Patents mit älterem Zeitrang ist, kann nur zusammen mit dem Patent mit jüngerem Zeitrang übertragen werden.“*

IX. § 24 vom 21. Januar 2005 (in Kraft getreten am 28. Februar 2005)

„(1) *Die nicht ausschließliche Befugnis zur gewerblichen Benutzung einer Erfindung wird durch das Patentgericht im Einzelfall nach Maßgabe der nachfolgenden Vorschriften erteilt (Zwangslizenz), sofern*

1. *der Lizenzsucher sich innerhalb eines angemessenen Zeitraumes erfolglos bemüht hat, vom Patentinhaber die Zustimmung zu erhalten, die Erfindung zu angemessenen geschäftsüblichen Bedingungen zu benutzen, und*
2. *das öffentliche Interesse die Erteilung einer Zwangslizenz gebietet.*

(2) *Kann der Lizenzsucher eine ihm durch Patent mit jüngerem Zeitrang geschützte Erfindung nicht verwerten, ohne das Patent mit älterem Zeitrang zu verletzen, so hat er gegenüber dem Inhaber des Patents mit dem älteren Zeitrang Anspruch auf Einräumung einer Zwangslizenz, sofern 1. die Voraussetzung des Absatzes 1 Nr. 1 erfüllt ist und 2. seine eigene Erfindung im Vergleich mit derjenigen des Patents mit dem älteren Zeitrang einen wichtigen technischen Fortschritt von erheblicher wirtschaftlicher Bedeutung aufweist. Der Patentinhaber kann verlangen, dass ihm der Lizenzsucher eine Gegenlizenz zu angemessenen Bedingungen für die Benutzung der patentierten Erfindung mit dem jüngeren Zeitrang einräumt.*

(3) Absatz 2 gilt entsprechend, wenn ein Pflanzenzüchter ein Sortenschutzrecht nicht erhalten oder verwerten kann, ohne ein früheres Patent zu verletzen.

(4) Für eine patentierte Erfindung auf dem Gebiet der Halbleitertechnologie darf eine Zwangslizenz im Rahmen des Absatzes 1 nur erteilt werden, wenn dies zur Behebung einer in einem Gerichts- oder Verwaltungsverfahren festgestellten wettbewerbswidrigen Praxis des Patentinhabers erforderlich ist.

(5) Übt der Patentinhaber die patentierte Erfindung nicht oder nicht überwiegend im Inland aus, so können Zwangslizenzen im Rahmen des Absatzes 1 erteilt werden, um eine ausreichende Versorgung des Inlandsmarktes mit dem patentierten Erzeugnis sicherzustellen. Die Einfuhr steht insoweit der Ausübung des Patents im Inland gleich.

(6) Die Erteilung einer Zwangslizenz an einem Patent ist erst nach dessen Erteilung zulässig. Sie kann eingeschränkt erteilt und von Bedingungen abhängig gemacht werden. Umfang und Dauer der Benutzung sind auf den Zweck zu begrenzen, für den sie gestattet worden ist. Der Patentinhaber hat gegen den Inhaber der Zwangslizenz Anspruch auf eine Vergütung, die nach den Umständen des Falles angemessen ist und den wirtschaftlichen Wert der Zwangslizenz in Betracht zieht. Tritt bei den künftig fällig werdenden wiederkehrenden Vergütungsleistungen eine wesentliche Veränderung derjenigen Verhältnisse ein, die für die Bestimmung der Höhe der Vergütung maßgebend waren, so ist jeder Beteiligte berechtigt, eine entsprechende Anpassung zu verlangen. Sind die Umstände, die der Erteilung der Zwangslizenz zugrunde lagen, entfallen und ist ihr Wiedereintritt unwahrscheinlich, so kann der Patentinhaber die Rücknahme der Zwangslizenz verlangen.

(7) Die Zwangslizenz an einem Patent kann nur zusammen mit dem Betrieb übertragen werden, der mit der Auswertung der Erfindung befaßt ist. Die Zwangslizenz an einer Erfindung, die Gegenstand eines Patents mit älterem Zeitrang ist, kann nur zusammen mit dem Patent mit jüngerem Zeitrang übertragen werden."

B. Statistik: Anzahl der von 1879 bis 1945 vor dem Reichsgericht geführten Verfahren zu § 11 PatG bzw. § 15 PatG 1936

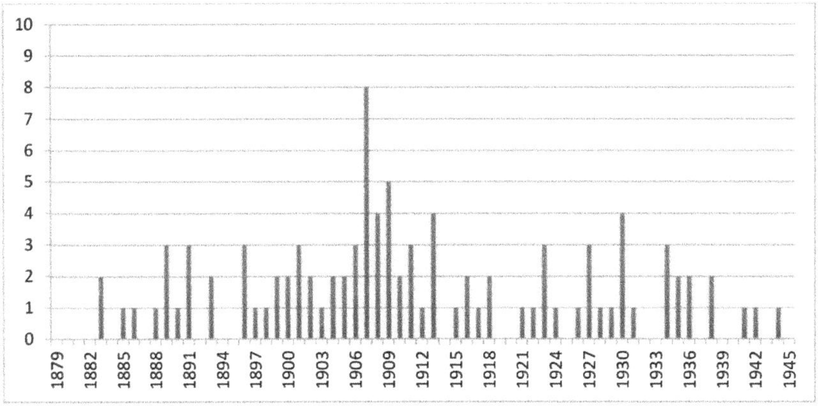

Quelle: Eigene Auswertung der recherchierten RG-Entscheidungen.

C. Statistik: Anzahl der von 1879 bis 1945 vor dem Reichsgericht geführten Verfahren zu § 11 PatG bzw. § 15 PatG 1936 mit Auslandsbezug

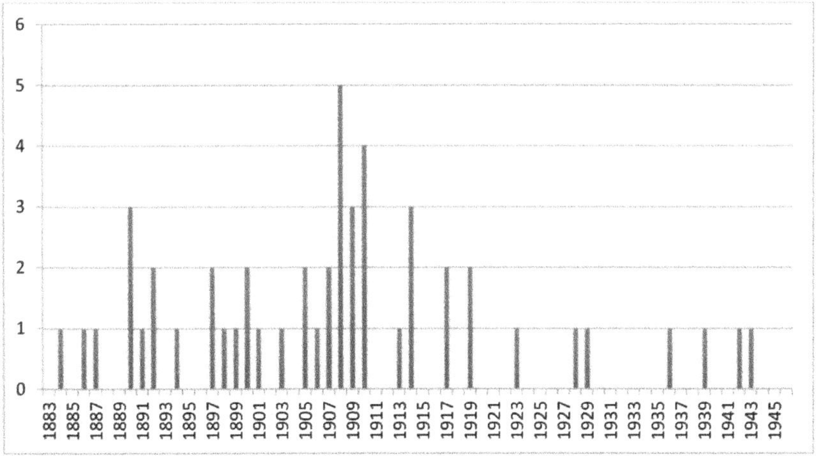

Quelle: Eigene Auswertung der recherchierten RG-Entscheidungen.

D. Statistik: Art der Erledigungen der Anträge auf Patentzurücknahme bzw. Erteilung einer Zwangslizenz zwischen 1877 und 1943 (ohne die Jahre 1915 bis 1922)

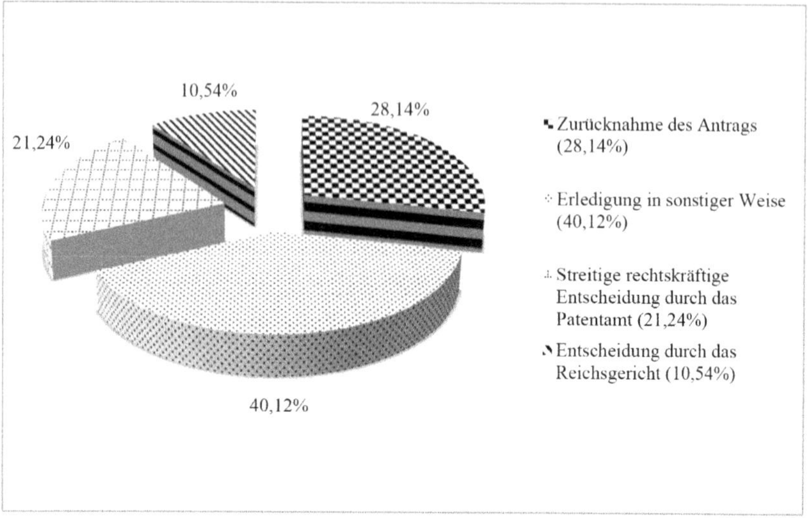

Quelle: Eigene Auswertung auf Grundlage der recherchierten RG-Urteile und der von *Bußmann* in „Die Patentrechtliche Zwangslizenz" veröffentlichten Daten der Statistiken des Patentamts, *Bußmann*, Zwangslizenz, S. 28, 66.

E. Die Reichsgerichtsräte des I. Zivilsenats von 1879 bis 1945

Name	Vorname	Lebensdaten	Senatszugehörigkeit		Fortgang nach Austritt	Quellen
			Eintritt	Austritt		
Behrend	Dr. Jakob Friedrich	*13.9.1833 †9.1.1907	1.7.1887	1.10.1900	Ruhestand	BArch R3002/PA/42 Bd. 1; *Lobe*, Fünfzig Jahre RG, S. 359, 389 f.
Berendes	Heinrich Adolf	*27.5.1848 †30.11.1932	1.1.1904	4.4.1905	Übergang zum VII. Zivilsenat	BArch R3002/PA/49 Bd. 1; *Lobe*, Fünfzig Jahre RG, S. 389 f.
			16.11.1905	1.1.1920	Ruhestand	
Boisselier	Dr. Jeremias Theodor	*24.7.1826 †1912	1.10.1879	1.6.1896	Ruhestand	BArch R3002/PA/80 Bd. 1; *Lobe*, Fünfzig Jahre RG, S. 389 f.
Bolze	Friedrich Wilhelm Albert	*1.3.1834 †28.6.1912	1.3.1881	1.12.1897	Ernennung zum Senatspräsident des I. Zivilsenats, ab 16.9.1906 im Ruhestand	BArch R3002/PA/81 Bd. 1; *Lobe*, Fünfzig Jahre RG, S. 342, 389 f.
Brandenburg	Dr. Leo	*21.6.1895 †1946	16.11.1936 als Hilfsrichter, ab 16.3.1937 als Reichsgerichtsrat	wohl April 1945		BArch R3002/PA/86 Bd. 1

Name	Vorname	Lebensdaten	Senatszugehörigkeit		Fortgang nach Austritt	Quellen
			Eintritt	Austritt		
Brodmann	Erich Karl	*20.3.1855 †21.7.1940	1.10.1911	1.1.1915	Übergang zum II. Zivilsenat	BArch R3002/PA/95 Bd. 1; *Lobe*, Fünfzig Jahre RG, S. 389 f.
Bryde	Edmund Friedrich	*28.1.1896 †1945	2.8.1937 als Hilfsrichter, ab 1.12.1937 Reichsgerichtsrat	4.4.1939	Übergang zum IV. Zivilsenat	BArch R3002/PA/105 Bd. 1
Burlage	Heinrich Eduard	*25.11.1857 †19.8.1921	1.6.1907	19.8.1921	Verstorben	BArch R3002/PA/120 Bd. 1; *Lobe*, Fünfzig Jahre RG, S. 374, 389 f.
Burmeister	Heinrich Max Elias August Berthold	*11.6.1883 †				Burmeister war bei RG v. 16.8.1936 (I 44/35) beteiligt, aus der Personalakte beim BArch R3002/PA/121 lässt sich eine Zuweisung zum I. Zivilsenat aber nicht erkennen.
Clasen	Peter	*24.9.1866 †	1.2.1919	1.1.1920	Übergang zum V. Zivilsenat	BArch R3002/PA/127 Bd. 1; *Lobe*, Fünfzig Jahre RG, S. 389 f.
Conze	Dr. Hans	*17.8.1879 †1942	1.2.1926			*Lobe*, Fünfzig Jahre RG, S. 385, 389 f.; BArch R3002/PA/135, Bd. 1 des RG fehlt jedoch.

Name	Vorname	Lebensdaten	Senatszugehörigkeit		Fortgang nach Austritt	Quellen
			Eintritt	Austritt		
Czolbe	Dr. Felix	*14.1.1863 †	16.10.1915	4.12.1916	Übergang zum III. Zivilsenat	BArch R3002/PA/139 Bd. 1; *Lobe*, Fünfzig Jahre RG, S. 389 f.
Delius	Heinrich	*7.4.1877 †	22.6.1928			*Lobe*, Fünfzig Jahre RG, S. 388ff.; BArch R3002/PA/147, Bd. 1 des RG fehlt jedoch.
Dinter	Dr. Johannes	*13.9.1894 †1946	1.4.1939 als Hilfsrichter, ab 1.1.1941 ständiges Mitglied, ab 1.12.1940 Reichsgerichtsrat	wohl April 1945		BArch R3002/PA/164 Bd. 1
Dreyer	Dr. Karl Heinrich	*7.12.1830 †18.11.1900	1.10.1891	1.10.1896	Ruhestand	BArch R3002/PA/178 Bd. 1; *Lobe*, Fünfzig Jahre RG, S. 353, 389 f.
Düringer	Dr. Adalberdt	*11.8.1855 †3.9.1924	1.7.1902	16.10.1915	ausgeschieden	BArch R3002/PA/185 Bd. 1; *Lobe*, Fünfzig Jahre RG, S. 370, 389 f.
Ehrlich	Bernhard	*21.11.1872 †	15.7.1923	1.1.1927	Übergang zum V. Strafsenat unf zum VII. Zivilsenat	BArch R3002/PA/196 Bd. 1; *Lobe*, Fünfzig Jahre RG, S. 385, 389 f.

Name	Vorname	Lebensdaten	Senatszugehörigkeit		Fortgang nach Austritt	Quellen
			Eintritt	Austritt		
Elten	Dr. Hans	*3.11.1887 †	6.1.1942 als Hilfsrichter, ab 27.8.1943 als Reichsgerichtsrat	wohl 1945		BArch R3002/PA/200 Bd. 1
Frings	Heinrich Peter Michael Hubert	*10.2.1885 †				Frings wirkte bei RG v. 16.8.1935 (I 44/35) mit, aus der Personalakte beim BArch R3002/PA/248 lässt sich eine Zuweisung zum I. Zivilsenat aber nicht erkennen.
Gadow	Leo Reinhold Wilhelm	*5.1.1875 †1945	1.1.1927	15.6.1927	Übergang zum VI. Zivilsenat	BArch R3002/PA/260 Bd. 1; *Lobe,* Fünfzig Jahre RG, S. 389 f.
Gallenkamp	Dr. Friedrich Wilhelm	*23.9.1818 †	1.1.1880	1.1.1889	Ruhestand	BArch R3002/PA/262, Bd. 1 Bl. 18.; *Lobe,* Fünfzig Jahre RG, S. 349; 389 f.
Gunkel	Dr. Karl	*27.5.1864 †26.1.1940	1.1.1914 als Oberlandgerichtsrat, ab dem 1.4.1914 Reichsgerichtsrat	1.6.1924	Übergang zum II. Zivilsenat	BArch R3002/PA/303 Bd. 1; *Lobe,* Fünfzig Jahre RG, S. 389 f.; *Kaul,* Geschichte des RG, S. 305

Name	Vorname	Lebensdaten	Senatszugehörigkeit		Fortgang nach Austritt	Quellen
			Eintritt	Austritt		
Hagens	Dr. Diedrich Alfred	*15.2.1856 †26.6.1934	1.6.1900	1.2.1919	Senatspräsident des II. Zivilsenats	BArch R3002/PA/323 Bd. 1; *Lobe*, Fünfzig Jahre RG, S. 389 f.
Hambrook	Dr. Baum	*11.8.1818 †5.12.1897	1.10.1879	1.7.1890	Ruhestand	BArch R3002/PA/528 Bd. 1; *Lobe*, Fünfzig Jahre RG, S. 354, 389 f.
Hauser	Dr. Lorenz	*18.12.1828 †1882	1.10.1879	1.1.1880	Übergang zum II. Zivilsenat	BArch R3002/PA/341 Bd. 1; *Lobe*, Fünfzig Jahre RG, S. 355, 389 f.
Heidenhain	Dr. Martin	*1880 †1954	ca. 1935	ca. 1942		Heidenhein war an folgenen Urteilen beteiligt: RG v. 16.8.1935 (I 44/35); RG v. 21.12.1935 (I 18/35); RG v. 18.1.1936 (I 90/35); RG v. 8.7.1936 (I 26/36); RG v. 1.2.1938 (I 173, 174/36); RG v. 12. 5.1942 (I 9/42). Eine Personalakte ist im BArch nicht vorhanden. Ein Hinweis findet sich aber bei *Kaul*, Geschichte des RG, S. 335ff..

Name	Vorname	Lebensdaten	Senatszugehörigkeit		Fortgang nach Austritt	Quellen
			Eintritt	Austritt		
Hoffmann	Dr. Friedrich Moritz	*20.6.1818 †3.1.1882	1.10.1879	1.2.1889	Vorsitzender des III. Hilfsenats	BArch R3002/PA/390 Bd. 1; *Lobe*, Fünfzig Jahre RG, S. 349, 389 f.
Hofmann	Georg Wilhelm	*27.10.1846 †29.31923	1.5.1899	1.11.1913	Ruhestand	BArch R3002/PA/396 Bd. 1; *Lobe*, Fünfzig Jahre RG, S. 389 f.
Hüfner	Dr. Karl Ambrosius	*24.10.1864 †1949	16.5.1922	15.4.1923	Übergang zu einem erstinstanzlichen Strafgericht	BArch R3002/PA/402 Bd. 1; *Lobe*, Fünfzig Jahre RG, S. 389 f.
Jeß	Dr. Karl	*14.1.1843 †10.2.1925	1.4.1895	1.6.1907	Senatspräsident des V. Zivilsenats	BArch R3002/PA/417 Bd. 1; *Lobe*, Fünfzig Jahre RG, S. 389 f.
Katluhn	Dr. Julius Franz	*9.12.1865 †30.11.1942	16.9.1912 (ab 5.4.1914 als Reichsgerichtsrat)	21.4.1926	Ernennung zum Senatspräsident des I. Zivilsenats, ab 1.4.1934 im Ruhestand	BArch R3002/PA/431 Bd. 1; *Lobe*, Fünfzig Jahre RG, S. 389 f. *Kaul*, Geschichte des RG, S. 306f.
Krauße	Dr. Heinrich	*4.5.1871 †8.8.1934	3.6.1924	8.8.1934	Verstorben	BArch R3002/PA/482 Bd. 1; *Lobe*, Fünfzig Jahre RG, S. 389 f.; *Kaul*, Geschichte des RG, S. 308

Name	Vorname	Lebensdaten	Senatszugehörigkeit		Fortgang nach Austritt	Quellen
			Eintritt	Austritt		
Krüger	Hermann Gustav Ludwig Theodor	*19.9.1825 †24.12.1903	1.10.1879	1.2.1880	Übergang zum II. Hilfssenat	*Lobe*, Fünfzig Jahre RG, S. 352, 389 f.; Keine Personalakte im BArch vorhanden.
Lahusen	Dr. Diedrich	*22.12.1852 †25.4.1927	1.12.1897	1.6.1900	Ruhestand	BArch R3002/PA/504 Bd. 1; *Lobe*, Fünfzig Jahre RG, S. 389 f.
Lindenmaier	Fritz	*2.10.1881 †7.10.1960	21.4.1926	21.4.1926	Ernennung zum Senatspräsident des I. Zivilsenats bis April 1945. Danach Auflösung des RG.	*Lobe*, Fünfzig Jahre RG, S. 389 f.; BArch R3002/PA/533 Bd. 1; Professorenkatalog der Universität Leipzig, hrsg. V. Lehrstuhl für Neuere und Neuste Geschichte, Historisches Seminar der Universität Leipzig, http://www.uni-leipzig.de/unigeschichte/professorenkatalog/leipzig/Lindenmaier_624, (abgerufen am 17. Februar 2014); *Kaul*, Geschichte des RG, S. 308f.

Name	Vorname	Lebensdaten	Senatszugehörigkeit		Fortgang nach Austritt	Quellen
			Eintritt	Austritt		
Lindhorst		* †				Herr Lindhorst hat zwar an den Urteilen v. 18.1.36 (I 90/35) und 8.7.36 (I 26/36) mitgewirkt, eine Personalakte ist im BArch allerdings nicht vorhanden. EinHinweis findet sich aber bei *Kaul*, Geschichte des RG, S. 335.
Loerbroks	Dr. Otto	*1870 †21.1.1941	1.1.1920	1.4.1922	Ruhestand	BArch R3002/PA/546 Bd. 1; *Lobe*, Fünfzig Jahre RG, S. 389 f.
Löhmann	Dr. Günther Ernst Christian	*9.10.1886 †1972	1.7.1944	April 1945	Auflösung RG	BArch R3002/PA/545 Bd. 1
Mansfeld	Dr. Richard Max Emil	*29.11.1865 †5.12.1943	1.6.1907	1.11.1912	Übergang zum II. Zivilsenat	BArch R3002/PA/569 Bd. 1; *Lobe*, Fünfzig Jahre RG, S. 389 f.; *Kaul*, Geschichte des RG, S. 309
Maßmann	Dr. Wilhelm Leberecht, Fürchtegott	*15.9.1837 †30.7.1916	1.1.1883	1.4.1884	Übergang zum II. Zivilsenat	BArch R3002/PA/576 Bd. 1; *Lobe*, Fünfzig Jahre RG, S. 343; 389 f.

Name	Vorname	Lebensdaten	Senatszugehörigkeit		Fortgang nach Austritt	Quellen
			Eintritt	Austritt		
Meyer	Dr. Wilhelm	*8.4.1860 †15.111931	1.10.1912 (Bereits ab 1.10.1911 als Oberlandsgerichtsrat)	1.6.1924	Senatspräsident des IV. Zivilsenats	BArch R3002/PA/608 Bd. 1; *Lobe*, Fünfzig Jahre RG, S. 389 f.
Müller	Georg	*30.12.1868 †1945	1.6.1924	1.1.1937	Ruhestand	BArch R3002/PA/627 Bd. 1 Bl. 13; *Lobe*, Fünfzig Jahre RG, S. 389 f.
Nieland	Dr. Johann Ludwig	*27.9.1867 †	1.2.1919	1.12.1935	Ruhestand	BArch R3002/PA/651 Bd. 1; *Lobe*, Fünfzig Jahre RG, S. 389 f.
Philippi	Dr. Friedrich	*4.9.1859 †1938	1.11.1912	1.1.1914	Übergang zum II. Zivilsenat	BArch R3002/PA/694; *Lobe*, Fünfzig Jahre RG, S. 378; 389 f.
Pietzcker	Dr. Eduard	*20.6.1862 †22.11.1929	24.9.1917	15.6.1928	Ruhestand	BArch R3002/PA/698 Bd. 1; *Lobe*, Fünfzig Jahre RG, S. 389 f.
Pinzger	Dr. Werner Paul Emil Rudolf	*12.9.1878 †15.9.1939	1.12.1932	15.9.1939	Verstorben	BArch R3002/PA/702 Bd. 1
Planck	Hugo	*29.9.1846 †22.11.1922	1.10.1896	1.1.1904	Übergang zum IV. Zivilsenat	BArch R3002/PA/703 Bd. 1; *Lobe*, Fünfzig Jahre RG, S. 344, 389 f.

Name	Vorname	Lebensdaten	Senatszugehörigkeit		Fortgang nach Austritt	Quellen
			Eintritt	Austritt		
Rehbein	Dr. Hugo	*19.12.1833 †5.10.1907	1.1.1889	1.10.1907	Ruhestand	BArch R3002/PA/731 Bd. 1; *Lobe*, Fünfzig Jahre RG, S. 357; 389 f.
Reichert	Josef Max	*24.3.1865 †	7.1.1919	20.1.1926	Senatspräsident des III. Strafsenats	BArch R3002/PA/735 Bd. 1; *Lobe*, Fünfzig Jahre RG, S. 389 f.
Rüger	Conrad Robert	*7.9.1829 †13.11.1899	1.10.1879	1.1.1880	Übergang zum II. Zivilsenat	BArch R3002/PA/777 Bd. 1; *Lobe*, Fünfzig Jahre RG, S. 352, 389 f.
Schlesinger	Dr. Christian David Rudolf	*17.8.1831 †1.9.1912	1.10.1879	1.5.1886	Übergang zum VI. Zivilsenat	BArch R3002/PA/853 Bd. 1; *Lobe*, Fünfzig Jahre RG, S. 389 f.
Segelken	Dr. Johannes Georg	*31.5.1897 †1982	1.6.1944	wohl bis April 1945	Auflösung RG	BArch R3002/PA/792, Bd. 1 Bl. 4.
Sievers	Dr. Johann Daniel Heinrich	*27.2.1848 †4.10.1918	1.10.1896	1.7.1912	Senatspräsident des II. Zivilsenats	BArch R3002/PA/806 Bd. 1; *Lobe*, Fünfzig Jahre RG, S. 389 f.
Siller	Dr. Robert	*1881 †	13.5.1935		Ruhestand	BArch R3002/PA/807 Bd. 1, auch BArch R3002/PA/702 Bd. 1 Bl. 36
Sprecher von Bernegg	Dr. Freiherr Anton Adolf Christoph	*2.10.1849 †9.6.1915	1.10.1900	1.10.1911	Ruhestand	BArch R3002/PA/936 Bd. 1; *Lobe*, Fünfzig Jahre RG, S. 389 f.

Name	Vorname	Lebensdaten	Senatszugehörigkeit		Fortgang nach Austritt	Quellen
			Eintritt	Austritt		
Staffel	Dr. Heinrich August Walter	*24.12.1861 †20.12.1934	1.1.1915	1.10.1915	Übergang zum III. Zivilsenat	BArch R3002/PA/941 Bd. 1; *Lobe*, Fünfzig Jahre RG, S. 389 f.
Stolterfoth	Paul Wilhelm Gustav	*21.7.1838 †17.12.1894	15.9.1890	17.12.1894	Verstorben	BArch R3002/PA/959 Bd. 1; *Lobe*, Fünfzig Jahre RG, S. 360, 389 f.
Tölke	Dr. Walter	*22.1.1883 †	16.11.1936 als Hilfsrichter, ab 22.2.1937 Reichsgerichtsrat	wohl April 1945	Auflösung RG	BArch R3002/PA/989 Bd. 1
Triebel	Franz	*25.8.1869 †20.1.1942	1.10.1922	1.4.1934	Ernennung zum Senatspräsidenten des I. Zivilsenats, ab 1.1.1937 im Ruhestand	BArch R3002/PA/993 Bd. 1; *Lobe*, Fünfzig Jahre RG, S. 389 f.; *Kaul*, Geschichte des RG, S. 311
Viereck	Paul Friedrich Heinrich	*21.5.1860 †24.8.1915	1.7.1912	16.9.1912	Übergang zum III. Strafsenat	BArch R3002/PA/1016 Bd. 1; *Lobe*, Fünfzig Jahre RG, S. 389 f.
von Hahn	Dr. Georg Friedrich	*7.6.1823 †3.3.1897	1.10.1879	1.10.1891	Senatspräsident des VI. Zivilsenats	BArch R3002/PA/324 Bd. 1; *Lobe*, Fünfzig Jahre RG, S. 341, 389 f.

Name	Vorname	Lebensdaten	Senatszugehörigkeit		Fortgang nach Austritt	Quellen
			Eintritt	Austritt		
von Hassell	Carl Georg Christian	*7.1.1841 †13. 12.1925	1.5.1897	1.5.1899	Übergang zum VII. Zivilsenat	BArch R3002/PA/339 Bd. 1; *Lobe*, Fünfzig Jahre RG, S. 389 f.
von Meibom	Dr. Viktor	*1.9.1821 †27.12.1892	1.1.1880	1.7.1887	Ruhestand	BArch R3002/PA/582 Bd. 1; *Lobe*, Fünfzig Jahre RG, S. 352, 389 f.
Weinkauff	Hermann	*10.2.1894 †1981	1.12.1936	wohl April 1945	Auflösung RG	BArch R3002/PA/1038 Bd. 1
Wiener	Heinrich	*12.10.1834 †7.11.1897	1.10.1879	1.10.1891	Senatspräsident des V. Zivilsenats	BArch R3002/PA/1058 Bd. 1; *Lobe*, Fünfzig Jahre RG, S. 341, 389 f.
Winchenbach	Heinrich Hermann Friedrich	*5.7.1837 †19.4.1929	1.10.1891	1.7.1902	Senatspräsident des VI. Zivilsenats	BArch R3002/PA/1064 Bd. 1; *Lobe*, Fünfzig Jahre RG, S. 343, 389 f.

Rechtsprechungsverzeichnis

Entscheidungen des Reichsgerichts[994]

Datum	Aktenzeichen	Anspruchsgrundlage PatG	Auslandsbezug (AB)	Fundstelle u. soweit vorhanden Prozessakten des Reichsgerichts (PA)
27.6.1883	I 23/83	§ 11 Ziff. 1 PatG	AB	BGH Archiv PatBl. 1883, S. 329–333
12.11.1883	I 11/83	§ 11 Ziff. 1 PatG		BGH Archiv PatBl. 1884, S. 25
30.11.1885	I 264/84	§ 11 Ziff. 1 PatG	AB	BGH Archiv PatBl. 1886, S. 51
11.12.1886	I 222/86	§ 11 Ziff. 1 PatG	AB	BGH Archiv PatBl. 1887, S. 42
12.12.1888	I 120/88	§ 11 Ziff. 1 PatG		BGH Archiv PatBl. 1889, 137, 151, 161
27.4.1889	I 288/88	§ 11 Ziff. 1 PatG	AB	BGH Archiv PatBl. 1889, S. 255–256
11.5.1889	I 195/89	§ 11 Ziff. 1 PatG	AB	BGH Archiv PatBl. 1890, S. 71
8.6.1889	I 45/89	§ 11 Ziff. 1 PatG	AB	BGH Archiv PatBl. 1889, S. 425

994 Zitate immer aus dem Originalurteil.

Datum	Aktenzeichen	Anspruchsgrundlage PatG	Auslandsbezug (AB)	Fundstelle u. soweit vorhanden Prozessakten des Reichsgerichts (PA)
26.11.1890	I 125/90	§ 11 Ziff. 1 PatG	AB	BGH Archiv PatBl. 1891, S. 53 *Reitzenbaum/ Leander*, Bd. II S. 755.
16.2.1891		§ 11 Ziff. 1 PatG		PatBl. 1891, S. 173 *Reitzenbaum/ Leander*, Bd. II, S. 755
6.5.1891	I 132/91	§ 11 Ziff. 1 PatG	AB	BGH Archiv PatBl. 1891, S. 346 *Reitzenbaum/ Leander*, Bd. II. S. 756
21.9.1891	I 172/91	§ 11 Ziff. 1 PatG	AB	BGH Archiv PatBl. 1891, S. 532
22.2.1893	I 415/92	§ 11 Ziff. 1 PatG		BGH Archiv PatBl. 1893, S. 205 *Reitzenbaum/ Leander*, Bd. II. , S. 757
4.12.1893	I 360/1893 X	§ 11 Ziff. 1 PatG	AB	BGH Archiv PatBl. 1894, S. 49
2.1.1896	I 371/95	§ 11 Ziff. 1 PatG		BGH Archiv GRUR 1896, S. 174 *Reitzenbaum/ Leander*, Bd. II, S. 761

Datum	Aktenzeichen	Anspruchsgrundlage PatG	Auslandsbezug (AB)	Fundstelle u. soweit vorhanden Prozessakten des Reichsgerichts (PA)
22.4.1896	I 66/1896	§ 11 Ziff. 1 PatG	AB	BGH Archiv PMZBl. 1896, S. 315 *Reitzenbaum/ Leander,* Bd. II, S. 762 RGZ 37, S. 49
27.2.1896	I 383/95	§ 11 Ziff. 1 PatG	AB	BGH Archiv PMZBl. 2 (1896), S. 152 *Reitzenbaum/ Leander,* Bd. II, S. 758
4.12.1897	I 354/97	§ 11 Ziff. 1	AB	BGH Archiv PMZBl. 4 (1898), S. 19 *Gareis,* Bd. 2 S. 61ff. *Reitzenbaum/ Leander,* Bd. II, S. 766
26.11.1898	I 232/97	§ 11 Ziff. 1 PatG	AB	BGH Archiv PMZBl. 5 (1899), S. 98; *Gareis,* Bd. 3 S. 146ff.; *Reitzenbaum/ Leander,* Bd. II, S. 766
6.5.1899	99/1899	§ 11 Ziff. 1 PatG	AB	BGH Archiv GRUR 1901, S. 160 Juristische Wochenschau Jg. 1899, S. 397, No. 11

Datum	Aktenzeichen	Anspruchsgrundlage PatG	Auslandsbezug (AB)	Fundstelle u. soweit vorhanden Prozessakten des Reichsgerichts (PA)
5.7.1899	I 172/99	§ 11 Ziff. 1 PatG	AB	BGH Archiv PMZBl. 5 (1899), S. 290 JW 1899, S. 543, No. 39 GRUR 6. Jg. 1901, S. 159f. *Reitzenbaum/ Leander,* Bd. II, S. 768
12.3.1900	I 2/00	§ 11 Ziff. 1 PatG		BGH Archiv JW 1900, S. 397 *Reitzenbaum/ Leander,* Bd. II, S. 770.
21.3.1900	I 372/99	§ 11 Ziff. 1 PatG	AB	BGH Archiv
2.1.1901	I 320/00	§ 11 Ziff. 1 PatG		BGH Archiv PMZBl. 7 (1901), S. 212 *Gareis,* Bd. 5, S. 165ff. *Reitzenbaum/ Leander,* Bd. II, S. 769
9.2.1901	I 384/00	§ 11 Ziff. 1 PatG		BGH Archiv JW 1901, S. 22
16.10.1901	I 207/01	§ 11 Ziff. 1 PatG		BGH Archiv
5.3.1902	I 372/01	§ 11 Ziff. 1 PatG	AB	BGH Archiv
26.11.1902	I 211/02	§ 11 Ziff. 1 PatG		BGH Archiv GRUR Jg. 8 (1903), S. 146

Datum	**Aktenzeichen**	**Anspruchsgrundlage PatG**	**Auslandsbezug (AB)**	**Fundstelle u. soweit vorhanden Prozessakten des Reichsgerichts (PA)**
11.2.1903	I 291/02	§ 11 Nr. 2 PatG		BGH Archiv PMZBl. 9 (1903), S. 279 JW 32, S. 160 *Gareis*, Bd. 6, 230 *Reitzenbaum/ Leander*, Bd. II, S. 771 RGZ 54, 4;
8.4.1903	I 291/02	§ 11 Nr. 2 PatG		BGH Archiv PMZBl. 9 (1903), S. 279, 281f. *Gareis*, Bd. 6, 230, 242ff. *Reitzenbaum/ Leander*, Bd. II, S. 771f.
28.9.1904	I 200/04	§ 11 Ziff. 1 und 2 PatG	AB	BGH Archiv PMZBl. 11 (1905), 5 *Gareis*, Bd. 6, 245, hier falsches Az. 216/1904) *Reitzenbaum/ Leander*, Bd. II, S. 774
5.11.1904	I 273/04	§ 11 Ziff. 1	AB	BGH Archiv Verweis aus *Schubert*, Erkenntnisse

Datum	**Aktenzeichen**	**Anspruchsgrundlage PatG**	**Auslandsbezug (AB)**	**Fundstelle u. soweit vorhanden Prozessakten des Reichsgerichts (PA)**
1.4.1905	I 590/04	§ 11 Ziff. 1 PatG	AB	BGH Archiv PMZBl. 11 (1905), S. 231 *Reitzenbaum/ Leander,* Bd. II, S. 775
11.10.1905	I 126/05	§ 11 Ziff. 1 PatG		BGH Archiv PMZBl. 12 (1906), S. 134 *Reitzenbaum/ Leander,* Bd. II, S. 776f.
8.1.1906	I 223/05	§ 11 Ziff. 1 PatG	AB	BGH Archiv PMZBl. 12 (1906), S. 259 *Gareis,* Bd. 7, 223 *Reitzenbaum/ Leander,* Bd. II, S. 777
21.3.1906	I 458/05	§ 11 Ziff. 1 und 2 PatG		BGH Archiv
19.11.1906	I 184/06	§ 11 Ziff. 1 PatG	AB	BGH Archiv PMZBl. 13 (1907), S. 5 *Reitzenbaum/ Leander,* Bd. II, S. 778
25.2.1907	I 324/06	§ 11 Ziff. 1 PatG	AB	BGH Archiv
27.5.1907	I 554/06	§ 11 Ziff. 1 PatG	AB	BGH Archiv PMZBl. 13 (1907), S. 211 *Gareis,* Bd. 7, S. 225 *Reitzenbaum/ Leander,* Bd. II, S. 778f.

Datum	**Aktenzeichen**	**Anspruchsgrundlage PatG**	**Auslandsbezug (AB)**	**Fundstelle u. soweit vorhanden Prozessakten des Reichsgerichts (PA)**
27.5.1907	I 555/06	§ 11 Ziff. 1 PatG	AB	BGH Archiv
27.5.1907	I 556/06	§ 11 Ziff. 1 PatG		BGH Archiv Verweis aus *Schubert,* Erkenntnisse
27.5.1907	I 557/06	§ 11 Ziff. 1 PatG	AB	BGH Archiv
1.6.1907	I 571/06	§ 11 Ziff. 1 PatG	AB	BGH Archiv LZ 1907, 590
1.6.1907	I 108/07	§ 11 Ziff. 1 PatG		BGH Archiv
29.6.1907	I 63/07	§ 11 Ziff. 1 PatG		BGH Archiv LZ 1907, 833
12.2.1908	I 474/07	§ 11 Ziff. 2 PatG	AB	BGH Archiv PMZBl. 14 (1908), S. 134 RGZ 67, 399 LZ 1908, 305 *Gareis,* Bd. 7, 355;
28.3.1908	I 511/07	§ 11 Ziff. 1 PatG	AB	BGH Archiv Sächs. A. 1908, 429
26.9.1908	I 10/1908	§ 11 Ziff. 1 PatG		BGH Archiv Verweis aus *Schubert,* Erkenntnisse
26.9.1908	I 92/08	§ 11 Ziff. 1 PatG	AB	BGH Archiv PMZBl. 14 (1908), S. 292 *Gareis,* Bd. 7, 233 *Reitzenbaum/ Leander,* Bd. II, S. 780;

Datum	Aktenzeichen	Anspruchsgrundlage PatG	Auslandsbezug (AB)	Fundstelle u. soweit vorhanden Prozessakten des Reichsgerichts (PA)
20.2.1909	I B 9/09	§ 11 Ziff. 1 PatG	AB	BGH Archiv RGZ 70, 321 JW 1909, 191 PA: BArch R 3002/ Zivilsenate /173
6.3.1909	I 546/10/08	§ 11 Ziff. 1 PatG		BGH Archiv Verweis aus *Schubert,* Erkenntnisse Verweis bei *Isay* PatG §11 Anm. 13
6.10.1909	I 402/07	§ 11 Ziff. 1 PatG	AB	BGH Archiv PMZBl. 16 (1910), S. 261 Warn. 1910 Nr. 32 LZ 1910, 78 *Gareis,* Bd. 8, S. 400ff. *Reitzenbaum/ Leander,* Bd. II, S. 793
20.11.1909	I 569/08	§ 11 Ziff. 1 PatG	AB	BGH Archiv RGZ 72, 242 PMZBl. 16 (1910), S. 9 LZ 1910, 220 *Gareis,* Bd. 8, 405 *Reitzenbaum/ Leander,* Bd. II, S. 783 PA: BArch R 3002/ Zivilsenate /165

Datum	**Aktenzeichen**	**Anspruchsgrundlage PatG**	**Auslandsbezug (AB)**	**Fundstelle u. soweit vorhanden Prozessakten des Reichsgerichts (PA)**
18.12.1909	I 133/09	§ 11 Ziff. 1 PatG	AB	BGH Archiv PMZBl. 16 (1910), S. 116 LZ 1910, 297 *Gareis*, Bd. 8, 423 *Reitzenbaum/ Leander*, Bd. II, S. 791
15.1.1910	I 98/09	§ 11 Ziff. 1 PatG		BGH Archiv PMZBl. 16 (1910), S. 233 *Reitzenbaum/ Leander*, Bd. II, S.792
8.10.1910	I 499/4/1909	§ 11 Ziff. 1 PatG		BGH Archiv Verweis aus *Schubert,* Erkenntnisse
11.2.1911	I 409/10	§ 11 Ziff. 1 PatG		BGH Archiv RGZ 75, 217 PMZBl. 17 (1911), S. 159 LZ 1911, 386 *Gareis*, Bd. 9, S. 611 *Reitzenbaum/ Leander*, Bd. II, S. 795ff. PA: BArch R 3002/ Zivilsenate /307
27.3.1911	I 427/5/1910	§ 11 Ziff. 1 PatG		BGH Archiv *Gareis,* Bd. 9, 616 LZ 1911, 462

Datum	Aktenzeichen	Anspruchsgrundlage PatG	Auslandsbezug (AB)	Fundstelle u. soweit vorhanden Prozessakten des Reichsgerichts (PA)
4.11.1911	I 187/12/11	Nur über Kosten nach Klagzurücknahme, wohl § 11 Ziff. 1 PatG		BGH Archiv
22.4.1912	I 141/11	§ 11 Ziff. 1 PatG bzw. § 11 Abs. 2 PAtG	AB	BGH Archiv PMZBl. 18 (1912), S. 257 Warn. 1912, 320 *Gareis,* Bd. 9, 605 *Reitzenbaum/ Leander,* Bd. II, S. 798ff. Mitt. 12, 81. PA: BArch R 3002/ Zivilsenate /355
3.3.1913	I 227/12	§ 11 Abs. 1 PatG	AB	BGH Archiv Mitt. 1913, S. 80 MuW 1913/14, S. 505
27.6.1913	I 389/12	§ 11 Abs. 1 PatG		BGH Archiv RGZ 83, 9 PMZBl. 19 (1913), S. 300 GRUR Jg. 19 (1914), S. 14 PA: BArch R 3002/ Zivilsenate /432
20.9.1913	I 313/12	§ 11 Abs. 2 PatG (Zurücknahme)	AB	BGH Archiv

Datum	Aktenzeichen	Anspruchsgrundlage PatG	Auslandsbezug (AB)	Fundstelle u. soweit vorhanden Prozessakten des Reichsgerichts (PA)
8.11.1913	I 153/13	§ 11 Abs. 1	AB	BGH Archiv RGZ 83, 274 PMZBl. 20 (1914), S. 186 PA: BArch R 3002/ Zivilsenate /453
16.6.1915	I 57/15	§ 11 Abs. 1		BGH Archiv RGZ 86, 436 PMZBl. 21 (1915), S. 200 PA: BArch R 3002/ Zivilsenate /503
18.10.1916	I 45/16	§ 11 Abs. 1	AB	BGH Archiv PMZBl. 23 (1917), S. 39
18.10.1916	I 46/16	§ 11 Abs. 1	AB	BGH Archiv PMZBl. 23 (1917), S. 40 GRUR Jg. 21 (1916), S. 322
17.11.1917	I 336/17	§ 11 Abs. 1		BGH Archiv RGZ 91, 188 PMZBl. 24 (1918), S. 20 GRUR Jg. 23 (1918), S. 31 PA: BArch R 3002/ Zivilsenate /521
20.3.1918	I 412/17	§ 11 Abs. 1	AB	BGH Archiv RGZ 92, 329 PA: BArch R 3002/ Zivilsenate /529

Datum	**Aktenzeichen**	**Anspruchsgrundlage PatG**	**Auslandsbezug (AB)**	**Fundstelle u. soweit vorhanden Prozessakten des Reichsgerichts (PA)**
27.5.1918	I 89/17	§ 11 Abs. 1 PatG	AB	BGH Archiv RGZ 93, 50 GRUR Jg. 24 (1919), S. 150
19.1.1921	I 45/20	§ 11 Abs. 1 PatG		BGH Archiv Mitt. 1921, S. 59
8.3.1922	I 96/20	§ 11 Abs. 1 PatG	AB	BGH Archiv GRUR Jg. 28 (1923), S. 173
20.1.1923	I 324/21	§ 11 Abs. 1 PatG		BGH Archiv RGZ 106, 214 PMZBl. 30 (1924), S. 48 PA: BArch R 3002/ Zivilsenate /737
3.11.1923	I 76/20	§ 11 Abs. 1 PatG		BGH Archiv
24.11.1923	I 324/21	§ 11 Abs. 1 PatG		BGH Archiv PMZBl. 30 (1924), S. 49 PA: BArch R 3002/ Zivilsenate /737
19.1.1924	I 345/23	§ 11 Abs. 1 PatG		BGH Archiv
11.3.1926	I 243, 244/25	§ 11 Abs. 1 PatG		BGH Archiv RGZ 113, 115 PA: BArch R 3002/ Zivilsenate /954
3.1.1927	I 139/26	§ 11 Abs. 1 PatG		BGH Archiv PMZBl. 33 (1927), S. 151 GRUR Jg. 32 (1927), S. 179

Datum	Aktenzeichen	Anspruchsgrundlage PatG	Auslandsbezug (AB)	Fundstelle u. soweit vorhanden Prozessakten des Reichsgerichts (PA)
15.1.1927	I 350/25	§ 11 Abs. 2 PatG (Zurücknahme)	AB	BGH Archiv RGZ 116, 2 PMZBl. 33 (1927), S. 107 GRUR Jg. 32 (1927), S. 232 PA: BArch R 3002/ Zivilsenate /967
24.11.1927	I 233/26	§ 11 Abs. 1 PatG		BGH Archiv PMZBl. 34 (1928), S. 38 GRUR Jg. 33 (1928), S. 131
27.6.1928	I 271/27	§ 11 Abs. 1 PatG	AB	BGH Archiv RGZ 121, 328 GRUR Jg. 33 (1928), 705 PMZBl. 34 (1928), S. 269 MuW 1927/28, S. 606 PA: BArch R 3002/ Zivilsenate /1079
30.11.1929	I 76/29	§ 11 Abs. 1 PatG		BGH Archiv RGZ 126, 266 GRUR 1930, 177 PMZBl. 36 (1930), S. 100 PA: BArch R 3002/ Zivilsenate /1151

Datum	Aktenzeichen	Anspruchsgrundlage PatG	Auslandsbezug (AB)	Fundstelle u. soweit vorhanden Prozessakten des Reichsgerichts (PA)
12.2.1930	I 171/29	Nur indirekt § 11 Abs. 1 PatG		BGH Archiv RGZ 127, 243 PMZBl. 36 (1930), S. 157 PA: BArch R 3002/ Zivilsenate /1166
31.5.1930	I 236/27	§ 11 Abs. 1 PatG		BGH Archiv PMZBl. 36 (1930), S. 203 PA: BArch R 3002/ Zivilsenate /1072/1
26.11.1930	I 295/28	§ 11 Abs. 1 PatG		BGH Archiv RGZ 130, 360 PMZBl. 37 (1937), S. 74
3.12.1930	I 173/30	§ 11 Abs. 1 PatG		BGH Archiv PMZBl. 37 (1931), S. 27 PA: BArch R 3002/ Zivilsenate /1203/2

Datum	**Aktenzeichen**	**Anspruchsgrundlage PatG**	**Auslandsbezug (AB)**	**Fundstelle u. soweit vorhanden Prozessakten des Reichsgerichts (PA)**
25.11.1931	I 352/30	§ 11 Abs. 1 PatG		BGH Archiv GRUR 1932, S. 171 MuW 1932, S. 150 (GRUR u. MuW jeweils mit verschiedenen Teilen) PA: BArch R 3002/ Zivilsenate /1212/4
24.1.1934	I 37/33	§ 11 Abs. 1 PatG		BGH Archiv RGZ 143, 223 PMZBl. 40 (1934), S. 109 GRUR Jg. 39 (1934), S. 246 PA: BArch R 3002/ Zivilsenate /1310
14.2.1934	I 68/33	§ 11 Abs. 1 PatG		BGH Archiv PMZBl. 40 (1934, S. 89 GRUR Jg. 39 (1934), S. 435 PA: BArch R 3002/ Zivilsenate /1341

Datum	Aktenzeichen	Anspruchsgrundlage PatG	Auslandsbezug (AB)	Fundstelle u. soweit vorhanden Prozessakten des Reichsgerichts (PA)
9.6.1934	I 59/34	§ 11 Abs. 1 PatG		BGH Archiv PMZBl. 41 (1935), S. 49 GRUR Jg. 39 (1934), S. 442 PA: BArch R 3002/ Zivilsenate /1585
16.8.1935	I 44/35	§ 11 Abs. 1 PatG		BGH Archiv GRUR Jg. 40 (1935), S. 877 PA: BArch R 3002/ Zivilsenate /1921
21.12.1935	I 18/35	§ 11 Abs. 1 PatG	AB	BGH Archiv GRUR Jg. 41 (1936), S. 489 PA: BArch R 3002/ Zivilsenate /1896
18.1.1936	I 90/35	§ 11 Abs. 1 PatG		BGH Archiv GRUR Jg. 41 (1936), S. 604 PA: BArch R 3002/ Zivilsenate /1955
8.7.1936	I 26/36	§ 11 Abs. 1 PatG		BGH Archiv GRUR Jg. 42 (1937), 676 2183

Datum	**Aktenzeichen**	**Anspruchsgrundlage PatG**	**Auslandsbezug (AB)**	**Fundstelle u. soweit vorhanden Prozessakten des Reichsgerichts (PA)**
1.2.1938	I 173, 174/36	§ 11 Abs. 1 PatG	AB	BGH Archiv GRUR Jg. 43 (1938), S. 320 PA: BArch R 3002/ Zivilsenate /2325+a
14.10.1938	I 144/36	§ 11 Abs. 1 PatG, aber nur wg. Kosten da Klagezurücknahme		RGZ 158, 219 GRUR Jg. 44 (1939), S. 127 im BGH Archiv nicht vorhanden PA: BArch R 3002/ Zivilsenate /2298
2.5.1941	I B 1/41	§ 11 Abs. 1 PatG	AB	BGH Archiv PMZBl. 47 (1941), S. 134 GRUR Jg. 46 (1941), S. 278
12.5.1942	I 9/42	§ 11 Abs. 1 PatG	AB	BGH Archiv GRUR 1942, S. 358 PA: BArch R 3002/ Zivilsenate /30004
13.4.1943	I 79/42	Urteil zum Schadensersatzanspruch bei EV im Zwangslizenzverfahren		BGH Archiv RGZ 171, 228 GRUR Jg. 48 (1943), S. 288 PA: BArch R 3002/ Zivilsenate /30069

Quellen- und Literaturverzeichnis

A. Ungedruckte Quellen

I. Bundesarchiv, Berlin-Lichterfelde (BArch)

1. Bestand des Reichsgerichts (R3002)

BArch R3002/Zivilsenate/165	Prozessakte zu RG v. 20.11.1909 (I 569/08)
BArch R3002/Zivilsenate/173	Prozessakte zu RG v. 20.2.1909 (I B9/09)
BArch R3002/Zivilsenate/307	Prozessakte zu RG v. 11.2.1911 (I 409/10)
BArch R3002/Zivilsenate/355	Prozessakte zu RG v. 22.4.1912 (I 141/11)
BArch R3002/Zivilsenate/432	Prozessakte zu RG v. 27.6.1913 (I 389/12)
BArch R3002/Zivilsenate/453	Prozessakte zu RG v. 8.11.1913 (I 153/13)
BArch R3002/Zivilsenate/503	Prozessakte zu RG v. 16.6.1915 (I 57/15)
BArch R3002/Zivilsenate/521	Prozessakte zu RG v. 17.11.1917 (I 336/17)
BArch R3002/Zivilsenate/529	Prozessakte zu RG v. 20.3.1918 (I 412/17)
BArch R3002/Zivilsenate/737	Prozessakte zu RG v. 24.11.1923 (I 324/21)
BArch R3002/Zivilsenate/954	Prozessakte zu RG v.11.03.1926 (I 243, 244/25)
BArch R3002/Zivilsenate/967	Prozessakte zu RG v.15.01.1927 (I 350/25)
BArch R3002/Zivilsenate/1079	Prozessakte zu RG v.27.06.1928 (I 271/27)
BArch R3002/Zivilsenate/1072/1	Prozessakte zu RG v. 31.5.1930 (I 236/27)
BArch R3002/Zivilsenate/1151	Prozessakte zu RG v. 30.11.1929 (I 76/29)
BArch R3002/Zivilsenate/1166	Prozessakte zu RG v. 12.2.1930 (I 171/29)
BArch R3002/Zivilsenate/1203/2	Prozessakte zu RG v. 3.12.1930 (I 173/30)
BArch R3002/Zivilsenate/1212/4	Prozessakte zu RG v. 25.11.1931 (I 352/30)
BArch R3002/Zivilsenate/1310	Prozessakte zu RG v. 24.11.1934 (I 37/33)
BArch R3002/Zivilsenate/1341	Prozessakte zu RG v. 14.2.1934 (I 68/33)
BArch R3002/Zivilsenate/1585	Prozessakte zu RG v. 9.6.1934 (I 59/34)
BArch R3002/Zivilsenate/1896	Prozessakte zu RG v. 21.12.1935 (I 18/35)
BArch R3002/Zivilsenate/1921	Prozessakte zu RG v. 16.8.1935 (I 44/35)
BArch R3002/Zivilsenate/1955/1	Prozessakte zu RG v. 18.1.1936 (I 90/35)

BArch R3002/Zivilsenate/2183	Prozessakte zu RG v. 8.7.1936 (I 26/36)
BArch R3002/Zivilsenate/2325+a	Prozessakte zu RG v. 1.2.1938 (I 173,174/36)
BArch R3002/Zivilsenate/2298	Prozessakte zu RG v. 14.10.1938 (I 144/36)
BArch R3002/Zivilsenate/30004	Prozessakte zu RG v. 12.5.1942 (I 9/42)
BArch R3002/Zivilsenate/30069	Prozessakte zu RG v. 13.4.1943 (I 79/42)
BArch R3002/PA/42	Personalakte Dr. Jakob Friedrich Behrend
BArch R3002/PA/49 Bd.	Personalakte Heinrich Adolf Berendes
BArch R3002/PA/80	Personalakte Dr. Jeremias Theodor Boisselier
BArch R3002/PA/81	Personalakte Friedrich Wilhelm Albert Bolze
BArch R3002/PA/86	Personalakte Dr. Leo Brandenburg
BArch R3002/PA/95	Personalakte Erich Karl Brodmann
BArch R3002/PA/105	Personalakte Edmund Friedrich Bryde
BArch R3002/PA/120	Personalakte Heinrich Eduard Burlage
BArch R3002/PA/121	Personalakte Heinrich Max Elias August Berthold Burmeister
BArch R3002/PA/127	Personalakte Peter Clasen
BArch R3002/PA/135	Personalakte Dr. Hans Conze
BArch R3002/PA/139	Personalakte Dr. Felix Czolbe
BArch R3002/PA/147	Personalakte Heinrich Delius
BArch R3002/PA/176	Personalakte Dr. Karl August Eduard Drechsler
BArch R3002/PA/164	Personalakte Dr. Johannes Dinter
BArch R3002/PA/178	Personalakte Dr. Karl Heinrich Dreyer
BArch R3002/PA/185	Personalakte Dr. Adalberdt Düringer
BArch R3002/PA/196	Personalakte Bernhard Ehrlich
BArch R3002/PA/200	Personalakte Dr. Hans Elten
BArch R3002/PA/248	Personalakte Heinrich Peter Michael Hubert Frings
BArch R3002/PA/260	Personalakte Leo Reinhold Wilhelm Gadow
BArch R3002/PA/262	Personalakte Dr. Friedrich Wilhelm Gallenkamp
BArch R3002/PA/303	Personalakte Dr. Karl Gunkel
BArch R3002/PA/323	Personalakte Dr. Diedrich Alfred Hagens
BArch R3002/PA/528	Personalakte Dr. Baum Hambrook
BArch R3002/PA/341	Personalakte Dr. Lorenz Hauser
BArch R3002/PA/390	Personalakte Dr. Friedrich Moritz Hoffmann

BArch R3002/PA/396	Personalakte Georg Wilhelm Hofmann
BArch R3002/PA/402	Personalakte Dr. Karl Ambrosius Hüfner
BArch R3002/PA/417	Personalakte Dr. Karl Jeß
BArch R3002/PA/431	Personalakte Dr. Julius Franz Katluhn
BArch R3002/PA/482	Personalakte Dr. Heinrich Krauße
BArch R3002/PA/504	Personalakte Dr. Diedrich Lahusen
BArch R3002/PA/533	Personalakte Fritz Lindenmaier
BArch R3002/PA/546	Personalakte Dr. Otto Loerbroks
BArch R3002/PA/545	Personalakte Dr. Günther Ernst Christian Löhmann
BArch R3002/PA/569	Personalakte Dr. Richard Max Emil Mansfeld
BArch R3002/PA/576	Personalakte Dr. Wilhelm Leberecht, Fürchtegott Maßmann
BArch R3002/PA/608	Personalakte Dr. Wilhelm Meyer
BArch R3002/PA/627	Personalakte Georg Müller
BArch R3002/PA/651	Personalakte Dr. Johann Ludwig Nieland
BArch R3002/PA/694	Personalakte Dr. Friedrich Philippi
BArch R3002/PA/698	Personalakte Dr. Eduard Pietzcker
BArch R3002/PA/702	Personalakte Dr. Werner Paul Emil Rudolf Pinzger
BArch R3002/PA/703	Personalakte Hugo Planck
BArch R3002/PA/731	Personalakte Dr. Hugo Rehbein
BArch R3002/PA/735	Personalakte Josef Max Reichert
BArch R3002/PA/777	Personalakte Conrad Robert Rüger
BArch R3002/PA/853	Personalakte Dr. Christian David Rudolf Schlesinger
BArch R3002/PA/792,	Personalakte Dr. Johannes Georg Segelken
BArch R3002/PA/806	Personalakte Dr. Johann Daniel Heinrich Sievers
BArch R3002/PA/807	Personalakte Dr. Robert Siller
BArch R3002/PA/810	Personalakte Prof. Dr. Dr. Dr. Walter Simons
BArch R3002/PA/936	Personalakte Dr. Freiherr Anton Adolf Christoph Sprecher von Bernegg
BArch R3002/PA/941	Personalakte Dr. Heinrich August Walter Staffel
BArch R3002/PA/959	Personalakte Paul Wilhelm Gustav Stolterfoth
BArch R3002/PA/989	Personalakte Dr. Walter Tölke
BArch R3002/PA/993	Personalakte Franz Triebel

BArch R3002/PA/1016	Personalakte Paul Friedrich Heinrich Viereck
BArch R3002/PA/324	Personalakte Dr. Georg Friedrich von Hahn
BArch R3002/PA/339	Personalakte Carl Georg Christian von Hassell
BArch R3002/PA/582	Personalakte Dr. Viktor von Meibom
BArch R3002/PA/1038	Personalakte Hermann Weinkauff
BArch R3002/PA/1058	Personalakte Heinrich Wiener
BArch R3002/PA/1064	Personalakte Heinrich Hermann Friedrich Winchenbach

2. Bestand des Reichsjustizministeriums (R 3001)

BArch R3001/2501	Übereinkommen mit England über den Ausführungszwang bei Erfindungen, Muster und Modellen (Feb. 1906-Jun. 1911)
BArch R3001/2348	Acta betreffend: Entwurf eines Gesetzes betreffend den Patentausführungszwang (§ 11 des Patentgesetzes) (24. Sept. 1910 bis Nov. 1924)

3. Bestand Reichspatentamt (R131)

BArch R131/53	Acta betreffend das Gesetz, betreffend den Patentausführungszwang vom 6.6.1911 u. Zwangslizenz (§15 d. Patent Gesetzes v. 5.5.36)
BArch R131/52	Acta betreffend das Gesetz, betr. Den Patentausführungszwang vom 6.6.1911 und Zwangslizenz (§15 PatG v. 5.5.36)

4. Bestand Reichsministerium des Inneren (R1501)

BArch R1501/107338	Die Patentgesetzgebung (Datum nicht vorhanden)

5. Bestand Reichswirtschaftsministerium (R10301)

BArch R3101/10301	Reichs- und Preußisches Wirtschaftsministerium, Gesetz über Erfindungen von Gefolgsmännern und Beamten, Patentgesetzgebung (Dez. 1937 – Nov. 1939)

6. Bestand Reichskanzlei (R1401)

BArch R/1401/460	Die Patentgesetzgebung; Bd. 3 (März 1876 Jan 1877)

B. Parlamentaria

Drucksachen des Deutschen Bundestags, zit.: BT-Drucks
Drucksachen des Bundesraths, zit.: Drucks-BR
Drucksachen des Reichtags, zit.: Drucks-RT
Stenographische Berichte über die Verhandlungen des Deutschen Reichtags, zit.: StenBer-RT
Protokolle über die Verhandlungen des Bundesrats des Deutschen Reichs, zit.: Verh.Prot. BR

C. Zeitschriften und sonstige gedruckte Quellen

Allgemeines Reichs- Gesetz- und Regierungsblatt für das Kaiserthum Oesterreich: zit.: Reg.Bl. Österreich.

Amtliche Entscheidungssammlung des Bundesgerichtshofs in Zivilsachen: zit.: BGHZ.

Amtliche Entscheidungssammlung des Reichsgerichts in Zivilsachen, hrsg. v. d. Mitgliedern des Gerichtshofes, Leipzig, bzw. Berlin, Leipzig, zit.: RGZ.

Amtsblatt der Europäischen Union: hrsg. vom Amt für Veröffentlichungen der Europäischen Union.

Blatt für Patent-, Muster- und Zeichenwesen: hrsg. vom Kaiserlichen Patentamt bzw. Reichspatentamt bzw. Patentamt bzw. Deutschen Patent- und Markenamt, zit.: PMZBl.

Bundesgesetzblatt: hrsg. vom Bundesministerium der Justiz, Bonn, zit.: BGBl.

Deutsche Juristen Zeitung: begr. v. Laband, Stenhnglein, Staub, hrsg. v. P. Laband, O. Hamm, E. Heinitz, Berlin, zit.: DJZ.

Deutsche Revue über das gesamte nationale Leben der Gegenwart, hrsg. v. Richard Fleischer, erst Berlin, dann Stuttgart, Leipzig, 1877–1900, zit.: Deutsche Revue.

Gareis, Carl: Die patentamtlichen und gerichtlichen Entscheidungen in Patentsachen nach der Reihenfolge der Bestimmungen des Patentgesetzes, systematisch zusammengestellt und hrsg. v. Carl Gareis, Berlin 1881 (I. Bd.) – 1914 (IX. Bd.), zit.: Gareis.

Gesetzblatt der Verwaltung des vereinigten Wirtschaftsgebietes: hrsg. v. Öffentlicher Anzeiger für das Vereinigte Wirtschaftsgebiet, Frankfurt a.M. 1947 – 1949, zit.: WiGBl.

Gesetzesblatt für das Königreich Bayern: zit.: Ges.Bl. Bayern.

Gesetzesblatt für Elsas-Lothringen: zit. GesBl. E.-Lothr.

Gewerblicher Rechtsschutz und Urheberrecht: Zeitschrift des Deutschen Vereins zum Schutz des gewerblichen Eigentums, 1. Jg. 1896 – heute, zit.: GRUR.

Juristische Wochenschrift: Organ des Deutschen Anwalt-Vereins, Berlin, zit.: JW.

League of Nations Official Journal: Special Supplement No. 56, Records of the Eighth Ordinary Session of the Assembly, Meetings of the Committees, Minutes of the Second Committee (Technical Organisations), zit.: JO 1927, SSp Nr. 56.

Loosey, Carl F.: Sammlung der Gesetze für Erfindungs-Privilegien der sämtlichen Staaten Europas, der Vereinigten Staaten von Nord-Amerika und Holländisch West-Indien, hrsg. v. Carl F. Loosey, zit.: Loosey.

Markenschutz und Wettbewerb: Monatsschrift für Marken-, Patent-, Muster-, Urheber- und Verlagsrecht, Organ zur Bekämpfung des unlauteren Wettbewerbs, Berlin, zit.: MuW.

Mitteilungen vom Verband Deutscher Patentanwälte: hrsg. v. Vorstand, zit.: Mitt.

Neue Deutsche Biographie: hrsg. v. der historischen Kommission der Bayrischen Akademie der Wissenschaft, 1. Bd. 1953 – heute, zit.: NDB.

Neue Juristische Wochenschrift: hrsg. Wolfgang Ewer, Rainer Hamm u.a., zit.: NJW.

Patentblatt: hrsg. von dem kaiserlichen Patentamt, Berlin, 1880–1894, zit.: PatBl.

Regierungs- u. Intelligenzblatt für das Königreich Baiern: München, zit.: Reg.Int. Bl. Baiern.

Regierungs-Blatt für das Königreich Württemberg: Stuttgart, zit.: Reg.Bl. Württemberg.

Regierungsblatt für das Königreich Bayern: München, zit.: Reg.Bl. Bayern.

Reichsgesetzblatt: zit.: RGBl.

Reitzenbaum, Selmar / *Leander,* Alexander (Hrsg.): Die Rechtsprechung in Patentsachen, 1. u. 2. Band, Berlin 1913, zit. Reitzenbaum/Leander.

Sammlung der Gesetze, Verordnungen und Ausschreiben für das Königreich Hannover: Hannover, zit.: Gesetz-Sammlung Hannover.

Schubert, Werner: Sammlung sämtlicher Erkenntnisse des Reichgerichts in Zivilsachen, Inhalt sämtlicher und Wiedergabe von unveröffentlichten Entscheidungen zum Bürgerlichen Gesetzbuch, 1900–1918, bearb. V. Werner Schubert, Frankfurt a. M., 1901/1902 (1992)–1914 (2002), zit.: Schubert Erkenntnisse.

– Akademie für Deutsches Recht 1933–1945. Protokolle der Ausschüsse für den gewerblichen Rechtsschutz (Patent-, Warenzeichen-, Geschmacksmusterrecht, Wettbewerbsrecht), für Urheber- und Verlagsrecht sowie Kartellrecht (1934–1943), Frankfurt/M. u.a. 1999, zit.: Schubert, Akademie.

– und *Glöckner,* Hans Peter: Nachschlagewerk des Reichgerichts Gesetzgebung des Deutschen Reichs, Band 2, Kaiserzeit II, Frankfurt a.M. 2005, zit.: Schubert/Glöckner, Nachschlagewerk.

Warneyer, Otto (Hrsg.): Warneyers Jahrbuch der Entscheidungen, Ergänzungsband enthaltend die Rechtsprechung des Reichsgerichts auf dem Gebiet des Zivilrechts, soweit sie nicht in der amtlichen Sammlung der Entscheidungen des Reichsgerichts abgedruckt ist, hrsg. v. Otto Warneyer, bearb. v. Robert Jähler, Leipzig, zit.: WarnRspr.

Zeitschrift der Savigny-Stiftung für Rechtsgeschichte, Germanistische Abteilung, Wien, Köln, Weimar, zit.: Savigny.

Zeitschrift des Vereines deutscher Ingenieure: unter besonderer Mitwirkung v. E. F. Dürre, K. List, H. Ludewig u. R. R. Werner, redigirt v. R. Ziehbarth, Berlin, zit.: VdIZ.

Zeitschrift für gewerblichen Rechtsschutz: Archiv für Erfindungsrecht, für Marken-, Muster- und Firmenschutz, Organ des Deutschen Vereins für den Schutz des gewerblichen Eigentums, hrsg. v. Paul Schmid, München, Leipzig, zit.: ZgR.

Zeitschrift für Wettbewerbsrecht: Journal of Competition Law, Köln, zit.: ZWeR.

D. Literatur

Adler, Emanuel: Der Entwurf eines Patentgesetzes, in GRUR 1913, S. 305–331.

Allgemeiner Erfinderverband: Antipatentgesetz und Erfindernotwehr, Eine Denkschrift zur Patentreform, Berlin 1808–1809, zit.: Allg. Erfinderverband, Antipatentgesetz.

Barthel, Peter: Die Patentfrage, Leipzig 1869, zit.: Barthel, Patentfrage.

Bède, E.: Ausübungszwang von Patenten, in GRUR 1898, S. 70–75.

Beier, Friedrich-Karl: Wettbewerbsfreiheit und Patentschutz, in GRUR 1978, S. 123–200.

– Ausschließlichkeit, gesetzliche Lizenzen und Zwangslizenzen im Patent- und Musterrecht, GRUR 1998, S. 185–195.

Benkard, Georg, Patentgesetz Gebrauchsmuster, Kommentar, 10. Auflage, München 2006, zit.: Benkard/Bearbeiter PatG.

Bitzer, Friedrich: Vorschläge für ein deutsches Patentgesetz, Stuttgart [u.a.] 1864, zit.: Bitzer, Vorschläge.

Bluhm, Hans: Die Entstehung des ersten gesamtdeutschen Patentgesetzes, in GRUR 1952, S. 341–440.

Böck, Alexander: Die Zwangslizenz im Spannungsfeld von gewerblichen Rechtsschutz und Kartellrecht, Tübingen 1992, zit.: Böck, Zwangslizenz.

Böttger, Fabian: Zwangslizenz im Patentrecht – Eine systematische Bewertung der neueren Praxis insbesondere im Bereich der öffentlichen Gesundheit, in GRUR Int. 2008, S. 881–891.

Brock, Hugo: Zwangslizenzfragen, in GRUR 1932, S. 396–403.

Bülland, Paul: Einführung in die zivilrechtliche Praxis in Erfindungs- und Patentsachen mit besonderer Berücksichtigung der Grundlagen des gewerblichen Rechtsschutzes nebst Aktenbeispielen, Berlin 1909, zit.: Bülland, Einführung.

Busche, Jan: Patente in der Wettbewerbsordnung – Kartellrechtlicher Verwertungszwang versus Innovationsschutz? im Jahrbuch der Heinrich-Heine Universität Düsseldorf, S. 345–358, zit. Busche, Patente.

Busse, Rudolf: Patentgesetz, Kommentar, 7. Aufl., Berlin/Boston 2013, Zit. Busse/Bearbeiter PatG.

Bußmann, Joachim: Die patentrechtliche Zwangslizenz, Diss., Kaiseraugst 1975, zit.: Bußmann, Zwangslizenz.

Clad, Franz: Die Zwangslizenz des § 11 des Patentgesetzes, Diss., Weida i. Thür. 1923, zit.: Clad, Zwangslizenz.

Dambach, Otto: Das Patentgesetz für das Deutsche Reich, Berlin 1877, zit.: Dambach PatG.

Damme, Felix: Das Deutsche Patentrecht, Ein Handbuch für Praxis und Studium, Berlin 1906, zit.: Damme, Handbuch.

– und *Lutter,* Richard: Das Deutsche Patentrecht, Ein Handbuch für Praxis und Studium, 3. Aufl., Berlin 1925, zit.: Damme/Lutter, Handbuch.

– Spielt die Nationalität des Patentrechtinhabers bei der Zurücknahmeklage eine Rolle?, in GRUR 1908, S. 290–292.

Doepner, Anja: Zwangslizenzen unter Berücksichtigung des Pharmabereichs, Diss., Tettnang 2010, zit.: Doepner, Zwangslizenzen

Dölemeyer, Barbara: Patentrecht und Musterschutz, in: Coing, Herlmut (Hrsg.): Handbuch der Quellen und Literatur der neueren europäischen Privatrechtsgeschichte, Band 3. Das 19. Jahrhundert, Teilband 3. Gesetzgebung zu den privatrechtlichen Sondergebieten, S. 4067–4213, München 1986, zit.: Dölemeyer.

du Bois-Reymond, A. und *Wagner*, Max: Der § 11 des Patentgesetzes in der Praxis des Patentamtes und des Reichgerichts, in GRUR 1899, S. 201–210.

– Die Ausübung patentierter Erfindungen im Auslande, in GRUR 1899, S. 293–303.

Dunkhase, Wilhelm: Nichtigkeitsverfahren, Zwangslizenz und Zurücknahme des Patents, Berlin 1914, zit.: Dunkhase, Nichtigkeitsverfahren.

– Der Ausführungszwang nach dem neuen englischen Patentgesetz, in GRUR 1909, S. 97–104.

Feiler, Gustav Adolf: Der Ausübungszwang im italienischen Patentrecht, in GRUR 1941, S. 5–16.

– Der gegenwärtige Stand der den Ausübungszwang betreffenden Rechtsprechung in Frankreich, in GRUR 1941, S. 400–401.

Fili, Verena: Versuchsprivileg und Zwangslizenz bei genetisch hergestellten Arzneimitteln, Diss., Erlangen/Nürnberg 2002, zit.: Fili, Versuchsprivileg.

Fischer, Ludwig: Werner Siemens und der Schutz der Erfindungen, Berlin 1922, zit.: Fischer, Siemens u. Schutz.

Fischer, Norbert: Das deutsche Patentamt 1877–1945, Mitt. 1968, S. 5–8.

Fleischer, Arndt: Patentgesetzgebung und chemisch-pharmazeutische Industrie im deutschen Kaiserreich (1871–1918), Diss., Stuttgart 1984, zit.: Fleischer, Patentgesetzgebung.

Fuchs, Richard: Staatliche Eingriffe in Erfindungen und Patente zu Kriegszwecken, in GRUR 1917, S. 170–172.

Gareis, Carl: Das Deutsche Patentgesetz vom 25. Mai 1877 sammt den hierzu erschienenen Verordnungen und Bekanntmachungen, Berlin 1877, zit.: Gareis, Patentgesetz 1877.

– Der Licenzzwang, in Deutsche Revue 1877, S. 80–82.

Gehm, Matthias: Das Sächsische Patentwesen im 19. Jahrundert – Eine Betrachtung anlässlich des 150. Jahrestages des In-Kraft-Tretens des Sächsischen Patentgesetzes, in Mitt., 2003, S. 450–465.

– Das Bayrische Patentrecht von 1823 – ein Überblick -, in Mitt. 2006, S. 385–393.

– Die patentrechtlichen Bestimmungen in der hannoverschen Gewerbeordnung vom 1. August 1847, in Mitt. 2004, S. 157–171.

– Das Württembergische Patentrecht im 19. Jahrhundert, Diss., Limburg 2001, zit. Gehm, Württemb. PatentR.

Gómez Segade, José Antonio: Zwangslizenzen für pharmazeutische Erfindungen, in GRUR Int. 1973, S. 95–101.

Hallmann, Ulrich C.; *Ströbele,* Paul: Das Patentamt von 1877 bis 1977, in Deutsches Patentamt (Hrsg.): Hundert Jahre Patentamt, S. 403–441, München 1977, zit. Hallmann/Ströbele, Patentamt.

Harnisch, Sandy: Die Zwangslizenz im südafrikanischen und deutschen Patentrecht, Ein Rechtsvergleich unter besonderer Berücksichtigung der Arzneimittelerfindungen, Diss., Berlin 2006, zit.: Harnisch Zwangslizenz in Südafrika.

Hartmann, Jürgen: Zwangslizenz als Rechtsfolge des Gesetzes gegen Wettbewerbsbeschränkungen, Diss., Mainz 1973, zit.: Hartmann, Rechtsfolge.

Heggen, Alfred: Zur Vorgeschichte des Reichspatentgesetzes von 1877, in GRUR 1977, S. 322–327.

– Erfindungsschutz und Industrialisierung in Preußen 1793–1877 (Studien zur Naturwissenschaft, Technik und Wirtschaft im 19. Jahrhundert, Bd. V), Göttingen, 1975, zit.: Heggen, Erfindungsschutz.

– Die Anfänge des Erfindungsschutzes in Preußen 1793 bis 1815, in GRUR 1974, S. 75–77.

Heidenheim, Arthur: Die Zwangslizenz nach der Patentnovelle vom 6. Juni 1911, Diss., Bonn 1912, zit.: Heidenheim, Die Zwangslizenz.

Heimann, Hans: Gesetzlicher Patentraub, in DJZ 1915, Sp. 604–605.

von Heppe, Rafael, Patentverletzungen, Eine Analyse der reichsgerichtlichen Rechtsprechung von 1879 bis 1918 zzu § 4 und § 35 (§ 34 a.F.) des Patentgesetzes vom 7. April 1891, Diss., Berlin 2007, zit.: v. Heppe, Patentverletzungen.

Heß, Guido: Die Vorarbeiten zum deutschen Patentgesetz vom 25. Mai 1877, Diss., Frankfurt/M. 1966, zit.: Heß, Vorarbeiten.

Holzapfel, Henrik: Das öffentliche Interesse an Zwangslizenzen gem. § 24 Abs. 2 PatG, in Mitt. 2004, S. 391–396.

Horn, Wolfgang: Das öffentliche Interesse an Zwangslizenzen, Mitt. 1970, S. 184–186.

Inhulsen, C. H. P.: Die erste Entscheidung auf Grund des Zwangsausübungsparagraphen, in GRUR 1909, S. 175–180.

Isay, Hermann: Zur Frage des Ausübungszwanges für Patente innerhalb der Union, in GRUR 1904, S. 116–117.

– Bericht über die Frage der Zurücknahme von Patenten, in GRUR 1907, S. 126–129.

– Die Zwangsbenutzung von Erfindungen und Patenten zu Kriegszwecken, in GRUR 1916, S. 311–313.

– Rom-Kongreß der Internationalen Vereinigung , Mai 1928, Bericht der Deutschen Landesgruppe, in GRUR 1928, S. 306–307.

– Patentgesetz und Gesetz, betreffend den Schutz von Gebrauchsmustern, 1. Auflage Berlin, 1903, zit. Isay, PatG, 1. Aufl.

– Patentgesetz und Gesetz, betreffend den Schutz von Gebrauchsmustern, 2. Auflage Berlin, 1911, zit. Isay, PatG, 2. Aufl.

– Patentgesetz und Gesetz, betreffend den Schutz von Gebrauchsmustern, 4. Auflage Berlin, 1926, zit. Isay, PatG, 4. Aufl.

Jabbusch, Wolfgang: Begrenzung der konzentrationsfördernden Wirkung des Patentschutzes durch Erweiterung des Instituts der Zwangslizenz, Köln u.a. 1977, zit.: Jabbusch, Begrenzung.

Jaffé, Otto: Die Zwangslizenz des § 11 Abs. 1 des Patentgesetzes, Diss., Frankfurt 1914, zit.: Jaffé, Zwangslizenz.

Jsay, Rudolf: Ausführungszwang und Lizenzzwang, in GRUR 1922, S. 80–89.

Jung, Peter: Die Zwangslizenz als Instrument der Wettbewerbspolitik, Zeitschrift für Wettbewerbsrecht (ZWeR) 2004, S. 379–411.

Jürgensohn, Arved: Patentgesetzgebung und Erfindungsschicksale, V. Die wirkliche Lebensdauer der Patente und ihre Bedeutung, in GRUR 1905, S. 133–180.

Katz, Edwin: Über den Ausführungszwang: Bericht für den Londoner Internationalen Kongreß für angewandte Chemie, in GRUR 1909, S. 190–194.

Kaul, Friedrich Karl: Geschichte des Reichsgerichts, Bd. IV., 1933–1945, Glashütten i./Taunus 1971, zit.: Kauls, Geschichte des RG.

Klauer, Georg und *Möhring*, Philipp: Patentgesetz vom 5. Mai 1936, Berlin 1937, zit.: Klauer/Möhring, PatG.

v. Kleinschrod, Carl Theodor: Die internationale Patentgesetzgebung nach ihren Prinzipien nebst Vorschlägen für ein künftiges gemeines deutsches Patentrecht, Erlangen 1855, zit.: Kleinschrod, Internationale Patentgesetzgebung.

Kloeppel, E.: Der deutsch-amerikanische Patentvertrag, in GRUR 1909, S. 365–367.

Klopmeier, Felix: Ausführungszwang im Patentrecht – alte Lösung für neue Probleme?, in CIPReport 2007, S. 40–47.

Klostermann, Rudolf: Das Patentgesetz für das Deutsche Reich vom 25. Mai 1877 Berlin, 1877, zit. Klosterman, PatG.

– Die Patentgesetzgebung aller Länder nebst den Gesetzen über Musterschutz und Markenschutz, Berlin, 1876, zit.: Klostermann, Patentgesetzgebung.

Kohler, Josef: Handbuch des Deutschen Patentrechts in rechtsvergleichender Darstellung, Mannheim 1900, zit.: Kohler, Handbuch.

– Lehrbuch des Patentrechts, Mannheim/Leipzig 1908, zit.: Kohler, Lehrbuch.

Köbler, Gerhard: Deutsche Rechtsgeschichte, Ein systematischer Grundriss, München 2005 (6. Auflage), zit.: Köbler, Rechtsgeschichte.

Köttgen, Carl: Patentwesen und Wirtschaft, in GRUR 1931, 1213–1215.

Kraetzer, Adolf: Der Ausführungszwang im Patentrecht: kritische Untersuchung mit besonderer Berücksichtigung der Praxis in allen Kulturstaaten, Berlin 1910, zit.: Kraetzer.

Kraßer, Rudolf: Patentrecht, 5. Aufl., München 2004, zit.: Kraßer, PatR 5. Aufl.

– Patentrecht, 6. Aufl., München 2009, zit.: Kraßer, PatR 6. Aufl.

Krauß, Jan: Aktuelles aus dem Bereich Biotechnologie – Die Zwangslizenz für Patente betreffend die Herstellung von pharmazeutischen Erzeugnissen für die Ausfuhr in Länder mit Problemen im Bereich der öffentlichen Gesundheit, in Mitt. 2007, S. 250–253.

Krauße, Heinrich: Das Patentgesetz vom 7. April 1891, Berlin 1931, (betrifft aber PatG 1911), zit.: Krauße, PatG 1891.

– und *Katluhn,* Franz: Das Patentgesetz vom 5. Mai 1936, 2. Aufl., Berlin 1936, zit.: Krauße/Katluhn, PatG 1936, 2. Aufl.

– *Katluhn,* Franz und *Lindenmaier*, Fritz: Das Patentgesetz vom 5. Mai 1936, 3. Aufl., Berlin 1944, zit. Krauße/Katluhn/Lindenmaier, PatG 1936, 3. Aufl.

Kübel, Constanze: Zwangslizenzen im Immaterialgüter- und Wettbewerbsrecht, Eine Untersuchung zu Patenten und Urheberrechten bei technischen Normen, München 2004, Diss., zit.: Kübel, Zwangslizenzen.

Kurz, Peter: Weltgeschichte des Erfindungsschutzes – Erfinder und Patente im Spiegel der Zeit, Köln 2000, zit.: Kurz, Weltgeschichte.

Landgraf, Josef: Das Deutsche Reichsgesetz betreffend den Schutz von Erfindungen und von Gebrauchsmustern unter ausdrücklicher Bezugnahme auf die in- und ausländische, sowie besonders auch auf die Marken- und (Gebrauchs-)Musterrechts-Gesetzgebung, 2. Aufl., Berlin 1892, zit.: Landgraf, Reichsgesetz.

Leitzen, Mario u. *Kleinevoss*, Tim: Renaissance der patentrechtlichen Zwangslizenz? – Die Neuregelung des § 24 Abs. 2 PatG, in Mitt. 2005, S. 198–205.

Lindenmaier, Fritz: Die Vereinheitlichung des materiellen europäischen Patentrechts, in GRUR 1942, S. 458 – 516.

Lobe, Adolf: Fünfzig Jahre Reichsgericht am 1. Oktober 1929, Berlin 1929, zit.: Lobe, Fünfzig Jahre RG.

Lutter, Richard: Patentgesetz vom 7. April 1891, 8. Aufl., Berlin/Leipzig 1920, zit.: Lutter, PatG 1891.

– Patentgesetz vom 5. Mai 1936, 10. Aufl., Berlin/Leipzig 1936, zit.: Lutter, PatG 1936.

Machlup, Fritz: Die wirtschaftlichen Grundlagen des Patentrechts in GRUR Int. 1961, S. 373–390 (1.Teil), S. 473–482 (2. Teil), 524–537 (3. Teil).

Mächtel, Florian: Das Patentrecht im Krieg, Tübingen 2009, Diss., zit.: Mächtel, PatR im Krieg.

Marquardt, H.: Zulässigkeit einstweiliger Verfügungen im Verfahren auf Erteilung einer Zwangslizenz, in GRUR 1922, S. 89–90.

Meinberg, Henrik: Zwangslizenz im Patent- und Urheberrecht als Instrument der kartellrechtlichen Missbrauchsaufsicht im deutschen und europäischen Recht, Diss., Hamburg, 2006, Diss., zit.: Meinberg, Zwangslizenz.

Meurer, Ludwig: Prozessuale Fragen der Zwangslizenz, in GRUR 1936, S. 18–24.

Mintz: Der Krieg und der gewerbliche Rechtsschutz, in GRUR 1915, S. 49–51.

Mittelstaedt, : Zwangslizenz, in GRUR 1916, S. 305–311.

von Moser, Richard: Der Sinn des Patentrechts und die Patentrechtstheorie, in GRUR 1929, S. 1331–1345.

Müller, Alfred: Die Entwicklung des Erfindungsschutzes und seiner Gesetzgebung in Deutschland, München 1898, zit.: Müller, Die Entwicklung.

Mützenmayer, Hans Peter: Das Patentwesen im Königreich Württemberg 1818–1877, in Mitt. 1990, S. 137–143.

Nirk, Rudolf: Hundert Jahre Patentschutz in Deutschland, in: Hundert Jahre Patentamt, Festschrift, Hrsg. Deutsches Patentamt, S. 345–402, München 1977, zit.: Nirk, 100 Jahre Patentschutz.

Nolte, Ludwig: Die Reform des deutschen Patentrechtes, Tübingen 1890, zit.: Nolte, Die Reform.

Osterrieth, Albert: Lehrbuch des gewerblichen Rechtsschutzes, Leipzig 1903, zit.: Osterrieth.

– Der gewerbliche Rechtsschutz und der Krieg, in GRUR 1914, S. 289–299.

– Die Ueberweisung des gewerblichen Rechtsschutzes an das Reichsjustizamt. Beratung in der Versammlung vom 15. November 1917. I. Bericht von Albert Osterrieth, in GRUR 1917, S. 197.

Otto, Martin: Simons, Walter, in NDB Bd. 24, 2010, S. 441–443.

Pahlow, Louis: Monopole oder freier Wettbewerb? Die Bedeutung des „Licenzzwangs" für de Reichspatentgesetzgebung 1876/1877, in ders. (Hrsg.): Die zeitliche Dimension des Rechts. Historische Rechtsforschung und geschichtliche Rechtswissenschaft, S. 243 ff., Paderborn u.a. 2005, zit.: Pahlow, Monopole.

– Lizenz und Lizenzvertrag im Recht des Geistigen Eigentums, Tübingen 2006, zit.: Pahlow, Lizenz u. Lizenzvertrag.

Pfanner, Klaus: Die Zwangslizenzierung von Patenten: Überblick über neuere Entwicklungen, in GRUR Int. 1985, S. 357–372 .

Piehler, Hans Joachim: Zwangslizenz und Lizenzbereitschaft : § 15 und § 14 des Patentgesetzes vom 5. Mai 1936, Potsdam 1938, zit.: Piehler, Zwangslizenz.

Pieper, Carl: Der Erfinderschutz und die Reform der Patentgesetze: amtlicher Bericht über den Internationalen Patent-Congress zur Erörterung der Frage des Patentschutzes in Wien, August 1873, Dresden, 1873, zit.: Pieper, Amtlicher Bericht Pat.-Congr.

Pietzcker, Eduard: Patentgesetz und Gebrauchsmusterschutzgesetz: Kommentar; unter Berücksichtigung der schon vorgeschlagenen und weiter beantragten Abänderungen des Patentgesetzes, Berlin [u.a.]: de Gruyter 1929, zit.: Pietzcker, PatG.

Pilenko, Alexander: Die juristische Konstruktion des Ausübungszwanges, in GRUR 1903, S. 258–262.

Pleitgen, Verena: Die Entwicklung des betriebswirtschaftlichen Rechnungswesens von 1890 bis 1940 am Beispiel der Firmen Krupp, Scheidt und Farina, Neuss am Rhein 2005, zit.: Pleitgen, Die Entwicklung.

Proskauer, Oskar W.: Zur Frage der Zwangsbenutzung von Erfindungen zu Kriegszwecken, in GRUR 1917, S. 113–114.

Reichspatentamt (Hrsg.): Das Reichspatentamt 1877–1927. Rückblick auf sein Werden und Wirken Berlin 1927, zit.: Reichspatentamt, Rückblick.

Richter, Reinhold: Die internationalen Bestrebungen zur Aufhebung des Ausführungszwanges für Patente, in GRUR 1933, S. 444–454.

Rosenthal, J.: Das deutsche Patentgesetz vom 25. Mai 1877 unter Berücksichtigung der ausländischen Gesetzgebung sowie der Entscheidungen des Patentamts und der Gerichte, Erlangen 1881, zit.: Rosenthal, PatG.

Schade, Hans: Zwangslizenz – Eine rechtsgeschichtliche und rechtsvergleichende Skizze, Mitt. 1964, S. 101–112.

Schaefer, Karl Einfluss der Nationalität auf die Erlangung des Patentschutzes, in GRUR 1897, S. 134–136.

Schanze: Ist die Zurücknahme des Patents eine Sache nach freien Ermessen?, in GRUR 1908, S. 197–206.

– Zur Lehre von der patentrechtlichen Ausführungspflicht, in GRUR 1910, S. 131–147.

Schatz, Ulrich: Ausübungszwang und Zwangslizenzen im Gemeinsamen Markt, GRUR Int. 1968, S. 273–286.

Scheffler, Dietrich: Die (ungenutzte) Möglichkeit des Rechtsinstituts der Zwangslizenz, GRUR 2003, S. 97–105.

Schieble, Anna-Maria: Abhängige Genpatente und das Institut der Zwangslizenz, Diss., Baden-Baden 2005, zit.: Schieble, Genpatente.

Schmidt, Alexander K.: Erfinderprinzip und Erfinderpersönlichkeitsrecht im deutschen Patentrecht von 1877 bis 1936, Tübingen 2009, zit.: Schmidt, Erfinderprinzip.

Schönfeld, Günter: Der Lizenzzwang im Patentrecht hochentwickelter kapitalistischer Industriestaaten: dargestellt am Beispiel Westdeutschlands - und seiner Auswirkungen auf die Patentpolitik der DDR, Diss., Potsdam 1968, zit.: Schönfeld.

Schubert, Werner: Der Code Civil und die Personenrechtsentwürfe des Großherzogtums Hessen-Darmstadt von 1842 bis 1847, in Savigny, S. 110–171.

Schuller, Anton: Handbuch der Gesetze über ausschließende Privilegien auf neue Erfindungen, Entdeckungen und Verbesserungen im Gebiethe der Industrie, enthaltend den Originaltext der in den bedeutenden Staaten dießfalls geltenden Gesetze, Patente, Verordnungen u. dgl., mit nebenstehender deutscher Übersetzung jener, die in fremden Sprachen erlassen wurden, und erläuternder Anmerkungen, Wien 1843, zit.: Schuller.

von Schütz, Julius: In wieweit wirkt der Ausübungszwang für die Erfindungen fördernd oder hemmend auf die Industrie eines Landes? In GRUR 1896, S. 377–387.

– Die Verhandlung des Londoner Kongresses über die Frage der Priorität, des Ausführungszwanges und des Patentprüfungsverfahrens, in GRUR 1898, S. 321–330.

Seckelmann, Margrit: Industrialisierung, Internationalisierung und Patentrecht im Deutschen Reich, 1871–1914, Frankfurt a.M. 2006, zit.: Seckelmann, Industrialisierung.

Seligson, Arnold: Patentgesetz und Gesetz betreffend den Schutz von Gebrauchsmustern, Berlin 1892, zit.: Seligson, PatG.

– Patentgesetz und Gesetz betreffend den Schutz von Gebrauchsmustern, 6. Aufl., Berlin 1920, zit.: Seligson, PatG, 6. Aufl.

v. Siemens, Werner: Wissenschaftliche und Technische Arbeiten, Bd. 2, Berlin 1891, zit.: v. Siemens Wissenschaftliche und Technische Arbeiten.

Simon, Alfred: Der Patentschutz, Bern 1891, zit.: Simon, Patentschutz.

Starck, M.: Patentrechtliche Streit- und Zweifelsfragen, in GRUR 1919, S. 87–91.

Steven, Fritz: Die neuere Rechtsprechung auf dem Gebiet der Zwangslizenz, in GRUR 1930, S. 836–844.

Stolle, Eduard; *Hübner*, Otto [Hrsg.]: Die einheimische und ausländische Patentgesetzgebung zum Schutze gewerblicher Erfindungen, Leipzig 1855, zit.: Stolle/Hübner.

Tolksdorf, B.: Der Ausübungszwang patentierter Erfindungen, in GRUR 1904, S. 352–354.

– Der Ausübungszwang patentierter Erfindungen, in GRUR 1906, S. 9–11.

Tzimas, Andreas: Die Zwangslizenzen an internationalen Patenten und an Gemeinschaftspatenten und der freie Warenverkehr im Binnenmarkt der Europäischen Union, Diss., Saarbrücken 1995, Tzimas, Zwangslizenzen.

Vogel, Florian: Urheber- und Erfindungsrechte im Rechtsverkehr. Eine historisch-dogmatische Untersuchung, Ebelsbach 2004, zit.: Vogel, Urheber- u. Erfindungsrechte.

Vorwerk, Volker: Probleme der Zwangslizenzregelung, GRUR 1976, S. 64–74.

Weber, Lorenz: Erfinderrecht und Allgemeininteresse. Eine Darstellung des deutschen Erfinderrechts als Kompromiss zwischen den Interessen des Erfinders und der Allgemeinheit, Berlin 1931, zit.: Weber, Erfinderrecht.

Wiegand, Paul: Das neue Patentgesetz, in Siemens Zeitschrift, Band 17, April 1937, Heft 4, S. 177–186.

Wirth, Richard: Die neue Zwangslizenz und das Abhängigkeitspatent, in GRUR 1904, S. 33–37.

Wolf, Kuno: Zur geschichtlichen Entwicklung des Patentwesens, in GRUR 1932, S. 1085–1088.

Wolff, Christian: Zwangslizenz im Immaterialgüterrecht, Göttingen 2005, zit.: Wolff, Zwangslizenz.

Zabludowski, S.: Ausübungsüberwachung von Patenten und Mustern in Polen, in GRUR 1930, S. 13–14.

Zimmermann, W.: Die Zwangslizenz im Patentrecht, in GRUR 1903, S. 368–372.

www.ingramcontent.com/pod-product-compliance
Ingram Content Group UK Ltd.
Pitfield, Milton Keynes, MK11 3LW, UK
UKHW021128041026
8980IPUK00033B/1208

9 783631 652282